# Avantgarde im Hinterland

# German Life and Civilization

Jost Hermand
*General Editor*

*Advisory Board*

Helen Fehervary
*Ohio State University*

Peter Uwe Hohendahl
*Cornell University*

Robert C. Holub
*University of California at Berkeley*

Klaus Scherpe
*Humboldt University, Berlin*

Frank Trommler
*University of Pennsylvania*

Vol. 25

PETER LANG
New York • Washington, D.C./Baltimore • Boston
Bern • Frankfurt am Main • Berlin • Vienna • Paris

Franziska Meyer

# Avantgarde im Hinterland

## Caroline Schlegel-Schelling in der DDR-Literatur

PETER LANG
New York • Washington, D.C./Baltimore • Boston
Bern • Frankfurt am Main • Berlin • Vienna • Paris

**Library of Congress Cataloging-in-Publication Data**

Meyer, Franziska.
Avantgarde im Hinterland: Caroline Schlegel-Schelling
in der DDR-Literatur / Franziska Meyer.
p. cm. — (German life and civilization; vol. 25)
Includes bibliographical references and index.
1. Schelling, Karoline Michaelis, 1763–1809—Political and social views.
2. Revolutionary literature, German—History and criticism. 3. Women and
literature—Germany—History. 4. Romanticism—Germany. I. Series.
PT2463.S3M48    838'.609—dc21    97-34998
ISBN 0-8204-3924-X
ISSN 0899-9899


**Die Deutsche Bibliothek-CIP-Einheitsaufnahme**

Meyer, Franziska:
Avantgarde im Hinterland: Caroline Schlegel-Schelling
in der DDR-Literatur / Franziska Meyer.
–New York; Washington, D.C./Baltimore; Boston; Bern;
Frankfurt am Main; Berlin; Vienna; Paris: Lang.
(German life and civilization; Vol. 25)
ISBN 0-8204-3924-X

The paper in this book meets the guidelines for permanence and durability
of the Committee on Production Guidelines for Book Longevity
of the Council of Library Resources.

Printed in the United States of America

Meinen Eltern

# Vorbemerkung

Ohne das vielfältige Zutun anderer zur rechten Zeit und am rechten Ort hätte dieses Buch nicht erscheinen können. Mein allererster Dank gilt Chris Weedon für ihre Bereitschaft, sich der Arbeit anzunehmen, für Anregungen und kontinuierlichen solidarischen Beistand. Anke Bennholdt–Thomsen danke ich sehr für die so wichtige Unterstützung meines Forschungsvorhabens; ein Stipendium des Deutschen Akademischen Austauschdienstes (DAAD) ermöglichte mir Recherchen in der Bundesrepublik und die Einbindung in Berliner Forschungszusammenhänge.

Für Zuspruch, Hilfe und Freundschaft danke ich Elfi Bettinger, Christine Flitner, Heidi Lauper, Vanna Motta und Cettina Rapisarda; Gabriela Springorum und Gisela Staupe schufen mir großzügig Orte zum Schreiben, Rolf Jucker und Bettina Raehmel spielten Feuerwehr und transportierten den Ersatz für verbrannte Produktionsmittel. Ganz besonders danke ich Anita Runge für kritische Lektüren und Diskussionen, für die Durchsicht des Manuskripts und ihre große Hilfsbereitschaft.

Meinen Eltern bin ich dankbar für alles, was sie für mich getan haben. Helmut Peitsch stood by me, unermüdlich ermutigend, dafür und für vieles mehr danke ich ihm, vor allen anderen, von Herzen.

Daß die Zukunft nicht einst wie ein schwerer Hammerschlag auf meine Vergangenheit falle und sie als nichtig zusammenschmettere.

Bettina von Arnim

# Inhalt

# Einleitung

Caroline Michaelis-Böhmer-Schlegel-Schelling (1763–1809), deren Name untrennbar mit dem Kreis der Jenaer Frühromantik verbunden ist, zählt in der Literaturgeschichte zu den populärsten und umstrittensten Frauenfiguren des späten 18. und frühen 19. Jahrhunderts. Überschwengliche Huldigungen gepaart mit vernichtender Kritik aus dem Munde ihrer männlichen und weiblichen Zeitgenossen nahm die Rezeptionsgeschichte seit mehr als 100 Jahren zum Anlaß, ihr Leben in zahlreichen Romanen, Biographien und Essays immer wieder neu zu deuten und in sich wandelnden historischen Beziehungen zu aktualisieren. Es ist bemerkenswert, daß seit den späten 70er Jahren allein vier literarische Annäherungen an Caroline Schlegel in der DDR publiziert wurden.

Die folgende Untersuchung versteht sich erst in zweiter Linie als ein Beitrag zur Rezeptionsgeschichte Caroline Schlegel-Schellings; in erster Linie fragt sie nach der funktionalen Bedeutung der Neurezeption einer weiblichen Figur der Frühromantik in den DDR-Literaturverhältnissen. Insofern ist sie ein unkonventioneller Versuch über ein nicht mehr geliebtes Erbe.

Der Gegenstand dieser Arbeit ist unter mehreren Aspekten ein historischer. Weit vergangener als Caroline Michaelis-Böhmer-Schlegel-Schelling scheint die "monströse Bezeichnung[. . .] 'DDR-Schriftsteller'" (Thiele 1991, 258); gar als prähistorisch gelten zahlreichen deutschen GermanistInnen jene Texte, die noch vor nicht zu langer Zeit unter dem Namen 'DDR-Literatur' in der westdeutschen und internationalen Germanistik ein ausgesprochen breites Forschungsinteresse hervorriefen.

Forschung zur DDR-Literatur befindet sich in den 90er Jahren des 20. Jahrhunderts in der außergewöhnlichen Lage, Zeitgenossenschaft eines in der deutschen Literaturgeschichtsschreibung einmaligen

Vorgangs beanspruchen zu dürfen: Sie ist mit einer Furie des Verschwindens konfrontiert—die große Totenhalle der DDR-Literaturgeschichte wird immer rasanter geräumt. Unter den zahlreichen Stimmen, die ihr ehemaliges Forschungsobjekt in toto aus der gesamtdeutschen Literaturgeschichte verabschieden möchten, fallen besonders zwei Tendenzen auf.

Eine erste leugnet rückwirkend die Existenz einer DDR-Literatur und ruft deshalb zur Nicht-Befassung und zum Vergessen von Texten auf, die in der ehemaligen DDR geschrieben wurden. 1995 kann ein Forschungsbericht Rainer Rosenbergs das Einverständnis der Mehrheit deutscher GermanistInnen voraussetzen, wenn er mit großer Selbstverständlichkeit davon ausgeht, daß "das, was in den Grenzen dieses Staates geschrieben wurde, in Zukunft wohl kaum noch" als eine "eigenständige deutschsprachige Literatur neben der westdeutschen oder österreichischen" zu 'verhandeln' sei (Rosenberg 1995, 19).

Wurden der DDR-Literatur noch 1988 *Liebes- und andere Erklärungen* überbracht (Hildebrandt 1988) und hatte der Luchterhand-Verlag erst 1989 die fünfte erweiterte Auflage der *Kleinen Literaturgeschichte der DDR* (Emmerich) publiziert, so lesen wir zwei Jahre später von 'ungeliebten Erbschaften', vom "Lug und Trug" und einem "Verlust an Lebenszeit" (Thiele 1991, 259-260). Ein Blick in die Literatur aus den 50er Jahren der DDR—die in den Fragen nach der 'Caroline'-Rezeption eine nicht unwichtige Rolle spielen wird— habe sich 1991 "erübrigt", da solche Texte "alle [. . .] einzig als Dokumente eines Irrwegs" zu lesen seien (Thiele 1991, 266). Nicht "einmal die Texte, die sich durch politische Brisanz auszeichnen, sind automatisch *als Literatur* aufhebenswert" (Emmerich 1996, 15).

Zählte Wolfgang Emmerich 1989 Texte von Christa Wolf oder Irmtraud Morgner "zum Bedeutendsten der DDR-Literatur aus den letzten fünfzehn Jahren" (Emmerich 1989, 351), so plaziert er dieselben Autorinnen 1991—neben ihren so unterschiedlichen Kollegen wie u.a. Heiner Müller oder Stefan Heym—in einer "vom schlechten Gewissen geplagten Verdrängungsgemeinschaft der Älteren" (Emmerich 1991, 238-239). Nicht selten läuft die politische Moral (vgl. Wallace 1991, 150) derartiger Urteile auf das "einfache Utopieverbot" (Schlenstedt 1991, 183) hinaus. Hatte Emmerich 1989 die Kraft der "Utopien" Irmtraud Morgners gelobt—"geleitet vom blochschen [sic!] Prinzip Hoffnung auf eine wahrhaft sozialistische Gesellschaft" (Emmerich 1989, 356) —, verkündet derselbe Autor 1991, daß eine "sozialistische Utopie [. . .] nicht gefragt" sei: "Sie ist als Illusion der Epoche vom

Sockel geholt. [. . .] Die Autoren müssen erkennen, daß es ein *vorauszusetzendes gemeinsames Drittes* zwischen Autor und Leser [. . .] nicht mehr gibt" (Emmerich 1991, 241–242). Auch Ursula Heukenkamp plädiert für ein "Zukunftsdenken ohne Utopien" (1991, 12).

Eine zweite Tendenz folgt einer rückwärts gewandten Geschichtsteleologie. Geradezu apokalyptisch nahm diesen Stimmen zufolge die DDR-Literatur bereits fünfzehn Jahre vor dem Fall der Mauer den Untergang des DDR-Staates vorweg und bereitete ihre eigene Auflösung vor: "Die Literatur der DDR in ihren letzten Jahren wäre [. . .] zu beschreiben als eine des Schwindens" (Meyer-Gosau 1991, 275). Aus methodischer Perspektive ist dies in der Tat ein einmaliger Vorgang in der Geschichte literarischer Periodisierung. Betonte Antonia Grunenberg noch 1988 die Vielfalt differenzierter Strömungen innerhalb der DDR-Literatur—"Prägend ist der Eindruck, daß es viele Literaturen und nicht eine Literatur in der DDR gibt" (Grunenberg 1988, 155)— so berichtet Heukenkamp 1991, daß von "1976 an [. . .] der Zerfall der DDR-Literatur" begann (Heukenkamp 1991, 8), und Rainer Rosenberg versichert, daß "Mitte der 70er Jahre" der "Beginn" des "Auflösungsprozess[es] der DDR-Literatur" anzusetzen sei (Rosenberg 1995, 19).

Selten findet Rezeptionsgeschichte eine so einleuchtende Bestätigung ihrer Gebundenheit an den gesellschaftshistorischen Kontext, in dem sie verankert ist, wie in solchen extremen Perspektivenwechseln der gesamtdeutschen Germanistik der 'Post-Wendezeit'. Hier werden die Funktion von Literatur, literarische Wertungen und nicht zuletzt die Maßstäbe der Kanonisierung scheinbar nur noch politisch begründet; "fatal" und "absurd" erscheint Frauke Meyer-Gosau "ein Phantom-Bild des 'Sozialismus' [. . .], zu dem als Komplement ein Phantom-Bild vom entmündigenden 'Kapitalismus' gehört" (Meyer-Gosau 1991, 278); so manche(r) mag sich in die frühen 70er Jahre zurückversetzt fühlen, wenn Germanisten der 90er Jahre ihre literarischen Urteile aus politökonomischen Notwendigkeiten ableiten und ein sehr direktes literarisches Widerspiegelungsverhältnis voraussetzen:

> Daß in der politisch-ökonomischen Wirklichkeit keine bleibenden Spuren auszumachen sein werden, ist allgemein akzeptiert und wird nicht bedauert.[. . .] In dem Maß, in dem sich der 'real existierende Sozialismus' aus den ökonomischen, politischen und mentalen Bedingungen der Gegenwart hinausbeförderte, gewann auch die Literatur, die sich an seiner Wirklichkeit abarbeitete, anachronistische und abseitige Züge. Mut zum Widerstand verdient

Achtung [. . .], qualifiziert aber noch nicht für ein Kapitel in der Literaturgeschichte. (Hüppauf 1991, 220, 228)

Es ließen sich zahlreiche weitere Beispiele dieser Art anführen, denen
in ihrer Begrifflichkeit die 'einfachen Wahrheiten' wieder genügen—
nicht zuletzt, wenn es schlichtweg heißt, die "Geschichte der Literaturgeschichtsschreibung [sei] mit Fehlurteilen gepflastert" (Rosenberg
1995, 19).[1]

Die vorliegende Untersuchung ist insofern unkonventionell, als sie
sich diesen Stimmen nicht anschließen möchte. Stattdessen möchte
sie auf historischer Differenzierung und dem sehr genauen Blick auf
Texte der DDR-Literatur bestehen. Nicht zuletzt an der sich wandelnden
Rezeption der weiblichen Frühromantik in der DDR läßt sich zeigen,
wie notwendig es ist, im Begriff der Rezeptionsgeschichte das Wort
'Geschichte' zu betonen.

Eine Zustimmung zur Expatriierung der DDR-Literatur aus der neu
definierten gesamtdeutschen Literaturgeschichte verbietet sich erst
recht, wenn dabei ausgerechnet jene literarisch so produktive Zeit zum
Verschwinden gebracht wird, "in der sich die Frauen in der DDR-
Literatur einen immer bedeutenderen Platz erobern" (Secci 1988, 199),
in der sich insbesondere "Anfang der 80er Jahre" das Spektrum der
Frauenliteratur "radikal" zu ändern und durch eine besondere "Fülle
und Vielfältigkeit" auszuzeichnen begann (Schmitz-Köster 1989, 114,
116; vgl. auch Lennox 1983; Hilzinger 1985; Weedon 1988; Zehl
Romero 1997). Feministische Literaturwissenschaftlerinnen haben vor
und nach 1989 die 'unerläßliche Rolle' betont "that literature played
as a seismograph of social consciousness [. . . to articulate] the di-
versity and universality of women's experience [in the GDR]" (Lukens/
D.Rosenberg 1993, vii-viii). Es war ein hervorstechendes Merkmal der
Texte von Frauen, "sich implizit oder explizit mit sozialen Mächten"
auseinanderzusetzen (Hauser 1994, 205), denn:

Fiction also functioned as a site for the articulation of the marginal. [. . .] in
the German Democratic Republic, where the 'woman question' had officially
been resolved [. . .] many issues central to Western feminism surfaced in
women's writing. [. . .] Yet their articulation in a fictive context affected
State thinking, as well as the general level of awareness of sexual politics in
society at large. (Jordan/Weedon 1995, 220)

DDR-Literatur der 70er und 80er Jahre von und über Frauen gehört
deshalb zu den "Nachrichten von der Lebensform Sozialismus, in der

Menschen sich angestrengt haben, bestätigt wurden oder aber zurückgewiesen—die [. . .] nur der der Zukunft nicht wünschen [kann], der eine bestimmte Sorte geschichtlicher Erfahrung aus ihr ausschließen will" (Schlenstedt 1991, 183).

Die Arbeiten zur Geschichte der DDR-Literatur und Literaturwissenschaft (Scharfschwerdt 1982), zur Theorie und Politik des Erbes (Grimm/Hermand 1975; Hohendahl/Herminghouse 1976; Dautel 1980; Hohendahl 1983a; Mandelkow 1983; Oesterle 1985; Metscher/Marzahn 1991) sowie insbesondere zur neueren DDR-Literatur und Romantikrezeption (Herminghouse 1981, 1983; Schönert 1983; Schlenstedt 1988; Chiarloni 1988; Reid 1989; Gaskill 1990; Hilzinger 1991; Leistner 1991; Werner 1980, 1991) sind ausgesprochen breit gefächert und gründlich recherchiert. Für die Situierung der Texte über Caroline Schlegel-Schelling im literatur- und erbepolitischen Kontext ergibt sich aus ihnen folgender Konsens:

Mit Beginn der 70er Jahre setzte in der DDR-Literaturpolitik die offizielle Revision der Romantikforschung ein. Als entscheidende offizielle Marksteine dieses kulturpolitischen Aufbruchs wurden immer wieder genannt: (1) Erich Honeckers Verabschiedung des Tabuverbots in Kunst und Literatur auf dem VIII. Parteitag der SED 1971, (2) Kurt Hagers Aufhebung der 'Vollstreckertheorie' auf dem 6. Plenum des Zentralkomitees der SED 1972. Diese politische Freigabe künstlerischer 'Weite und Vielfalt' leitete in der Literaturwissenschaft die kritische Auseinandersetzung mit der bisherigen 'Klassikpflege' und dem Erbe ein; in deren Verlauf begann die DDR-Germanistik den nachhaltig fortwirkenden Einfluß Lukácsianischer Verdikte über die Romantik kritisch zu reflektieren. Meilensteine der Auseinandersetzung mit dem klassischen Erbe von Weimar waren 1973 die Debatte in *Sinn und Form* um Plenzdorfs *Die neuen Leiden des jungen W.*, Hans Kaufmanns vielbeachtete "Zehn Anmerkungen über das Erbe, die Kunst und die Kunst des Erbens" (Mandelkow 1983, 107) und nicht zuletzt 1976 Franz Fühmanns Geburtstagsrede auf E.T.A. Hoffmann in der Akademie der Künste.[2] Mandelkow bezeichnet diesen Prozeß als eine "Revolutionierung" des "Traditionsverständnisses" in der DDR-Literaturpolitik (1983, 105).

Als Folge dieser Revision des Romantikbildes erschienen seit den späten 70er Jahren zahlreiche Neu- und Ersteditionen romantischer Autorinnen und Autoren, u.a. ausgewählte Texte Caroline Schlegel-Schellings (Damm 1979), Karoline von Günderrodes (Christa Wolf 1978), Friedrich Schlegels (Hecht 1980), Ludwig Tiecks (Günzel 1981),

Bettina von Arnims (de Bruyn/Gerhard Wolf 1984), Wilhelm Heinrich Wackenroders (Heinrich 1984) oder Henriette Herz' (Schmitz 1984)— und nicht zuletzt das *Athenäum*, die Zeitschrift der Jenaer Frühromantik (1984).

Das Eigentümliche der Romantikrezeption in der DDR lag darin, daß Literaturwissenschaft und Kritik nachträglich Fragen aufnahmen, die Autorinnen und Autoren bereits wesentlich früher literarisch bearbeitet hatten. Im "Falle der Romantik-Rezeption sah die Literaturwissenschaft sich genötigt, der bereits literarisch praktizierten Erbe-Aneignung wissenschaftlich nachzukommen" (Dautel 1980, 435), "Initiatoren waren einige Schriftsteller; die Wissenschaft und Verlagspraxis zogen nach" (Kaufmann 1979, 161). Zu recht verspürte die DDR-Germanistik in den späten 70er Jahren diesen Nachholdruck, wenn Hans-Dietrich Dahnke konstatieren mußte, daß die romantische Literatur "so gut wie vollständig" aus dem Lehrplan von Schulen "verschwunden" sei und "daß gegenwärtige Schriftsteller unsere Arbeit weithin nicht nur als unbefriedigend empfinden, sondern auch, daß sie unseren Untersuchungen und Darstellungen in der aktuellen Wirklichkeits-, das heißt Gegenwartsbezogenheit voraus sind" (Dahnke 1978a, 7).

Angefangen mit der zwischen Anna Seghers und Georg Lukács noch im Exil geführten Debatte über das Erbe und Seghers' Plädoyer für die gescheiterten, gegenklassischen AutorInnen Kleist, Lenz, Hölderlin, Bürger und Günderrode (1935) über die bereits Mitte der 60er Jahre einsetzende literarische Umwertung der Frühromantik (wie z.B. Bobrowskis *Boehlendorff* von 1965 oder Seghers' *Das wirkliche Blau* von 1967) kam es schließlich in den 70er Jahren zu einer vermehrten Thematisierung der Kunst- und Künstlerproblematik in der DDR-Literatur.

In der Wiederbelebung des Genres der 'Dichterbiographie', der 'Künstlererzählung' und nicht zuletzt des biographischen Essays (vgl. Werner 1976; Andress 1991; Hilzinger 1991) artikulierten Autoren ihr identifikatorisches Interesse an 'Außenseitern' der offiziellen Literaturgeschichte; besondere literarische Beachtung fanden dabei die—vornehmlich männlichen—gegenklassischen Autoren des späten 18. Jahrhunderts. Biographische Erzählungen bezogen sich "am häufigsten" auf Hölderlin—den Auftakt setzte Stephan Hermlins Hörspiel *Scardanelli* von 1970—und von den Essays setzten sich "die weitaus meisten [. . .] mit Kleist auseinander" (Hilzinger 1991, 98).[3] Der Terminus 'Außenseiter' meinte in diesem Zusammenhang sowohl diejenigen Autoren, welche die "dichotomische Konstruktion der deutschen Literaturgeschichte" (Mandelkow 1983, 96) in der Nachfolge Lukács' aus dem offiziellen Erbe ausgegrenzt hatte, als auch die bereits in den historischen Literaturverhältnissen gescheiterten Autoren—die Goethe- bzw. Weimar-Opfer. Als Kronzeugin dieser Tendenz galt nicht zuletzt Christa Wolf mit ihrem engagierten Plädoyer für einen literaturhistorischen Perspektivenwechsel:

> Die Literaturgeschichte der Deutschen [. . .] hat sich leichtherzig und leichtsinnig der als "unvollendet" abgestempelten Figuren entledigt, bis in die jüngste Zeit, bis zu dem folgenreichen Verdikt, das Georg Lukács gegen Kleist, gegen die Romantiker sprach [. . .]. Ein zerrissenes, politisch unreifes und schwer zu bewegendes, doch leicht verführbares Volk [. . .] leistet sich ein Massengrab des Vergessens für jene früh Zugrundegegangenen, jene unerwünschten Zeugen erwürgter Sehnsüchte und Ängste. (Wolf 1978, 308)

Die literarische Sympathie für 'zugrundegegangene' Autoren wie z.B. Lenz oder Kleist meinte den biographischen Sockelsturz des Weimaraners und ging einher mit dem "emphatic, even aggressive criticism of Goethe and the Goethe cult" (Herminghouse 1983, 278). 1983 entdeckte Jörg Schönert "Goethe als Gegenbild im biographischen Erzählen der neueren DDR-Literatur", und bereits 1975 hatte der DDR-Germanist Bernd Leistner beunruhigt konstatiert, daß Goethe "weder als Präzeptor der im Sinne von Lukács verstandenen realistischen Methode noch als geistiger Urheber antizipatorisch gerichteter Gesellschaftsentwürfe" in den literarischen Versuchen über das Erbe gegenwärtig war (1975, 41).[4]

Quantitativ einen weitaus geringeren, jedoch nicht minder gewichtigen Anteil an dieser Tendenz literarischer Abschiede vom klassischen Erbe hatten Texte, die sich weibliche Figuren der Literaturgeschichte zum Vorbild nahmen. Allen voran zu nennen sind hier die beiden Prosaarbeiten Christa Wolfs über Karoline von Günderrode (1978) und ihr maßstabsetzender Bettina-von-Arnim-Essay (1979).

Im Unterschied zu Caroline Schlegel-Schelling hatte Bettina von Arnim allerdings seit den frühen 50er Jahren einen festen Platz im erbepolitischen Kanon der DDR-Literaturgeschichte (vgl. die Bibliographie in Hess/Liebers 1978). Bei der Revision der Romantikforschung in den 70er Jahren konnte diese schon so lange integrierte Figur in der offiziellen Germanistik eine Kompromißfunktion erfüllen, wenn Günter Hartung z.B. feststellte: "Bettina von Arnim bewies, daß man politisch weit links stehen und dennoch romantischen

Intentionen treu bleiben konnte" (Hartung 1976, 175). Wolfs Essay war insofern maßstabsetzend für einen Perspektivenwechsel der künftigen Arnim-Rezeption, als hier weit eher die Romantikerin als die Vormärz-Autorin und Goethe-Verehrerin im Vordergrund stand: "Her work has placed Brentano-von Arnim's relationship with Günderrode in the forefront of scholarly interest, displacing Goethe, and dramatically boosted the interest in Günderrode's own life and works." (Goozé 1995, 385). Von einer solchen oppositionellen Akzentverschiebung zeugt Sarah Kirschs Gedichtband *Rückenwind*; auch hier ist die imaginäre Parallelisierung der eigenen schriftstellerischen Existenz mit dem Leben Bettina von Arnims zu beobachten—das Zwiegespräch des lyrischen Ich mit "Bettina" verschmilzt zum lyrischen Wir der gemeinsamen Isolation: "Dieser Abend, Bettina, es ist/ Alles beim alten. Immer/ Sind wir allein, wenn wir den Königen schreiben/ Denen des Herzens und jenen/ Des Staats" (Kirsch 1977, 27). Eine identifikationsstiftende Rolle erfüllte Bettina von Arnim noch 1986 in Helga Schütz' Roman *In Annas Namen*. Hier leistet die Lektüre der Bettina-Briefe der unter Liebeskummer leidenden Protagonistin Lebenshilfe: "Anna liest in Bettinas Briefen. [. . .] Alles schon mal dagewesen. [. . .] Anna legt tief erkannt das Buch beiseite." (Schütz 1986, 246–249)

Die späte Renaissance Bettina von Arnims im westdeutschen Literaturbetrieb der 70er Jahre hinkte der DDR-Rezeption in vielerlei Hinsicht hinterher; die erste Auflage von Ingeborg Drewitz' Bettina-Biographie kam 1969 noch entschieden zu früh und fand nur wenig Beachtung. Im Chor anderer Stimmen der 90er Jahre hebt sich das Urteil der amerikanischen Germanistin Marjanne E. Goozé wohltuend ab, wenn sie in ihrem Rezeptionsüberblick resümiert: "It seems that with few exceptions the most insightful and penetrating work on Bettina Brentano-von Arnim has been done by women or in the German Democratic Republic." (Goozé 1995, 392)

In der produktiven literarischen Romantik-Rezeption finden wir demnach eine doppelte Stoßrichtung: Die erste verstand sich als oppositionelle Gegenströmung zur offiziellen Erbepflege, die der linearen Vollstreckertheorie zufolge die humanistisch-realistische Literatur früherer Epochen als Vorläuferin des sozialistischen Realismus begriff. Die zweite Stoßrichtung der literarischen Aneignung romantischer und nicht-klassischer AutorInnen machte ein offenkundig neues Selbstverständnis der eigenen Autorenrolle deutlich: In ihrem identifikatorischen Verhältnis zu Außenseitern der Literaturgeschichte versuchten DDR-AutorInnen, vor historischem Hintergrund das Verhältnis von Schriftstellerindividuum und Gesellschaft kritisch zu hinterfragen.[5] Diese DDR-spezifische literarische 'Neue Subjektivität' begann, im "Projektionsraum Romantik" (Christa Wolf 1982) individuelle Erfahrungen von Entfremdung und deren Verhältnis zu vorgegegebenen Identitätskonzepten im sozialistischen Alltag zu problematisieren.

Nach der literarischen 'Ankunft im Alltag' der 60er Jahre wurde nun Christa Wolfs so vielzitiertes Diktum der 'subjektiven Authentizität', 'Dieses zu-sich-selber-Kommen' ihrer Romanheldin *Christa T.* (1968), in der Romantikrezeption zum Maßstab der Neuentdeckung individuellen Autonomiestrebens.[6]

Die erwähnten Beispiele literarischer Romantikrezeption wurden besonders in den 80er Jahren von der internationalen Germanistik mit großer und respektvoller Aufmerksamkeit begleitet. Ende der 80er Jahre hatten sich die beschriebenen Tendenzen, in denen die "Romantikrezeption in der DDR" fixiert wurde, konsensual als zentrale Deutungsmuster weitgehend durchgesetzt—zuletzt in Emmerichs Neuauflage der *Kleinen Literaturgeschichte* von 1989 und auf der internationalen Konferenz in Edinburgh (Gaskill 1990).

Aus der Perspektive der 90er Jahre ist es angebracht, den nicht selten euphorischen Blick der internationalen Germanistik auf den romantischen Aufbruch in der DDR zu historisieren.

Im Rückblick auf die akademische Auseinandersetzung mit DDR-Texten hat Rainer Rosenberg zu Recht darauf hingewiesen, daß "den Beschlüssen und kulturpolitischen Eingriffen der SED-Führung eine Bedeutung für die Geschichte der Periodisierung der DDR-Literatur" zugemessen worden sei, "die ihnen in Anbetracht der inneren Entwicklung dieser Literatur nicht zukommt" (Rosenberg 1995, 16). Nahezu sämtliche Publikationen zur Romantikrezeption referierten mehr und weniger affirmativ die ideologische 'Ungebundenheit' im 'romantischen' Selbstverständnis von DDR-AutorInnen und sahen hierin die oppositionelle Antwort auf kulturpolitische Vorgaben. Der umfassende 'Ideologieverdacht', von dem sich die AutorInnen programmatisch lossagten, korrespondierte in der Forschung mit der sympathetisierenden Akzeptanz ideologiefreien Schreibens im anti-traditionellen Projektionsraum Romantik—dem Begegnungsort einer "Avantgarde ohne Hinterland" (Christa Wolf 1978, 309).

Volle Zustimmung lesen wir zu "Signale[n]" einer "entideologisierte[n] Stille" (Chiarloni 1988a, 405), zum "freeing [. . .] from ideologically

motivated distortions" (Knowlton 1984, 217) oder zum "souveränen
und undogmatischen Umgang mit dem Erbe" (Mandelkow 1983, 112).
Als Kronzeuge der Befreiung vom ideologischen Erbeballast wurde nicht
selten Günter de Bruyn zitiert, der nur "individuelle Maßstäbe" der
Rezeption gelten lassen wollte—"Das Erleben erteilt Zensuren, nicht
die Wissenschaft" (Knowlton 1984, 222)—oder in seiner Jean-Paul-
Biographie (1975) versprach: "ein Gipfelwerk der Literatur der
klassischen Periode, das ganz frisch und rein genossen werden kann!
Weil nie Schulaufsätze darüber geschrieben werden mußten, weil
niemand einem gesagt hat, was dies und das bedeutet, beinhaltet,
symbolisiert, beweist. [. . .] Man kann es also aufschlagen nur zur
eigenen Freude" (Mandelkow 1983, 111).

Nicht nur aus dem historischen Abstand heraus muß die idealistische
Annahme des 'ganz frischen und reinen Kunstgenusses' zweifelhaft
erscheinen. Sofern DDR-Autoren nämlich auch für die Germanistik zu
so 'wichtigen Menschen' (Brecht/Christa Wolf) geworden waren,
identifizierte die wissenschaftliche Rezeption nicht selten die ästhetische
Funktion der Texte mit den programmatisch ideologiefreien Intentionen
ihrer ProduzentInnen. Angesichts der gleichzeitigen Fülle germanis-
tischer Arbeiten zur Frauenliteratur in der DDR ist es aber verblüffend,
daß sich die zahlreichen Untersuchungen zum historischen Wandel der
Erbepolitik durch eine auffällige Geschlechtsneutralität in ihren
Fragestellungen auszeichnen. Fragen der Geschlechterpolitik des Erbe-
diskurses werden eher biographisch oder 'frauenzentriert' behandelt—
so zum Beispiel, wenn Herminghouse und Hilzinger Christa Wolfs
literarische Essays über Günderrode und Arnim gemeinsam mit Sigrid
Damms biographischem Essay über Caroline Schlegel-Schelling
unterschiedslos im thematischen Zusammenhang "einer feministischen
Ästhetik" (Herminghouse 1981, 245) oder von "Fragen 'weiblichen
Schreibens'" (Hilzinger 1991, 98) situieren.

David Bathricks kritisches Resümee, Forschung zur DDR-Literatur
habe sich zu 'eng kontextuell' an 'Themen, Politik und Geschichte'
orientiert, ist ausgesprochen bedenkenswert: "the emphasis upon his-
tory and context often contained a steadfast refusal to deal in any
meaningful way with GDR literature as [. . .] a discursive formation"
(Bathrick 1991, 308). Sowenig sich Literatur aus dem Kontext der
Literaturverhältnisse herauskatapultieren läßt, so sinnvoll ist es,
Bathricks Fragestellung um die Kategorie 'Geschlecht' zu ergänzen.
Die vorliegende Untersuchung fragt deshalb am Fall der Figur Caroline
Schlegel-Schelling nach der spezifischen Einschreibung von Weib-

lichkeitskonzepten in die sich historisch wandelnde diskursive Formation der Frühromantikrezeption.

Im Vordergrund steht weniger das biographisch-rezeptionsgeschichtliche Interesse an der historischen Figur als die Frage nach der Funktion eines spezifischen Konzeptes revolutionär-romantischer Weiblichkeit für die Revision des Erbes der DDR-Literatur. Es folgt aus diesem Interesse, daß die Untersuchung nicht autorzentriert verfahren wird.

Ausgangsmaterial sind vier Texte unterschiedlichen Genres. Sie nehmen teil an einer wesentlich breiteren literarischen Selbstverständigung von Autorinnen und Autoren über die zeitgenössische Bedeutung frühromantischer Identitätskonzepte für die DDR-Gegenwart. Außer den Texten über Caroline Schlegel-Schelling werden deshalb auch solche Texte der Literaturkritik und Literaturwissenschaft hinzugezogen werden, die für die Fragestellungen relevant sind—wie z.B. Rezensionen, offizielle Standardwerke zur Literaturgeschichte oder Vor- und Nachworte von Neueditionen romantischer Autorinnen und Autoren. Den Auftakt der Wiederentdeckung Caroline Schlegel-Schellings setzte 1979 die Literaturwissenschaftlerin und Schriftstellerin Sigrid Damm. Ihr ist das Verdienst zuzuschreiben, zum ersten Mal nach 65 Jahren eine Auswahl der Briefe Caroline Schlegel-Schellings wieder einem breiteren Lesepublikum zugänglich gemacht zu haben. Damms *Begegnung mit Caroline. Briefe von Caroline Schlegel-Schelling* kam ein Jahr später auch im Westen als unveränderte Taschenbuchausgabe heraus. Der umfangreiche einleitende biographische Essay—der im selben Jahr gekürzt in der *Neuen deutschen Literatur* publiziert wurde—setzte entscheidende Akzente für die folgenden literarischen Auseinandersetzungen mit Schlegel-Schelling.

Beinahe zeitgleich wurden neun Jahre später drei weitere Arbeiten gedruckt, deren AutorInnen ein jeweils anderes literarisches Genre bevorzugten: Die populärste Form wählte 1987 Volker Ebersbach mit seinem biographischen historischen Roman *Caroline*. Noch im selben Jahr erschien im Rahmen einer *Porträtgalerie* unter dem Titel *Romantikerschicksale* Klaus Günzels biographisches Porträt "Lebensgeschichte einer Frau in Verwünschungen. Caroline Schlegel-Schelling" (1987); der Literaturwissenschaftler Günzel betonte sein subjektives Verfahren und wollte die Essays ausdrücklich als "nicht wissenschaftlich" verstanden wissen (Günzel 1987, 355). 1988 folgte das Prosadebüt der Lyrikerin Brigitte Struzyk *Caroline unterm Freiheitsbaum. Ansichtssachen.* Der Untertitel vermied ausdrücklich eine Genre-

Festlegung und unterstrich ebenfalls den subjektiven Zugriff. Struzyks
Text wurde noch im selben Jahr von Luchterhand in der Bundesrepublik
als Lizenzausgabe übernommen.

Die Verknüpfung des Mainzer Jakobinismus mit der Jenaer
Frühromantik—d.h. die spezifische Konstruktion revolutionär-
romantischer Weiblichkeit—unterscheidet die Texte über Caroline
Schlegel-Schelling ganz wesentlich von anderen Mustern der Rezeption
weiblicher Figuren der Frühromantik. Die beiden biographischen
Zeiträume 'Mainz' und 'Jena' können als brisanteste Konstellationen
im Hinblick auf ihre Übereinstimmung mit und Abweichung von
traditionellen Positionen der Erbepolitik betrachtet werden. Sämtliche
Texte suchen in der spezifischen Verbindung zwischen dem Mainzer
Jakobinismus und der Jenaer Frühromantik einen erbepolitischen
Kompromiß. Es ist nicht die historische Figur der Caroline Schlegel-
Schelling, sondern das Geschlecht der Heldin, das unter verschiedenen
Aspekten die Synthese vormals unvereinbarer erbepolitischer Positionen
ermöglichen soll.[7]

Sofern die Texte auf politische Aktualisierung der Frühromantik für
die DDR-Gegenwart dringen, sind die Konstellationen, innerhalb derer
die 'Caroline'-Figur verhandelt wird, ausgesprochen breit: Sie umfassen
nicht nur die revidierte romantische Perspektive auf die Französische
Revolution und die Jenaer Frühromantik. Als Mainzer Jakobinerin und
Begleiterin Georg Forsters begegnete die Figur DDR-LeserInnen bereits
im sozialistischen Realismus der Forster-Romane aus den 50er Jahren.
Unterschiedliche gattungsgeschichtliche Traditionen der sozialistischen
'Erbepflege' situieren die Figur im historischen Roman Volker Ebersbachs in anderen Bezügen als in der lyrischen Prosa Brigitte Struzyks.
Vor dem Hintergund frühromantischer Geselligkeit verhandeln die Texte
Fragen der Schriftstellerrolle und der Öffentlichkeit in der DDR. Sie
thematisieren darüber hinaus Fragen der Frauenemanzipation in Auseinandersetzung mit dem westlichen Feminismus und in Aktualisierung
von Geschlechterphilosophien des späten 18. Jahrhunderts.

In gewisser Hinsicht fügen sich die Texte über Caroline Schlegel-
Schelling in die skizzierten allgemeinen Tendenzen der Erbe- und
Romantikrezeption ein. Wir finden den Anspruch auf Aktualisierung
'romantischer Fragen' für die DDR-Gegenwart und nicht zuletzt die
Vorliebe für den biographischen historischen Roman (Ebersbach) und
den biographischen Essay (Damm, Günzel), die sich mit der Emphase
des individuellen Bruchs mit der Erbetradition verbindet:

"Und es ist [. . .] die literarische Form des Essays, die [. . .] immer mehr an
Bedeutung gewann. [. . .] Dieser Aufschwung korrelierte in erster Linie dem

dringlich gewordenen Bedürfnis nach öffentlicher, dabei nicht normativ gerichteter Erörterung—und zwar von evidenten zeitgeschichtlichen und landesgeschichtlichen Kardinalfragen und -problemen." (Leistner 1991, 421)

Unter gewichtigen anderen Aspekten stehen die 'Caroline'-Texte jedoch quer zu jenen Tendenzen, die in der Regel mit der 'Romantikrezeption' identifiziert wurden. Die Rezeption der Caroline Schlegel-Schelling fügt sich *nicht* in die oppositionelle Neubeerbung einer literaturhistorischen Außenseiterin ein. Weder dient die Figur als identifikationsstiftendes Vorbild der "Nicht-Angepaßten, Gescheiterten und Erfolglosen" (Mandelkow 1983, 114), noch bekommt sie einen Platz in der "literaturgeschichtlichen Fundgrube unlebbaren Lebens" (Schönert 1983, 570). Ebensowenig bedarf die Neurezeption der Jenaer Frühromantik der antagonisierenden Abwehr Goethes, im Gegenteil: Die Texte halten an der Hierarchisierung des Weimaraners—wenngleich unter den neuen Vorzeichen eines Mentors und Vorbilds der Frühromantiker—fest. Es mag sich aus diesen Abweichungen vom Konsens der Arbeiten zur Romantik erklären, daß Caroline Schlegel-Schellings Erscheinen in der DDR von der Forschung bisher allenfalls am Rande wahrgenommen worden ist (Krauss 1990).

Die Rezeption der Caroline Schlegel erfolgt so im Schnittfeld komplizierter erbepolitischer Fronten. Der punktuelle Vergleich mit Texten zur weiblichen Romantik aus den 60er Jahren der DDR-Literatur und nicht zuletzt die kontrastive Lektüre westlicher Rezeptionsvorgaben und kanonisierter Hauptwerke zur bürgerlichen Romantikforschung wird es erlauben, nicht nur den historischen Perspektivenwechsel innerhalb der DDR-Literatur sichtbar zu machen; darüber hinaus werden literaturpolitische Spezifika der DDR-Rezeption deutlich, die sich ganz wesentlich von zeitgenössischen westdeutschen Rezeptionsweisen unterscheiden. Entgegen der Annahme, daß "die Revision der Erbetheorie [. . .] ungefähr 1977 abgeschlossen" sei (Hohendahl 1983, 37), läßt sich an den hier untersuchten Texten zeigen, daß das 'offizielle' Erbe bis in die späten 80er Jahre als provokativer Subtext präsent ist.

Aus der Frage nach der Funktion von 'Weiblichkeit' für die revidierte Beerbung der Jenaer Frühromantik ergibt sich der Aufbau der Untersuchung:

Das erste Kapitel problematisiert den von allen Texten erhobenen Anspruch, die biographische 'Wahrheit' über Caroline Michaelis-Böhmer-Schlegel-Schelling zu präsentieren, wenn sie die Figur als 'Mainzer Revolutionärin' an der Seite des Jakobiners Georg Forster konstruieren. Exemplarisch werden dort in einem kontrastierenden

Vergleich der überlieferten Briefe mit den 'Caroline'-Texten die bedeutungsstiftenden Selektionkriterien hinterfragt.

In den spezifischen Konstruktionen 'revolutionärer Weiblichkeit' bereiten die Texte ihre Mainzer Protagonistin auf ihre künftige Rolle im Kreis der Jenaer Frühromantik vor. Diese teleologische Perspektive auf die jakobinische Romantikerin Caroline unterscheidet sich signifikant von sozialistisch-realistischen Fiktionalisierungen vorbildlicher politischer Weiblichkeit aus den 50er Jahren. Der Vergleich mit Forster-Romanen zeigt, daß die Verschiebungen besonders in der Neubestimmung des Verhältnisses vom 'Politischen' zum 'Privaten' virulent werden. Dabei bezeugen die Interdependenzen zwischen revolutionärer Weiblichkeit und Männlichkeit den erzählerischen Konfliktstoff und die geschlechterpolitischen Aporien, in die sich das ideologische Projekt des Jakobinismus begibt, wenn ein weiblicher Charakter zur Hauptfigur eines traditionell männlichen Genres erhoben wird.

Den Perspektivenwechsel, den funktionalen Wandel jakobinischer Weiblichkeit, demonstriert aufs deutlichste das Bild von 'Carolines' traditioneller rezeptionsgeschichtlicher Antagonistin: Georg Forsters Ehefrau Therese Heyne-Forster. Es enthüllt die 'weibliche Privatisierung des Politischen' in den Texten der 80er Jahre.

Das zweite Kapitel geht der Frage nach, inwieweit sich die politisch aktualisierte Perspektive auf das historische Modell frühromantischer Geselligkeit als Versuch einer Synthese des 'Politischen' und 'Privaten' lesen läßt. Dabei kann gezeigt werden, daß in der Konstruktion des Jenaer Kreises als Modell einer oppositionellen Ersatzöffentlichkeit die dominante Kritikfunktion der Neurezeption dieser literarischen Periode liegt. Vor dem Hintergrund der identifikatorischen Aktualisierung frühromantischer Geselligkeit für die DDR-Gegenwart wird kritisch der Anspruch von AutorInnen hinterfragt, als subjektive Repräsentanten einer oppositionellen Ersatzöffentlichkeit fungieren zu wollen. Denn die projektiv rückwärts gewandte empathische Perspektive auf spezifische Formen bürgerlicher Öffentlichkeit des späten 18. Jahrhunderts erlaubt den vergleichenden Ausblick auf den intellektuellen öffentlichen Diskurs der bürgerbewegten Wende 1989. Anhand einer Relektüre der Habermasschen Kritik 'ideologiefreier' bürgerlicher Subjektivität wird auf Parallelen zwischen Mustern der Frühromantikrezeption und dem Diskurs der Wendezeit aufmerksam gemacht.

Die Integration gesamtgesellschaftlich-politischer Fragen in das bürgerliche Projekt einer privatisierten literarischen Öffentlichkeit erforderte in den 70er und 80er Jahren politische Legitimation und diskursive Integration von Gegensätzen. Deshalb fragt das dritte Kapitel nach der diskursiven Funktion des Weiblichen für die Integration des 'Politischen' und 'Privaten'—für die Versöhnung der revolutionären Mainzer Perspektive mit dem frühromantischen Individualismus. Aus dem Programm einer Versöhnung des individualisierten Gesprächs-raums der literarischen Öffentlichkeit mit einer gesamtgesellschaftlich emanzipatorischen Perspektive lassen sich die umfangreichen diskursiven Aufgaben erklären, die Caroline Schlegel im 'Jena' der DDR-Texte zu erfüllen hat. Sie rücken das Geschlecht der Protagonistin explizit in den Vordergrund. Es läßt sich unter drei systematischen Aspekten zeigen, wie die Frühromantikerin 'Caroline' als Muse des revidierten Erbe-Diskurses zu fungieren hat. Die Figur kann die biographische Integrationsleistung von Jakobinismus und Frühromantik nur erfüllen, indem sie (1) harmonisch, (2) gesellig und (3) humani-sierend emanzipatorisch wirkt.

Aus dieser Funktionalisierung ergeben sich dreierlei problematische Konsequenzen: Erstens rufen die Texte zur Nichtbeachtung des literarischen Werks der weiblichen Frühromantik auf; zweitens fixiert die Neubeerbung des subjektiven Idealismus Fichtes, insbesondere des frühromantischen Konzepts der Liebesehe, verschärfend die traditio-nelle Dichotomisierung der Geschlechtscharaktere; drittens folgt aus diesen Privatisierungen des Weiblichen eine politische Verbürgerlichung.

Der Ausblick des Schlußkapitels möchte symptomatische Parallelen zwischen Mustern der feminisierten Frühromantikrezeption und der bürgerlich-feminisierten Öffentlichkeit der Wende aufzeigen. Ich frage nach den Konsequenzen der bürgerlich-privaten Funktion des Weiblichen, wie es im Frühromantikdiskurs artikuliert wurde, für die Zeit des Endes der DDR und ihrer Literatur.

Sofern ich zeige, daß sich in der Geschlechterpolitik der Texte über Caroline Schlegel-Schelling 'The End of the Wall Before the End of the Wall' (Bathrick) abzuzeichnen beginnt, verfährt auch diese Arbeit mit Texten aus der ehemaligen DDR sehr kritisch. Sofern diese Kritik auf verpaßte Chancen hinweist, möchte sie mit den Texten streiten. Sofern diesem Streit das Gegenüber abhanden gekommen ist, ist Kritik, die Veränderung will, nichts anderes—als utopisch.

# Kapitel 1

## Vom Jakobinismus zur Frühromantik: Die Teleologie der Biographie

Westliche Rezeptionen des Lebens der Caroline Michaelis-Böhmer-Schlegel-Schelling konzentrieren sich in der Hauptsache auf ihre Rolle im Kreis der Jenaer Frühromantik (vgl. Dischner 1979, Kleßmann 1975/1992). Die hier untersuchten Texte setzen daneben gewichtige biographische Akzente auf Carolines Aufenthalt in Mainz zur Zeit der Mainzer Republik.

Nach dem Tod ihres Mannes und ihrer beiden jüngsten Kinder verläßt Caroline Böhmer 1788 den Harz. Sie kehrt zunächst von Clausthal nach Göttingen zurück, um schließlich im Frühjahr 1789 zu ihrem Bruder nach Marburg umzuziehen.

Drei Jahre später, im Februar 1792, folgt sie der Einladung ihrer Göttinger Jugendfreundin Therese Heyne-Forster (1764–1829) und zieht gemeinsam mit der ihr einzig verbliebenen Tochter Auguste nach Mainz. Sie ist dort häufiger Gast im Hause des Jakobiners Georg Forster und erlebt im Oktober 1792 die Besetzung Mainz' durch die französischen Revolutionstruppen des Generals Custine.

Am 13. 1. 1793 wird in Mainz der Freiheitsbaum errichtet, zehn Tage später beginnen preußische Truppen die Stadt zu belagern. Im Februar macht Caroline die Bekanntschaft mit dem französischen Soldaten Jean Baptiste Dubois-Crancé, einem Neffen des General d'Oyré, der mit Forster verkehrt. Caroline und Jean Baptiste verbindet eine kurze Affäre, er wird der Vater ihres vierten Kindes, Julius Krantz. Knapp zwei Wochen nach Ausrufung der Mainzer Republik (18.3.1793) flieht Caroline Böhmer gemeinsam u.a. mit ihrer Tochter Auguste und der Schriftstellerin und Übersetzerin Meta Forkel und deren Kindern aus der belagerten Stadt. Auf ihrem Weg nach Frankfurt werden sie von preußischen Truppen festgenommen. Zusammen mit ihrer Tochter Auguste verbringt Caroline die folgenden drei Monate in Gefangenschaft auf der Festung Königstein und im Amtskeller Kronberg.

Von den insgesamt mehr als 300 Briefen, die Caroline Böhmer aus Mainz geschrieben haben soll—u.a. an die Jugendfreundin Luise Stieler-

Gotter, an ihren Freund August Tatter, an August Wilhelm Schlegel in Amsterdam und dessen Bruder Friedrich sowie an ihre Mutter und Geschwister—ist nur ein äußerst schmales Textkorpus von zehn Briefen erhalten geblieben; acht dieser Briefe richten sich an ihren langjährigen Göttinger Freund, den Bibliothekar und Schriftsteller Friedrich Ludwig Wilhelm Meyer.[1]

Angesichts dieses—im Vergleich zu anderen Lebensperioden—in Briefen ausgesprochen dünn reflektierten Lebensabschnittes der weiblichen Hauptfigur ist es sehr bemerkenswert, welch großes Gewicht die DDR-Texte Caroline Böhmers knapp einjährigem Mainzer Aufenthalt zumessen.

## Das Subjekt der Biographie

Sigrid Damm, Volker Ebersbach und Brigitte Struzyk betreiben einen erheblichen narrativen Aufwand, um Böhmers Aufenthalt in Mainz teleologisch als biographischen Wendepunkt und unverzichtbare Voraussetzung ihrer späteren Rolle im Kreis der Jenaer Frühromantik darzustellen. Die historische Kontinuität dieser beiden vier Jahre auseinanderliegenden Lebensphasen (erst im Sommer 1796 zieht Caroline Böhmer nach Jena) konstruieren sämtliche der hier untersuchten Texte in einem streng 'biographischen' Verfahren: Mainzer Republikanismus und Jenaer Frühromantik werden über den lebensgeschichtlichen Entwicklungsweg und die prägenden wechsel-seitigen Einflüsse herausragender 'Persönlichkeiten' miteinander verbunden.

So stellt Damm unmißverständlich fest: "Ohne Forster und die Mainzer Jahre ist ihre [Caroline Schlegel-Schellings] schöpferische Rolle im Kreis der Jenaer Frühromantiker kaum denkbar." (Damm 1979, 20) Neun Jahre später nimmt der Mitteldeutsche Verlag in seinem Klappentext zu Ebersbachs *Caroline* dieses Muster beinahe wörtlich wieder auf; einleitend lesen wir dort:

> Man schreibt das Jahr 1793. Frauen und Kinder verlassen das von Preußen und seinen Verbündeten belagerte Mainz. [. . .] Sie werden der aktiven Beteiligung an der Mainzer Republik verdächtigt. Eine Episode im bewegten Leben einer ungewöhnlichen Frau [. . .]. Caroline [. . .] hat auf ihre Zeitgenossen großen Einfluß gehabt. Die deutsche Romantik, besonders in ihrer frühen Phase, ist ohne sie kaum zu denken.

Die Rezensentin von Ebersbachs Roman, Monika Melchert, unter-streicht diese Verbindungslinie ausdrücklich:

> Zwei entscheidende Höhepunkte sind es, zwei geistige Zentren in Carolines
> Leben, die der Autor aus dem Gang der Ereignisse besonders heraushebt: die
> Begegnung mit Georg Forster und durch ihn mit den Ideen der Französischen
> Revolution und später die Verbindung mit Schlegel und die Zugehörigkeit zum
> Kreis der Jenaer Romantiker. (Melchert 1988, 151)

Und Melchert lobt, mit welch "tiefem inneren Engagement" Caroline Böhmer die "Entwicklung der Mainzer Republik" erlebt habe (151). Auch der Klappentext zu Struzyks *Caroline unterm Freiheitsbaum* akzentuiert—ungeachtet der biographischen Fakten—im historischen Zeitrafferstil solche Kontinuitäten:

> Sie war dabei, als Georg Forster 1792 den Freiheitsbaum für die Mainzer
> Republik pflanzte. Er gedieh nicht lange: Mainz fiel im Juli 1793: Caroline
> geriet mit ihrer kleinen Tochter Auguste auf der Flucht in Haft. 1794 heiratete
> sie in Jena August Wilhelm Schlegel, der sich für ihre Befreiung eingesetzt
> hatte und wird zum Mittelpunkt jener großen Kulturrevoultion, die wir
> "Frühromantik" nennen.[2]

Klaus Günzel, dessen *Romantikerschicksale* sich *sui generis* mehr auf Caroline Schlegels Zeit in Jena konzentrieren, unterläßt es auch nicht, in seiner Einleitung unter der Zwischenüberschrift "Ästhetische Revolution" spezifische politische Kontinuitäten festzuschreiben; Günzel läßt den Samen der männlichen Revolution in der weiblichen Frühromantik aufgehen. Während sich die Mehrheit der deutschen Intelligenz verschreckt vom jakobinischen Terror abgewendet habe, halten "einige jakobinische Agitatoren [. . .] und jene jungen Literaten, die sich kurz darauf in Jena als romantischer Zirkel zusammenfinden werden, [. . .] noch den Devisen von 1789 die Treue [. . .]. Die deutsche Romantik ist geradezu in exemplarischer Weise ein Kind der Revolution" (Günzel 1987, 12, 17). Die welthistorischen Akteure dieser politischen Genealogie sind in Günzels Worten Georg Forster, der "verfemte Revolutionär" (18), "einer der großen Gelehrten der Epoche" (12), und die "gebildete", "mutige", "geächtete[. . .] Frau" (64).

In allen Texten findet sich die direkte Verknüpfung des Mainzer Lebensabschnitts mit Caroline Schlegels späterer Rolle im Kreis der Jenaer Frühromantiker; über einen Kompromiß mit dem offiziellen Erbeverständnis wird es so möglich, die erbepolitisch umstrittene Jenaer Frühromantik historisch folgerichtig als progressive Erbin des Mainzer Republikanismus vorzustellen. In ihren personalisierenden Darstellungsverfahren erheben die Texte ihre Protagonistin zum Zentrum von Geschichte, zum magnetischen Pol, um den andere prominente Subjekte kreisen.

Struzyk zentriert in ihrer persönlichen Nachbemerkung die "herausragenden" Epochen Jakobinismus und Frühromantik um deren exklusives Personal, insbesondere um deren Held und Heldin Georg Forster und Caroline Böhmer:

> Sie kannten sich alle, ohne Rücksicht auf die Etiketten, die wir jetzt auf die Fächer kleben: Aufklärung, Sturm und Drang, Klassik (frühhochspät), Frühromantik, Jakobinismus. Das wirft ein Licht auf die Frühromantik. Eine Lichtquelle war Mainz, blieb Forster. Und Caroline war nicht nur eine anregende Person, sie knüpfte die Fäden. (Struzyk 1988, 186)

Caroline Böhmer wird zum persönlichen Verbindungspol zweier Epochen, zur Fackelträgerin des revolutionären Mainzer Feuers—wenn wir das Bild des Textes ein wenig erweitern wollen. Denn noch während Struzyks Romantiker in Jena Tee "trinken", "sitzt" Forster auch dort "mit an dem Tisch" (Struzyk 1988, 104); in ihrem romantischen Jenaer "Traum" ist Caroline "bei Forster, den sie in den Armen hielt und dem sie etwas sang. Er liebte ihre Stimme. Jetzt summt sie, summt die Marseillaise, so in Gedanken, ohne jeden Hintersinn" (123–124). Die in einer der Hauptrezensionszeitschriften der DDR veröffentlichte Kritik zu Struzyks Ansichtssachen nimmt dieses Deutungsmuster auf: Für Caroline "bleiben [. . .] trotz aller Enttäuschungen die Ideale der Revolution auch in den ihr nach Mainz verbleibenden Jahren Richtwerte" (Streller 1989, 290).[3] Wenn sich historische Ideale so im Individuum inkarnieren, kann dieses zum Träger der Geschichte erhoben werden. Brennpunktartig kondensieren sich weltgeschichtliche Höhepunkte als lebensgeschichtliche Wendepunkte im biographischen Subjekt und zeitigen dort ihre persönlichkeitsbildende Wirkung. Caroline Böhmer findet in Mainz ihre Identität: "in der Auseinandersetzung mit dem weltgeschichtlichen Gehalt der Französischen Revolution [kommt sie] bei sich selbst an" (Damm 1979, 6).

Das biographische Subjekt wird somit auch zum historischen Subjekt, zum Subjekt der Geschichte, das eine entscheidende Funktion bei der Konstruktion historischer Kontinuität erfüllt: 'Caroline' wird zum Bindeglied, das die Zeit zwischen dem Untergang der Mainzer Republik im Frühjahr 1793 und dem ersten Zusammentreffen der Frühromantiker im Sommer 1797 in Jena widerspruchsfrei zu überbrücken vermag. In dieser biographischen Perspektive wird Geschichte "wie eine einzigartige und sich selbst genügende Serie von aufeinanderfolgenden Ereignissen" verstanden, "die kein anderes Band zusammenhält als die Verbindung zu einem 'Subjekt'" (Bourdieu 1991, 114).

So wie Georg Forster "in einem unvergleichlich kühnen historischen Experiment die Französische Revolution" persönlich auf "deutschen Boden hinübertrug" (Damm 1979, 67), so übernimmt Caroline Böhmer persönlich die revolutionäre Botschaft des Jakobinismus und gibt diese wiederum über Friedrich Schlegel an die Frühromantiker weiter. Als "sehr bedeutsam" hebt Damm die "Freundschaft und geistige Partnerschaft" zwischen Caroline und Friedrich hervor: "Unter dem Eindruck dieser Begegnung setzt sich Friedrich Schlegel [. . .] mit der Revolution in Frankreich und mit der Wirkung und Leistung Georg Forsters auseinander." (35)

Historische Vagheit und Undifferenziertheit sind der unvermeidbare Preis einer solchen Überfrachtung eines konkreten Individuums. In der beredten Überhöhung des geschichtsträchtigen biographischen Subjekts müssen historische Widersprüche, Diskontinuitäten und Brüche der revolutionären Bewegung entnannt werden. So fallen z.B. in die Jahre zwischen dem Sturz der Mainzer Republik und Böhmer-Schlegels 'einflußreichem' Wirken in Jena nicht nur der Tod Forsters im Januar 1794, sondern ebenso der Aufstieg und Fall der Jakobiner-Diktatur in Frankreich, der Friede von Basel zwischen Preußen und der Französischen Republik sowie die Niederschlagung der Aufstände gegen das Direktorium. Ein teleologisches Geschichtsverständnis, das sich am linear fortschreitenden Lebens*lauf* von Individuen orientiert, kann jedoch "zunächst disparate Geschehnisse allmählich derart in einen homogenen Bedeutungszusammenhang [integrieren], daß am Ende ein sich selbst genügendes, 'in sich vollkommenes' Ganzes entsteht" (Jauß 1982, 422).

Die Glaubwürdigkeit ihrer Geschichtsteleologie autorisieren die Texte mit der Glaubwürdigkeit ihrer als *authentisch* vorgestellten—'in sich vollkommenen'—prominenten Figuren, zu denen den Lesern mittels unterschiedlicher erzählerischer Verfahren ein identifikatorisches Verhältnis nahegelegt wird.

Caroline Schlegel-Schelling "hatte das seltene Glück", schreibt Damm, "den Persönlichkeiten, mit denen sie in Freundschaft verkehrte oder in Liebe verbunden war, immer zu einem Zeitpunkt zu begegnen, da diese ihre schöpferischste Lebensphase hatten" (Damm 1979, 67). Ihr "früher Tod" habe sie davor "bewahrt" (68), "Kommendes", nämlich den "künstlerischen und geistigen Selbstmord" (67) anderer Romantiker, miterleben zu müssen:

Die Schatten, die in späteren Jahren auf die Genannten fallen, hätten auch ihre Persönlichkeit verdunkeln können. So aber tritt Carolines Gestalt uns in ihrer demokratischen und republikanischen Gesinnung, in ungebrochener Menschlichkeit entgegen. (68)

Wollen wir dies zuspitzen, so war es Caroline Michaelis-Böhmer-Schlegel-Schellings seltenes Glück, früh zu sterben, um als Mainzer Revolutionärin erbepolitisch in die Revision der Frühromantik in der DDR eingreifen zu können. Denn ein

> Leben vom Tode her betrachtet gewinnt seine Ausstrahlung besonders durch die erreichte Identität des Individuums. Eine solche Determination vom Ende bzw. vom Höhepunkt aus erzeugt beinahe notwendigerweise eine erzählerische Konsistenz, die ihre scheinbare Entsprechung in der Chronologie des Lebens erhält. Ästhetische Kohärenz und individuelle Lebenseinheit stützen sich nun wechselseitig (Scheuer 1979, 241).

Wir werden im folgenden jedoch sehen, daß auch ein hohes Alter das biographische Subjekt nicht vor der Glättung seines 'erzählten Lebens' bewahrt hätte. Die 'ästhetischen Kohärenzen', die die hier untersuchten Lebensgeschichten konstruieren, stützen sich nicht allein auf biographische "Konsistenz": Unter politisch und historisch sehr verschiedenen Vorzeichen agiert als heimlicher Regisseur dieses revolutionär-romantischen Frauenlebens hinter den Kulissen von Mainz und Jena das 'Rad der Weltgeschichte'.

Die 'biographische' Weigerung, sich der Offenheit historischer Möglichkeiten zu stellen, korrespondiert mit der Weigerung, sich in der Rezeption der Quellen auf die spezifische Offenheit der brieflichen Texte einzulassen. Denn es kann keinesfalls davon ausgegangen werden, daß Caroline Böhmer immer die 'Wahrheit' geschrieben hat oder daß sich in ihren Briefen (oder den Briefen anderer Zeitgenossen) ein authentisches 'Ich' artikuliert; ebensowenig lassen sich die historischen Briefquellen einfach als dokumentarische Belege von 'Geschichte' lesen.

Eine biographische Rezeption der Briefe leugnet deren literarischen Charakter und nimmt sie lediglich als Spiegel einer authentischen, dokumentarischen 'Ich-Geschichte' wahr. Dabei wird der Textkorpus 'Briefliteratur'—der im späten 18. Jahrhundert durchaus Gattungsanforderungen gehorchte (vgl. Nörtemann 1990, 212)—mit autobiographischen Bekenntnistexten des späten 20. Jahrhunderts verwechselt.[4]

## Briefe als historische Dokumente

Eine dokumentarische Lesart mißachtet nicht nur die "Polyphonie" (Bachtin) und Intertextualität der Briefe, sondern ebenso die Adressatenbeziehung, den spezifischen Antwortcharakter. Empathisch spricht Damm hingegen vom "bekenntnishafte[n], das Innerste enthüllende[n] Ton der Briefe" (1979, 69), liest sie als "intime[. . .], unverstellte[. . .] Selbstaussagen [. . .], als erregende Dokumente einer ungewöhnlichen Persönlichkeit" (12) und proklamiert, daß Caroline Böhmers "Adressat, ein [. . .] eitler Scharlatan, [. . .] völlig unwichtig" sei (69).

Diese verkürzende politische Lesart der Mainzer Briefe, wie sie sich insbesondere bei Damm findet, sieht nicht zuletzt über die strengen preußischen Zensurgesetze hinweg, denen in jedem Fall Böhmers Briefe an ihren in Preußen lebenden Freund Friedrich Wilhelm Meyer unterworfen waren (vgl. Bürger 1990, 192). Mit Christa Bürger können wir deshalb über

> den Grad ihrer politischen Verflochtenheit in Forsters politisches Schicksal [. . .] nur mutmaßen. [. . .] bei den erhaltenen [Briefen] ist davon auszugehen, daß Caroline sich angesichts der politischen Verhältnisse Zurückhaltung auferlegt. Jedenfalls verwendet sie in diesen Briefen einen ironisch distanzierten Chronistenstil, der ihre eigene Position kaum erkennen läßt. (99)[5]

Selbst unter Berücksichtigung des sich Ende des 18. Jahrhunderts langsam etablierenden Briefgeheimnisses muß immer noch davon ausgegangen werden, daß Caroline Böhmers Briefe in ihrer Mehrzahl einen öffentlichen Charakter hatten. Zu dieser spezifischen Öffentlichkeit des Briefes im späten 18. Jahrhundert schreibt Reinhard Wittmann:

> Brief und Freundschaft gehörten untrennbar zusammen [. . .]. Denn da ein jeder Freund wiederum andere Seelenvertraute besaß, wäre es ungehörig gewesen, diesen die intimen Konfessionen seiner Briefpartner vorzuenthalten— so wurden vertraute Briefe an Dritte weitergegeben, in Abschriften verschickt. Das wußte auch der Absender [. . .]. Nicht selten traf man sich des Abends in mehr oder minder vertrautem Kreise, jeder brachte die am Tage empfangenen Briefe mit, und während die Damen strickten, lasen die Herren reihum ihre Korrespondenz vor (Wittmann 1988, 152–153).[6]

Caroline Böhmers Texte aus der Mainzer Zeit haben Teil an den verschiedenen—schriftlich wie mündlich geführten—zeitgenössischen Gesprächen über die Revolution. Daneben verhandeln die Texte Freundschaften und Familiäres, ihr Verhältnis zu den Eltern, zur Tochter und zu ihrer Mutterstadt Göttingen; Reflexionen ihrer augenblicklichen Lebenssituation und persönliche Hoffnungen und Pläne für die Zukunft werden oft in großer Ausführlichkeit den BriefpartnerInnen mitgeteilt. Die Texte nehmen außerdem teil am allgemeinen literarischen Gespräch über Werke zeitgenössischer Literatur und das literarische Leben. Für jeden dieser hier keinesfalls vollständig aufgezählten Aspekte, die in Böhmers Briefen berührt werden, ließen sich Textbeispiele heranziehen.

Schon beim Vergleich von Böhmers und Forsters Briefen aus dem Mainzer Zeitraum ließen sich etliche Parallelen finden; dies meint Ähnlichkeiten sowohl in der Auswahl dessen, was als beschreibenswert erachtet wurde, als auch in der Diktion.[7] Angesichts derartiger Parallelen lediglich von gegenseitigen persönlichen 'Einflüssen' zu sprechen, läßt sich nicht rechtfertigen; nicht nur wegen der lückenhaften Quellenlage, sondern ebenso aufgrund des Verlustes anderer Stimmen des 'Gesprächs des Tages' sind biographische Konstruktionen ausgesprochen kurzsichtig, die singuläre persönliche Einflüsse behaupten.

Eine ähnliche Vielfalt wie auf der stofflichen Ebene kennzeichnet Caroline Böhmers briefliche Texte auf der formalen Ebene; die Autorin durchkreuzt die verschiedensten sprachlichen Stilebenen; eines der herausragendsten Merkmale der Briefe ist Ironie (vgl. Bürger 1990, 84)—und diese ist als solche schon immer vielstimmig. Christa Bürger, die Schlegel-Schellings Briefe einer akribischen philologischen Untersuchung unterzogen hat, weist zu Recht darauf hin und kritisiert, daß die "Rezeptionsgeschichte der Briefe Carolines" sich

> legitimiert gefühlt [hat], in den Briefen nach den Spuren eines gelebten Lebens zu suchen. Diese biographische Reduktion gewinnt ihre Evidenz aus dem konkreten Lebensgehalt der Briefe. So deutlich sich auf deren Hintergrund die Umrisse einer lebendigen Individualität abzeichnen oder abzuzeichnen scheinen (denn das Brief-Ich ist ja auch eine literarische Figur), so wenig geben sich ihre literarischen Verfahrensweisen zu erkennen. (Bürger 1990, 84)

Anstelle einer autobiographisch-reduktionistischen Interpretation der Briefquellen hat Bürger in Schlegel-Schellings Briefen die souverän gehandhabten "literarische[n] Kleinformen" (85) zu identifizieren versucht; als Beispiele für die "Verfügung über literarische Techniken" (90) entdeckt sie z.B. Anekdote, Parodie, Paradoxie, Rhapsodie und Portrait (85–95).

Angesichts dieser Ergebnisse und bei Berücksichtigung des gattungsspezifischen Kontexts kann mitnichten Damm zugestimmt werden, wenn sie die 'Natürlichkeit' Carolines lobend hervorhebt; Damm leugnet nicht nur den literarischen Charakter der Briefe, sondern identifiziert den schriftlichen Stil mit dem Charakter der Autorin: "So natürlich wie sie war, schrieb sie. Sie erarbeitete sich einen Briefstil, der völlig ungekünstelt war. Darin bestand ihre Kunst." (Damm 1979, 68–69) Mit unwesentlichen Einschränkungen ist dagegen Bürgers These zuzustimmen, daß in Carolines Briefen "durchgängig eine Stimmung der Reflexion" herrscht (1990, 91). Keinesfalls sind Caroline Böhmers Briefe lediglich als autobiographische Dokumente zu lesen; als Texte, die dem Genre Briefliteratur angehören, hatten sie gleichwohl den zeitgenössischen Gattungsanforderungen und den Rezeptionserwartungen ihrer Adressaten zu genügen.[8]

Im folgenden soll gezeigt werden, mit welchen Verfahren die untersuchten Texte Caroline Böhmer in Mainz als politisches Subjekt konstruieren—und sie innerhalb weniger Monate in eine vorbildliche Revolutionärin verwandeln.

## Böhmer in Mainz: Die Quellen und die Verschmelzung zweier historischer Kontexte

Generell ist es aufschlußreich, die Texte von Damm, Ebersbach und Struzyk mit den historischen Quellen zu kontrastieren; es soll bei der Untersuchung der Mainzer Periode exemplarisch geschehen, denn gerade an den spezifischen Differenzen zu den Brieftexten und der selektiven Lesart der DDR-AutorInnen lassen sich die biographischen Konstruktionen revolutionärer Bedeutsamkeit aufzeigen.[9] Dabei kann es keinesfalls darum gehen, die Originalquellen als einen 'Gegenbeweis' heranzuziehen, um den 'Wahrheitsgehalt' der DDR-Texte zu falsifizieren. Ein solcher Ansatz bestimmt z. B. Gisela F. Ritchies Untersuchung zur literarischen Schlegel-Schelling-Rezeption. Hier möchte die Autorin "aus der Gegenüberstellung der historischen und fiktiven Gestalt die wahre Caroline um so deutlicher hervor[treten]" lassen (Ritchie 1968, o. S.).[10]

Nicht Rekonstruktion der 'authentischen' historischen Figur, sondern Dekonstruktion eines Konzepts revolutionärer Weiblichkeit im Kontext der DDR-Literaturverhältnisse ist das Ziel der Untersuchung der Mainzer Periode. Bleiben wir uns der den Briefen eigentümlichen Vielfalt und Vielstimmigkeit, d.h. der spezifischen Offenheit der historischen Texte bewußt, kann eine kontrastierende Lektüre erst recht zeigen, welche gewaltsame Begrenzung der historischen und literarischen Figur vonnöten ist, um biographisch-historische Linearität und Geschlossenheit zu konstruieren.

Der folgende Versuch der Dekonstruktion von Entwürfen revolutionärer weiblicher Subjektivität in den Texten Damms, Ebersbachs und Struzyks durchkreuzt verschiedene historische Kontexte. Als solche sind zu nennen die literarischen und politischen

Kontexte sowohl des späten 18. Jahrhunderts als auch der späten 70er und 80er Jahre in der DDR. Verbunden werden diese Kontexte—neben zahlreichen anderen Faktoren—durch eine mehr als zweihundert Jahre während Rezeptionsgeschichte der Texte Caroline Michaelis-Böhmer-Schlegel-Schellings. Jeglicher Text über Schlegel-Schelling ist somit allein im Rahmen der Rezeptionsgeschichte schon immer "vom fremden Wort umhüllt" (Bachtin 1979, 218). Ferner ist es unabdingbar, sich der Historizität der eigenen Lesart und Interpretationsarbeit zu vergewissern. Entschieden möchte sich die vorliegende Arbeit deshalb von solchen Untersuchungen abgrenzen, die versuchen, die verschiedenen historischen Horizonte des späten 18. und 20. Jahrhunderts identifikatorisch und voluntaristisch miteinander zu verschmelzen.[11]

Die historischen Zeugnisse sind insofern aufschlußreich, als sie die Texte und die Figur Caroline Böhmer im zeitgenössischen Kontext zu situieren helfen. Weder läßt sich dabei die historische Realität aus den Individuen heraus erklären, noch sollen andererseits die historischen Spuren des Lebens der 'Hauptfigur' auf den Begriff des bloßen 'Textes' oder des 'Schreibens' (Bürger) reduziert werden. Referenzen auf den Text der Geschichte dienen nicht dazu, historische Identitäten zu fixieren, sondern verdeutlichen vielmehr die konkreten diskursiven Bedingungen, unter denen die historischen ProtagonistInnen ihre Welt wahrnahmen und schriftlich reflektierten. In den DDR-Texten begegnet uns die historische Caroline Böhmer als eine fiktive Figur der zeitgenössischen DDR-Literaturverhältnisse. Die Koordinaten der historischen und der gegenwärtigen Zeit markieren in ihren spezifischen Differenzbeziehungen den rezeptionsgeschichtlichen Rahmen, in dessen Grenzen die historische Figur erbepolitisch aktualisierbar war.

## Caroline Böhmer und das weltgeschichtliche Individuum Georg Forster

Damms biographischer Essay *Begegnung mit Caroline* hat in seiner Konzentration auf den Mainzer Jakobiner Georg Forster für die spätere Böhmer-Schlegel-Schelling-Rezeption in der DDR folgenschwere Akzente gesetzt. Das biographische Subjekt erfährt seine politische Aufwertung im Spiegel einer innerhalb der DDR-Literaturverhältnisse bereits positiv etablierten historischen "Persönlichkeit".[12] Für die erbepolitische Rehabilitierung der Jenaer Frühromantik kommt Caroline Böhmers persönlicher Nähe zum Mainzer Jakobinismus eine

bedeutende Legitimationsfunktion zu.[13] Wie weit der Legitimations-
druck, die Romantik gegenüber dem übermächtigen Vorläufer des
Jakobinismus zu profilieren, noch bis in die späten 80er Jahre
hineinreichte, bezeugen aus umgekehrter Perspektive zwei lobende
Urteile über die gegen-romantischen Forster-Adaptionen Erik Neutschs.
Noch 1989 liest Lutz Richter Neutschs Essay "Georg Forster heute"
(1979) als ein

> interessantes Dokument in der DDR-Literaturgeschichte. Griff doch Neutsch
> auf diese Weise in die literarische Debatte jener Zeit ein, stellte er sich damit
> eindeutig in die Traditionslinie der revolutionären deutschen Literatur und
> Kunst. [. . .] gleichzeitig jedoch ist dieser Essay eine kritische Ausein-
> andersetzung mit der derzeit [!] verbreiteten Rezeption der Romantik durch
> Autoren der DDR. Forsters revolutionäre Konsequenz [. . .] wird den nicht
> selten zögernden, suchenden und auch enttäuschten Helden in der DDR-
> Literatur jener Zeit entgegengestellt. (Richter 1989, 45)

Ingrid Hähnel und Hans Kaufmann sehen Neutschs 'Wahl' des "Helden"
Georg Forster

> möglicherweise in bewußter Entgegensetzung zu der seit reichlich zehn Jahren
> sich ausbreitenden Vorliebe für romantische Unglücksraben. Der kranke und
> in der Hauptstadt der Revolution funktionslos gewordene Forster scheitert
> zwar ebenfalls, jedoch als Revolutionär. (Hähnel/Kaufmann 1985, 30)

Die Diplomatie des Dammschen Textes stellt Caroline Böhmers
persönliche Bekanntschaft mit Forster als einen ihren späteren
Lebensweg dauerhaft prägenden Eindruck heraus: "Für ihre Entwicklung war die Begegnung mit der starken Persönlichkeit Georg Forsters
außerordentlich bedeutsam." (Damm 1979, 20) Forster—die historische
Inkarnation der Revolution—fungiert als entscheidender Katalysator
für Carolines Persönlichkeitsentwicklung: "Der Teetisch, von dem hier
die Rede ist, ist der Georg Forsters, des deutschen Jakobiners. Mit
ihm, beeindruckt und beeinflußt durch seine große Persönlichkeit, erlebt
diese Frau die Mainzer Republik." (6) Und später lesen wir in
Wiederholung ein ähnliches Pathos: "Die Zeit in Mainz wird für Caroline
eine der erregendsten ihres Lebens." (26)

  Volker Ebersbachs Roman *Caroline* funktionalisiert in den Mainzer
Kapiteln (1987, 124–208) die Titelheldin zum Spiegel des eigentlichen
Helden Forster. Weite Passagen sind hier den Arbeiten, Gedanken und
Reden des Jakobiners gewidmet. In diesen Kapiteln scheint es, als ob

hier erneut ein Forster-Roman geschrieben wurde, auf dessen Bühne Caroline Böhmer und andere Figuren lediglich als Kulisse fungieren, um die eigentliche Hauptfigur Forster zu etablieren. Ebersbachs personale Erzählweise holt die Leser dicht an das Geschehen im Heyne-Forsterschen Hause; die Montage historischer Briefzitate in den inneren Monolog oder die erlebte Rede der ProtagonistInnen verstärkt den Authentizitätseffekt und das Identifikationsangebot an die Leser. In seiner Wahl eines in der DDR so populären Genres, der Entscheidung für den historischen Roman, bediente der Autor ausgesprochen konventionelle Rezeptionserwartungen des DDR-Lesepublikums.[14]

Brigitte Struzyks *Caroline unterm Freiheitsbaum* nimmt schon im Titel programmatischen Bezug auf die Mainzer Periode. Die Schreibweise dieses Textes ist vergleichsweise avantgardistisch; in kurzen, oft zwei Seiten nicht überschreitenden Kapiteln und einer Mischung aus dialogisierter Alltagssprache, spielerischer Montage historischer Fakten und literarischer Zitate will die Autorin programmatisch die "Alltagskonturen" der "großen Lebensversuche und Entwürfe" 'aufspüren' (Struzyk 1988, 186) und unterläuft mit diesem Anspruch zunächst geschichtsträchtige Heroisierungen ihrer Figuren.[15] In Struzyks Text symbolisieren Caroline Böhmers Erlebnisse in Mainz nichts Geringeres als die schicksalhafte politische Initiation der Heldin. Gleich zu Beginn nimmt die Autorin ihren programmatischen Titel— *Caroline unterm Freiheitsbaum*—als Überschrift des ersten Erzählstücks wieder auf und verortet die gefangene Revolutionärin im preußischen Kerker in Königstein (Struzyk 1988, 7). Dieses erste Erzählstück steht damit auffällig quer zum sonstigen chronologischen Aufbau des folgenden Textes. Die Rezension Siegfried Strellers schreibt dieses Deutungsmuster ausdrücklich fest. In Struzyks—von der erzählerischen Chronologie abweichendem—politischem "Einstieg" entdeckt der Rezensent den "Drehpunkt" zum Verständnis des runden Ganzen:

> Die Augenblicksbilder folgen der Chronologie des Lebens von der Kindheit an. Vorangestellt aber ist der Umschlagspunkt in Carolines Leben, der Blick der in Königstein im Taunus Eingekerkerten auf die gescheiterte Mainzer Republik [. . .]. Dies also der Einstieg, der Drehpunkt, von dem aus dieses Leben anvisiert wird (Streller 1989, 286, 288).

## Die politische Motivierung der Reise nach Mainz

Schon in den ersten einleitenden Worten zentriert Damm *ab initio* die Lebensgeschichte ihrer Heldin um den *wegweisenden* Pol "Französische

Revolution". Das Mainz der Jahre 1791/92 wird hier direkt an das französische Revolutionsjahr zurückgebunden; Frankreich, respektive Mainz, wird zum Ort der revolutionären Initiation unserer Heldin:

> Als die ersten Meldungen 1789 aus dem revolutionären Paris nach Deutschland dringen, schreibt eine junge Frau: "Ich weiß nicht, wohin ich mich wenden soll, denn die heutigen Zeitungen erhalten so große unerhört prächtige Dinge, daß ich heiß von ihrer Lektüre geworden bin." Wenig später geht die Schreiberin des Briefes, es ist die sechsundzwanzigjährige Caroline Böhmer, nach Mainz, dorthin, wo die Französische Revolution auf deutschen Boden übergreift. (Damm 1979, 6)

Damms starke historische Raffung—"wenig später"—macht vergessen, daß zwischen jenem zitierten Brief Caroline Böhmers aus Marburg an ihre Schwester Lotte Michaelis vom vermutlich späten Herbst 1789 und ihrem Aufbruch nach Mainz noch mehr als zwei Jahre vergehen werden.

Werfen wir einen Blick in Böhmers Briefe aus den zwei Jahren vor ihrem Umzug nach Mainz (1789–91), so weichen die Motive der historischen Stimme, sich nach Mainz zu begeben, erheblich von den Versionen der DDR-Texte ab. Die revolutionären Ereignisse in Frankreich spielen in Caroline Böhmers historischen Texten nur eine relativ marginale Rolle.

Im Frühjahr 1790 hatte Caroline Böhmer ihre Freundin Therese Heyne-Forster in Abwesenheit Georg Forsters in Mainz besucht (vgl. *Caroline* I, 290). Ihr späterer Bericht über diesen ersten Mainz-Aufenthalt soll hier etwas ausführlicher zitiert werden. Recht distanziert und kritisch sind die Urteile über Forster und dessen literarische Arbeiten. Böhmers folgende Reflexionen über den Ehemann und Schriftsteller fehlen in Damms Briefausgabe.[16] Sie schreibt am 1. März 1791 an Friedrich Wilhelm Meyer:[17]

> Forster ist, wie Sie ihn kennen, der schwächste aller Menschen, und schwächer wie er sein könnte, weil er neben ihr [Therese] steht; verdammt mitten inne zu stehn zwischen solchen, die ihm nichts seyn können und denen er nichts ist. Sie sagen von ihm, er mißbraucht sein Talent? nein, er nutzt es, wofür es gut ist, denn es würde nie etwas Großes hervorbringen—er erwirbt sich ein gemächliches Auskommen und damit häusliches Wohlseyn—und durch Arbeitsamkeit Frieden, den sie unterhält, weil er heilsam für das Ganze ist [. . .]. Er schreibt jezt Reisen [*Ansichten vom Niederrhein*, Band 1], in welchen zuviel Gutes für die Menge und zu viel Studium und Haschen nach gefühlvollem Raisonnement für einzelne ist [. . .]. Es waren schöne Abende, wenn wir uns spät noch in einen Nachen setzten und den Rhein hinunter

wiegen ließen. Therese wünscht, ich möchte dort leben können—allein noch seh ich keine Möglichkeit. (*Caroline* I, 209–210)

Ebersbachs Beschreibung des Besuchs in Mainz knüpft an diesen Brief an. Böhmers distanzierte Bemerkungen über Forster kehren sich hier nun in verständnisvolles Mitleid mit dem unglücklichen Ehemann. Gemeinsam mit 'Caroline' ergreift der Autor Partei gegen die Ehefrau. Die kritische Ironie der historischen Stimme gegenüber Forsters Reisebeschreibung wendet sich in "erfrischende" Begeisterung:

> Doch Caroline schien, Forster hätte eher Hilfe nötig, als Therese. Schlechte Stimmung zwischen den gastgebenden Eheleuten machten ihr das Bleiben schwer. [. . .] Caroline erinnerte sich, sah sie in sein überarbeitetes Gesicht, an ihren Böhmer [. . .]. Forster, das erkannte sie, ist überbürdet mit Pflichten fürs liebe Brot, überfordert vom Brotberuf und Übung des eigenen Talents [. . .]. Bei einer abendlichen Kahnfahrt auf dem Rhein beklagte sie [Therese] sich wortreich—Forster saß gedankenverloren ein Stück entfernt—wie sehr sie unter dieser Ehe ohne Liebe litte [. . .]. Caroline las inzwischen die Beschreibung, die *Ansichten vom Niederrhein* waren ihr eine anregende, erfrischende Lektüre, als stammte sie von einem völlig anderen Menschen. (Ebersbach 1987, 121–122)

Noch im Juli 1791 erwägt die historische Stimme Caroline Böhmers nur mit Zweifeln einen Umzug nach Mainz. Sie schreibt erneut an Meyer:

> Sie haben in so fern recht, daß ich mich von jeher gewöhnt habe, nicht auf Hülfsmittel zu bauen, die ich nicht in mir selbst fand.—An einen völlig unbekannten Ort kann ich mich nicht wagen [. . .]. Mainz hätte zwei große Anlockungen—die Gegend—und Forsters, aber es ist auch weniger geschickt, weil es der Veranlaßungen zu Depensen und Prätensionen zu viel hat—und weil ich—nicht aus Ehrgeiz, sondern weil ich fühle, daß es so am besten für mich ist—meinen eignen Weg gehen muß. (*Caroline* I, 222; 11.7.1791)

Auch fünf Monate später unterstreicht die historische Stimme immer wieder ihren Willen zur Unabhängigkeit. Ihre mögliche Zukunft in Mainz verknüpft sie weit weniger mit Erwartungen an Georg, dessen Verhalten sie scharf verurteilt, als an die Nähe zu ihrer in unglücklicher Ehe lebenden Jugendfreundin Therese Forster:

> Vielleicht werd ich Theresen nützlich, und das wird mir viel Freude machen, denn ich weiß sehr gewiß, daß ich ihr nur edle Dienste leisten werde, und die Unabhängigkeit, welche ein Bedürfniß für mich geworden ist, [. . .] nicht dabei leiden kann. [. . .] Forster ist unerträglich [. . .]—und wenn Sie [. . .]

F. billigen können, der doch wißen muß, daß er seines Weibes Herz nicht
besizt,—nun so sind Sie ungerecht—wie die Männer alle. (*Caroline* I, 242;
6.12.1791 an Meyer)

Wiederholt stellt sich die historische Stimme trotzig und ironisch ihrem
Schicksal entgegen:

Daß ich gehn kann, wann ich will, macht, daß ich alles Ungemach zum Trotz
bleibe [. . .] das Geschick und ich haben keinen Einfluß mehr aufeinander—
seine gütigen Anerbietungen kann ich nicht brauchen—seine bösen Streiche
will ich nicht achten (*Caroline* I, 185; 24.10.1789 an Meyer).

Ein ausgeprochen abweichendes Bild vermittelt der Text Ebersbachs.
Nicht anders als Damm unterstellt auch Ebersbach der historischen
Figur politische Motive für den Umzug nach Mainz. Hier macht der
Autor das revolutionäre Schicksal seiner entscheidungsscheuen Heldin
vom politischen Rat Gottfried August Bürgers abhängig:

"Gehen Sie nach Mainz!" hört sie Bürger sagen. "Dort sind Sie Frankreich
näher, und aus Frankreich ist noch Beträchtliches zu erwarten. Seien Sie
weniger schicksalergeben, Madame Böhmer [. . .]." "Sie sind ein wahrer
Freund, Bürger. Ihnen vertraue ich." (Ebersbach 1987, 122–123)

Bürgers autoritative Anweisung ist durch keine Quelle zu stützen, der
Briefwechsel zwischen Bürger und Böhmer ist nicht überliefert. Struzyk
folgt der historischen Stimme Caroline Böhmers, wenn sie nicht wie
Damm und Ebersbach politische Motive, sondern das Bedürfnis nach
Geselligkeit und die Sorge um die Tochter akzentuiert, bevor sie ihre
Heldin nach Mainz aufbrechen läßt: "Und wie weiter? Sie braucht
Menschen. Therese hat geschrieben, Caroline wäre jetzt genau die
Richtige in Mainz. Der Bruder ist erleichtert, als sie die Koffer packt.
Und Guste wird dort wachsen können." (Struzyk 1988, 46)

**Der Mainzer Mentor**
Georg Forsters bildenden Einfluß auf Caroline Böhmer heben besonders
Damm und Ebersbach hervor, und hier spielt Literatur eine entschei-
dende Rolle. Böhmers literarische Interessen müssen entwickelt und
gelenkt werden, wenn sie später das Mainzer Erbe in die romantischen
Kreise von Jena tragen soll. Forster habe—so Damm—"Carolines
Begierde, zu wissen, zu erkennen, gefördert und gelenkt" (Damm 1979,
36). Bei ihrer Ankunft in Mainz läßt Damms Text das biographische
Subjekt zunächst zum literarisch unbeschriebenen Blatt regredieren,

das nun der geistigen Befruchtung Forsters bedarf: Die "vielseitige Persönlichkeit Forsters [gewinnt] für sie eine große Anziehungskraft. [. . .] Forster [gibt] der geistig ausgehungerten jungen Frau genug Nahrung [. . .], um im Spiegel der Literatur das eigene Gesicht zu finden" (22).[18] Damms wiederholte Beschreibung Böhmers als 'junger Frau' (die historische Figur ist zu diesem Zeitpunkt 29 Jahre alt) orientiert nicht nur auf das biographische Entwicklungspotential, sondern richtet sich auch als identifikationsstiftendes Angebot an junge DDR-Leserinnen.[19] Der von Damm behaupteten literarischen 'Gesichts- losigkeit' der Figur—bleiben wir bei den Implikationen des Bildes vom 'eigenen Gesicht'—wurde von der Autorin wenige Seiten vorher noch selbst widersprochen; zu Recht werden dort Böhmers Clausthaler Briefe (1784–88) erwähnt. Schon dort, schreibt Damm, habe Literatur für Caroline "eine existentielle Bedeutung" bekommen, habe sie ein "sich differenzierende[s] Urteil über Literatur" ausgebildet (Damm 1979, 16): "In den Clausthaler Jahren ist Literatur ihr 'Ersatz für die Welt'." (17) Und auch die historische Stimme Böhmers versichert uns: "Seit Clausthal kenn ich keine Langeweile [. . .] mein Herz kennt keine Leere, und beseelt eine mannichfaltige Geschäftigkeit" (Caroline I, 209; 1.3.1791 an Meyer).[20]

Die auffälligen Inkohärenzen und Widersprüchlichkeiten in Damms Charakterisierungen 'Carolines' ziehen sich letztlich durch den gesamten Essay. Die forcierte Abrundung der Figur durch die Ausrichtung auf den Jakobiner Forster will nicht gelingen und muß sich dort in immanente Widersprüche verwickeln, wo sich die Autorin als zu genaue Kennerin der Texte Caroline Böhmers erweist. Es bleibt dabei nicht aus, daß sich die fremde Rede der historischen Figur in die Rede der DDR-Germanistin einmischt. Getönt von der Sprache der Quellen ist der Dammsche Text tendenziell polyphon, und die dialogische Präsenz verschiedener historischer Stimmen unterläuft nicht selten die erbepolitische "Intentionalität" seiner Autorin (vgl. Bachtin 1979, 181).

Ähnlich wie Damm läßt auch Struzyk ihre Heldin literarisch halbgebildet in Mainz eintreffen, und ähnlich dem Verfahren Ebersbachs vermittelt Struzyk diese Halbbildung aus der Figurenperspektive 'Carolines'. Die Szene spielt bei der Begrüßung Carolines durch Therese Forster und Ludwig Ferdinand Huber:

"Das ist unser Huber. Du kennst ihn ganz gewiß aus seinen Schriften." Caroline müßte lügen, sie tut es nicht, und so verneint sie. "Ich habe lange hinterm Mond gelebt, im finstren Wald, wo man noch nicht einmal Goethe kennt." Therese lacht. "Ach, mach dich doch nicht kleiner. Wir wissen doch von Meyer, was du alles konsumiert hast dort in Clausthal!" (Struzyk 1988, 48–49)

Die Selbsteinschätzung der Heldin und der muntere Kommentar ihrer Freundin—die 'Carolines' Koketterie mit männlichem Wissen kontert—verstärken hier den erzählerischen Authentizitätseffekt. Worüber Struzyks Version schweigt, ist die Tatsache, daß es Therese Forster selber und Carolines Schwester Lotte Michaelis waren, die regelmäßig Buchpakete in den Harz geschickt hatten. Um Caroline Böhmers sehr dezidierte Lektürewünsche zu erfüllen, war Lotte Michaelis auf die Hilfe des Göttinger Bibliothekars Meyer angewiesen.[21]

Folgen wir Damm, so findet Böhmer jedoch erst in Mainz ihren literarischen Mentor; hier arbeitet Forster an ihrer Persönlichkeitsfindung, prägt ihr geistiges Profil und regt sie zur Übersetzung französischer Revolutionsschriftsteller an:

> Er bringt Caroline vor allem die große Revolutionsliteratur nahe, macht sie auf Mirabeau aufmerksam, gewinnt sie für die Übersetzung von Mirabeaus Briefen aus dem Kerker an Sophie Menieur, gibt ihr Condorcets Werke zu lesen. In der aufgeschlossenen, progressiven Atmosphäre im abendlichen Zirkel [. . .] gewinnt Carolines Persönlichkeit an geistigem Profil. Die Lektüre wird zielgerichtet, ihr Urteil sicherer. (Damm 1979, 22–23)

Angesichts der Quellenlage muß diese literarische Mentorschaft Forsters vollkommen offen, wenn nicht gar zweifelhaft bleiben. Belegbar ist nur Böhmers Mirabeau-Lektüre.[22] In einem Brief macht sie ihre Freundin Luise Gotter auf Mirabeau aufmerksam. Dieser Brief gibt zugleich ein eindrucksvolles Beispiel ihres zwischen mehreren Ebenen wechselnden, ironisch distanzierten literarischen Stils. Böhmer schreibt ungefähr sieben Wochen nach ihrer Ankunft in Mainz, am 20. April 1792:

> Gelesen hab ich schon viel, und was mehr ist, viel Gutes.—Kent Ihr Mirabeaus Briefe, aus dem Kerker an seine Geliebte geschrieben? ich glaube Reichard übersetzt sie—unter uns, wie will das der kraftlose Mensch anfangen den Äußerungen des Kraftvollsten Sprache zu geben? oder die in eine andre zu übertragen, die im Original, so unaufhaltsam aus der Quelle strömend, zu der Seel, zu dem Herzen, zu den Sinnen redet. Liebe Madam Luise, Du köntest doch auch dergleichen lesen, wenn Du Deine Kleinen [. . .] zu Bett geschickt hast—aber ich weiß, dann wirst Du müde, [. . .] denn Du Gute sorgst für deine nahen Freunde und bekümmerst dich nicht um einen häßlichen Bösewicht, wie der außerordentliche Mirabeau war, der für tausend andre ehrliche Leute noch Tugenden, Talente und Kräfte übrig hatte, und zu vielen wahren Geist um im Ernst ein Bösewicht zu sein (*Caroline* I, 251; an Luise Gotter).

Aufgrund der Quellen können wir davon ausgehen, daß Böhmer Mirabeau übersetzt und versucht hat, hierfür einen Verleger zu finden. Nach den Quellen ist es jedoch wesentlich wahrscheinlicher anzunehmen, daß nicht Georg Forster—wie Damm es vorschlägt—'sie zur Übersetzung gewonnen' habe, sondern umgekehrt, daß Böhmer mit der Bitte um Vermittlung an Forster herangetreten sein wird. Wenige Wochen nach Carolines Ankunft in Mainz bot Georg seinem Berliner Verleger Christian Friedrich Voß Carolines Übersetzungsarbeit an. Am 9. März 1792 schreibt Forster an Voß:

> [E]ine Dame von meiner Bekanntschaft (nicht Madam Forkel!) wünscht Mirabeaus *Lettres originales ecrites du Donjon de Vincennes* mit Hinweglassung alles politischen, und aller Wiederholungen, blos einen Beitrag zur Geschichte des *Herzens* dieses grosen Menschen, zu übersetzen. *Qu'en pensés vous?* Sie hat, was zu dieser Arbeit gehört, eine geübte Urtheilskraft, Geschmack, Styl, und—ich will auch hoffen, das beste und nothwendigste,— Gefühl. Auf allen Fall ist es ein Versuch. Uebersezen wird man doch das Werk. Vielleicht ist es schon von einem andern angekündigt [. . .]. Schreiben Sie mir ja mit umgehender Post, ob Sie das Werk wollen. [. . .] setzen Sie auch hinzu, daß Sie *einen Dukaten* p. Bogen geben wollen. Man muß die Leute nicht verwöhnen. So lernen sie, sich ein wenig Mühe geben. Ich will die Uebersezung dann flüchtig durchlaufen, eh sie abgeschickt wird, damit ich der Uebersetzerin doch auch eine Gefälligkeit erweise. (Forster 1989, 59)

Der Versuch kommt zu spät, am 27. März schreibt Forster erneut an Voß: "Daß die gute Madame Böhmer mit ihrer Übersetzung von Mirabeaus Correspondenz zu spät kommen würde, habe ich voraus geahndet. Ich empfehle Sie Ihnen für eine andere Gelegenheit." (Forster 1989, 84)[23] Drei Monate später macht Böhmer in einem Brief an Meyer noch einmal die Dringlichkeit deutlich, mit der sie ökonomisch auf das Übersetzungsgeschäft angewiesen ist:

> Mir thät es auch noth zu übersezen ums tägliche Brod—aber es ist noch nicht so weit gedihn, troz einiger Versuche. Sie glauben nicht, mit welcher Geduld ich alle *solche* fehlgeschlagne Pläne ertrage, und fest auf die göttliche Vorsehung traue.—*Alles* schlägt mir fehl. (*Caroline* I, 258; 29.7.1792 an Meyer)

Caroline Böhmers Leseempfehlung an die Freundin Luise Gotter, ihre kritischen Kommentare zur 'kraftlosen' Übersetzung Heinrich August Ottokar Reichards und nicht zuletzt Georg Forsters Empfehlungen an seinen Verleger könnten in keinem größeren Kontrast zu dem Bild stehen, das Ebersbach und Struzyk ihren LeserInnen von den Ambitionen und Fähigkeiten Caroline Böhmers malen.

Ebersbachs Version könnte die Figur kaum weiter von der historischen Stimme entfernen. Wir begegnen hier einer Kinderfrau, der es an Geduld und Ausdauer für literarische Übersetzungen fehlt:

> Manchmal spürt Caroline Lust, von Forsters überfülltem Bücherbord die eine
> oder andere Neuerscheinung aus London und Paris zu entwenden und ums
> liebe Brot zu übersetzen. Zeit hat sie, aber nicht sein Sitzfleisch. Die Kinder
> laufen schreiend oder weinend durch die Wohnung. (Ebersbach 1987, 130–
> 131)

Böhmers Mirabeau-Lektüre nimmt der Autor zum Anlaß, seine Heldin
an ihrer eigenen Urteilskraft zweifeln zu lassen. Die Maßstäbe ihres
Urteils hat die Figur in Forster zu suchen:

> Vielleicht hat sie Mirabeau bisher ganz falsch verstanden? [. . .] Ein Adliger,
> der mit seiner verkommenen Gesellschaft gebrochen hatte, um dem dritten
> Stand zu dienen, aber mit Maß, mußte verachtet sterben, verschrien als Verräter.
> Beklagt nicht Forster oft, daß diesem Jahrhundert das Maß fehle? (138)

Nicht anders als bei Damm ist auch Ebersbachs 'Caroline' ein literarisch
leeres Blatt, das erst von Forster "neuartig" beschrieben wird:

> [A]us allem, was er fürs Brot schreibt [macht er] ein Podium für eigene
> Gedanken, neuartige Ideen, oft genug unübliche. So wird alles Lesestoff für
> Caroline, der *Ansichten vom Niederrhein* zweiter Teil, der ihr noch [!] besser
> als der erste gefällt, eine neue Schrift über Cook [. . .].Überall findet sich
> etwas in Forsters Schriften, das den Horizont des Europäers weitet. (130–
> 131)

Wir erinnern uns an Böhmers kritisches Urteil über Forsters ersten
Band der *Ansichten*. Sie nimmt diese Kritik später noch einmal auf,
wenn sie den zweiten Band lobend in einem Brief an Meyer erwähnt;
doch auch diesem Lob fehlt es wiederum nicht an distanzierender Ironie:
"Der 2te Theil von Forsters *Ansichten* ist beßer wie der erste—wandelt
nicht so sehr auf Cothurnen—und unterrichtet. Mitunter schreibt er
doch allerliebste Dinge." (*Caroline* I, 258; 29.7.1792 an Meyer)

Nicht selten legt Ebersbach literarische Urteile der historischen
weiblichen Stimme männlichen Figuren in den Mund. Zweimal finden
sich in Böhmers Briefen recht kritische Kommentare zu Goethes *Der
Groß-Kophta*. Ein "bloßes Gelegenheitsstück" bemerkt sie gegenüber
ihrer Freundin Luise Gotter (I, 252; 20.4.1792); ähnlich Kritisches
lesen wir im Brief vom 29. Juli 1792 an Meyer: "Göthens *Gros-Cophta*
ist im Schlafe gemacht—sein Genius hat wenigstens nicht Wache dabey
gehalten." (I, 260) Beinahe wörtlich läßt Ebersbach diese historischen
Worte der Caroline Böhmer über Goethe den Jakobiner Forster
sprechen; und als unterliege das Unbewußte des Autors einem
Geständniszwang, muß die weibliche Figur ihre Entmündigung mit
einem lauten Schweigen kommentieren:

> Forster vor allem [. . .] wollte sich versichern, ob keine böse Absicht [. . .]
> dahintersteckte, die man einem Großen ungern zutraut. Hat er das Stück im
> Schlaf gemacht? Sein Genius ist dabei jedenfalls nicht auf Wacht gewesen. So
> deutlich fragte sie nicht. (Ebersbach 1987, 156)

Auch Goethe darf schließlich mit der historischen Stimme Caroline Böhmers Selbstkritik üben: "Goethe [. . .] gab zu, er habe sich nicht für zu gut halten wollen, ein Gelegenheitsstück zu machen" (156).

Struzyks Text läßt die literarischen Übersetzungen der historischen Figur nicht wie Ebersbach im Kindergeschrei, sondern in kichernder Albernheit untergehen. Die lockere 'alltägliche Frechheit' der Dialoge wird hier unterlaufen von der Machtstruktur innerhalb des Figurenensembles; der Text situiert Forster in der dominanten Position des richtenden und begehrenden Beobachters, wenn Caroline, Meta Forkel und Georg soeben zwei französische Kommissare verabschiedet haben:

> Als die Haustür klappt, schütten sich die beiden Frauen aus vor Lachen. Forster
> lächelt anerkennend. Er nimmt sie rechts und links, wendet den Kopf nach
> hier und dort. "Ihr seid zwei wunderbare Weiber! Wenn wir so weitermachen,
> wir könnten Menschen werden." Da kichert Caroline. "Ich will aber partout
> nicht übersetzen. Es macht mir ganz bestimmt den Spaß an Sprachen nur
> kaputt. Wenn ich an meinen Vater denke . . ." (Struzyk 1988, 70)

Hatte die historische Stimme Caroline Böhmers darauf bestanden, daß sie ihre "Existenz [. . .] eignen Bemühungen verdanke, [. . .] weil ich [. . .] meinen eignen Weg gehen muß" (*Caroline* I, 222; 11.7.1791 an Meyer), und hatte sie wiederholt ihre "sehr entschiedne instinktmäßige Neigung zur Unabhängigkeit" betont (I, 298; 15.6.1793 an Meyer), "welche ein Bedürfniß für mich geworden ist" (I, 242; 6.12.1791 an Meyer), läßt Struzyks Text eben dieses Emanzipationsbedürfnis den männlichen Helden artikulieren—um weibliche Unselbständigkeit zu korrigieren: "Forster belehrt sie: 'Du willst ein Mensch sein. Da mußt du arbeiten. Stellst du dich nicht ganz klar auf deine eigenen Beine, so bleibst du immer nur ein Weib, das stets versorgt sein muß, also Sklave bleibt.'" (Struzyk 1988, 70) Auch in späteren Abschnitten des Textes, in den feuchtfröhlichen Reminiszensen an die Mainzer Zeit, verfolgt Struzyk diesen Faden weiter. Lange nach Caroline Schellings Jenaer Zeit werden die LeserInnen Zeugen des Wiedersehens mit den ehemaligen Mainzer Gefährtinnen Meta Forkel und Therese Heyne-Forster-Huber (1803 in Murrhardt): "Sie trinken reichlich Wein. Und sie reden, reden. . .", wobei Struzyks 'Caroline' sich fragen lassen muß: "'Weißt du noch, wie Forster dich zum Übersetzen zwingen wollte. . .'" (Struzyk 1988, 162)

Sowohl Ebersbach—der seiner Heldin durch den Mund Gottfried August Bürgers 'Schicksalsergebenheit' unterstellt hatte—als auch Struzyk bringen in diesen Konstruktionen die selbstbewußte historische Stimme Caroline Böhmers zum Schweigen, übertönen sie autoritativ mit männlicher Figurenrede. Beide Texte verleugnen zudem die literarischen Übersetzungen der historischen Figur.

Welchen geschlechterpolitischen Interpretationsspielraum die Lücke in den Quellen offen läßt, zeigt die konstrastierende Lektüre eines Forster-Romans von 1956. Dreißig Jahre vor Ebersbach und Struzyk hatte Friedrich Döppe hier noch ganz andere Akzente gesetzt; im Vergleich mit den Texten der 80er Jahre gestaltet Döppes Text einen Geschlechtertausch. Die Szene spielt in Mainz, hier jedoch nicht in Georg Forsters Haus, sondern in Caroline Böhmers Wohnung. Döppe schildert das erste Zusammentreffen mit Forster, der—von einem Regenguß überrascht—Böhmers Einladung zum Tee gefolgt ist. Forster schaut sich neugierig in 'Karolines' Zimmer um und erspäht den

> Damensekretär [. . .] darauf ein Buch. Forster versuchte den Titel zu entziffern. Karoline, das bemerkend, stand auf und legte das Buch auf den Tisch. "Sie werden es kennen: Mirabeaus Briefe, die er aus dem Gefängnis an Sophie schrieb, seine Geliebte." Forster hatte davon reden hören, aber er kannte das Buch nicht. Karoline begann zu blättern, als suche sie eine bestimmte Stelle. "Die Übersetzung ist mager. Aber wie soll auch der kraftlose Reichard die Äußerungen eines solchen Mannes übersetzen?" [. . .] Sie fragte, ob sie ein wenig aus Mirabeaus Briefen vorlesen dürfe. Er bat darum. Sie las und versuchte, diesen und jenen Ausdruck der schwachen Übersetzung zu verbessern, so, wie es ihrer Meinung nach dem Original näherkam. Als Forster nach mehr als einer Stunde ging, fand er sich fast ein wenig abenteuerlich. (Döppe 1982, 89, 91)

## Der politische Lehrer

Doch nicht nur literarisch, sondern insbesondere politisch lassen die Texte ihr biographisches Subjekt kontinuierlich an Forster wachsen. 'Caroline' erreicht dabei eine 'revolutionäre Größe', die weit über das hinausreicht, was angesichts der historischen Quellen vertretbar erscheinen könnte.

Unbestreitbar ist, daß das sich in den Briefen artikulierende Ich den revolutionären Ereignissen mit Sympathie begegnet ist; dies lassen die wenigen Briefstellen, die sich auf die Mainzer Politik und auf Forster beziehen, vermuten.[24] Ausgesprochen problematisch ist jedoch ein erzählerisches Verfahren, daß die Lücken der Quellen nicht als Lücken kenntlich macht, sondern diese auffüllt und die schriftlichen Fragmente eines vermeintlich 'authentisch' 'dokumentierten' Lebens zu einer Geschichte montiert, die der Teleologie zur Harmonie eines Entwicklungsromans folgt.

Um den 'stetigen Reifungsprozeß' seiner 'jungen' Heldin zu unterstreichen, arbeitet Damms Text konsequent mit dem Prinzip der Steigerung; so geht 'Carolines' literarische Bildung nun im weiteren Horizont der Politik auf:

> Was sie aber vielleicht an Georg Forster am meisten fasziniert, ist seine Fähigkeit, sie aus dem engen Bereich des nur Literarischen herauszuführen, ihr den Blick für soziale und politische Vorgänge zu schärfen. [. . .] Die wenigen erhaltenen Briefe aus Mainz—übrigens die einzigen Zeugnisse eines weiblichen Zeitgenossen überhaupt—belegen eindrucksvoll die Entwicklung von Carolines weltanschaulichem und politischem Urteil. (Damm 1979, 23–24)[25]

Aufmerksamkeit verdienen gerade in dieser Hinsicht Damms Kriterien für die Briefauswahl. Von den "wenigen erhaltenen", d.h. von den zehn überlieferten Briefen druckt die Herausgeberin schließlich nur acht ab. Es fehlen ein relativ kurzes Schreiben an Meyer vom September 1792 und—weitaus gewichtiger—der beinahe fünf Druckseiten umfassende Brief vom 16. Oktober 1792.[26] Fünf Tage vor der Übergabe der Stadt an den französischen General Custine gibt die historische Stimme in diesem Brief politische Kommentare, die zum Bild der 'reinen Revolutionärin' in unbeirrter Haltung nicht passen wollen. Ausgesprochen schroff urteilt Caroline Böhmer z.B. über Gottfried August Bürgers *Revolutionsepigramme*: "Bürger dünkt sich sehr groß in seinen Epigrammen—aber er muß jedem rechtlichen Menschen sehr klein und pöbelhaft vorkommen, und noch obendrein witzlos." (*Caroline* I, 272; 16.10.1792 an Meyer) Ganz ohne revolutionäres Pathos, sondern eher distanziert belustigt kommentiert die historische Stimme den Anmarsch der französischen Truppen:

> [L]eider sind wir nicht weggenommen worden—bis Worms drang Custine vor [. . .]. Voreilige Demokraten haben schon an dem Tage, wo ein betrunkener Husar, der eine Heerde Kühe gesehen hatte, [. . .] das Ende des Churfürstentums vor Augen gesehen und die dreyfache Cocarde—in der Tasche getragen—daß das alberne Leut waren, die nicht zu meinen Freunden gehören, versteht sich. Wir hatten gar keine Besazung—die paar Reichstruppen liefen weg (I, 272-273; 16.10.1792 an Meyer).

Welch' anderen Ton schlägt Damm hingegen an. Gefangen im "Strudel" ihrer biographischen Revolutionierung findet sich unsere DDR-Heldin in die Alternative des politischen Entweder-Oder 'gezwungen':

> Im Strudel sich überstürzender politischer Ereignisse, im Zwang der Alternative, sich zur feudalen Reaktion zu bekennen oder den revolutionären Kräften anzuschließen, arbeitet sich Caroline zu entschieden republikanischen Positionen durch. (Damm 1979, 23)

Kämpferisch-programmatisch schreitet Damm im abstrakten Leitartikelstil fort:

> Sie [. . .] wird nun unter Forsters Einfluß auf das Problem der Emanzipation der Massen aufmerksam, spürt, daß die unteren Schichten mit ihrer Moralität die Basis der Nation darstellen. [. . .] wie Forster beurteilt sie—und das tun wenige Intellektuelle damals—die revolutionären Vorgänge (23).

Reibungslos adaptiert Damm das Leben Böhmers der Politik Forsters; in einem bloßen Entsprechungsverhältnis hat ihre politische Haltung die revolutionäre Größe des Jakobiners zu ergänzen:

> "Für das Glück der kaiserl. und königlichen Waffen wird freylich nicht gebetet", schreibt Caroline. Eindeutig anti-feudal ist ihre Haltung: "die Despotie wird verabscheut".—"Das rothe Jacobiner Käppchen" aber lehnt sie ab, von "reife(r) edle(r) Unparteylichkeit" spricht sie Anfang August. Diese gemäßigte politische Haltung entsprach durchaus Forsters derzeitigem konkreten politischem Engagement in Mainz—er war vorerst kein Parteigänger des Clubs. (24)

Auf Forsters gleichgesinnten Spiegel reduziert, verliert sich jedoch nicht nur die intellektuelle Selbständigkeit der historischen Stimme. Dort wo die Quellen stumm bleiben, kann das Schweigen der historischen Figur als Einfallstor in den politischen Projektionsraum 'Caroline' fungieren. Die offenkundige Lücke wird nun mit der historischen Stimme Forsters 'kolonisiert' (vgl. Fehervary 1979). Caroline denkt die Gedanken Georgs: "Forster lehrt sie verstehen, daß die Mainzer Revolution [. . .] wie er sagte [. . .] als 'eins der großen Mittel des Schicksals, Veränderungen im Menschengeschlecht hervorzubringen', [zu betrachten ist]" (Damm 1979, 28). Auch der Struzyk-Rezensent Siegfried Streller füllt den Projektionsraum mit politischer Gleichgesinnung: "Zentral ist Carolines Nähe zu den revolutionären Gedanken, ihre Nähe zu dem, was Forster vertritt und anstrebt" (1989, 290).[27]

Aus Caroline Böhmers vier letzten Monaten in Mainz sind lediglich zwei Briefe überliefert. Der letzte längere Brief datiert vom 17. Dezember 1792. Die beiden folgenden, sehr kurzen Briefe vom 24.

Januar und 18. März 1793 richten sich an Luise Gotter und an deren Ehemann; in beiden verhandelt Böhmer Abreisepläne. Beide Briefe, in denen sie praktisch um politisches Asyl bei ihrer Freundin nachsucht, sind aus einer großen Defensive heraus geschrieben. Ihre politischen Äußerungen in diesen einzigen Briefen vom Frühjahr 1793 lesen sich so—am 24. Januar 1793 schreibt sie ausgesprochen nüchtern an die Freundin: "Sag ihm [Deinem Mann] zu seiner Beruhigung, daß ich den Mund nicht öfnen werde über Politika, sobald ich über die freye Gränze bin." (*Caroline* I, 282; 24.1.1793 an Luise Gotter) Und fast zwei Monate später lesen wir in Böhmers Brief an Gotters Ehemann:

> Mein Nahme ist proscribirt—das weiß ich—gut, daß ich nicht selbst den Fluch über ihn gebracht, denn ein Fluch ist nicht so ehrenvoll wie der andre. [. . .] Ich denke nicht lange Ihre Wohnung zu verengern, aber es ist mir ein großer Dienst, daß Ihr mich für den ersten Augenblick aufnehmen wolt. (I, 282; 18.3.1793 an Friedrich Wilhelm Gotter)

Wollten wir die historische Stimme nach ihrer Haltung zur Errichtung des Freiheitsbaums (13. Januar) oder zur Ausrufung der Mainzer Republik (18. Januar), wenn nicht gar zu Georg Forsters Politik im Jakobinerklub befragen, so bleibt nur so viel festzuhalten: Hinsichtlich der Quellenlage herrscht hier nichts als Leere. Schilderungen der historischen Caroline Böhmer über 'ihr gemeinsames Erleben der Mainzer Republik mit Forster' (Damm) sind nicht überliefert. Und auch in Forsters äußerst rare briefliche Äußerungen über Caroline Böhmer fällt es schwer, mehr als distanzierte Freundlichkeit hineinzulesen.[28]

Nichtsdestotrotz füllen die DDR-Texte diese biographischen und politischen Leerstellen äußerst beredsam. Damm situiert Böhmer während der ersten Monate des Jahres 1793, die von starken Zerwürfnissen innerhalb des Jakobinerklubs geprägt waren, 'fest an der Seite' Forsters:

> Sie durchlebt mit ihm gemeinsam die vier schwierigsten Monate [. . .]. Caroline sieht, wie Georg Forster als "öffentlicher Beamter vor dem Volk" konsequent seinen eingeschlagenen Weg zu Ende geht. [. . .] Caroline hält zu ihm. Sie bekennt sich [. . .] gerade in der Phase seiner direkten revolutionären Tätigkeit unbeirrt zu ihm. (Damm 1979, 27–28)

Wenig später wird die lineare biographische Zielstrebigkeit des Jakobiners nochmals betont: Trotz politischer Zweifel "geht" Forster "aber unbeirrt seinen Weg" (29).[29] Eine vergleichbare Metapher legt auch Struzyk ihrer Heldin in den Mund. Nicht anders als in den Texten

Damms oder Ebersbachs wird Caroline Böhmer auch hier zum Sprachrohr historischer Zitate des Jakobiners funktionalisiert:

> Sie nimmt ihn in den Arm. "Mein guter Forster. Ich habe viel von dir gelernt. 'Den Menschen zu erhalten und ihn glücklich zu machen, sind die beiden großen Probleme der Staatskunst.' So sagt Georg Forster. Ich bin dabei. Ich mache kleine Schritte auf dem langen Marsch. Ich gehe stets an eurer Seite, auch durch dick und dünn". (Struzyk 1988, 79)

William H. Epstein hat gezeigt, wie die Metaphern des 'geraden' 'unbeirrten' 'Weges' als konstitutive Bausteine des biographischen Genres funktionieren; die Biographie versucht die chaotische Fülle zu bändigen und in das Kontinuum linearer Geschichten zu zwingen. Der richtungweisende Lebens*lauf* fungiert somit, wie Epstein festhält, als wesentliches Identifizierungsmerkmal ("generic recognition") des biographischen Genres:

> the image of "the lines of life" [. . .] as 'straight' paths, roads, gates, or ways is a familiar one in Western culture. [. . .] Intersecting in the nineteenth century with the emergent cultural notion of the 'career', these straight lines are subsumed in a 'doctrine of pursuits' that comes to regulate the generic recognition of the 'life-course'. (Epstein 1987, 139)

Eine auf erzählerische Kohärenz bedachte, narrative Parallelisierung der Leben Caroline Böhmers und Georg Forsters verschmilzt beide zu dem großen historischen Subjekt der revolutionären Bewegung. Die verschiedenen Stimmen der historischen Figuren werden dabei hinter der geglätteten Fassade der Weltgeschichte zum Verschwinden gebracht. Ein revolutionärer Geschichtsvoluntarismus liefert die Schablone, in der sich die Figuren der Geschwindigkeit des 'Rades der Geschichte' entsprechend zu bewegen haben:

> What all this points to is a familiar premise of conventional generic wisdom: if the life-course is a straight line (of duty), than narrative overtakes it by tracing a curve of pursuit (a line of beauty) that, although adrift and in constant motion, is ultimately compliant, as it seeks, chases, attacks, and prosecutes in order "to proceed in accordance with", that is, to reproduce and celebrate in biographical discourse the straight lines of moral rectitude and professional careerism already inscribed in cultural discourse. (Epstein 1987, 142–143)

In der Teleologie des Dammschen Erzählstroms folgt auf Böhmers politischen "Enthusiasmus" im Januar 1793 die "Enttäuschung". Auch diese Konjunktur ihrer revolutionären Gefühlslage wird streng mit den Einschätzungen Forsters parallelisiert, um nun ihre Abreise aus Mainz zu legitimieren:

> Im Januar bereits steht der Ausgang der Revolution fest. Forster selbst sagt es in seinen Briefen. [. . .] Auch Forster hofft, aus dem "politischen Geschäft aussteigen zu können" [. . .]. Deutlich ist ab Januar ein Umschwung auch in Carolines politischen Ansichten erkennbar: Der Enthusiasmus wird von Enttäuschung abgelöst. Als Georg Forster am 25. März 1793 im Auftrag der Mainzer Revolutionäre nach Paris aufbricht, zögert sie nicht länger. Wenige Tage später verläßt sie [. . .] Mainz. (Damm 1979, 29)

Hinsichtlich der Motive ihrer angeblich seit Januar politisch enttäuschten Heldin kann sich Damm nur auf Böhmers nachträgliche Darstellung der Ereignisse—ihren großen Verteidigungsbrief aus der Gefangenschaft in preußischer Festungshaft—verlassen (aus Kronberg am 15. Juni 1793). Berücksichtigen wir den lebensbedrohlichen Kontext dieses Briefes, so müßte sich eine dokumentarische Lesart verbieten. Mit ihrer achtjährigen Tochter seit Monaten im Kerker, öffentlich als Jakobinerin und Geliebte des 'Hochverräters' Forster verschrien, darüber hinaus unentdeckt schwanger von einem französischen Besatzungsoffizier—in dieser verzweifelten Situation mußte Böhmer alles daran setzen, ihren Adressaten und die mitlesenden Zensurbehörden nicht minder von ihrer Unschuld zu überzeugen:

> Mir kan nicht genügen an dieser bedingten Freyheit—ich muß *bald* vom Schauplatz abtreten können, wenn ich nicht zu Grund gehen soll. [. . .] Ueber meine Schuld und Unschuld kan ich Ihnen nur das sagen, daß ich seit dem Jänner für alles politische Interreße taub und todt war—im Anfang schwärmte ich herzlich, und Forsters *Meinung* zog natürlich die meine mit sich fort—aber nie bin ich öffentliche noch geheime Proselytenmacherin gewesen, und in meinem Leben nicht aristokratisch zurückhaltender in meinem Umgang, als bey dieser demokratischen Zeit. Von allem, deßen man mich beschuldigt, ist *nichts* wahr. Bei der strengsten Untersuchung kan nur *eine* Unvorsichtigkeit gegen mich zeugen [. . .]. Du mußt mir auf mein Wort glauben—es ist sehr möglich, daß es das lezte ist, was ich zu Dir rede. (*Caroline* I, 297; 15.6.1793 an Meyer)

## Die weibliche mittlere Heldin: Privatheit, 'Volk' und 'gesunder Menschenverstand'

Die auf Damms Essay aus den späten 70er Jahren folgenden Texte der 80er Jahre verlagern das Gewicht von der politischen *Entwicklung* der Mainzer Heldin weg; in sehr unterschiedlichen erzählerischen Verfahren situieren Ebersbach und Struzyk ihre weibliche Hauptfigur weit eher in der Privatsphäre der 'Mainzer Republik'. Verglichen mit der politisch heroisierenden Konstruktion Damms kennzeichnet diese Rolle, die das Schwergewicht auf die private Begleitung männlicher Politik legt, eine Verschiebung im Verständnis der Geschlechterpolitik. Im Kontext der Erbepolitik signalisiert eine solche 'Privatisierung' des weiblichen Revolutionärs, der jetzt nur noch 'mit kleinen Schritten stets an Forsters Seite geht' (vgl. Struzyk 1988, 79), einen bezeichnenden Paradigmenwechsel; die politische Funktionalisierung des Privaten wird uns im Zusammenhang der Frühromantik eingehender beschäftigen.

Nicht Damms geradliniger Weg vom politisch unbeschriebenen Blatt zur gleichgesinnten Jakobinerin zeichnet Ebersbachs revolutionäre Heldin aus; vielmehr gesteht der Autor seiner Figur vergleichsweise wenig politische Entwicklungsmöglichkeiten zu. 'Carolines' politische Stärken vermitteln sich hier im wesentlichen in verständnisvoller Weiblichkeit und realitätsverbundener Mütterlichkeit. Regiert wird der Text durchgehend von einer patriarchalen Norm. Diese durchzieht die Erzählstruktur, wenn die weiblichen Stimmen den männlichen untergeordnet werden, und manifestiert sich ebenso in der geschlechtsspezifischen Klischierung der Figuren auf der semantischen Ebene.

Forster ist der "Gutinformierte, scharfsinnig Schließende, den man meist mit einer Zeitung in der Hand antrifft" (Ebersbach 1987, 131–132). Kühler, überlegener Intellekt, hohe Bildung und Wissensdurst prägen das Erscheinungsbild des im Dienste der politischen Sache unaufhörlich arbeitenden Mannes: "Blaß, beinahe weiß" (127) sein Gesicht, die "breite klare Stirn durchziehen, obwohl er noch keine Vierzig ist, feine, tiefe Falten. Die Augen, noch immer hell, weit, offen, klar liegen in wächserne, von Nachtarbeit umschattete Lider gebettet" (129–130).

Böhmers Politik ist die Politik des Privaten, die in der dankbaren, zuweilen auch distanzierten, Bewunderung für Forster aufgeht: "Caroline hat Grund, sich politisches Gespür zuzutrauen. Fast alles kommt wie erwartet. Das verdankt sie Forster, seinen Teeabenden, Zeitungen, Büchern." (152) Ebersbach etabliert seine Heldin als fürsorglichen Engel der Revolution, unter dessen Fittichen Forster und die Mainzer Klubisten vor weiblichem Publikum (neben Caroline Böhmer und Therese Forster die Schriftstellerin Meta Forkel[30]) Fragen von welthistorischer Bedeutung diskutieren können. Caroline Böhmers Part geht weitgehend in der Rolle der idealen, weil schweigsamen Zuhörerin auf; die paternalisierende Struktur des Textes präsentiert den Lesern die Figur als lernwillige Hörmuschel der Gedanken Forsters: ihr "entgeht jetzt kein Satz" (135), sie "lauscht nur noch Forsters Worten" (144), "[n]och eine Frage muß sie ihm stellen, ein andermal würde er sie müde übergehen" (137). Auch die Stimmen anderer Klubisten verblassen hinter der Redegewalt des Jakobiners: "Was dann in Rede und Gegenrede folgt, will sich Caroline nicht voll erschließen. Immer prägt sich ihr ein, was Forster sagt, sie denkt darüber nach und versäumt den Fortgang der Debatte" (132). Andere Beiträge zur Diskussion erhalten erst ihre Legitimation, wenn Forster oder sein Medium 'Caroline' ihnen zustimmt: "Hofmann beklagt das Auftreten der adligen französischen Emigranten. Caroline horcht auf, da Forster ihm beipflichtet" (133).

Den Authentizitätsanspruch seines Textes unterstreicht Ebersbach durch die kontinuierliche Einarbeitung originaler Briefzitate (aus Böhmers, Forsters und anderen zeitgenössischen Briefen); die historischen Stimmen der Quellen werden dabei jedoch meistens, dicht dem Original folgend, in wesentlichen Aussagen umformuliert; aufgrund dieses pseudo-dokumentarischen Verfahrens bekommen die in solchen historischen Zitaten entworfenen Figuren-Bilder ein besonders autoritatives Gewicht: Die historische Rede ist als fremde Rede identifizierbar, und die Leser werden mit der Autorität der Quelle konfrontiert.

Ebersbach vernichtet das politische "Gespür" der historischen Figur, wenn er die politische Stimme Caroline Böhmers aus dem historischen Kontext herauslöst. Hatte die historische Figur in Vorbereitung ihrer Flucht aus Mainz um heimliche Aufnahme bei ihrer Freundin Luise Gotter gebeten und zur "Beruhigung" des Ehemannes versichert, sie werde "den Mund nicht öfnen [. . .] über Politika, sobald [sie] über die freye Gränze" sei (*Caroline* I, 282)—,so verlagert Ebersbach diese taktisch-politische Selbstbescheidung vom späten Januar 1793 zurück an den jakobinischen Teetisch—zurück in die 'freyen Gränzen' der Mainzer Republik:[31] "Caroline will auch jetzt den Mund nicht öffnen über Politika. Innerlich gibt sie Forstern recht in allem [. . .]. Sein Genie scheint sich allmählich durchzusetzen." (Ebersbach 1987, 173) Ein anderer Vergleich von Quelle und Romantext kann zeigen, wie Ebersbachs Zitatverdrehungen die historische Figur infantilisieren und entmündigen. Böhmer schreibt an ihre Freundin Gotter:

> Wir können noch sehr lebhafte Scenen herbekommen, wenn der Krieg ausbrechen sollte—ich ginge ums Leben nicht von hier—, denk nur, wenn ich meinen Enkeln erzähle, wie ich eine Belagerung erlebt habe, wie man einem alten geistlichen Herrn die lange Nase abgeschnitten und die Demokraten sie

auf öffentlichen Markt gebraten haben—wir sind doch in einem höchst intereßanten politischen Zeitpunkt, und das giebt mir außer den klugen Sachen, die ich abends beim Theetisch höre, gewaltig viel zu denken, wenn ich allein, in meinen recht hübschen Zimmerchen in dem engen Gäßchen sitze, und Halstücher ausnähe, wie ich eben thue. (*Caroline* I, 250; 20.4.1792)

Ebersbach läßt derartige Phantasien nicht unkommentiert durchgehen; wiederholt vernichtet der Text die historische Stimme—um 'ängstliche Köpfe' mit 'spaßigen Visionen' zu beruhigen:

Ihren Enkeln noch wolle sie erzählen, daß sie eine Belagerung erlebt und mitangesehen hätte, wie einem alten geistlichen Herrn, bevor man ihn auf öffentlichem Markte briet, die lange Nase abgeschnitten worden sei. Es macht ihr Spaß, ängstlichen Köpfen [. . .] mit kruden Visionen zuzusetzen, die sie selbst nicht ernst nimmt (134).[32]

Es ist aufschlußreich, Ebersbachs Textstrategie, die die weibliche Titelfigur so explizit der Figur des Jakobiners unterordnet, in der Geschichte des Genres, innerhalb der Institution des historischen Romans zu kontextualisieren. Wenn wir nämlich nach der traditionellen Funktion des historischen Romans in der DDR fragen, so lassen sich Ebersbachs Heldenentwürfe auch als Antwort auf Probleme der Figurengestaltung begreifen, die Georg Lukács als Schwächen des 'neuen historischen Romans' (Heinrich Mann, Lion Feuchtwanger, Bruno Frank) gegenüber dem 'klassischen' historischen Roman des 19. Jahrhunderts (Walter Scott, Alessandro Manzoni) kritisiert hatte.[33] Unschwer läßt sich in Lukács' Kritik an den 'Hauptgestalten' der "neuen historischen Romane" Ebersbachs Figur des Georg Forster wiedererkennen: "Die Helden [. . .] sind 'welthistorische' Individuen, politische Führer, literarische Genies, die als Repräsentanten historischer Massenbewegungen, historischer Volksbewegungen gestaltet werden." (Lukács 1938, 118) In der Konzentration auf derartige Heldenfiguren, die die "Biographie des repräsentativen Helden allzusehr [in den] Vordergrund der Gestaltung" rücke (120), identifizierte Lukács eine zentrale "künstlerische Schwäche" dieser Romane, die "gleichzeitig eine politische Schwäche" sei (121). Denn "das Volk" werde dabei "künstlerisch zu einer bloßen Kulisse" (121):

[W]eil der Gang der Geschichte nicht von unten nach oben, von der Masse zum Helden dargestellt wird, sondern von oben nach unten, vom Zentralhelden zu der Masse, die einen bloßen Hintergrund bildet, erscheint dieser aufklärerische Humanismus in den neuen historischen Romanen mitunter in nackten Abstraktionen. So reduziert sich zuweilen bei Feuchtwanger die ganze Geschichte auf einen Kampf der Vernunft mit dem bloßen Instinkt. (123)

Angesichts dieser Schwächen hatte Lukács schließlich die "kompositionelle[. . .] Frage" gestellt, "ob die 'welthistorischen Individuen' geeignet sind, die Haupthelden der historischen Romane abzugeben, oder ob nicht die 'mittleren Gestalten' dazu geeigneter sind" (119). Diese 'kompositionellen' Probleme des marxistischen Romantheoretikers Lukács, den unbefriedigenden 'Kampf der Vernunft mit dem bloßen Instinkt', weiß der Lion-Feuchtwanger-Preisträger Ebersbach mit einem geschlechterpolitischen Kunstgriff, mit einer weiblichen Lösung zu bewältigen: Die Wahl einer weiblichen Titelgestalt ermöglicht den Ausweg aus dem erzähltechnischen Dilemma der 'erbepolitisch richtigen' Figurengestaltung im historischen Roman. Ebersbach bietet beides—sowohl den welthistorischen Zentralhelden als auch die mittlere Gestalt. Das explizite Bedienen traditioneller Geschlechterrollen erlaubt nun das parallele Nebeneinander zweier Hauptgestalten, die im streng Lukácsianischen Verständnis der Figurengestaltung im historischen Roman miteinander unvereinbar sein sollten. Nicht das Volk ist hier die 'künstlerische Kulisse', sondern die ihres historischen 'Gehalts' entleerte weibliche Figur leistet den erzähltechnischen Spagat, sowohl als Kulisse und Medium des 'Zentralhelden' wie auch als Kulisse und Medium des 'Instinkts' des Volkes zu fungieren.

Die geschlechtliche Arbeitsteilung zwischen der 'mittleren Gestalt' und dem 'welthistorischen Individuum' erlaubt es dem Autor, an der autoritativen biographischen Repräsentanz 'politischer Führer und literarischer Genies' festhalten zu können; denn die Perspektive 'von unten' läßt sich an die weibliche Heldin delegieren—nun jedoch nicht mehr 'volkstümlich' (im Lukácsianischen Sinne), sondern populistisch. In diesem Populismus verliert die Stimme Caroline Böhmers—die Geschichtsperspektive der weiblichen 'mittleren Gestalt'—ihr politisches Gewicht, weil sie sich ausschließlich im Muster des privaten Ehehorizonts artikulieren darf. Anders als in Damms biographisch 'verdoppelnder' Heroen-Perspektive, die auf die Parallelisierung der Leben Forsters und Böhmers dringt, muß die 'mittlere Gestalt' aus Ebersbachs historischem Roman nun nicht mehr ausschließlich bildungshungrig zum 'welthistorischen Individuum' aufschauen; 'Caroline' ist ebenso befugt, Forsters welthistorische Ansichten privat in Frage zu stellen. Ihre 'geschwätzigen' Reflexionen zur Mainzer Politik zielen gegen die treulose Ehefrau Therese:

> Zwangsmaßnahmen für die absolute Freiheit. Wozu ein Mann sich versteigt, wenn er Nacht für Nacht allein im Bett liegt. Aber da ist ihm nicht zu helfen.

> Derlei läßt sich dem Volk nicht erklären, das hat sie aus manchem Schwatz mit Krämern, Schuhflickern, Gemüsebauern auf dem Markt gelernt. (Ebersbach 1987, 183)

Die indirekt aktualisierende DDR-Kritik an staatlichen Zwangs-maßnahmen wird hier von der 'Naivität' der eigentlich 'besseren Ehehälfte' zugleich wieder gefahrlos entschärft. Während aus Ebersbachs Forster weiterhin "nur die reine und praktische Vernunft [spricht]" (178), richtet sich seine weibliche Begleiterin nach dem von Lukács so kritisierten 'bloßen Instinkt'. An die Stelle der pathetischen Revolutionärin, die wir bei Damm kennengelernt haben, tritt jetzt die bodenständige Biederfrau:

> Das Volk will Mittelmaß, die Wirklichkeit selbst ist das allumfassende Mittelding, das sich um Männerhirngespinste nicht schert, die Natur, das Universum, sind mittelmäßig, geduldig, duldsam, feige, verführbar, genußsüchtig wie ein Weib. Sie will nicht mehr an diese großen Dinge glauben, die einen blind vor Jubel oder Trauer machen können, sondern als harmloses Wesen mit anderen harmlosen Wesen sich ihres Lebens freuen. (183)

In eben dieser 'verharmlosten' Perspektive der *mittelmäßigen Frau* erschöpft sich die Funktion der 'mittleren Gestalt' in privater Sorge um Mutterpflichten und eine schlanke Figur. 'Private Mütterlichkeit' artikuliert sich hier explizit als Opposition zur männlichen Politik:

> Selbst wenn sie sich Zeit nähme für Politik [. . .]. Einlassen will sie sich nicht darauf. Mutterpflichten verlangen ein ruhiges, ausgeglichenes Wesen. [. . .] Die drohenden schlimmen Zeiten bekämen ihr vielleicht nicht schlecht. Denn sie wird dick. (147)

Die erlebte Figurenrede verstärkt noch einmal die voyeuristische Erzählperspektive des Textes. Die Figur wird festgelegt auf Aspekte weiblicher bzw. mädchenhafter Eitelkeit, der Mütterlichkeit und Koketterie, eines gesunden Menschenverstandes, gepaart mit aufmüpfigem Trotz. Männliche Politik will sich dem 'natürlichen Universum' weiblicher Mittelmäßigkeit nicht erschließen:

> Für Caroline hat jedes Ding viel, viel Zeit [. . .], sie liegt wach im schweißfeuchten Bett, in ihrem Kopf purzelt alles durcheinander, das Haar gerät aus jeder Fasson [. . .]. Was er sich denkt. Als hätte sie Zeit für Politik. [. . .] Kaum stellt Caroline fest, das sie etwas noch nicht begreift, fragt sie sich: Wozu auch? Es wirft nur Schatten ins Gemüt. Es soll sich keiner viel drauf einbilden, wenn er viel begreift. (Ebersbach 1987, 145–146)[34]

Hatte Damm Caroline Böhmer als politisch überzeugte, subalterne Begleiterin an der revolutionären Seite Georg Forsters situiert und sie zur unbeirrten Jakobinerin erhoben, verhandelt Ebersbach seine revolutionäre Protagonistin explizit in den Grenzen ihres 'Geschlechts', der mütterlich politisierten Privatheit.

Auch Struzyks Text gewährt seinen LeserInnen Einblicke in den privaten Alltag der Mainzer Republik im Hause Forster. Wir werden hier zwar ebenso Zeugen der politischen Debatten am Teetisch, doch spielen die politischen Ereignisse eine relativ untergeordnete Rolle. Konnten wir bei Ebersbach eine geschlechtsspezifische Arbeitsteilung zwischen männlicher Politik und weiblich gestützter Privatsphäre finden, so ist Struzyks Caroline Böhmer dagegen durchaus befugt, sich in die politischen Diskussionen kritisch—und 'erwachsen'—einzumischen und den Positionen der Klubisten mit Eigenem zu begegnen, wie z.B. in der Auseinandersetzung mit Sömmering (Struzyk 1988, 55–56).

Verglichen mit den Texten Damms und Ebersbachs akzentuiert Struzyk jedoch weitaus mehr den Mainzer Alltag. Diese Privatperspektive schließt männliche und weibliche (Haupt)Figur gleichermaßen ein. In ihrem privaten Verhältnis zu Georg Forster situiert der Text Caroline Böhmer in einer vergleichsweise starken, ihm sogar überlegenen Position. Hier erfüllt die Figur die Rolle einer spöttisch vertrauten Freundin, die Zeugin seines Eheunglücks wird. Auf dieser 'persönlichen' Ebene widersetzt sich Struzyks Text von allen hier untersuchten Texten am weitestgehenden einer Heroisierung Forsters. Stattdessen erleben wir den Mainzer Jakobiner so verzagt wie kaum zuvor: Er ist "ratlos" (62) und "verlegen" (51), ihm ist zum "kotzen" (54), er "läßt den Kopf hängen" (60)—Forster "weint" (61). Seine Schwäche wird weiterhin dadurch unterstrichen, daß Struzyks 'Caroline'—im Gegensatz zu Ebersbachs Heldin—Partei für Therese Forster ergreift und auch die Ehe in die jakobinische Pflicht nimmt:

> Forster ist leichenblaß. Doch Caroline kann ihm keinen Trost bescheren. Was trostlos ist, kann nicht bezuckert werden. Sie setzt noch einen drauf. 'Mein lieber Forster, wie proklamieren wir das Menschenrecht? [. . .] Wenn die Regierung die Rechte des Volks verletzt, so ist der Aufstand für das Volk und für jeden Teil des Volkes das heiligste Recht und die unumgängliche Pflicht! Therese hat schon recht!' (53)

Trotz des Emanzipationsschubes, den die weibliche Figur hier in manchen Aspekten in ihrem Verhältnis zu Forster und seinen jakobinischen Freunden erfährt, liegen Struzyks Text nicht weniger geschlechterpolarisierende Strukturen zugrunde als den klaren Oppositionen der Männer- und Frauenrolle bei Ebersbach (oder Damm). Die Geschlechterpolitik des Textes wird jedoch weniger auf der Ebene der Darstellung, d.h. in der expliziten Fixierung von Normen vorbildlicher Weiblichkeit und Männlichkeit virulent als in der spezifischen Erzählperspektive und Blicklenkung auf die so unterschiedenen Figuren. Denn die vergleichsweise freche und selbstbewußte Souveränität der weiblichen Figur auf der Ebene der Darstellung—die Krauss von einer "Respektlosigkeit der Fiktion" (1990, 47) sprechen läßt—wird von der Erzählperspektive wiederholt unterminiert.

Ausgelassene Fröhlichkeit und häufiges Gelächter schallt den LeserInnen aus Struzyks Mainzer Kapiteln entgegen. Der Spaß vergeht, sobald wir das Register des Textes nach seinen geschlechtsspezifischen Konnotationen befragen. Die Albernheit der weiblichen Figuren steht dann in auffälligem Kontrast zum 'grinsenden' Ernst der männlichen Figuren; in das Grinsen der Männer und dämonisch überhöhende Lachen Forsters—"Forster beginnt ein irres Lachen" (Struzyk 1988, 53), "[d]as irre Lachen schüttelt ihn" (54)—mischt sich das Kichern und Krähen der Frauen und Kinder: "Meta flüstert kichernd in Carolines Ohr" (67), "[d]a kichert Caroline" (70), "fröhlich kräht" und "kichert" Auguste (48, 56). Ihre Mutter "lispelt blöde" (51), Therese "gurrt" (163), "lacht [. . .] und schreit mit schriller Stimme" (49), doch Meyers "angenehme Stimme fällt" Caroline auf (49). Berauscht vom Alkohol—und 'außer sich'—wird Struzyks Protagonistin wiederholt dem nüchternen männlichen Blick ausgesetzt:

> Sömmering gießt Wein ein, Caroline im Auge behaltend. . . Caroline zieht die Schultern hoch, kichert erst leise, dann immer alberner, "Der ist gut, oh der ist gut!" Forster und Sömmering—sie blicken ratlos. Forster legt einen Arm um Carolines Schultern und fragt: "Überreizt, liebe Freundin? Du solltest dir etwas Ruhe gönnen." (62–63)

Die Verteilung der sozialen Geschlechterrollen in traditionell weiblich und männlich konnotierte Verhaltensweisen, Redeweisen und äußerliche Erscheinungsformen der Figuren zementiert hier traditionelle Rollenbilder und geht auf Kosten der weiblichen Figuren. Machtverhältnisse werden nicht in Frage gestellt, Auf- und Ausbrüche der weiblichen Figur auf der semantischen Ebene werden vom sprachlichen Register bei der Beschreibung des Äußeren konterkariert und damit wieder zurückgenommen. Die Hierarchie in den Geschlechterverhältnissen manifestiert sich als ein Effekt der Erzählperspektive, die sich von oben nach unten bewegt—und Caroline Böhmer in der Tat 'kleiner macht' (vgl. 49): Forster "umarmt sie, wirbelt sie herum gleich seiner Tochter" (51), und die Souveränität der Heldin hat sich wieder in eine regressiv kindliche Position zu verflüchtigen.

Struzyks Herabsetzung des 'weinenden' Forsters im 'Privatleben' kostet insofern wenig, als die 'historische Persönlichkeit' des Jakobiners auch in diesem Text zu ihrem Recht kommt. Seine historische Größe vermittelt sich um so überzeugender und identifikationsstiftender, als sie den LeserInnen so 'menschlich' präsentiert wird. Der private Prestigeverlust des Jakobiners aus der Perspektive Caroline Böhmers, den der Text im wesentlichen auf sein Eheunglück zurückführt, wird durch andere Figurenperspektiven auf Forster ausbalanciert. Dessen dominante Position wird aus der Perspektive männlicher Figuren reetabliert. Während der häusliche Blick auf Forster—wie bei Ebersbach—der weiblichen Figur überlassen bleibt, begegnet uns die Figur aus männlicher Sicht als jakobinischer "Prachtkerl" (29), dessen Respektabilität der von Damm und Ebersbach geschilderten Größe um nichts nachsteht.

Aufschlußreich ist die Begrüßungsszene zwischen Caroline und ihrem frischgetrauten Ehemann Johann Franz Wilhelm Böhmer in Clausthal. Bereits acht Jahre, bevor Caroline Böhmer nach Mainz gehen wird, erfahren die LeserInnen hier durch den Mund des Ehemannes von den Vorzügen Georg Forsters. Franz Böhmer führt seine Frau durch die Zimmer im neuen gemeinsamen Heim: "'Hier habe ich gefrühstückt mit dem Forster! Das ist ein Prachtkerl. [. . .] Wir haben manchen Freund gemeinsam'" (29). Die nun folgende Reaktion Carolines beleuchtet die geschlechterpolitische Ambivalenz der Erzählperspektive, die letztlich Struzyks gesamten Text kennzeichnet. Während die Autorin ihrer weiblichen Heldin Worte über Forster in den Mund legt, die weder Damm noch Ebersbach zulassen würden, stellt sich die Erzählperspektive entschieden an die Seite des Jakobiners. Kindlich-trotzig ist die Haltung der Frau, amüsiert-belehrend die des Ehemannes, als sie wissen möchte, von wem ein Schreibtisch ist: "'Von Forster etwa? Dann benutz ich's nicht. Er ist ein feiger Denunziant.' Er lacht. 'Na, na, wer wird so schnell ein Urteil über meine Freunde fällen?'" (30) Erzählperspektive und die Perspektiven des Ehemannes und des Jakobiners verschmelzen zu einem Blick von oben auf Caroline: "Er denkt wie ich. Kein Denunziant. [. . .] Er findet dich entzückend.'" (30)

Im weiteren Verlauf des Dialogs wird auch Caroline Böhmers Göttinger Freund Meyer hinter Forster auf den ihm gebührenden Platz verwiesen. Es ist wieder die Stimme des Ehemannes, die Caroline autoritativ den Wert von 'wahrer Freundschaft' erklärt. Die koketten Anzüglichkeiten der Frau, die erfahren hat, daß der Schreibtisch von Klopstock ist, treffen jetzt auf das 'grinsende' Verstehen des Gatten:

> "Ich hab mit Meyer manche Stunde in Klopstocks Versen mich herum-getrieben!" Sie sieht ihn forschend an. Er grinst. "Mit Meyer? Ja, wer hat schon nicht mit Meyer manchen Stoff gewälzt. Er kann uns ganz getrost besuchen kommen, doch gegen Forster ist er kein genauer Freund." (31)

Politisch schwergewichtige Zitate Forsters werden in diesem Text nicht wie bei Ebersbach und Damm heroisch kontextualisiert, sondern auf den ersten Blick ihrer Autorität entkleidet. Historische Worte des Jakobiners erreichen Struzyks LeserInnen durch den 'lispelnden' Kindermund von Carolines Tochter Auguste. Die Szene spielt bereits in Jena, und Caroline Schlegel erinnert ihre Tochter an Mainz:

> "Weißt du noch den Satz von Forster, den du auswendig gelernt hast?" Auguste schließt die Augen. Im Singsang eines Schulanfängers lispelt sie: "Es ist ein Verbrechen an der Menschheit, Grundsätze zu verbergen, die allgemein mitteilbar sind." (119–120)

Auf den zweiten Blick jedoch fängt das folgende mütterliche Lob der Tochter—das auch ein Lob Forsters ist—den Autoritätsverlust des Jakobiners wieder auf, mehr noch, kehrt ihn aus der Perspektive des Lesepublikums in weibliche und kindliche Bewunderung: "Caroline nickt erfreut." (120)

### Caroline Böhmers Antagonistin Therese Heyne-Forster

In den Identitätskonzepten Damms, Ebersbachs und Struzyks finden 'gleichwertige' historische 'Persönlichkeiten' an der Seite Caroline Böhmers und Georg Forsters nur wenig oder gar keinen Raum zur positiven Entfaltung.

Die Konstruktion der politischen Heldin Böhmer funktioniert keinesfalls allein im Spiegel der Größe Forsters. So wie sich die Ideologeme positiver Weiblichkeit in der Figur Caroline Böhmer bündeln, müssen die Schreckbilder anderer Frauenfiguren als Vexier-spiegel des Guten fungieren. Konstitutiv für die imaginierten Entwürfe positiver Weiblichkeit sind die Gegen-Entwürfe des 'Nicht-Weiblichen'; als Kehrseite der gleichen Medaille verlangt uneingeschränktes Lob der Frau nach dem Frauenopfer—in Gestalt erniedrigter Gegen-spielerinnen. Was Cora Kaplan an Texten von Frauen des 19.

Jahrhunderts gezeigt hat, gilt auch für die hier untersuchten Texte aus der DDR:

> the difference between women is at least as important an element as the difference between the sexes [. . .]. This salient fact often goes unnoticed in the emphasis of bourgeois criticism on male/female division and opposition. In turn, this emphasis on heterosexual antagonisms and resolutions effaces the punitive construction of alternative femininities in women's writing. [. . .] texts by women [. . .] equally express positive femininity through hostile and denigrating representations of women. (Kaplan 1985, 166–167)

Zum Opfer der biographischen 'Bestrafung' wählen die hier untersuchten Texte einhellig Forsters Ehefrau Therese. Diese Figur erleidet in Mainz ein ähnliches Schicksal wie 'Carolines' spätere biographische Rivalin in Jena, Dorothea Mendelssohn-Veit-Schlegel. Auch die Darstellungen der Geschichte des frühromantischen Kreises bedienten sich des Frauenopfers; die Gunst der BiographInnen oszillierte traditionell zwischen den beiden Frauenfiguren als eifersüchtige Gegenspielerinnen.

Trotz unterschiedlicher Gewichtung des negativen Charakters Therese Heyne-Forsters greifen sowohl Damm als auch Struzyk, doch allen voran Ebersbach, die schon von der Rezeptionsgeschichte in Fülle bereitgestellten Verleumdungen der historischen Figur auf und integrieren sie in das Mainzer DDR-Erbe. Für die Integration des Jakobinismus in die Jenaer Frühromantik erfüllt Therese Heyne-Forster-Huber eine nicht weniger wichtige erbepolitische Aufgabe als Georg Forster. Denn die positive Identität der revolutionären Caroline Böhmer konturiert sich um so schärfer vor dem Hintergrund der konter-revolutionären (Damm), konterrevolutionär-ehebrecherischen (Ebersbach) und flatterhaft treulosen (Struzyk) Gegenspielerin.

> Kurz nach der Rückeroberung des französisch besetzten Frankfurts durch preußische und hessische Truppen verläßt Therese Heyne-Forster gemeinsam mit ihren Kindern und Ludwig Ferdinand Huber am 7. Dezember 1792 Mainz. Wenige Tage später befindet sich die Stadt ebenfalls im Kriegszustand. Sie fährt zunächst in das französische Straßburg und nimmt im Januar 1793 im preußischen Neuchâtel in der Schweiz Quartier. Dorthin begibt sich auch ihr Geliebter, der Legationssekretär Huber, der seit 1790 im Hause Heyne-Forster lebte und Vater zweier ihrer in Mainz geborenen Kinder war. Aus Briefen Caroline Böhmers geht hervor, Huber habe auf ihr Drängen und mit Hilfe ihrer Vermittlung Forster im Januar 1793 sein Verhältnis zu Therese gestanden.[35] *Nolens volens* schien Forster bereit zu sein, die Situation zu ertragen, und willigte später auch in die von Therese geforderte Scheidung ein.

Am 17. März 1793 beschließt der Rheinisch-Deutsche Nationalkonvent den Anschluß von Mainz an die Französische Republik und beauftragt Forster und zwei andere Klubisten, dieses Gesuch in Paris vorzubringen. Forster bricht am 25. März 1793 nach Frankreich auf, noch in der Absicht, nach drei Wochen wieder zurückzukehren. Ein paar Tage später flieht Caroline Böhmer aus Mainz. Im November 1793 reist Georg zu einem letzten Wiedersehen mit Therese, seinen Kindern und Ludwig Ferdinand ins schweizerische Travers. Forsters Rückkehrpläne zerschlagen sich, und er stirbt wenige Monate später, im Januar 1794, in relativer Armut in Paris. Im April 1794 heiratet Therese Heyne-Forster Ludwig Ferdinand Huber.

Schon den Zeitgenossen bedeutete die Nähe beider Frauen zur Mainzer Politik eine anhaltende Provokation. Sei es, daß Caroline Böhmers Freundschaft mit Georg Forster und ihre Involviertheit in jakobinische Angelegenheiten mit dem Vorwurf des Hochverrats bedacht wurde—der sich gegenüber der Frau sexuell erniedrigend artikulierte: Sie wurde öffentlich entweder als Geliebte Forsters oder als Mätresse des französischen Revolutionsgenerals und Mainzer Besatzers Custine gebrandmarkt (und erhielt aufgrund dieser Vorwürfe lebenslängliches Aufenthaltsverbot in ihrer Heimatstadt Göttingen).[36] Sei es, daß Therese Heyne-Forster entweder ihr Liebesverhältnis zu Ludwig Ferdinand Huber, die Abreise aus Mainz mit ihrem Geliebten und die spätere Scheidung von Forster vorgeworfen—oder daß sie umgekehrt des verderblichen Einflusses auf Forster bezichtigt wurde, da sie ihn gegen seinen Willen in die Politik 'hineingehetzt' habe (vgl. Zincke 1915).

Das noch im Jahr 1793 anonym erschienene Pamphlet *Die Mainzer Klubbisten zu Königstein oder Die Weiber decken einander die Schanden auf* weidete sich diffamierend an Heyne-Forsters Liebe zu Huber und interessierte sich außerordentlich für Caroline Böhmers und anderer Mainzer Frauen Sexualität und Liebesleben (vgl. Harpprecht 1990, 528–529). Der Provokation weiblicher Nähe zur politischen Öffentlichkeit begegnete schließlich 1797 Friedrich Schiller in seinem wütend diffamierenden Xenion "An Madame B** und ihre Schwestern":

"Jetzt noch bist du Sybille, bald wirst du Parce, doch fürcht ich,
    Hört ihr alle zuletzt gräßlich als Furien auf." (Fambach 1957, 396)

Bedrohlich gar das 'Weib', das den Mann zur revolutionären 'Raserei' verführt—ein anderes Xenion richtete sich an den toten Forster; unter der Überschrift "*Phlegiasque miserrimus omnes admonet*"[37] zürnte Schiller nun:

"O ich Thor! Ich rasender Thor! Und rasend ein jeder
    Der, auf des Weibes Rath horchend, den Freyheitsbaum pflanzt!" (396)[38]

Bereits zu Lebzeiten schieden sich die Zeitgenossen in Parteigänger der einen oder anderen Figur. Schon Texte des frühen 19. Jahrhunderts über Caroline Böhmer oder Therese Forster griffen die kolportierten Infamien über die jeweilige 'Feindin' ihrer biographischen Favoritin auf. Spätere Texte, und auch unsere DDR-Texte, schrieben diese Kommentare meist männlicher Zeitgenossen *in extenso* fort.[39] Den Abfälligkeiten Schillers (über Caroline Böhmer-Schlegel-Schelling und Therese Heyne-Forster-Huber) und den Schlüpfrigkeiten Georg Christoph Lichtenbergs (über Therese Heyne) zollte die Literaturgeschichte eine bald 200 Jahre anhaltende respektvolle, zitierende Beachtung.

Wenn im folgenden die Diffamierungen der DDR-Texte auf ihre Spuren in den historischen Quellen zurückverfolgt werden, wird weitgehend versucht, auf die erneute Kolportage und weitere Aufwertung des prominenten Sexismus zu verzichten. Um den möglichen Preis der 'Trockenheit' mag das Zitieren der Quelle ausbleiben und ein Nachweis genügen. Dies betrifft insbesondere das geschlechterpolitische Erbe der Texte Volker Ebersbachs und Erik Neutschs.

Kaum ein anderer Aspekt als der der persönlichen Beziehungen zwischen den beiden Frauen und Forster wurde im Lauf der Rezeptionsgeschichte derart massiv und ungeachtet der eklatanten Widersprüche und Leerstellen in den Quellen interpretatorisch besetzt und mit den geschlechterpolitischen Wunschvorstellungen der vorwiegend männlichen Autoren kolonisiert. Bevor wir uns jedoch den DDR-Texten zuwenden und sie auf ihre Entwürfe der Verhältnisse zwischen den drei Hauptbeteiligten befragen, sei grob der von den Quellen gesteckte Rahmen skizziert.

## Die historischen Bilder der Ehefrau und Freundin

Georg Forsters nach seiner Abreise aus Mainz überlieferte Briefe richten sich fast ausschließlich an Therese oder seine Kinder, einige wenige an Ludwig Ferdinand Huber; die Briefe seines letzten Lebensmonats sind an beide gemeinsam adressiert. Nicht überliefert wurde—mit einer möglichen Ausnahme—sein Pariser Briefwechsel mit Caroline Böhmer, Hinweise auf dessen Existenz finden sich in den Quellen (vgl. Forster 1989, 478–479; November oder Dezember 1793). In Forsters Briefen an seine Frau (deren Antworten bislang noch nicht ediert sind) diskutiert er mit ihr u.a. ausführlich die politischen Ereignisse in Mainz und Paris. Nachhaltig vermitteln diese Texte den Eindruck, als habe er sich bis zu seinem Tod nicht mit der Trennung von ihr und seinen Kindern abfinden können. Wir lesen hier jedenfalls (auch in den Briefen an Huber) von einer anhaltend verzweifelten Hoffnung auf eine spätere, wie auch immer geartete, gemeinsame Zukunft.

Es scheint nicht übertrieben festzustellen, daß aus Georg Forsters Briefen des genannten Zeitraums ein überaus großes persönliches Unglück spricht. Die sich dort artikulierende zunehmende politische Hoffnungslosigkeit des Jakobiners, der den Fall der Mainzer Republik miterleben mußte und sich in Paris mit ihm äußerst undurchsichtigen Verhältnissen konfrontiert sah, verstärkt diesen Eindruck von Unglück um ein weiteres.[40] Ein kaum geringeres Unglück spricht umgekehrt aus den nachgelassenen Briefen Therese Heyne-Forster-Hubers. In dem einzig überlieferten Brief an Caroline Böhmer vom Februar 1794, in dem wir von ihrer Verzweiflung über den Tod Forsters lesen, schreibt Therese Forster von dem offenbar zerstörerischen Drama dieser Ehe, die sie von Anfang an als große Qual empfunden haben muß. Neben der Betonung der Hochachtung für den Freund und Vater ihrer Kinder schreibt sie erschreckend drastisch über ihre sexuelle "Erniedrigung" als Ehefrau:

> Ich ward erst vier Wochen nach meiner Hochzeit Frau, weil die Natur uns nicht zu Mann und Frau bestimmt hatte. Ich weinte in seinen Armen und fluchte der Natur, die diese Qual zur Wollust geschaffen hatte. [. . .] Er] war mir theuer und werth in jeder Rücksicht, wo ich nicht sein Weib war, aber wo ich seine Sinne berührte, mußte ich mit den Zähnen knirschen. Ich sah mich endlich vor eine Hündinn an, die das Männchen niederwirft—ich sah es wie die Erniedrigung der Menschheit an—ich hatte einen Grad menschenhaßender, alles Gefühl verabscheuender Bitterkeit, die seinen [sic!] guten Herzen wohl meistens entging. (*Caroline* I, 325; Februar 1794 an Caroline Böhmer)[41]

Schon während ihrer Verlobungszeit mit Georg Forster (1784) hatte sich Therese Heyne in Göttingen in ihren (und Caroline Michaelis') vertrauten Freund Friedrich Ludwig Wilhelm Meyer verliebt. (Forster war zu diesem Zeitpunkt bereits im polnischen Wilna und Heyne lebte noch bei ihren Eltern in Göttingen.) Nach Zeugnissen Heyne-Forsters wurde ihr Verhältnis zu Meyer später aus Wilna, wo das Ehepaar Forster die ersten Jahre verbrachte, brieflich fortgesetzt.[42] Bereits in Polen lebten sie, Forster und Meyer, in einer—nach der Sprache des späten 19. Jahrhunderts—"Dreieinigkeit".[43] Therese Heyne-Forsters besonderes Verhältnis zu Meyer ist hier zu erwähnen, weil er der Hauptadressat von Caroline Böhmers Bemerkungen über ihre Jugendfreundin ist. Diese spezielle Adressatenbezogenheit der Briefe wird von den hier untersuchten DDR-Texten nicht reflektiert; keineswegs konnte

Meyer, die ehemalige Liebe Thereses, ein unbefangen neutraler Adressat der Kommentare Böhmers sein.

Das Verhältnis zwischen Caroline Michaelis-Böhmer-Schlegel-Schelling und Therese Heyne-Forster-Huber unterlag im Verlauf ihrer—schon in Mainz mehr als zwanzig Jahre zählenden—nahezu familiären Freundschaft zahlreichen Aufs und Abs, auf die wir unter Vorsicht angesichts entsprechender Stellen in Briefen schließen können. Die historischen Stimmen der beiden Hauptbeteiligten sind nur äußerst lückenhaft abrufbar. Neben Thereses bereits erwähntem einzigen Brief an Caroline ist auf der anderen Seite nicht ein einziger Brief Carolines an Therese überliefert.

Alle nachträglichen Vereindeutigungen, die eine Liebesaffäre zwischen Caroline Böhmer und Georg Forster und Gefühle gegenseitiger Eifersucht, des Verrats und Betrugs unterstellen, sind Projektionen der BiographInnen. Denn die ausgesprochen seltenen, zuweilen krassen und historisch wesentlich späteren Kommentare der beiden Figuren zu ihren persönlichen Verhältnissen wurden von der Rezeptionsgeschichte wieder und wieder zitiert.

In den DDR-Texten werden uns die beiden Frauen schon in Mainz als Kontrahentinnen, ja als Feindinnen präsentiert. Diese von der Rezeptionsgeschichte rückwirkend in das Mainzer Verhältnis der beiden Frauen projizierten Antipathien und Feindseligkeiten beruhen weitgehend auf Therese Hubers[44] zehn Jahre später erfolgter Abrechnung mit ihrer Jugendfreundin. Von massiver und einschlagender Wirkung waren deren Briefe aus dem Jahr 1803 an ihre damals 16jährige älteste Tochter Therese Forster; dort hatte sie sich extrem vernichtend über Caroline Schelling geäußert (vgl. Geiger 1899, 85–97). Biographische ParteigängerInnen Thereses oder Carolines—unter ihnen auch Ebersbach und Struzyk—griffen gerne auf diesen Brief als 'Dokument' und Zitatenschatz zurück.[45]

Das anhaltende rezeptionsgeschichtliche Interesse an biographischen Diffamierungen weiblicher Mainzer Figuren und das intensive Interesse an binären Konstruktionen guter und böser 'Weiblichkeit' im Verhältnis zu Forster zeigt sich beispielhaft in den Büchern Ludwig Geigers (1899; 1901) und Paul Zinckes (1915); diese Werke demonstrieren höchst anschaulich die Pole des Spektrums persönlicher Wertungen, innerhalb dessen die beiden Frauenfiguren wieder und wieder literaturgeschichtlich verhandelt wurden. Beide Autoren verbreiteten vollkommen Gegenteiliges mit der gleichen Entschiedenheit. Ein wütender Verteidiger Therese Forsters war Ludwig Geiger; gegenüber dem "Götzendienst, der mit Carolinen getrieben wird", wollte er der "sehr verkannte[n] Nebenbuhlerin" 'Gerechtigkeit' widerfahren lassen (1899, 110):[46]

> Die Zeitgenossen, nicht bloß ganz böswillige Pasquillenschreiber, und die eigene Gattin beschuldigen Forster eines unerlaubten Verhältnisses mit Karoline Böhmer. Dem verschlagenen Weibe wäre ein solches Verlangen nach späten Triumphen über ihre langjährige Nebenbuhlerin wohl zuzutrauen. (Geiger 1901, 71)

Paul Zinckes Werk *Georg Forsters Ehetragödie* setzte schon im Titel parteiliche Akzente und schickte sich an, als Streitschrift für Caroline Böhmer die Argumente Geigers zu entkräften:

> Es geht daher auch nicht an, [. . .] Therese Forster ein Denkmal zu setzen, die sich Karoline gegenüber heuchlerisch und verstellt benahm, Forsters Familienglück und Existenz brutal zerstörte, sein und Karolinens Privatleben durch niedrige Verleumdungen besudelte (Zincke 1915, II, 58).

So wie Geiger sich daran gefreut hatte, daß Caroline Böhmers ('französisches') uneheliches Kind so schnell gestorben war, bedauerte Zincke das lange Leben Therese Heyne-Forster-Hubers: Er sah das "größte Unglück Forsters" darin, "daß er von seiner Frau überlebt" worden sei (Zincke 1915, II, XII), und suchte diese nun—im Stil nicht weniger polemisch als Geiger—literaturgeschichtlich zu ermorden:

> Geiger beschuldigte Forster des Ehebruchs mit Karoline auf Grund eines Privatbriefs Thereses an ihre Tochter. Die Originalbriefe Forsters und die Briefe Karolinens zeigen, daß Therese auch hier aufs unverschämteste log, um ihre Trennung von Forster zu rechtfertigen. (II, XIII)

Die spezifisch private Perspektive auf die Mainzer Figurenkonstellation und der spezifische Tonfall dieses Standardwerks über 'Forsters Frauen' aus dem frühen 20. Jahrhundert werden uns besonders in den DDR-Texten der 80er Jahre unheimlich vertraut wiederbegegnen—die sich im wesentlichen auf Zincke verlassen.

Für Georg Forsters Rolle in dem biographischen Spektakel interessierte sich wiederum Wilhelm von Humboldt. Humboldt kann seine Vorliebe für Therese Forster-Huber nicht verhehlen, die er weit mehr schätzt als Caroline Schlegel-Schelling. Er schreibt am 30. Juli 1829 an Charlotte Hildebrand: "Die geborene Michaelis [. . .] war von viel geringerer Originalität des Geistes als die verstorbene Huber, allein doch auch sehr merkwürdig durch ihren Verstand und ihre Bildung." (Humboldt o.J., 191–192) Humboldt weiß nun wiederum von einer unerfüllten Liebe Georg Forsters zu Caroline Böhmer zu berichten:

> Obgleich er [. . .] in der Tat keiner sehr tiefen Empfindung fähig war, glaubte
> er doch mehrmals in seinem Leben ihn ganz ergreifende und fortreißende
> Liebe zu empfinden, deren Leidenschaftlichkeit aber eigentlich nur in der
> Phantasie bestand. Eine solche Leidenschaft hatte er z.B. einmal für eine
> Frau, von der Sie vielleicht auch gehört haben, die auch schon und lange tot
> ist, die eine Tochter des alten Michaelis in Göttingen, und als sie starb,
> Schellings Frau war. Es muß dieses sein Verhältnis kurz vor der Trennung von
> seiner Frau gefallen sein. Ob es aber zur Trennung beigetragen oder auch nur
> dazu mitgewirkt hat, weiß ich nicht und glaube es kaum. (190–191)

Die anhaltende Wirkung der an die historischen Personen angeleg-
ten Schwarz-Weiß-Raster und konkurrenzhaft vergleichenden Rezep-
tionsweise reicht bis in die feministische literaturwissenschaftliche
Forschung der späten 80er Jahre. Barbara Becker-Cantarino, die eine
Neu-Lektüre der literarischen Werke Therese Hubers vorschlägt, knüpft
an die Moral tradierter Muster an, wenn sie Georg Forster einen
"Seitensprung" mit Caroline Böhmer unterstellt und dessen "Treulosigkeit" bedauert (1989a, 241). Marie-Claire Hoock-Demarle bemerkt,
daß "Therese und Caroline [. . .] die öffentliche Szene derart
[beherrschen], daß es zu einer traditionellen Stilübung der Zeit
geworden ist, die 'Parallelen' zwischen beiden zu ziehen" (1990, 136).
Hoock-Demarle folgt dieser "Stilübung" und spricht von Caroline
Böhmer als "ideale[r] Zeugin" (138), von Therese Forster hingegen als
"dieser Mätressenfrau" (137). Magdalene Heuser wiederum beruft sich
zustimmend auf die oben zitierte vergleichende 'Rangfolge' Wilhelm
von Humboldts, um die "Zweitrangigkeit Thereses" hinter Caroline zu
bestreiten und den berühmten Mann Thereses "Überlegenheit"
verbürgen zu lassen (Huber 1795/96/1989, 353).

Für ein besseres Verständnis der oppositionellen biographischen
Konstellation in den DDR-Texten ist es lohnenswert, zunächst die
zeitgenössischen Stimmen Caroline Böhmers und Therese Forsters in
ihren ausgesprochen raren Äußerungen über die jeweils andere zu Wort
kommen zu lassen. Von unmittelbarem Interesse zur Einsicht in die
DDR-Konstruktionen können hier nur die Briefe aus dem Mainzer
Zeitraum, nämlich den Jahren 1792/93 und dem Jahr 1794 (dem
Todesjahr Forsters) sein. Sie können zeigen, wie ein auf Verein-
deutigung zielendes biographische Schreiben die so uneindeutigen
historischen Stimmen zum Verstummen bringen muß.

Verglichen mit den nicht selten rüden Versionen der DDR-Texte
sprechen die wenigen Briefe der beiden Frauen aus der Mainzer Zeit
eine noch sehr harmlose Sprache. Heyne-Forsters höchst kummer-

voller großer Antwortbrief an Böhmer über ihr Eheunglück vom Februar 1794 enthält wohl Andeutungen von Mißhelligkeiten:

> In Deinem Brief ist manches unversöhnliche, das mein trübes Herz nicht versteht [. . .]. Ich [. . .] verlange nach Dir, obschon ich mich vor dem, was in Dir anders ist, mich [sic!] fürchte. [. . .] Schreibe mir, wenn Du etwas vornimmst, oder Hubern, denn Du thust Dir vielleicht nicht wohl, wenn Du mir schreibst, und das will ich nicht (*Caroline* I, 329; 25.2.1794 aus Neuchatel an Caroline Böhmer).

Es überwiegen dort jedoch noch die Hinweise auf eine enge Vertrautheit mit und ein großes Vertrauen in Böhmer. Vier Monate später, am 7. Juni 1794, verteidigt Böhmer die alte Freundin—wenngleich verhalten—gegenüber Meyer. Ihr Brief aus Gotha, der in Damms Briefausgabe fehlt, deutet auf die Ambivalenz und Kompliziertheit des Verhältnisses; wir lesen dort:

> Schäme Dich, mir so von Theresen zu sprechen, und wiße, daß Deine diesmaligen Voraussezungen grundfalsch sind. [. . .] Ich habe nicht die Absicht, Deine Meinung zu bekehren, aber Du solst nicht schmähen. Das ist so häslich an Euch, daß Ihr mit Füßen treten könt, was Ihr geliebt, vielleicht geehrt habt. Du magst ein Recht haben, Theresen zu verabscheuen, so gut wie ich: gleichgültig gegen sie geworden zu seyn, in so fern man das gegen jemand seyn kann, in dem man ein so großes Genie zum Guten erkennt—allein Du hast bey weiten nicht Recht in allem, was Du ihr zutraust, und sobald es so unartige Dinge sind, solst Du mir nichts von ihr sagen. Ich habe Dir nicht erzählen mögen, daß ich zuweilen von diesen Menschen erfahre, weil es Dich blos auf die Befürchtung leitet, daß sie einen Einfluß über mich wieder erlangen, der mir nicht gut ist. Wenn ich Dich sprechen könte, lieber Freund, Du würdest einsehn, daß ich diese große Schwachheit meines Lebens abgelegt habe—aber ich kan das Gefühl nicht ablegen, welches es mir unmöglich macht, Haß und Bitterkeit an die Stelle derselben zu sezen. Therese hat mir so unendlich viel Böses gethan, wovon ich fast täglich neue Spuren entdecke, daß es niederträchtig sein würde, sie zu lieben—ich wüßte auch nicht, wie ich das anfangen sollte—eben so wenig als wie zu glauben, daß sie zu nichts von dem mehr fähig sey, wozu sie geboren war. (*Caroline* I, 340–341; 7.6.1794 an Meyer)

Böhmers Behauptung, "Therese hat mir so unendlich viel Böses gethan", sowie Heyne-Forsters erwähnter späterer Brief an ihre Tochter lassen einen gegenseitig verletzenden Konflikt nur vorsichtig vermuten. Erklärungen über die Ursache oder über den möglichen Zeitpunkt einer solchen Entfremdung lassen sich aus den Quellen des entscheidenden Zeitraums (1792–94) definitiv *nicht* erschließen.[47] Ob eine tiefgreifende Veränderung in Caroline Böhmer-Schlegel-Schellings

Beziehung zu Therese-Forster-Huber seit der gemeinsamen Mainzer Zeit bis zu ihrem Tod 1809 stattgefunden hat, interessiert uns hier durchaus nicht. Das 'wahre' Verhältnis der beiden Frauen zueinander nachzeichnen zu wollen, wäre angesichts der dargelegten methodischen Vorbehalte gegenüber dem 'authentischen Dokumentarwert' der Briefe und den überaus großen Lücken in den Quellen ein ohnehin fragwürdiges Unterfangen.

Damms Essay behandelt das private Verhältnis zwischen den beiden Frauen relativ kurz und vergleichsweise zurückhaltend. Es überwiegt hier die Perspektive einer Caroline Böhmer unterstellten Moral; sie wird als die großzügigere der beiden Frauen dargestellt und hat als sachliche Mittlerin zwischen den Eheleuten zu fungieren:

> Als sie dann Forster in Mainz nach einiger Zeit wieder begegnet, läßt sie sich nicht mehr einseitig von Thereses Meinung beeinflussen. [. . .] Trotzdem hat sie Forsters Verhalten nicht gebilligt, der gegen den Willen seiner Frau ein Leben zu dritt will [. . .]. Unverständlich war Caroline: Er, der das Recht auf Individualität vertritt, verweigert es dem ihm nächsten Menschen. (Damm 1979, 22)

Ebersbach und Struzyk konzentrieren sich in der Hauptsache auf Therese Forsters Ehebruch. Die negativen Charaktermerkmale der Figur werden in beiden Texten mit dem ehelichen Versagen begründet. Beide Texte knüpfen an die rückwärts gewandte Teleologie der Rezeptionsgeschichte an und lassen die beiden Frauenfiguren bereits in Mainz als Feindinnen auftreten.

Das weitaus hämischste Porträt Therese Forsters malt Ebersbach. Die Heroisierung seiner natürlich mütterlichen Revolutionärin beruht ganz wesentlich auf der Konstruktion eines konterrevolutionären unweiblichen Verräters. Erzählerperspektive und Figurenperspektive Caroline Böhmers verschmelzen hier zu einem gemeinsamen vernichtenden Blick auf Forsters falsche Gattin. Im Gegensatz zu Caroline, der Ebersbach die Rolle revolutionstreuer Tugend überträgt, verkennt Therese die Größe Georgs:

> Die Art, wie sich Therese über ihren Mann beklagt, ist peinlich. Er sei uncharmant und werde alt. War sie auf einen Galan aus? Hat sie keinen Sinn für seine geistige Persönlichkeit, für die Frische seiner Ideen, die sein Gesicht und seine weit offenen Augen leuchten machten? (Ebersbach 1987, 104)

Ihr Verhältnis mit Ludwig Ferdinand Huber zermürbt Ebersbach zufolge Forsters revolutionären Elan und schade damit der öffentlichen Sache; fürsorglich läßt der Autor die Figur Caroline diese Lücke füllen:

Wenn er alles verflucht, braucht er mäßigende Widerrede und eine sanfte Hand; wenn er bereit ist, alles hinzuwerfen und dieser Therese auf Knien nachzurutschen, kann nur Caroline seinen Stolz aufrichten. Die Übermacht privater Wirrsal muß aus seinem Herzen, damit sein Kopf klar bleibt für die verworrenen öffentlichen Dinge. (179–180)

Das politische Desinteresse von Forsters Frau hat die bessere Jakobinerin zu kompensieren: "Caroline hört ihm zu; das kann Therese nicht." (157) Zugleich artikuliert sich die häusliche Moral des Autors durch den Mund 'Carolines':

Caroline schämt sich, daß sie Thereses Auslassungen über die Wonnen mit einem jugendlichen Liebhaber ihr Ohr geöffnet hat. [. . .] Kann sie auch erwarten, daß eine Frau wie Therese ihn stützt? Daß sie ihn nicht noch schwächer macht, ist zu erwarten, nicht mit Huber Wein trinkt, den er erschreibt, nicht seinen friedfertigen Fleiß verspottet. [. . .] Er braucht häusliche Geborgenheit, und wäre es nur der Schein davon, um die Last der Sorgen, die Bürde seiner Aufgaben zu tragen und die Seelenqual, die Therese ihm bereitet. (130)[48]

Der sogenannte 'jugendliche Liebhaber' Huber war gleichen Alters wie Therese Forster. (Caroline Schlegels spätere Heirat mit dem zehn Jahre jüngeren Friedrich Wilhelm Joseph Schelling wird Ebersbachs Billigung finden.)

Doch nicht nur der Erzählerstimme und den Augen Caroline Böhmers bleibt es überlassen, Therese Forster zu richten. Gleiches delegiert Ebersbach an Georg Forster, der die revolutionären Moden seiner Frau als Eitelkeit bloßzustellen hat; niedermachender Erzählerkommentar und Figurenrede Forsters sind im folgenden nicht mehr voneinander zu unterscheiden:

Noch steht kein Franzose vorm Festungswall, da trägt man auf dem Markt [. . .] schon in aller Offenheit Kokarden, blau-weiß-rot. Auch Forster ziert seinen Hut damit, die Professoren, selbst katholische, griffen zu, sagt er, [. . .] sogar Therese putze sich damit. (157–158)

Die Liederlichkeit der Anti-Heldin demonstriert Ebersbach ferner an der Vernachlässigung des jakobinischen Haushalts; das positive Vorbild 'Caroline' hat hier hilfsbereit einzuspringen: "Unbeirrt stellt Caroline die Tassen auf den Tisch, brüht den Tee, putzt das Licht. Auch sonst tut sie das bei ihren Besuchen, wenn Therese mit den Kindern beschäftigt ist oder sich einschließt." (163) Struzyks Konstruktion positiver revolutionärer Weiblichkeit ist von der häuslichen Moral Ebersbachs kaum zu unterscheiden, wenn wir lesen: "Vom Abend steht noch das Geschirr herum [. . .] und Caroline sorgt für Ordnung. [. . .] Therese liegt mit Huber noch im Bett. 'Georg ich mache Tee für uns. Komm mit mir in die Küche und erzähle.'" (Struzyk 1988, 51) Struzyk und Ebersbach paaren zudem die Qualitäten der schlechten Hausfrau mit denen der schlechten Mutter.

Hören wir zunächst die historische Stimme Caroline Böhmers in ihren Äußerungen über die Mutter Therese und die jakobinische Familie. Caroline Böhmers Kindergeschichten aus ihrem Brief vom 29. Juli 1792 an Meyer lesen sich ungleich reflektierter als die späteren Versionen Ebersbachs und Struzyks. Böhmer schreibt über ihre Tochter Auguste:

> Jedermann hat sie lieb—Therese zieht sie oft ihrer Kleinen vor, die durch Kränklichkeit verstimmt und schlaff geworden ist—Forstern nennt sie Väterchen—und er nimmt sich ihrer recht väterlich an. Sie wird unter so viel beßern Eindrücken auferzogen, als es bisher in meiner Gewalt stand ihr zu geben [. . .] und [. . .] ist im Schoß einer Familie und lernt Achtung gegen Menschen—Achtung gegen Männer fühlen. (*Caroline* I, 256)

Ihre eigene Mutterrolle sieht Böhmer im gleichen Brief nicht als 'naturgegeben' wie die DDR-Texte: "Meine Mutterpflicht war mein Leitfaden seit meine Kinder keinen Vater mehr hatten—wenn dies Band riße, so würd ich einen ganz andern Weg gehn" (I, 256).

Ebersbach nimmt diese Quelle zum Anlaß, seinen Lesern Therese Forster als Rabenmutter des jakobinischen Nachwuchses vorzustellen; wir hören nun von grober Kindesvernachlässigung, insbesondere derjenigen Forsters:

> Therese schimpft mit den eigenen Töchtern. Das tut sie oft; den Widerwillen gegen ihren Gatten überträgt sie auf die Kinder, die sie ihm gebar. [. . .] Ein mitleidloser Blick sieht in den unschuldigen Gesichtern schon dieselbe kränklich schlaffe Blässe. Den Mädchen fehlt die Mutterliebe. Caroline fühlt sich gehalten, von der ihren etwas abzugeben [. . .]. Gehätschelt hat Therese ihr Luischen, das auch von Huber war. (Ebersbach 1987, 131)

Der Rabenmutter setzt Ebersbach den Jakobiner entgegen, der vorbildlich seine Vaterpflichten erfüllt: "Seine sanfte Art lehrt ein Kind Achtung vor Menschen, ein Mädchen Achtung gegen Männer. Von Therese ist derlei nicht zu lernen, und ihren Töchtern merkt man es an." (146–147)

Auch Struzyk bedarf der überhöhten Mütterlichkeit Carolines, um die Gegenspielerin Therese abzuwerten; sie erscheint als Langschläferin, die ihre Mutterpflichten kokett und leichthin von oben herab an Böhmer delegiert:

Caroline hört Therese kommen. [. . .] Therese reißt, im Morgenmantel noch, die Türe auf, gähnt, murmelt: "Müßt ihr immer in der Küche sitzen", spült den Mund am Spülstein aus, setzt sich Forster auf den Schoß und küßt die Narben seiner Stirn. "Bist du zurück, mein Lebenslicht?" Er strahlt, schließt seine Augen und trinkt in vollen Zügen kleines Glück. Therese reicht es schon, sie macht sich frei, winkt an der Tür: "Adieu, [. . .] Mein Carolinchen, paßt du auf die Kinder auf?" (Struzyk 1988, 52–53)

In einem ähnlich 'schlampigen' Gewand wie dem Struzykschen Morgenmantel verliert die Figur bei Ebersbach ihre weiblichen Formen: "Da öffnet sich die Tür. Therese tritt ein, in einen weiten Wollumhang gehüllt, und lehnt sich auf ein Recamier. Sie zieht ein ungnädiges Gesicht" (Ebersbach 1987, 142).[49]

Wie die Vorläufertexte der Rezeptionsgeschichte begründet Struzyk Therese Forsters eheliche Unzuverlässigkeit mit dem verderblichen Vorbild des Lebenswandels ihrer Mutter. Bereits in Göttingen wird die junge Therese Heyne deshalb im Gegensatz zu ihrer Freundin Caroline Michaelis als unberechenbar und unstet charakterisiert. Wir treffen die beiden auf einem Ausflug in der freien Natur: "Da fängt Therese unbewegt zu reden an, mit dem Gesicht zum Fluß. 'Was man so Liebe nennt, wie's meine Mutter tut, es ekelt mich, das will ich niemals tun!' Die Freundin zuckt nur mit den Achseln." (Struzyk 1988, 16)[50] Die hierauf folgende Szene zeigt eine tierhaft 'winselnde' und wollüstig außer sich geratene Therese Heyne, die sich vergeblich 'stöhnend' an der moralisch überlegenen und schon hier sehr besonnenen und standfesten Michaelis 'reibt'. Struzyks "nüchterne[. . .] Carline [sic!]" (18) bleibt von den 'nicht spaßigen Sachen', die ihre Freundin treibt, unerschütterbar. Aus dieser Perspektive der sachlich reagierenden Michaelis ergreift der Text gegen die als pervers bloßgestellte Heyne Partei:

"Ach, Caroline, sag, warum muß es ein Mann denn sein, der mich berührt? Faß einmal diese Brüste an!" Sie tut es. "Du, ich kann sie überhaupt nicht finden!" Therese ist erregt, sie greift nach Carolines Hand, schiebt sie in ihren Ausschnitt auf die nackte Haut. Und stöhnt, den Kopf im Nacken. "O du liebste aller Freundinnen. Wir wollen uns ewige Freundschaft schwören. Lege zum Schwur die andre zwischen meine Schenkel!" Auch das tut Caroline gern, es macht ihr gar nichts aus. Erst als die Freundin mehr Bewegung wünscht, wird ihr die Sache etwas heiß. "Geht das nicht doch zu weit, Therese?" Therese stöhnt. "Ach tu's doch, einmal ist schließlich alles möglich!" Doch Caroline stockt. "Therese, mir macht die Sache da mit dir nun mal keinen Spaß." Therese winselt fast. "Ach, tu's nur einmal, glaub mir, ich bitte niemals wieder!" Und wieder zuckt die Freundin mit den Achseln. "Denk jetzt nicht falsch von mir, es macht mir niemals Spaß, Therese!" (17)

In Michaelis' entschieden vorausdeutender Abwehr, die die Zukunft ihrer sexuellen Identität kompromißlos zu fixieren weiß, etabliert der Text das heterosexuelle Vorbild Böhmer im deutlichen Antagonismus zu der homosexuell 'geneigten' künftigen Gattin Georg Forsters. Teleologisch prädestiniert Struzyks Textstrategie schon die jugendliche Caroline Michaelis zur idealen Gefährtin des Jakobiners. Die Unmöglichkeit einer Freundschaft zwischen den erwachsenen Frauen wird vom weiteren Verlauf der Szene explizit vorweggenommen: "Therese lockert sich, und wieder sind sie ausgelassene Kinder. Sie gehen eingehakt und fassen sich zu einem wilden Mühlentanz im Kreuzgriff. Caroline schreit: 'Wir können uns jetzt ewige Freundschaft schwören!'"—doch Thereses Antwort läßt Struzyks LeserInnen für die Mainzer Zukunft Böses ahnen: "Therese lacht. 'Mir reicht schon der Moment!'" (17)

Struzyks 'Tabubruch' in dieser sexuell expliziten Szene vertraut in der spezifischen Perspektivierung auf das homophobe Einverständnis der Leser.[51] Der Text lenkt den konsterniert voyeuristischen Blick der RezipientInnen auf den 'winselnd stöhnenden' Körper der Verführerin. Carolines "Denk jetzt nicht falsch von mir" fungiert auch als Entlastung der Autorin vor ihrem—gemeinsam mit der heterosexuellen Heldin—irritiert 'stockendem' Lesepublikum, dem Thereses Eskapaden "doch zu weit" gehen mögen. Wie sehr die homophobe Wertungsweise als moralisch vernichtende Vorausdeutung bei Rezipienten ankommen konnte, unterstreicht unmißverständlich die Rezension Siegfried Strellers. Streller paraphrasiert die Szene so:

> Die 'Männerfeindin' Therese versucht, angewidert von der großen sexuellen Begehrlichkeit ihrer Mutter, in Aversion gegen das Männliche Caroline zu lesbischer Befriedigung zu gewinnen. Caroline weist sie ab und legt damit den Grund zu einem Freund-Feind-Verhalten, das ihr nachgehen wird weit über die Mainzer Zeit hinaus (Streller 1989, 289).

## Die Motivierung von Heyne-Forsters Abreise aus Mainz

Therese Heyne-Forsters Abreise aus Mainz, gemeinsam mit Ludwig Ferdinand Huber und ihren Kindern, brachte ihr von der Rezeptionsgeschichte den größten Tadel ein. Im November 1793 beschrieb die historische Stimme Heyne-Forsters die Gründe für ihren Aufbruch rückblickend folgendermaßen:

> unsere freunde sahen Forster als das Haupt der mainzer Revolution an, und drangen darauf mich mit den Kindern in Sicherheit zu bringen, damit er freyer handeln könnte, der Mann den ich liebte [. . .] beschwor Forster meine Ge-

sundheit und mein Leben zu retten, und Forster schickte mich nach Strasburg
[. . .]. Mein Briefwechsel mit Forster war die Fortsetzung unserer häuslichen
Existenz; Zutraun und Schmerz [. . .] von den was wir litten kann keine
Feder und keine Zunge sprechen, denn es sind die heiligsten Geheimniße
unsrer Herzen (Forster 1989, 781–782; 16.11.1793 an Frau Hottinger).

So sehr sich Damm aus Heyne-Forsters Privatleben heraushält, so
hart fällt das politische Urteil des Textes über die konterrevolutionäre
Verräterin aus. Das Verdikt ist umso vernichtender, je mehr sich Damm
eines persönlichen Kommentars zu Heyne-Forsters 'Sündenfall' zu
enthalten und lediglich die historischen Kommentare Caroline Böhmers
und Georg Forsters zu referieren scheint. In ihrem oft angeführten
Brief vom 17. Dezember 1792 verurteilt Caroline Böhmer die Abreise
der Freundin relativ scharf. Damm zitiert:

> Therese ist nicht mehr hier. Sie ist mit den zwey Kindern nach Strasburg
> gegangen—warum—das fragen Sie mich nicht. Menschlichem Ansehn nach,
> ist es der falscheste Schritt, den sie je gethan hat, und der erste Schritt, den
> ich ohne Rückhalt misbillige. Sie, die über jeden Flüchtling mit Heftigkeit
> geschimpft hat, die sich für die Sache mit Feuereifer interreßierte, geht in
> einem Augenblick, wo jede Sicherheitsmaasregel Eindruck macht, und die
> jämmerliche Unentschiedenheit der Menge vermehrt—wo sie ihn mit
> Geschäften überhäuft zurückläßt—obendrein beladen mit der Sorge für die
> Wirtschaft—zwey Haushaltungen ihn bestreiten läßt, zu der Zeit, wo alle
> Besoldungen zurückgehalten werden. Das fällt in die Augen. (Damm 1979,
> 27; *Caroline* I, 278–279; an Meyer)

Anschließend geht Damms Text jedoch weit über die historischen
Stimmen hinaus. Da das zitierte Urteil Caroline Böhmers noch nicht
genug autoritatives Gewicht zu besitzen scheint, leiht sich Damm
zusätzlich die Stimme Georg Forsters, um ihrer eigenen Position
Nachdruck zu verleihen. In ihrer dokumentarischen Montage von Zitaten
erscheint die Literaturwissenschaftlerin als neutrale Chronistin.
Versteckt hinter der Autorität des Jakobiners macht Damm der Ehefrau
den vernichtend scharfen Vorwurf, Forsters politische "Ehre" zerstört
zu haben:

> Forster selbst hat die politische Seite der Sache noch etwas schärfer formuliert.
> Am 4. Dezember 1792 schreibt er an Huber, auch diesen beschwörend, daß
> Therese seiner "Ehre" das "Opfer" ihres Bleibens bringen müsse: "Publikum
> und Club werden sagen: . . . wir sind verloren, denn Forster schickt seine
> Frau und Kinder schon fort; und er hat auch nur das Maul aufgerissen, wie die
> anderen, um uns im Stich zu lassen, jetzt, da es gilt." Mit Thereses Weggang
> gibt es einen Einschnitt in Carolines Leben. (Damm 1979, 27)

Die historische Stimme Georg Forsters hätte in den das Zitat einleitenden Sätzen kaum krasser entstellt werden können. Die besagte Stelle aus dessen Brief an Ludwig Ferdinand Huber liest sich so:

> Daß ich von Therese das Opfer, mit mir zu leben und zu sterben nicht fordern kann, fühle ich; desto schmerzlicher ist meine Lage. [. . .] Die Trennung ist einmal nothwendig, und ich bin dazu entschlossen. [. . .] Ich halte den Fall, wo Therese das Opfer, hier zu bleiben, meiner Ehre bringen müßte, für so unmöglich unter diesen Umständen, daß ich glaube, die ganze Welt müßte mir alle Folgen desselben verzeihen [. . .]. (Forster 1989, 257–258; 4.12.1792)[52]

Und nur einen Tag später, am 5. Dezember 1792, schreibt Forster wieder an Huber:

> Jetzt bin ich entschlossen Theresen auf den Sonntag nach Strasburg zu schicken. [. . .] Ich werde allen Fleiß verdoppeln, um selbst wegzukommen, nach Frankreich versteht sich; wo sonst wäre Freude, Ehre, Zufriedenheit? (259–260)

So ausführlich die hier untersuchten Texte von Therese Forsters Abreise sprechen, so vollständig schweigen sie von den gleichzeitigen Abreiseplänen ihres Ehemannes.

Ebersbachs negative Heldin hat ihre Abreise vor Caroline Böhmers revolutionärem Gewissen zu verantworten, das als moralisches Scharfgericht des Autors fungiert. Störrisch muß 'Therese' ihre Pläne mit der Behauptung rechtfertigen, 'Georg' setze die Sicherheit seiner Familie aufs Spiel: "'[K]ein Mensch verbietet dir, den Märtyrer zu spielen. Aber deinem Weib müßtest du es wenigstens gönnen, daß es sich und die Kinder in Sicherheit bringt!'" (Ebersbach 1987, 163) Da sich in Georg Forsters Briefen schlichtweg keine vernichtenden Äußerungen über seine Frau finden, die sich zitieren ließen, benutzt Ebersbach wiederholt die historische Stimme Caroline Böhmers, um männlicher Figurenrede Autorität zu verschaffen. Böhmer wird erneut entmündigt, wenn Forster nun in ihren historischen Worten seiner Frau erwidert: "'Deine Abreise wäre nicht irgendeine, sie würde die jämmerliche Unentschiedenheit der Menge bestätigen.'" (164)[53] Hiervon unbeeindruckt "wehrt" Therese, die wiederum trotzig erscheint, nicht ohne Pathos "ab":

> [s]ie gehe ja nicht über den Rhein, dem Feind in die Arme, [. . .] sondern nach Straßburg, das die Franzosen als ihr Eigentum verteidigen, anders als in Mainz, wo sie nur Besatzer seien. "Ich bleibe der Heimat unserer Ideen treu!" (164)

Solchen revolutionären Enthusiasmus als Lüge zu entlarven, überträgt Ebersbach der Figur Caroline; sie hat den Lesern mit der gewichtig glaubwürdigen Stimme der Jugendfreundin Thereses wahres Motiv zu entdecken—und das ist der geplante Verrat am Ehemann und an Frankreich:

> Caroline kennt noch von Göttingen her in Thereses schmeichlerischem Lächeln das Höhnische, den Falsch. Sooft der Tee dampfte und über die Zukunft von Mainz debattiert wurde, war Therese französischer und jakobinischer gesinnt als alle andern [. . .]. Viel Interesse zeigt sie dafür, wie die Jakobiner über die Ehescheidung dächten. "Ist Straßburg auch keine Finte?" fragt Caroline [. . .] "Fühlt ihr euch nicht durchschaut? [. . .] Von Straßburg aus findet ihr einen weniger auffälligen Weg ins Reich, das ist alles." Therese erstarrt mit verkniffenen Lippen, schluckt, preßt Luft durch die Nase, wackelt mit einem Fächer, klatscht ihn zu den anderen Sachen. Nun sind sie unversöhnliche Feindinnen. (164)[54]

Genau andersherum hatte die historische Stimme Caroline Böhmers argumentiert; *nur* "leidenschaftliche" Motive hätte sie—die eine Trennung und Scheidung der Eheleute befürwortete—als "verzeihlich" gelten lassen wollen. Wir lesen in ihrem Brief vom 17. Dezember 1792 zur Abreise Therese Forsters:

> ich weiß weder, welche geheime Gründe sie hat, noch welche sie ihm geltend machte—sie hats aber durchgesetzt. Ich müste mich sehr irren, wenn nicht diesmal weniger verzeihliche Antriebe als leidenschaftliche sie bestimmten, vielleicht die Begierde nach Wechsel, und eine Rolle dort zu spielen, wie sies hier nicht konnte. Viele vermuthen Trennungsplane—Sie und ich gewiß nicht. Würde sie so gerecht seyn? (*Caroline* I, 279; an Meyer)

Weit über die Mainzer Periode hinaus, bis zu Georg Forsters Tod in Paris, trägt Ebersbachs Text jedoch der Gattin die Schuld am politischen Elend des Jakobiners nach. Wiederholt beerbt der Autor diffamierende Quellen und richtet sich augenzwinkernd an Eingeweihte, wenn er 'Caroline' ahnungsvoll über Forsters Pariser Perspektiven sinnieren läßt: "Er bietet den Franzosen ein leckes Schiff, das vielleicht bald sinkt." (Ebersbach 1987, 190) Nicht nur Leser von Eckart Kleßmanns populärwissenschaftlicher Schlegel-Schelling-Biographie mögen in diesem indirekten Zitat den "sinnenfrohen Lichtenberg" schmunzelnd wiedererkennen, wenn sie in der Schiffsmetaphorik den Körper Heyne-Forsters identifizieren (Kleßmann 1992, 84).[55]

Struzyks Text, der das häusliche Verhalten Heyne-Forsters so sehr verdammt, scheint sich in der politischen Verurteilung ihrer Abreise auf den ersten Blick zurückzuhalten; beiläufig erfahren wir "Therese kratzt die Kurve" (Struzyk 1988, 64) und später sogar: "Therese fehlt. Trotz alledem." (72) Trotzdem enthält sich auch Struzyk nicht eines politischen Urteils, das sich hier allerdings scheinbar 'harmlos' artikuliert. Denn das schärfste Urteil über Therese Forster spricht jetzt der moralisierende Kindermund Auguste Böhmers. Die hierarchisierende Gewichtung der Stimmen privilegiert die Meinung Augustes, und Carolines verzeihende Güte vermag gegen diese Perspektivierung nichts mehr auszurichten. Zu entwaffnend fällt die Kinderstimme das Urteil über die treulose Frau und Mutter Therese, wenn Caroline und ihre Mitbewohnerin Meta Forkel ihren Töchtern Gute-Nacht-Geschichten vorlesen:

> Auguste fragt dazwischen: "Was ist hoffärtig, Mama?" Caroline überlegt. "Ein bißchen eingebildet?" Auguste nickt. "So wie Therese?" Meta will wissen: "Welche meinst du denn, die Große oder Röschen [Thereses älteste Tochter]?" Auguste stutzt. "Eigentlich beide. . ." Caroline streicht ihr übern Kopf. "Sie sind nicht eingebildet, sie sind nur allein, oft sehr allein." Auguste schmiegt sich an die Mutter. "Und der Besuch dort in dem Haus?" Caroline schließt die Augen. "Die kommen immer nur zur Unterhaltung, nie genau zu einem Menschen." Auguste bleibt am Ball. "Der Huber aber schläft auch dort." Meta kriegt weite Ohren. "Herr Huber wohnt genau wie Thomas Brand [. . .] bei Forsters zur Logis." Jetzt sieht sie endlich klar. (66–67)

Nachdem kindliche Unschuld dem Lebenswandel Heyne-Forsters schon so weit auf die Spur gekommen ist, gesellt sich jetzt die Erzählerstimme in bezeichnenden Auslassungszeichen moralisch kommentierend hinzu; die Erwachsenen tauschen schweigende Blicke mit dem Lesepublikum, und zustimmungsheischend überläßt der Text die historische Figur dem moralischen Urteil der RezipientInnen: "'Ach, so ist das. . . Deshalb sind sie beide auch mit abgereist. . .' Die Frauen sehn sich an. 'Lies bitte weiter, Meta!'" (67) Caroline Böhmers gütig verstehende Mittlerrolle (die schon Damm akzentuiert hatte) entschärft keinesfalls die negative Perspektive auf Therese Forster, sondern unterstreicht den guten Charakter der Forster-Freundin.

## Von der Politisierung zur Reprivatisierung: Heyne-Forsters Abreise in den Forster-Romanen der 50er Jahre

Ein Blick in die historischen Forster-Romane der 50er Jahre von Hans Jürgen Geerdts (1978/1954) und Friedrich Döppe (1982/1956) zeigt den Wandel in den literarischen Konzepten revolutionärer Weiblichkeit in der DDR. Der Vergleich mit Erik Neutschs Erzählung *Forster in Paris* von 1981 verdeutlicht die Veränderung männlicher Autorenperspektiven auf die Geschlechterverhältnisse. Geerdts' *Rheinische Ouvertüre* erschien ein Jahr vor Damms Briefausgabe in überarbeiteter Neuauflage (Geerdts war inzwischen zu einem der bekanntesten Literaturwissenschaftler der DDR avanciert), und Döppes *Forster in Mainz* wurde 26 Jahre nach Erscheinen, im Jahr 1982, wieder aufgelegt.

Auch die Texte Geerdts' und Döppes profilieren Caroline Böhmer als politisches Vorbild gegenüber Therese Forster. Die den beiden Frauenfiguren zugeschriebenen Rollen sind hier jedoch nicht in einem polemischen Sinne aufgeteilt. Bis zum bitteren Ende, der Abreise Therese Forsters aus Mainz, bleiben die beiden gegensätzlichen Figuren Freundinnen. Im Vergleich mit ihren Vorgänger-Versionen aus den 50er Jahren der DDR zeugen die mehr als zwanzig Jahre später entstandenen Texte Damms, Ebersbachs und Struzyks von einer gewichtigen moralischen Akzentverschiebung zu Lasten der Ehefrau.

Verglichen mit der scharfen politischen Aburteilung Damms, der denunzierenden privaten Moral Struzyks und der schrill polemischen Version Ebersbachs finden wir bei Geerdts und Döppe eine relativ neutrale arbeitsteilige Spaltung der beiden Frauenbilder: Die unpolitische und häusliche 'Therese' verkörpert treue Mütterlichkeit—doch dies sei für Georg Forster zu wenig; Döppes 'Karoline' hingegen ist die Frau des politischen "Marktplatzes", ihr Wirken ein öffentliches—weshalb Döppe sie zur eigentlichen, weil politischen Partnerin des Jakobiners erhebt:

> Karoline wußte um die bevorstehende Abreise der Freundin, ahnte, daß Therese die Trennung anders, schwerer nahm als Forster. [. . .] sie konnte nicht umhin, Forsters Gattin um den Hals zu fallen mit den Worten: "Ach, dein George!" [. . .] Therese ließ es sich gefallen [. . .] mit der beiläufigen Bitte: "Wenn du mir rasch die Kindermäntel zureichen wolltest, Karoline!" Ebenso beiläufig erwies ihr Karoline die Gefälligkeit und fuhr währenddessen fort: "Ein deutscher Marat oder Saint-Just oder Robespierre—das war Forster heute abend; und das ist er, so muß er sein!" [. . .] Therese überging alles. (Döppe 1982, 459–460)

Gerade die privaten und weiblichen Tugenden, die Ebersbach und Struzyk später so favorisieren werden, weisen die Texte von Döppe und Geerdts sogar explizit zurück: In den 50er Jahren hat die Jakobinerin Böhmer die Sorgen um Kindererziehung und auch die Sorgen um ein attraktiv 'gepflegtes' Äußeres noch nicht nötig. Döppes "eifersüchtige" Therese, der die "'Jakobinerei' Karolines [. . .] allmählich auf die Nerven" fällt, ist die bessere Mutter; sie kritisiert daß Karoline zuwenig Wert auf ihr Äußeres lege, die Frisur nicht pflege und nachlässig in der Kleidung sei. Forster fand, daß Karoline sich das recht gut leisten könne. Der Kindererziehung hielt Therese die junge Witwe für völlig unfähig. (91–92)

Auch Geerdts' mütterliche 'Therese' macht ihrem Mann "'die verwünschte Politik!'" zum Vorwurf (Geerdts 1978, 238). Hier ist es Georg Forster, der auf eine Trennung der Eheleute dringt. Seine Weigerung, ihm aus Berlin angebotenes Geld anzunehmen, thematisiert die Alternative zwischen preußischem Wohlstand oder jakobinischer Armut. Therese argumentiert ökonomisch, für das finanzielle Wohl von Familie und Kindern; wie Döppe konnotiert Geerdts den mütterlichen Familiensinn der Frau mit politischer Naivität:

> "Ich ehre deine Meinung. Aber verbohrt wäre es, das preußische Geld nicht anzunehmen. Denke doch, wie schnell wir aller Sorgen ledig wären! [. . .] Oder glaubst du, die Franzosen werden dir Goldstücke geben? Sie sind ja selber arm und auf die Geschäfte aus [. . .]". [. . .] "Therese", sagte er nur, "Therese!" Sie zog seinen Kopf an ihre Schulter. [. . .] Wie immer, wenn das Mütterliche in ihr durchbrach, wurde er sanft, fast glücklich. (236–237)

Doch Forsters politischer Idealismus hat über privaten Gefühlsüberschwang zu siegen:

> "Ja, Therese, mit allen Fasern sehne ich mich aus der politischen Kalamität heraus, würde gern mein bescheidenes Gärtchen bestellen—aber ich kann nicht mehr zurück". [. . .] "Das hättest du wissen müssen [. . .] [du] darfst [. . .] nicht dem Kämpfenden in den Arm fallen. Wenn du mich aufrichtig liebtest [. . .]" (238–239).

Als Alternative zu seiner nun auch noch weinenden Frau drängt Geerdts' Text dem verzweifelten Revolutionär geradezu zwingend die politisch 'außergewöhnlichere' Caroline Böhmer auf:

> Warum weint sie, dachte er verzweifelt. Um das Geld? [. . .] Oder einfach deshalb, weil es ihr schwerfällt, außergewöhnliche Pfade mitzuwandeln, die der Sicherheit entbehren? [. . .] Karoline Böhmer [. . .]; sie würde mich besser verstehen in dieser Stunde, da die andere weint, ohne mich zu verstehen. (237)[56]

Da der Text Gattenliebe ausschließlich mit Liebe zur Revolution identifiziert, muß er sich schließlich der politisch naiven, weil mütterlichen, Figur entledigen—das Paar trennt sich im Frieden: "'Wir wollen uns einstweilen trennen, Therese. Es ist ein unruhiger Ort,

unser Mainz, und mir ist wohler, du bist mit den Kindern in Sicherheit.'"
(239) Vorbildlich opfert Georg Forster seine Familie "der Nation [. . .],
diesem hochbefähigten edlen Volk", denn: "'Es geht um die Menschheit,
Therese'" (240)!

Döppes Entwurf der Mainzer Abschiedsszene verkehrt ebenso die
aktive Rolle der historischen Figur in passiven Gehorsam. Die unwillige
Therese, die Mainz nicht verlassen möchte, muß sich hier der
patriarchalen Autorität ihres Vaters und Ehemannes fügen:

> "Ich bin zu der Einsicht gekommen, daß dein Vater recht hat mit seiner
> Besorgnis um dich und die Kinder." "Was mich betrifft, George, so haben wir
> beide beschlossen, daß ich in Mainz bleibe." "Unter anderen Umständen. Vergiß
> das nicht. [. . .]" "Auch diesmal, George, selbst, wenn es ratsam wäre, Mainz
> zu verlassen, möchte ich dich bitten, daß wir uns nicht trennen." (Döppe 1982,
> 453)

Mit ähnlich weltumfassendem Pathos wie Geerdts ordnet Döppe die
privaten ehelichen Interessen Thereses rigoros der politischen Berufung
Georgs unter; in der so gestellten Alternative können sich ihre Wünsche
nicht mehr behaupten:

> "Es geht nicht um uns allein, Therese. Es geht um die Kinder." "Eben deshalb
> möchte ich meine Bitte nur verstärken!" [. . .] "Ich kann sie dir leider nicht
> erfüllen [. . .] [w]eil ich seit heute die größte Verantwortung meines Lebens
> habe." (453)

Fürsorglich befiehlt Döppes Jakobiner schließlich den Liebhaber seiner
Ehefrau zu ihrem Reisebegleiter: "'Es wäre aber angebracht, daß du
für die Reise einen verläßlichen Begleiter hättest. [. . .] Ich habe an
Huber gedacht.'" (454)

Genau anders als in den Vorwürfen Damms und Ebersbachs, die
'ihre' Therese der Zerstörung der 'Ehre' Forsters bezichtigen, hat
Döppes mütterlich liebende Gattin der 50er Jahre das politische
Gewissen Forsters verinnerlicht. Die weibliche Figur darf sich hier sogar
an die historischen Worte des Jakobiners anlehnen:

> Ein Letztes wollte sie ihm zu bedenken geben: "Du fürchtest nicht, verleumdet
> zu werden, wenn du angesichts der Gefahr deine Angehörigen in Sicherheit
> bringst?" [. . .] "Schlimmer wäre die Befürchtung, daß meine Angehörigen
> ein ungewisses Schicksal mit mir teilen müßten." (454–455)[57]

Den Abschied der beiden Eheleute voneinander gestalten beide Autoren
mit leichten Akzentverschiebungen. In Geerdts' sentimentaler Version

überträgt die besorgte Therese in Trauer Caroline das Geschäft der
Fürsorge; der moralisch integre jakobinische Märtyrer weist dies
verzichtend zurück:

> "Ach, Schorsch, an wieviel Minuten werden wir uns erinnern können [. . .]"
> "Man kann sie nicht zählen", sagte er heiser. "Du mußt darauf achten, daß sie
> regelmäßig für dich waschen. Und denk daran, wie anfällig dein Hals ist,
> vergiß nicht, den Schal, den Madame Böhmer dir schenkte, zum Abend zu
> tragen." "Ich trage lieber den Schal, den du mir zum vorigen Weihnachtsfest
> gabst." [. . .] "Leb wohl, Therese." [. . .] Zärtlich und doch kühl schmiegten
> sich ihre Lippen an die seinen. [. . .] Unwiederbringlich verloren war ihm
> Therese. (Geerdts 1978, 279–280)

Etwas weniger harmonistisch betont Döppes Abschiedsszene eher
Therese Forsters politisches Versagen. Bis zum Schluß verweigert sie
kühl dem aufopferungsbereiten Jakobiner das politische Verständnis.
Auch hier drängt Therese ihrem unschuldigen Mann Caroline förmlich
als Ersatzfrau auf:

> Auch Karoline fehlte. Aber das fiel Forster nicht auf. [. . .] Forster beschäftigte
> sich mit den Kindern [. . .]. "Therese! [. . .] Eine Bitte hätte ich. Versuche
> in Straßburg zu bleiben [. . .]" Sie senkte die Lider und in ihre Stirn grub
> sich eine abwehrende Falte. "Hast du mir jetzt nichts anders mehr zu sagen
> als von Politik?" [. . .] "Entschuldige!" Therese knüpfte sich ein Wolltuch um
> den Kopf. Ihre Hände zitterten. Dies war alles, was sie an Erregung spüren
> ließ. "Ich habe Karoline gebeten, zu dir zu ziehen. Sie wird in meinem bisherigen
> Zimmer wohnen." (Döppe 1982, 461)

Obwohl Geerdts und Döppe mit Therese Forster als der weiblichen
Parallelfigur Caroline Böhmers weitaus harmonischer und weniger
polemisch verfahren als Ebersbach, Damm oder Struzyk, werden beide
historischen Frauenfiguren nicht weniger funktionalisiert und zu
Trägerinnen der politischen Ideen und Konzepte ihrer Autoren erhoben
als in den Texten der 70er und 80er Jahre. Ein in einigen Aspekten
progressiveres literarisches Frauenbild scheint in der Ablehnung
traditionell weiblicher, mütterlich häuslicher Werte durch; private
Familieninteressen werden gegenüber dem öffentlichen Gemeinwohl
als zweitrangig dargestellt. Die Reproduktionssphäre der männlichen
Revolutionäre, die in Gestalt Therese Forsters verkörperte 'Familie',
wird den männlichen Politikinteressen nicht nur strikt untergeordnet,
sondern darüber hinaus als revolutionsfeindlich desavouiert.

    Die so von den Texten artikulierte Opposition von männlicher Politik
und weiblicher Häuslichkeit ist hier antagonistisch und nicht

komplementär wie in den Texten der 80er Jahre. Doch selbst im Rahmen dieser geschlechterpolitischen Struktur kann sich die politisch positive Figur Böhmer (nicht anders als bei Damm) lediglich in der Nebenrolle einer begeisterten und verständigen Begleiterin der Politik Forsters profilieren. Im gesellschaftspolitischen Kontext der 50er Jahre bot dieses paternalistische Emanzipationskonzept in der Figur Böhmer ein Identifikationsmodell, das Frauen den Eintritt in die öffentliche Sphäre der Politik (und des Berufes) als etwas Erstrebenswertes ausmalte und sie als "Mitgestalterinnen des Sozialismus" (Nickel 1993) anzusprechen suchte.[58]

Gemeinsam ist den Texten der 50er und 80er Jahre die Subordination der 'Frau' unter die Interessen des jakobinischen 'Mannes'. Die Selbständigkeit beider historischen Frauenfiguren wird in dem kavalierhaft paternalisierenden Duktus der Texte zum Verschwinden gebracht. Maßstäbe der Wertung werden ausschließlich aus der dominierenden Perspektive der männlichen Hauptfigur vermittelt. Hatte Ebersbach seine positive Heldin nur auf den männlichen Rat Gottfried Augusts Bürgers nach Mainz reisen lassen, so bemühen sich Geerdts und Döppe um die männliche Ehrenrettung des von seiner Frau verlassenen Jakobiners: In Umkehrung der historischen Überlieferung darf Therese Forster die Stadt nur auf Initiative ihres Ehemannes (und Vaters) verlassen. Die Not des verlassenen Georg Forster kehren beide Autoren in eine väterlich überlegen sorgende Tugend.

Das Bedrohliche einer Frau, die ihren Ehemann wegen ihres Geliebten aus eigener Initiative verläßt, wußte die Rezeptionsgeschichte in den verschiedensten Versionen abzuwehren.[59] Sigrid Weigels Beobachtung ist zuzustimmen, daß derartige "Rettungsversuche" nichts anderes als "eine moralische Verurteilung von Frauen [beinhalten], die aus dem Modell des Frauen-Opfers ausbrechen und sich in ihren Handlungen von den eigenen Interessen und Wünschen leiten lassen" (1983, 361).[60]

Ganz andere Akzente als die Romane der 50er Jahre setzt Erik Neutschs Erzählung *Forster in Paris* (1981); wir finden hier die bei weitem aggressivste Perspektive auf Therese Forsters Abreise. Mit der Figurenstimme Forsters räsoniert der Text über die "Niedertracht" des Weibes; im Pathos der erlebten Figurenrede des 'besser wissenden' Jakobiners verkehren sich "teuflische" Gerüchte über Caroline in legitimierte Vorwürfe gegen die Ehefrau:

[. . .] die Dame Luzifer. Das galt Caroline, der kleinen, zwar temperament-
vollen, doch keineswegs zu teuflischer Bosheit und Niedertracht fähigen Witwe.

Als hätte es nicht an Therese, sondern an ihr gelegen. [. . .] Er wußte es
besser. Die anderen aber wollten es nicht besser wissen. [. . .] Caroline [. . .]
hatte ihm in der schwierigsten Phase seines Lebens geholfen, Therese ihn—
verraten (Neutsch 1981, 123).

Neutsch zählte nach Auflagenzahlen zu den meistgelesenen Autoren
der DDR. Im Kontrast zu den Frauenbildern Geerdts' und Döppes läßt
sich hier ein beachtlicher historischer Privatisierungsschub in der
Perspektive auf die Geschlechterverhältnisse beobachten. Die forcierte
Personalisierung der revolutionären Verhältnisse öffnet jetzt einem
aggressiven Sexismus Tür und Tor. Abgesehen von der überaus
positiven Aufnahme der Erzählung seitens der Literaturkritik,[61] erfuhr
dieser in weiten Teilen pornographische und auch rassistische Text
zudem eine wissenschaftliche Aufwertung durch das Nachwort des
Forster-Herausgebers Gerhard Steiner.

Ort der Handlung ist das Paris des Jahres 1793, wo Georg Forster
im Kreis anderer deutscher Jakobiner—nebst Gattinnen—zu Abend
tafelt. Man erinnert sich der Vorgänge in Mainz; die Trennung von
Therese Forster beschäftigt nicht nur die männlichen, sondern ebenso
die weiblichen Gemüter, die in ihrer beschwipst kichernden Albernheit
Struzyks Frauenfiguren um nichts nachstehen. Eine "unheimlich
geistreiche" Heyne-Forster vermag hier nicht neben der "kleinen"
"niedlichen" Böhmer zu bestehen:

Merlin [. . .] mischte sich ein: "Leider—ich habe Ihre Frau niemals kennengelernt, George. Als ich kam, in der Neujahrsnacht, hatten Sie sie bereits
nach Straßburg geschickt [. . .]". [. . .] "Nein [. . .]. Das ist eines der
übelsten Gerüchte, die gegen mich ausgestreut wurden. Seht, heißt es, selbst
Forster bringt seine Familie vor den Franzosen in Sicherheit. Zwar wußte ich,
daß ich von ihr das Opfer, mit mir zu leben und vielleicht zu sterben, nicht
fordern konnte, doch als sie ging, war es allein Thereses Entschluß. Gegen
meinen Willen. [. . .]" "Da sehen Sie es, Monsieur Professor", sagte Reubell
und streifte mit seinen dicken Lippen genießerisch das Fleisch vom Spieß,
"nichts vermag eines echten Mannes Interesse mehr zu kitzeln als ein Gespräch
über Frauen. Die Ihrige wurde mir stets als gebildet und beinahe unheimlich
geistreich geschildert. [. . .] Weshalb, wenn nicht das an den Südseein-
sulanerinnen soeben gepriesene Etwas fehlte, haben Sie sich dann von ihr
getrennt?" Möglicherweise wirkte auch schon der Rotwein. Frau Dorsch
jedenfalls, Schulter an Schulter mit Reubell, flüsterte ihm einiges ins Ohr,
kicherte und spitzelte laut: "Der kleinen und niedlichen Witwe Böhmer zuliebe,
naturgemäß, [. . .] Carolines wegen. . ." Mit einem Male spürte Forster
einen schalen Geschmack im Munde. (Neutsch 1981, 36–37)

## Die erotisch anziehende revolutionäre Hausmagd

Überaus groß ist die Lücke, die Therese Forsters Weggang in den DDR-Texten hinterläßt: Ob Geliebte, Haushälterin oder Putzfrau, ob Schneiderin, Gesellschafterin oder Krankenschwester, ob politische Beraterin, Therapeutin oder Sekretärin Georg Forsters—von Döppe bis Struzyk hat die Figur Caroline nach Thereses Abreise ein umfangreiches Rollenrepertoire zu beherrschen.

Werfen wir zunächst wieder einen Blick in die historischen Quellen, um zu sehen, ob sich dort Hinweise auf die in den DDR-Texten übereinstimmend konstruierte intime häusliche Nähe zwischen Böhmer und Forster finden lassen. Ob die historische Caroline Böhmer aus ihrer eigenen Wohnung in das Forstersche Haus umzieht, ist nämlich angesichts der Quellen ausgesprochen zweifelhaft. Trotzdem ist dies von der Rezeptionsgeschichte in zahlreichen Texten als Tatsache behauptet und fortgeschrieben worden.[62]

Nach Zeugnissen Böhmers bat ihre Freundin Therese Forster sie angeblich kurz nach ihrer Abreise brieflich darum, sich um den zurückgelassenen Georg zu kümmern. Am 15. Juni 1793 schreibt Böhmer aus der Gefangenschaft an Meyer: "Ende Dec. schrieb sie mir: Lieb und pflege F. und denke vor dem Frühling nicht an Aenderung des Aufenthalts, bis dahin läßt sich viel hübsches thun." (*Caroline* I, 295) Und im gleichen Brief, der, was nicht vergessen werden sollte, auch an die mitlesenden preußischen Zensurbehörden adressiert ist, charakterisiert Caroline Böhmer ihre Beziehung zu Georg Forster folgendermaßen:

Seit Jänner war ich fest entschloßen Mainz zu verlaßen [. . .]. Theilnahme an Forster, der eben um die Zeit erfahren sollte, daß Therese die halbe Gerechtigkeit üben wollte, sich von ihm zu trennen, hielt mich in M. [. . .]. Allein meine Verbindung mit Forster in Abwesenheit seiner Frau, die eigentlich nur das Amt einer moralischen Krankenwärterin zum Grunde hatte, konte von der sittlichen und politischen Seite allerdings ein verdächtiges Licht auf mich werfen, um das ich mich zu wenig bekümmerte, weil ich selten frage, wie kan das andern erscheinen? wenn ich vor mir selbst unbefangen und gerechtfertigt dastehe.—Der Himmel weis, welche treue Sorge ich für F. trug. Ich wußte nichts von Theresens Planen [. . .]. Forsters Stimmung war so schwankend, daß es alle unermüdliche Geduld weiblicher schwesterlicher Freundschaft erforderte ihn zu ertragen, allein Du, der Du alle seine anziehenden Eigenschaften kenst, wirst es leicht begreifen, wie sie eben in der Verbindung mit mitleidenswürdiger Schwäche mich zur allerfreywilligsten uneigennützigsten Ausdauer bewegten. [. . .] Am 24. ging George nach Paris und ich trennte mich auf immer von ihm. (I, 294–295)

Die wenigen überlieferten brieflichen Äußerungen Forsters über
Böhmer sind karg und distanziert. Im Kontrast zur Version der meisten
DDR-Texte beschreibt Forster sein häusliches Leben trotz der Anwesenheit Böhmers als unkommunikative und hilflose "Vereinzelung".
Natürlich müssen wir auch diese Briefstellen Georg Forsters mit Vorbe-
halten lesen, denn die Adressatin ist in allen Fällen Therese. Er schreibt
im Januar 1793:

> Ich müßte heucheln, wenn ich nicht bekennen wollte, daß ich diese Vereinzelung
> jetzt sehr drückend empfinde. Es ist nicht das Bedürfnis sich auszuschütten
> allein; endlich mus man es doch lernen, sich selbst zu genügen; sondern ich
> wünschte oft nur einen Freund, der sich genug um mich bekümmerte, um
> auch gerne meine Ideen über die gegenwärtige Lage der Sachen anzuhören
> und mit Teilnehmung zu prüfen. [. . .] Der Briefwechsel mit Dir ist darum
> meine einzige Ressource (Forster 1989, 295; 2.1.1793 an Heyne-Forster).[63]

Nicht unbedingt schmeichelhaft für die historische Caroline Böhmer
lesen sich Forsters Kommentare zu ihrer bevorstehenden Abreise im
März; wieder schreibt er an Therese:

> Diese reist mit Madam *Forkel* in wenig Tagen ab. So wenig sie mir waren, so
> zerstreuten sie mich doch und die treuherzige ehrliche *Forkeln* werde ich doch
> vermissen. Wenn ich dann nur bald von hier wegkomme! (Forster 1989, 332;
> 14.–17.3.1793)

Aus den raren Stellen über Böhmer und deren Mitbewohnerin Meta
Forkel nach der Abreise Thereses geht hervor, daß beide Frauen
weiterhin in Böhmers Wohnung blieben und nur besuchsweise in
Forsters Haus verkehrten. Hier wohnten zudem noch mehrere andere
Klubisten. Noch im März 1793, eine Woche vor seinem Aufbruch nach
Paris, schreibt Forster z.B. an seine Frau: "Des Abends sind wir jetzt
öfters mit den Commissarien der National Convention und des
Vollziehungsrathes zusammen; neulich tranken jene zum erstenmal den
Thee bei mir, gestern bei der *Böhmerin*." (Forster 1989, 332; 14.–
17.3.1793)[64]
    Ein Studium der historischen Quellen läßt Böhmers umfassendes
häusliches Wirken für Forster, das besonders Ebersbach und Struzyk
unterstellen, höchst zweifelhaft erscheinen. In ihrer aktualisierenden
Verschmelzung von mehr als 200 Jahre auseinanderliegenden
sozialhistorischen Horizonten machen die DDR-Texte vergessen, daß
in jakobinischen bürgerlichen Haushalten des späten 18. Jahrhunderts
Ehefrauen nicht die Arbeit von Dienstbotinnen ersetzten; letztere

gehörten selbstverständlich zum Haushalt eines Universitätsbibliothe-
kars. Hingegen scheint die von der historischen Stimme Böhmers
behauptete Rolle einer "moralischen Krankenwärterin" Forsters im
sozialhistorischen Kontext des späten 18. Jahrhunderts wesentlich
wahrscheinlicher. Aus Georg Forsters Briefen geht klar die Existenz
von Dienstpersonal und anderen Mitbewohnern seines Hauses hervor;
am 8. Dezember 1792 schreibt er z.B., einen Tag nach ihrer Abreise,
an seine Frau: "Blessmann zieht heut unten ein. Marianne sorgt
allgewaltig für mich, machte mir gestern, nachdem die Leute fort warn,
Säcke mit Mehl warm, um auf den Hals zu legen und scheint alles sehr
ordentlich zu machen." (Forster 1989, 263)[65]

Damm, Struzyk und Ebersbach finden für die Bewältigung des von
der Ehefrau verlassenen jakobinischen Hausstandes verschiedene
Lösungen. Damms Text, der die Figur in Mainz fast ausschließlich als
Jakobinerin konstruiert und sich deshalb an einer möglichen Liebes-
beziehung mit Georg Forster uninteressiert zeigt, erlaubt Caroline
Böhmer den gefahrlosen Umzug in sein Haus; die politische Schülerin
übernimmt jetzt die Rolle der Wirtschafterin: "Mit Thereses Weggang
gibt es einen Einschnitt in Carolines Leben. Von nun an sorgt sie für
Forster, für seine Wirtschaft, wohnt wohl auch in seinem Haus." (Damm
1979, 27)[66]

Für den erotisch interessierten Autor Ebersbach verbietet sich dieses
Modell. Gerade die anzüglichen Abschiedsworte der Gegenspielerin
Therese—"Ich lasse dir Forster ganz ohne Eifersucht. Mein Platz ist
schon lange frei. Warum zierst du dich so? [. . .] du [kannst] auch
mein Bett haben, du schutzbedürftige Witwe, die wie eine Klette an
ihm hängt!'" (Ebersbach 1987, 164–165)—untermauern das Keusch-
heitsgebot für die idealisierte Heldin;[67] allein fürsorgliches Mitleid ist
gefragt: "Aber nun bringt sie keiner fort, selbst wenn sie könnte. Sie
[. . .] empfindet schwesterliche Freundschaft für den sich plagenden
[. . .] Mann, auch Mitleid, das eine Liebe stören würde." (179–180)
Da die Moral des Textes ein Konkubinat ausschließt, arbeitet Ebersbachs
Heldin stattdessen als Zugehfrau: "Caroline sagt in die Stille: 'Ab
morgen vertrete ich, wenn es dir lieb ist, in deinem Haushalt Theresens
Stelle.' [. . .] 'Wohnen bleib ich bei mir.'" (170)

Struzyks "Freiheitsgöttin" (1988, 66) genießt gemeinsam mit Meta
Forkel weiterhin die "relative Freiheit" (56) ihrer eigenen Wohnung,
wirkt nebenher jedoch als Georgs Putzfrau, Näherin und Teeköchin.
Ob vor oder nach Thereses Abreise: Struzyks modernisierte Version
einer Identifikationsfigur für DDR-Leserinnen, einer Heldin des

häuslichen Alltags, erträgt in pragmatischer Gelassenheit die Doppelbelastung häuslicher und politischer Pflichten—ohne das aufopfernde Pathos Ebersbachs und ohne über der Hauswirtschaft die Debatten der Klubisten zu versäumen: "Die Hausarbeit nimmt überhand", doch "[w]enn Goethe kommt, wird Tee gekocht. Die Fenster müssen blitzen", und während der Weimaraner im "Salon" mit Forster "debattiert", beugt sich Struzyks Heldin über die Aufwischschüsseln; Forster dankt es keck und "wirft ihr eine Kußhand zu" (58). Nähend nimmt Caroline Böhmer an den Debatten der Clubisten teil:

> "Laßt uns leben!" ruft er [Sömmering] aus und wendet sich an Caroline, die, Forsters Hemden auf dem Schoß, an einer Manschette näht. "Angebetete Freiheitsgöttin, laßt einmal den Faden reißen und trinkt mit uns." (62)[68]

Die Abschaffung der historischen Hausangestellten und ihr Ersatz durch die Hausfrau 'Caroline' feiert Struzyks Text als Befreiung von antijakobinischen Herrschaftsattitüden 'Thereses':

> Er [Forster] sieht auf Carolines Hände, die Geschirr spüln. "Wir hatten einmal Domestiken. . . Es war Thereses Spleen. Sie mußte Domestiken haben, um die beliebte Herrin dann zu geben. . . Mein Gott, dieses Theater, das wir alle spielen. . ." (52)

In bezeichnender Hinsicht ist diese Version Struzyks symptomatisch für die allgemeine Verlagerung des Gewichtes gesellschaftlicher Beziehungen in die Sphäre des 'Privaten'. Die so legitime literarische Freiheit, ungenau mit den historischen Verhältnissen umgehen zu dürfen, meint der Text legitimieren zu müssen: die häusliche 'Knechtschaft' der jakobinischen 'Domestikin' Caroline wird auf Kosten der—nun doch noch politisch verurteilten—'Feudalherrin' Therese profiliert.

Im Gegensatz zu dieser privatisierten Perspektive der späten 80er Jahre artikulieren die Forster-Romane der 50er Jahre Klassenverhältnisse, die unteren Stände tauchen hier noch auf (vgl. Geerdts 1978, 242). In der klassen- und geschlechtsspezifischen Hierarchie des Döppeschen Textes ist Böhmers Rolle gegenüber "Professor" Forster eine explizit subalterne; nach dem Umzug in Forsters Haus erhält Döppes "kleine Witwe" die verantwortungsvolle Hoheit über das Dienstpersonal:

> Karoline war in der Tat in das Forstersche Haus übergesiedelt. Einer kurzen Aussprache nur hatte es bedurft; der Professor war sofort einverstanden gewesen. Eine Magd hatte die kleine Witwe sich ausbedungen und bald auch

ein Mädchen angestellt, das Marianne hieß. [. . .] So ging denn im Hauswesen alles wieder seinen geordneten Gang. (Döppe 1982, 465)

In klarer Unterordnung der Geschlechterverhältnisse unter die Klassenverhältnisse schlägt Döppes soziales Gewissen für das Dienstpersonal; die Furcht um dessen Belastbarkeit überträgt die Hauptlast der Arbeit auf die duldsame weibliche Nebenfigur. Döppes Nachtarbeiter Forster ruft nach allzeitiger Betreuung:

> Jetzt verlangte er, daß sich, solange er wach war, jemand zu seiner Verfügung hielt. Da man der Magd das auf die Dauer nicht zumuten durfte, verzichtete Karoline auf den Schlaf, bis sie Forster in die Kammer gehen hörte. Er empfand diese Aufmerksamkeit als wohltuend. (468)

Sehr verschiedene Gewichtungen der *intellektuellen* Dienste Caroline Böhmers für den Jakobiner finden sich bei Döppe, Damm, Neutsch und Ebersbach. Döppe hatte zu berichten gewußt, daß Forster "zu einer längeren Unterhaltung mit Karoline [. . .] nie geneigt" gewesen sei (1982, 468)—und kommt mit dieser Version den Äußerungen der historischen Stimme Georg Forsters am nächsten. An dieses Erbe knüpft Damm dreißig Jahre später an—und entschuldigt Böhmers beschränkte geistige Attraktivität für den Jakobiner mit den historischen Beschränkungen ihres Geschlechts; die Autorin widerspricht hierin nicht nur—wiederholt—ihren eigenen Thesen, sondern bedient gleichzeitig patriarchale Mythen der 'Geistesgeschichte des Weibes':

> Ob Caroline Forster bei der Arbeit mit Abschriften oder dergleichen half, wissen wir nicht. Einen echten Gesprächspartner bei seinen weitreichenden und komplizierten politischen Entscheidungen sieht er in Caroline nicht. Und das kann sie ihm—als Frau ausgeschlossen von der aktiven und verantwortlichen Tätigkeit—auch schwer sein. (Damm 1979, 29)

Keinen Platz in dieser von Damm als historisch natürlich legitimierten geschlechtlichen intellektuellen Arbeitsteilung haben der umfangreiche politische Briefwechsel Forsters mit seiner Frau oder seine Pariser Kontakte mit Mary Wollstonecraft (vgl. Forster 1989, 339; 5.4.1793 an Heyne-Forster).

Weitaus mehr politische Arbeiten als Damm überträgt Neutsch der historischen Figur. Böhmer darf dort als Sekretärin und politische Beraterin dienen:

> Tag und Nacht hatte er zu arbeiten. Sie half ihm dabei. Sie war nicht wie Therese geflohen. Sie hörte sich die Entwürfe seiner Reden und Artikel an.

Sie schrieb seine Manuskripte ab. Sie mußte das unbändige Verlangen gehabt haben, ihm fortan alles zu bedeuten. (Neutsch 1981, 119)[69]

Auch in Ebersbachs 'Caroline' findet Georg Forster eine hilfreiche Stütze seiner schriftstellerischen und politischen Arbeit: "Von allem, was er denkt und schreibt, erzählt ihr Forster, wenn er nach ihr sieht. Sie fehlt ihm beim Tee." (Ebersbach 1987, 157)

Trotz dieses weiblichen Trostes betonen die Texte auch die "Vereinzelung" des Jakobiners (Forster 1989, 295), seine umfassende Isolation. "Forster war der Einsamste" (1987, 154), lesen wir bei Ebersbach, und Damm konstatiert: "Doch die Einsamkeit, über die Forster in seinen Briefen klagend spricht [. . .], ist vor allem die Einsamkeit des zu früh Gekommenen." (Damm 1979, 29)[70] Die fortschrittsgläubige Geschichtsteleologie der DDR-Autorin vertröstet den individuell Gescheiterten auf die säkulare Heilserwartung künftiger revolutionärer Massenbewegungen. Mit einer bezeichnenden Differenz benutzt der westliche Forster-Biograph Klaus Harpprecht dieses biographische Muster der 'Isolation'. Im Gegensatz zu Damms verkanntem Volkshelden, der geschichtsphilosophisch vertröstet wird, bemüht der westdeutsche "Prophet" Harpprecht einen quasi-religiösen Existentialismus; in den Schlußworten der Biographie offenbart sich Forsters autonome Autorität gerade im "furchtsamen" Status eines Anti-Helden:

Die Zeit war für ihn zu groß, wie es für die verletzlichen Seelen immer ist. Die Aufgaben, denen er dienen wollte, hätten einen Helden verlangt. Er war es nicht, sondern ein Mensch mit genialen Gaben und einem furchtsamen Herzen, ein verzagter Prophet, ein armseliger Engel [. . .]. Er war der einsamste Mensch der Welt. Er hing am Leben. Aber es blieb ihm nichts anderes mehr als zu sterben. (Harpprecht 1990, 605)

Auch in der DDR bleibt dem zum Riesen gewachsenen Titelhelden Erik Neutschs "nichts anderes mehr als zu sterben". Doch noch in die Fieberphantasien des einsam mit dem Tode Ringenden integriert der Autor die winkende Masse und ihre revolutionären RepräsentantInnen. Neutsch schließt so: "Georg Forster, in dem Gefühl, jetzt wie ein Riese die Welt zu durchmessen, begab sich auf eine neue Entdeckungsfahrt. Winkten ihm da nicht vom Kai, unter der Masse des Volkes, Saint-Just und Caroline zu?" (Neutsch 1981, 147)

Östlicher wie westlicher Version gemeinsam ist die spezifische Konstruktion von Männlichkeit. Viktoria Schmidt-Linsenhoff hat darauf hingewiesen, wie jener "Leidenszug der Vereinzelung und der existenziellen Vereinsamung" das "düster kultivierte Geheimnis und zugleich die Autorität männlicher Autonomie" konstituieren hilft (1990, 49).

Damm, Ebersbach und Neutsch lassen ihre weibliche Heldin jedoch von dieser männlichen Autonomie profitieren, die nun exklusive Zweisamkeit erlaubt. Aller sozialen Beziehungen beraubt, begegnen sich die beiden auf einer von sämtlichen anderen Figuren verlassenen Szene; neben dem erwähnten Dienstpersonal und anderen MitbewohnerInnen des Hauses verschwindet in diesen Konstruktionen schließlich auch die Tochter der alleinerziehenden Mutter Böhmer von der erzählerischen Bildfläche.

In auffälliger Parallelität wird Caroline Böhmer zur einzigen Gesellschafterin des vereinsamten Jakobiners. Von Neutsch vollkommen auf sich gestellt, sind "Caroline und er allein in dem für sie beide viel zu weitläufigen Haus" (Neutsch 1981, 117). Damms Forster "empfindet ihre Gegenwart als anregend und wohltuend, zumal, da sie für ihn und sein Haus sorgt, am Teetisch—an dem nur sie beide verblieben sind" (Damm 1979, 29). Für die weitaus romantischste Teestunde entscheidet sich Ebersbach: "Es wird der erste Abend von vielen, an denen Caroline und Forster allein im stillen, schwach erhellten Salon sitzen. Sie gießt noch einmal Tee ein." (Ebersbach 1987, 170) Dieser tröstenden Idylle verweigert sich Struzyks Text, hier dominiert die Einsamkeit des Helden das häusliche Szenario: "Wenn er allein zu Haus ist, kriecht das Grauen aus den Zimmerecken, huscht weiße Angst am Fensterbrett entlang." (Struzyk 1988, 72)

## Interdependenzen zwischen Jakobinischer Weiblichkeit und Männlichkeit

Das schon von Zeitgenossen unterstellte Liebesverhältnis zwischen Caroline Böhmer und Georg Forster nach der Abreise Therese Forsters hat die Rezeptionsgeschichte anhaltend beschäftigt.[71] DDR-Texte der 80er und der 50er Jahre, Struzyk, Ebersbach und Neutsch, aber schon Döppe und Geerdts, haben es nicht unterlassen, das Schweigen der Quellen erotisch zu füllen. Einzig Damms Text verhält sich in dieser Hinsicht zurückhaltend (er wird deshalb im folgenden nicht behandelt).

So sehr die vorbildliche Weiblichkeit 'Carolines' strukturell der negativen Gegenfigur 'Thereses' bedarf, so sehr bedarf der revolutionäre Jakobinismus besonders im historischen Roman der Männlichkeit Georg Forsters.

Julia Hell hat sehr überzeugend 'Männlichkeit' als strukturierendes narratives Prinzip der Textstrategie in historischen Romanen des sozialistischen Realismus aufgezeigt. Hell weist an den von ihr untersuchten antifaschistischen Familienromanen der 30er bis 50er Jahre nach, wie diese 'eine sehr spezifische symbolische Geschlechterordnung' konstruieren, 'die sowohl extrem polarisiert als auch extrem hierarchisch ist' (Hell 1992, 26). Bei aller notwendigen Vorsicht, diese Befunde zum antifaschistischen Familienroman umstandslos auf die Forster-Texte und Ebersbachs historischen *Caroline*-Roman zu übertragen, liegen nach unseren bisherigen Ergebnissen zahlreiche strukturelle Gemeinsamkeiten auf der Hand: die strikte Unterordnung der weiblichen Stimmen unter die *eine* autoritative Forsters, die strikte Subordination der weiblichen mittleren Heldin unter die Autorität des welthistorischen Individuums, die strikte Polarisierung der 'guten' und 'bösen' Weiblichkeit 'Carolines' und 'Thereses'.

Fragen wir nach den Interdependenzen der Entwürfe revolutionärer 'Weiblichkeit' und jakobinischer 'Männlichkeit' in historischen Erzählungen über Caroline Böhmer und Georg Forster, so zeigt sich, daß die Texte eine in mancher Hinsicht kompliziertere Aufgabe zu bewältigen haben als der antifaschistische Roman. Denn nach unseren bisherigen Ergebnissen liegt es nahe, daß biographische heroische Texte über Forster erhebliche Anstrengungen unternehmen müssen, um den männlichen Autoritätsverlust des von seiner Frau verlassenen Jakobiners auszugleichen. Die 'weibliche Demütigung' der historischen Figur steht der Gestaltung des 'welthistorischen Individuums' als immanentes Konfliktpotential anhaltend im Wege. Fragen wir nach dem '(geschlechter)politisch Unbewußten'[72] der Texte, so werden wir sehen, daß sich dieses immanente Konfliktpotential in sämtlichen Texten in einem vergleichsweise großen erzählerischen Aufwand um den 'Mann', um das sexuelle Subjekt Forster manifestiert. Die besondere Verteufelung Therese Forsters als 'Frau' läßt sich unter diesem Gesichtspunkt nun auch als Abwehr beschädigter Männlichkeit begreifen. Die Aggressorin wird vernichtet und der Schmerz verleugnet: "Auguste ist die einzige, die nach Thereses Weggang etwas vermißt" (Ebersbach 1987, 171).

Wenn die DDR-Texte ein erotisches Verhältnis zwischen Forster und Böhmer unterstellen, geht es deshalb keinesfalls lediglich um die süffisante Ausmalung biographischer Leerstellen—um möglichst breite Leserinteressen traditionell voyeuristisch zu befriedigen. Vielmehr ist das sozialistisch-realistische Projekt des historischen Romans geradezu auf die Darstellung jakobinischer Sexualität angewiesen; denn das Sexuelle ist der Ort, wo sich die erschütterte Autorität des verlassenen Ehemannes ihrer unbeschädigten Männlichkeit vergewissern muß.

Im Kontext historischer Romane um Georg Forster erfüllt 'Carolines' begehrliche Weiblichkeit eine unabdingbare Funktion, um in Konstruktionen der sexuellen Nähe Forsters zu Böhmer die jakobinische Männlichkeit—und das heißt nicht weniger als das ideologische Projekt des Jakobinismus—zu restaurieren.[73] Die folgende Beobachtung Hells scheint auf den ersten Blick wenig mit Ebersbachs historischem Roman der 80er Jahre, der eine weibliche Figur als Titelheldin wählt, zu tun zu haben:

> [T]he symbolic system of gender organizes the narrative 'skeleton' of the family novel in a very specific way. It produces texts which not only focus predominantly on male characters, pushing their female characters to the periphery, but which also forge a link between (communist) politics and a historically specific form of masculinity, a connection which colors all other textual elements. (Hell 1992, 27)

Auf den zweiten Blick können wir jedoch sehen, daß Ebersbachs 'weibliche Titelperspektive' eine um so größere Herausforderung darstellt, das 'männliche Gesetz' des Genres, die Verbindung jakobinischer Politik und Männlichkeit, zu bewahren und in sein dominantes Recht zu setzen. Nicht zuletzt an der infantilisierenden Perspektive des Textes auf die weibliche Hauptfigur wurde diese Abwehrstrategie bereits deutlich. Die strukturellen Ähnlichkeiten zwischen der 'erotischen' Figurenperspektivierung der Forster-Romane und dem historischen 'Frauen'-Roman Ebersbachs zeigen darüber hinaus deutlich, daß die Positionierung der weiblichen Hauptfigur im Verhältnis zur männlichen 'Haupt'figur dort nicht weniger peripher ist als in Texten aus den 50er Jahren, die der Caroline Böhmer ohnehin nur als Nebenfigur bedürfen.

Denn genau in dem Moment, wo die weibliche Figur als Titelheldin programmatisch von der Peripherie ins Zentrum der Darstellung gestellt wird, kollidiert dieser Rollentausch erheblich mit der geschlechterpolitischen Erzählstruktur des Genres als solcher. Es sind gerade diese Kollisionen in der Erzählperspektive, in denen sich die symbolische Geschlechterordnung um so provokativer durchsetzt. Wir konnten bereits zeigen, daß Ebersbach der Provokation des Autoritätsverlusts seines jakobinischen Helden mit der—Lukácsianisch 'unmöglichen'—Hilfskonstruktion zweier paralleler Hauptfiguren zu begegnen suchte—

dem weiblichen mittleren Helden und dem männlichen welthistorischen Individuum.

Die erzähltechnische Aporie, eine weibliche Figur zum Mittelpunkt eines 'Textes der Männlichkeit' zu machen, drängt sich nirgendwo sonst mit derartiger Mächtigkeit in den Vordergrund wie in jenen erzählerischen Sequenzen, wo sich männlicher Held und weibliche Heldin als 'Mann' und 'Frau' begegnen. Ebersbachs 'mittlere Gestalt'—die an anderer Stelle die männliche Attraktion Forsters in Frage stellen darf: "Caroline könnte Therese verstehen, hätte sie Forstern, wenn nicht aus Liebe, so doch aus Bewunderung für seinen Geist geheiratet" (Ebersbach 1987, 128)—begegnet uns nämlich nirgends so schwach wie in der Rolle des sexuellen Objektes, nirgends so traditionell 'weiblich' wie im Spiegel des männlichen Begehrens Forsters. Es griffe entschieden zu kurz, diese so konventionell erzählten 'erotischen' Sequenzen lediglich mit dem 'traditionellen Sexismus' einer 'populärbelletristischen' Erzählperspektive zu erklären; die augenfälligen Inkonsistenzen in der weiblichen Figurengestaltung Ebersbachs und nicht zuletzt die Inkonsistenzen bei der Mischung verschiedener erzählerischer Stilebenen ließen sich so nämlich nicht fassen.[74] Verorten wir diese Brüche jedoch im weiteren Kontext des ideologischen Projekts des jakobinischen Romans, so können wir die weibliche Sexualität als den Ort entziffern, an dem sich die Geschlechterpolitik des Genres wieder in ihr Recht setzt; es ist dies der Ort, an dem sich die Macht des Textes gegenüber der Provokation einer weiblichen Titelheldin— und einer weiblichen Ehebrecherin—behauptet.

Hinsichtlich dieser geschlechterpolitischen Strategie des Genres können wir dann eine weitere Parallele zwischen antifaschistischen Familienromanen und historisch erzählenden Konstruktionen des Lebens Georg Forsters beobachten. Hell hat sehr einleuchtend gezeigt, daß die 'Politik' der von ihr untersuchten Texte es nicht erlaubt, historische Momente der Schwäche und Niederlage der antifaschistisch kommunistischen Bewegung zu erzählen:

> [The] definite break with the logic of realism at the very moment when the narrative approaches the period of National Socialism characterizes all [. . .] texts, pointing at once to the impossibility of narrating (in the Lukácsian sense) the experience of National Socialism, *and* to the compulsive need to master—at least analytically—the eruption of a political catastrophe. (Hell 1992, 38)

Ungeachtet der verschiedenen historischen Stoffe—und ungeachtet der Unvergleichbarkeit der nazistischen 'Katastrophe' und der Ehe'katastrophe' Forsters—sind die historischen Belletristen Ebersbach, Neutsch, Geerdts und Döppe bei der Heroisierung des Lebens Georg Forsters narrativ mit einer ähnlichen 'Unmöglichkeit der Schwäche' konfrontiert. Ähnlich den Familienromanen begegnen die DDR-Texte über Forster der Schwäche ihres historischen Helden mit forciert hierarchisierenden Konzepten der Männlichkeit und Weiblichkeit—"in order to construct a position of power and authority" (Hell 1992, 27). Im 'politischen' Jakobinismus der 50er Jahre dominiert die männliche Politik, im 'privatisierten' Jakobinismus der 80er Jahre die männliche Sexualität über das Weibliche.

Sowohl die Texte der 50er als auch die der 80er Jahre präsentieren 'Caroline' als das Objekt der Begierde Georg Forsters und behaupten hierin die Machtposition der männlichen Figur.

Ebersbach belohnt 'Carolines' häusliche Fürsorge mit dem dankbaren Begehren des einsamen Jakobiners. Die paternalisierende Moral des Textes artikuliert die Abwehr der mädchenhaft verniedlichten Figur im Muster weiblicher Keuschheit; "bedächtig" und "bestimmt" hat die "rüschenverzierte", verstummende Frau Forsters Avancen zu widerstehen:

> "Ab morgen vertrete ich, wenn es dir lieb ist, in deinem Haushalt Theresens Stelle. [. . .] Wohnen bleib ich bei mir." Seine Augen leuchten auf. Er rückt näher, tastet nach ihren dunkelbraunen Locken, die sie jetzt in ihrer natürlichen Ordnung, nur von einem Band gerafft, auf die Schultern fallen läßt. Seiner Hand entzieht sie sich bedächtig und bestimmt; schützend faßt sie auch gleich die Aufschläge ihres gelben Caraco-Jäckchens über der rüschenverzierten Seidenkrawatte zusammen, wie sie jetzt in Pariser Modejournalen zu finden sind. "Ich will dir helfen, nicht dienen." "Eben dafür gebührt dir Zärtlichkeit." Sie schüttelt stumm den Kopf. (Ebersbach 1987, 170–171)

Die gemeinsamen Blicke des Erzählers und des Jakobiners suchen den Blick der Leser auf die verführerische, lockenumwobene Frau und restaurieren in dieser spezifischen Perspektivierung die erschütterte Macht des betrogenen Mannes. Die darauffolgende Antwort des Helden auf die Zurückweisung 'Carolines' versetzt die männliche Figur in die strategische Überlegenheit des taktisch-aktiv Agierenden; es bündeln sich wiederum die Oppositionen bedrohlicher und sanfter Weiblichkeit— die in der Strategie des Textes untrennbar zusammengehören:

"Ich begreife nicht. Therese ist eine Katze, die gern die Krallen zeigt. Aber du kamst mir immer vor wie ein Rehlein. Sooft du scheu warst, habe ich dich laufenlassen. Nun dachte ich, du hättest Zutrauen gefaßt." (171)

Die Fortführung des Dialogs markiert die definitiven Grenzen, die das von Ebersbach gewählte Genre der Gestaltung selbstbewußter Weiblichkeit setzt. Ebersbach erhebt Caroline Böhmer zur Vertreterin des moralischen Geschlechts schlechthin: Sie hat 'als Frau' die treulose Therese Forster aus diesem Geschlecht zu exkommunizieren. Der forciert regressivere, kindliche Ton, in dem der Text die Heldin 'emanzipierte' Worte erwidern läßt, weiß auf der Ebene des Stils deren Inhalt abzuwehren. Keineswegs befreit 'Carolines' Antwort die Figur aus der Position des verniedlichten Objekts des männlichen Blicks. Forsters Wort von der "Katze" mutiert in der 'spröden' Erwiderung der Heldin im "Jäckchen" ins weibliche "Kätzchen":

"[. . .] Aber wir sind weder Rehlein noch Kätzchen, sofern wir uns nicht dazu machen lassen. [. . .] Weil ihr uns jagt, werden wir spröde [. . .]. Therese handelt schlecht an dir, ich schäme mich als Frau für ihr Verhalten. Aber im Innersten kann ich sie verstehen. [. . .] Wenigstens die Schuld der Frau will ich versuchen an dir gutzumachen. Liebe steht nicht auf der Rechnung. Nimmst du unter der Bedingung an?" "Was bleibt mir übrig, Caroline?" (171)

Die provozierenden Ambivalenzen in dieser Replik und auch in der Antwort Forsters weisen nur zu deutlich auf den erzählerischen Machtkonflikt zwischen männlicher und weiblicher Figur. Der 'Text der Männlichkeit' muß sich gegen die emanzipierte Weiblichkeit der historischen Figur behaupten.

Vergleichen wir diese Szene mit ihrem Pendant aus Döppes Roman der 50er Jahre, sind die Ähnlichkeiten und Differenzen bezeichnend. Ähnlich ist die Konstruktion des begehrend aktiven Mannes, verschieden jedoch die Abwehrstrategie der verbotenen Lust. Auch die asketische Männlichkeit dieses sozialistisch-realistischen Textes bedarf einer Forster-Figur, die die Rolle des Verführers übernimmt. Dessen Männlichkeit stellt sich um ein weiteres unter Beweis, wenn Döppes 'Karoline' nur "mit einiger Mühe" (Döppe 1982, 472) jakobinischer Anziehungskraft widerstehen kann. Die Szene spielt nach der Abreise Thereses, und die Figuren haben—wie bei Ebersbach—dem Gebot des moralischen Anstands zu folgen. Die 'Abwehrleistung' obliegt hier jedoch weit weniger der keuschen Moral der Frau; im historischen Jakobinerroman der 50er Jahre hat das letzte und dominante Wort die politische Moral des Mannes; da jakobinische Gefühle der Ideologie

des Textes zufolge "nicht wandelbar" sind, erkennt Forster seine
'Torheit' und bringt das politische Opfer, sich freiwillig von 'Karoline'
zurückzuziehen. Der Text sublimiert die intime Erotik in der
revolutionären Frage auf Leben und Tod:

> Auch seine Stimme, die tief und ruhig klingen sollte, war nicht sicher: "[. . .].
> Mir ist nie verborgen geblieben, weshalb Therese gerade Sie in mein Haus
> gebeten hat." Mitleid war bisher in Karolines Antlitz gewesen. Es wich einem
> Ausdruck der Abwehr. "Mir ebensowenig, Professor. Aber nach diesem
> Geständnis versteht es sich, daß ich morgen wieder in der Welschen Non-
> nengasse wohnen werde." "Ich würde es", sprach Forster schwach, "gerade
> jetzt bedauern." Karoline, mit einiger Mühe, blieb fest. "Es wird gerade jetzt
> nichts anderes mehr möglich sein." "Es wäre töricht, Sie zum Bleiben zu bit-
> ten [. . .]. Daß ich von Therese das Opfer, mit mir zu leben und zu sterben,
> nicht fordern kann, ist mir längst bewußt. Es von einer anderen Frau fordern
> zu können, ist mein Gefühl nicht wandelbar genug." (1982, 472)

*Vor* der Abreise Thereses hingegen—Forster und Karoline haben
sich erst vor kurzem kennengelernt und die Leser wissen noch nicht
um Thereses demütigenden Ausbruch—kann sich revolutionäre Männlichkeit noch ungebrochener im Muster des Soldatischen artikulieren.
Das ideologische Projekt des Jakobinismus verschmilzt mit dem
öffentlichen Ideal von Männlichkeit: dem erotisch attraktiven Kämpfer.
Die von der sozialistischen Moral der 50er Jahre verbotene Lust
zwischen 'Karoline' und Forster sublimiert der Text nun im Bild des
jakobinischen Kriegers—die 'Liebe', die nicht sein 'darf', läßt sich so
ins Versprechen einer utopischen Zukunft 'verschieben':

> Forster sagte: "Was für ein Bösewicht müßte der Mann denn sein, den Sie
> lieben würden? . . ." Karoline antwortete ohne weiteres: "Er müßte Menschen
> töten können aus Gerechtigkeitsgefühl." [. . .] "Ein Mann muß ganz in der
> Zeit sein und für die Zeit gemacht sein. Unsere Zeit braucht solche Männer."
> "Nun", sagte Forster und senkte das Kinn, "ich weiß nicht, ob beispielsweise
> ich . . ." "Von solchen Männern rede ich", unterbrach ihn Karoline, "die ich
> lieben könnte, oder besser: dürfte, Professor!" [. . .] Wie sie auf Forster sah,
> war von ihr jeder Schein von Koketterie abgefallen. [. . .] "Im übrigen", fuhr
> sie langsam fort, "glaube ich wohl, daß Sie ein Mann sein könnten, Profes-
> sor." (Döppe 1982, 90)[75]

Die Gratifikation des kämpferischen Ideals stiftet der Text im
lustversprechenden Blick 'Karolines' auf den politischen Körper Georg
Forster—den Blick der Frau auf den mächtigen Herren über Leben
und Tod. 'Karolines' letzte Worte, die Forsters Mannhaftigkeit auch
noch verbal bestärken müssen, bringen hier den immanenten Konflikt

heroischer Erzählungen über diese beiden historischen Figuren deutlich an die narrative Oberfläche. Döppes 'mannhafte' Karoline-Worte über Forster ('Unsere Zeit braucht solche Männer—Sie könnten ein Mann sein') spiegeln sich strukturell in Ebersbachs 'fraulichen' Caroline-Worten über Therese und 'Caroline' ('ich schäme mich als Frau für Thereses Schuld'). Während Ebersbach und Döppe der erzählerischen Komplizenschaft der weiblichen Figur bedürfen, um jakobinische Männlichkeit zu stützen, drängt sich auf der Rückseite dieser forcierten Maskulinisierung das (geschlechter)politisch Unbewußte hervor—die Verleugnung männlicher Schwäche im Spiegel der historischen Stimmen Caroline Böhmers und Therese Forsters. Für diese Abwehrleistung ist es ausgesprochen bezeichnend, daß die imaginierten weiblichen Figuren in keinem der hier untersuchten Texte auf der Ebene der Darstellung den männlichen Helden zu bedrohen vermögen. "'Ich bin übrigens keine Männerfeindin", versichert uns beruhigend Ebersbachs Caroline (Ebersbach 1987, 121). Weder die sexuell attraktive, jakobinische, keusche, fürsorgliche Kameradin noch die mütterlich naive, unpolitische, konterrevolutionäre, schlangenhafte Verräterin finden sich jemals in der erzählstrategischen Position, den Jakobiner gleichberechtigt herauszufordern zu dürfen. In diesen konflikteliminierenden, harmonisierenden Glättungen der Frauen- und Männerbilder sind hingegen die historischen Quellen, Georg Forsters flehende Briefe an seine Frau, doch allen voran die historischen Stimmen Therese Heyne-Forster-Hubers und Caroline Böhmers als bedrohlicher Subtext präsent. "[E]r war zu edel und zu schwach", schreibt Therese an Caroline, "ich liebte ihn so redlich—aber sein Weib konnte ich nie sein"; und Georgs Frau fährt warnend fort:

> Ich weis nicht, [. . .] was dir jezt Liebe ersezt, aber kommst Du mit Männern in Verhältniße, so hüte Dich, daß Du nicht gemißbraucht wirst und Dich hintansezest. [. . .] Kannst Du aber die Männer entbehren, so ist es gut für Dich, bis Du wieder eine Bahn gefunden hast. (*Caroline* I, 327, 329; 25.2.1794 an Caroline Böhmer)

"Wie kannst du meinen, daß Forster je ein Mann geworden wäre?", fragt Caroline Böhmer ihren Brieffreund Meyer und fügt hinzu: "Und Männer, die nicht Männer sind, machen, auch des vorzüglichsten Weibes Unglück." (I, 334; 16.3.1794)

Die Angst vor derartiger Entmännlichung des heroischen Helden— "als Gemahl konnte er mir nur Widerwillen einflößen" (Forster 1989, 781; 16.11.1793 an Frau Hottinger)—artikuliert sich in Geerdts' Roman von 1954 sozialistisch-realistisch prüde: Der Text weiß die männliche Lust des Jakobiners 'reizvoll' zu betonen, um sie dann explizit mit der 'sonderbaren Furcht' vor der politisch 'verwandten' Frau zu verbieten. Ebensowenig wie Döppe bedarf dieser Text der frühen 50er Jahre einer polemischen Abgrenzung und Dämonisierung von Therese. Stattdessen erläßt Geerdts ein weit umfassenderes Lustverbot; die weiblich besetzten Oppositionen der besseren geistig-seelischen Sauberkeit und des niederen blutig-rauschhaften Schmutzes symbolisieren nicht den Antagonismus zwischen 'Therese' und 'Caroline', sondern umfassen beide Frauenfiguren:

> Mir waren die Frauen gleichgültig, dachte er, jedenfalls ging ich sicher auf mein Ziel los, und dieses Ziel war Therese. Ich sehnte mich nach ihrer Sauberkeit [. . .]. Eine gab es, die reizte mich bis aufs Blut, und dennoch hatte ich Furcht vor ihr, eine sonderbare Furcht, wo es doch gar nichts zu fürchten gab bei ihr, der Karoline [. . .]. Aber vielleicht waren wir zu nahe verwandt in vielem, so nahe, daß wir uns anzogen und abstießen zu gleicher Zeit. Nun, Karoline, so jung noch, mit Geist und Seele, für Beßres geschaffen als für einen Rausch, sie wird noch ihren Weg machen, diese Freundin Theresens, und vom armen Forster wird man schweigen. Schweigen? Schimpfen wird man. . . Vielleicht aber wird man ihn auch preisen, ehren, hol's der Henker (Geerdts 1978, 237).

Im Subtext der Männlichkeit—welcher der traditionellen Spaltung in die Repräsentationstypen der 'Mutter' und 'Hure' bedarf—können wir die Abwehr der (mütterlichen und erotischen) Frau *an sich* herauslesen: diese keinesfalls 'gleichgültige', sondern 'schimpfende' Abwehr der historisch bedrohlichen Frau flieht in das passiv-aggressive Selbstmitleid des von der Geschichtsschreibung gedemütigten—und darob männlich fluchenden Helden.[76]

Mehr als 25 Jahre später wird Neutschs Forster-Erzählung diese Texte jakobinischer Männlichkeit weiterschreiben—und im 'Ausbruch der Leidenschaft' endlich jene Lücken füllen, die seine Vorgängertexte der ergänzenden Phantasie ihrer Leser überlassen hatten. Aus Neutschs Text spricht die weitaus schärfste Abwehr der historischen Frauenstimmen zur 'Männlichkeit' Forsters. Anders als die Texte der 50er Jahre und ähnlich den Texten Ebersbachs (und auch Struzyks) bedarf die reprivatisierte Geschlechtermoral der 80er Jahre der Dämonisierung der Ehefrau, um die Entgleisung des sexuell 'ausgehungerten' jakobinischen Ehemannes zu legitimieren. Der von den lückenhaften historischen Quellen eigentlich 'verbotenen' sexuellen Nähe begegnet die prüde Moral des Textes mit dem Wiederholungszwang 'schon immer und ewiger' Liebesbeteuerungen 'Carolines' gegenüber Forster.[77] Nicht anders als bei Döppe hat 'Caroline' die Männlichkeit des Ehemannes nun auch verbal zu restaurieren. Aus ihrem Munde erfahren die Leser, Forster sei "der begehrenswerteste Mann", was dieser explizit zu bestätigen hat; zustimmend versichert der Jakobiner dem Lesepublikum: "Er war ein Mann"; Georg Forster erinnert sich in Paris seiner Mainzer Erlebnisse:

> Caroline? Sie war zu ihm gezogen. Therese hatte ihrer Jugendfreundin das eheliche Schlafzimmer angeboten, kurz bevor sie abgereist war, und ihr [. . .] im Dezember einen Brief geschrieben, den er natürlich kannte: Lieb und pflege F. und denke vor dem Frühling nicht an Änderung des Aufenthalts. Bis dahin läßt sich viel Hübsches tun . . . Nicht erst seitdem wußte er, daß auch sie ihn geliebt hatte. Aber an diesem Tag erfuhr er es mit einer Macht, deren ein Mensch nur fähig sein konnte und die er ihr niemals zugetraut hatte. Caroline gab sich wie ausgehungert [. . .] am Neujahrsfest. Von ihrer ersten Begegnung an, sagte sie. Als sie gerade fünfzehn geworden war. [. . .] In ihr dunkles lockiges Haar hatte sie Bänder in den Farben der Trikolore geflochten. [. . .] Sie hängte sich an ihn. Als er sie ins Schlafzimmer brachte, das zu besetzen ihr Therese empfohlen hatte, verschloß sie von innen die Tür und verwühlte den Schlüssel in ihrem Bett. [. . .] Sie glühte am ganzen Körper, als sie sich vor seinen Augen entkleidete. Ungeniert, wie selbstverständlich. [. . .] Er war ein Mann und nicht weniger ausgehungert als sie. [. . .] Die Eifersucht auf Therese konnte für ihr Verhalten, den Ausbruch ihrer Leidenschaft, schon lange kein Grund mehr sein. George, gestand sie ihm, du bist der begehrenswerteste Mann, bist es für mich seit unserer ersten Begegnung gewesen. Erinnerst du dich? Da war ich fünfzehn. [. . .] Und seitdem habe ich nie jemanden so geliebt, so bewundert wie dich—und dann auch wieder so gering geachtet. . . (Neutsch 1981, 38, 118–119)[78]

In der voyeuristischen Perspektivierung des jakobinischen Blickes und des Blickes der Leser auf die "entkleidete" Frau sucht dieser Text der Männlichkeit bei weitem am aggressivsten die selbständige Weiblichkeit der historischen Figuren auszulöschen.[79] Die keineswegs 'selbstverständliche', sondern ausgesprochen 'genierte' Beschreibung jakobinischer Sexualität manifestiert sich hier in den zahlreichen moralischen Abwehrstrategien auf Kosten beider Frauen-Figuren. An die männliche Moral seiner Vorgängertexte anknüpfend, überträgt Neutsch der unberechenbaren, angetrunkenen Frau die unerwartete Verführung des ahnungslosen, nüchternen Mannes: "Er aber hatte nur wenig getrunken" (117). In wiederholten Schuldzuweisungen an Therese ("Therese hatte ihrer Jugendfreundin das eheliche Schlafzimmer angeboten", als "er sie ins Schlafzimmer brachte, das zu besetzen ihr Therese empfohlen hatte") und in der Überrumpelungstaktik einer 'ausgehungerten' Caroline stellt der Text genügend (weibliches) Entlastungsmaterial zur Verfügung, um die Leser der moralischen Integrität des männlichen Helden zu versichern.[80] Strukturelle Ähnlichkeiten zur ebenfalls nur schlecht verborgenen prüden Frauenangst des Geerdtsschen Textes werden offensichtlich.[81]

Allein der Text Struzyks—der bezeichnenderweise der einzige ist, der nicht traditionell historisch erzählt—widersetzt sich solchen Restaurationen von Forsters beschädigter Männlichkeit. Im Gegenteil, Struzyk läßt das private Dilemma des Jakobiners im Disaster des von zwei Frauen zurückgewiesenen Mannes kulminieren. Nichtsdestotrotz ist die Männlichkeit Forsters auch hier ausführlich und explizit besprochen. Dabei finden wir geschlechtliche Figurenperspektivierungen, die sich nicht von den voyeuristischen Perspektiven Ebersbachs oder Neutschs unterscheiden; anders als bei diesen beiden männlichen Autoren geht aber Struzyks Perspektive auf die Sexualität der Frau nicht zu Lasten 'Carolines', sondern 'Thereses'. Im Gegensatz zu den männlichen Autoren betont Struzyk auch im privaten Verhältnis der beiden Figuren eine forciert alltägliche 'Ansicht' auf die "Mainzer Bettszenen" (so eine der Überschriften, Struzyk 1988, 59). Ihrer welthistorischen Aufgaben ledig, begegnen sich die 'angebetete Freiheitsgöttin' und der jakobinische 'Prachtkerl' hier als 'Frau' und 'Mann'. Böhmers Überlegenheit ist sowohl die einer mütterlichen und schwesterlichen Freundin, die Forsters Schwächen kennt und kritisieren darf, als auch die Stärke der koketten Frau, die die Macht hat, den für sie schwärmenden Forster zurückzuweisen. Denn auch Struzyks 'Caroline' ist das Objekt der Begierde Forsters. Gemeinsam ist dem privaten Subjektivismus Struzyks und den Texten des sozialistischen Realismus die Hierarchisierung des männlichen Blicks. Ein beachtlicher Teil der selbstbewußten Sexualität der weiblichen Hauptfigur profitiert von Forsters privatem Kummer—profitiert vom Verrat Thereses. Hierin unterscheidet sich Struzyks Moral nicht von der Ehemoral Ebersbachs. Dieser Text belohnt die politische Unterstützung einer soldatischen Kameradin mit dem dankbaren Begehren des einsamen Jakobiners:

> "Ich gehe stets an eurer Seite, auch durch dick und dünn. Nur setzt euch endlich wirklich in Bewegung!" Forster schmiegt sich an Carolines Brust. [. . .] "Ich möchte sehr gern bei dir schlafen!" Sie streichelt ihn [. . .]. Sie küßt ihn auf die Stirn (Struzyk 1988, 79–80).

Der Text überläßt den souveräneren Part der weiblichen Figur, die Forster überlegen und gütig abweisen darf. Als mütterlich-lebenskluge und verführerisch-lebenslustige Gefährtin muß Caroline den Kummer um Thereses Treulosigkeit tröstend auffangen. Caroline liegt krank im Bett:

> Forster kommt herein mit einem Blumenstrauß. [. . .] Er schüttelt ihr das Deckbett auf, sieht ihre Schenkel, und es rührt sich was. "Kannst du mir sagen, warum ich nur so geil bin? Therese kroch heut nacht noch in mein Bett, da hatte sie's mit Huber längst gemacht, und ich? Ein geiler Bock, den der Geruch des Samens von dem andern Bock noch schärfer macht. [. . .] Ich kann drauf warten, wie sie sich dann windet, leidet, wütet—und ich werd immer größer und feure meine ganze Menschenliebe in den kalten Ofen." Er setzt sich auf den Hocker und läßt den Kopf hängen. Caroline dreht sich um, sieht ihn lange zärtlich an. (60)

Der Blick des Lesers folgt dem 'geilen' Blick Forsters und ruht schließlich mit den 'zärtlichen' Augen Carolines auf dem enttäuschten Mann; eine solche Perspektivierung stiftet das zarte Einverständnis zwischen Böhmer und Forster auf Kosten der vergewaltigten Therese. In dieser pornographischen Blicklenkung der Leser prostituiert Struzyks Text die sich 'wütend' 'windende' Therese nicht weniger als Neutschs Text die 'glühende' 'entkleidete' Caroline. Die ratsuchende Hilflosigkeit des zurückgewiesenen Jakobiners verlangt das Mitleid der Rezipienten; Carolines weitere Reaktion auf den werbenden Forster fundiert 'tiefblickende' zärtliche Zweisamkeit: "Forster rückt näher, setzt sich auf den Bettrand, nimmt ihren Kopf, legt ihn auf seine Schenkel. 'Ich bin so seltsam angerührt von dir, ich hab keinen Namen für den Vorgang.' Sie sieht ihm in die Augen." (61) Den weiteren Verlauf der Szene können wir durchaus als spöttische Antwort des Textes auf die 'begehrenswerteste Männlichkeit' Neutschs lesen: "'Ich kann ganz offen mit dir reden, lieber Freund. Forster, wir zwei, ich sag dir's gleich, daraus wird nie was. Ich finde dich nicht schön. Ich habe leider gut entwickelte Sinne. Sie lassen sich nicht täuschen. Nicht enttäuschen." (61)

Der 'sinnlichen' Destruktion des Mannes folgt jedoch unmittelbar anschließend die immerwährende Liebeserklärung Carolines (vgl. Neutsch) an dessen politischen Geist (vgl. Damm). Wir können darin die (erbepolitische) Kompromißhaltung erkennen, die, wie gezeigt wurde, den Struzykschen Text auf zahlreichen Ebenen regiert:

> "Und dann noch eins. Ich liebe dich. Schon immer. Und ich werd dich immer lieben. Ich bin dir eine Freundin, wie du keine zweite findest. Und dann noch eins. Deine Mutter bin ich nicht. [. . .] Und ich kann manches von dir lernen. Ich ahne, daß so manches, was du denkst und tust, mir nah ist. [. . .]" Er streichelt sie. Er weint. (61)

Struzyks weiblicher Figur ist es erlaubt, 'privat' vergleichsweise souverän zu dominieren, solange sie intellektuell in die subordinierte Haltung der lernwilligen Schülerin zurückweicht. Weibliche Subalternität hat auch hier die 'weinende' Schwäche des Jakobiners gegenüber den Leserinnen und Lesern stützend zu entlasten. Nicht weniger ambivalent ist Struzyks Abwehr des Mütterlichen. Carolines verbaler Widerstand ('Deine Mutter bin ich nicht') vermag die Figur schwerlich aus der mütterlichen Rolle zu befreien, solange die strategisch wesentlich mächtigere Erzählperspektive des Textes die Heldin wiederholt in diese Rolle hineindrängt. Selbst die so entschieden formulierte (sexuelle) Ablehnung des Jakobiners ('wir zwei, daraus wird nie was') ist höchst zweideutig; sie läßt jenen LeserInnen, die mit den Quellen vertraut sind, augenzwinkernd die Möglichkeit offen, am Ernst der Worte 'Carolines' zweifeln zu dürfen: Denn Struzyk zitiert annähernd wörtlich die historische Stimme der Caroline Böhmer über die Unmöglichkeit einer Verbindung mit August Wilhelm Schlegel—und dies läßt die Phantasie der Leser mit dem zurückgewiesenen Jakobiner hoffen.[82]

In dieser modernisierten Spaltung der Figur in eine selbstbewußt unkeusche Mutter und souverän unwillige Geliebte und nicht zuletzt in den so freimütig erzählten 'erotischen' Ambivalenzen zwischen Böhmer und Forster variiert Struzyks Text traditionelle Muster unkonventionell— ohne mit der höchst konventionellen rezeptionsgeschichtlichen Voraussetzung brechen zu wollen, die besagt: Mainzer Jakobinerinnen seien die Objekte erzählerischer Begierde.

# Kapitel 2

# Geselligkeit als Synthese
# von Politik und Privatheit

Innerhalb der zeitgenössischen DDR-Literaturverhältnisse der 70er und 80er Jahre legt der Diskurs 'Jenaer Frühromantik' eine Lesart nahe, die wesentlich konfliktträchtiger als der 'Mainzer Jakobinismus' auf eine kritische Aktualisierung für die DDR-Gegenwart orientiert. Dabei liegt die dominante Kritikfunktion der Neurezeption dieser literarischen Periode in der spezifischen Konstruktion eines historischen Ideals 'frühromantischer Geselligkeit'.

Dominant sind die aktualisierenden Rezeptionsmuster insofern, als zahlreiche andere Aspekte der 'Jenaer Frühromantik' dem oppositionellen Verständnis von Geselligkeit funktional untergeordnet werden. Dies betrifft nicht nur das auffällige Interesse am 'Leben' und 'den Menschen'—und ein entsprechend geringes Interesse an frühromantischen Texten—, sondern insbesondere die Positionierung der weiblichen Hauptfigur Caroline Schlegel und damit die Konstruktionen von Weiblichkeit und Männlichkeit.

Im Kontext der politischen Aktualisierung frühromantischer Geselligkeit für die DDR-Gegenwart hat 'das Weibliche' eine spezifische diskursive Funktion zu erfüllen, die uns im dritten Kapitel eingehender beschäftigen wird: Die 'Geschlechterfrage' wird zu einem tragenden Baustein, der die politische Progressivität der Frühromantik untermauert.

Mit der Wiederentdeckung der Figur Caroline im frühromantischen Kreis werden zentrale methodische Prämissen entwickelt, die es nun erlauben, die Frühromantik als eine geschlechterpolitisch emanzipatorische Bewegung, ja als ein historisch gelungenes Beispiel der Geschlechterparität schlechthin zu begreifen: "Die Frühromantiker verstanden ihre eigene gesellige Praxis als Modell positiven ge-

sellschaftlichen Zusammenlebens. [. . .] Hier wurde Gleichberechtigung nicht nur proklamiert, sondern auch verwirklicht." (Dahnke 1978,
370)

Hinsichtlich dieser frauenemanzipatorischen Programmatik hat
Damms biographischer Essay eine Schlüsselposition. Die Konsequenzen
einer derart emanzipatorisch politisierten Frühromantik kommen acht
Jahre später in den Texten der männlichen Autoren Günzel und
Ebersbach folgenschwer zum Tragen. Beide Autoren greifen in ihren
Entwürfen der 'romantischen Frau' auf eine breite Palette traditioneller
sexistischer Geschlechterstereotypen zurück. Wir können diese als
explizite und konsequente Ausformulierung derjenigen Repräsentationsmodi von Weiblichkeit begreifen, die nicht nur implizit in
Damms 'romantischem' 'Emanzipationsprogramm' angelegt worden
waren.

Als besonders folgenreich wird sich in dieser Hinsicht die affirmative Anlehnung an die männliche Geschlechterphilosophie des späten
18. Jahrhunderts, vor allem die euphorische Neubewertung Johann
Gottlieb Fichtes *Deduktion der Ehe* und Friedrich Schlegels *Lucinde*
herausstellen. Dieser diskursiven Funktion der Geschlechterfrage gilt
es in einem zweiten Schritt gesondert nachzugehen. Was in einem
ersten Schritt jedoch zunächst interessiert, ist das neue politische Interesse an 'frühromantischer Geselligkeit'.

## Romantische Geselligkeit als DDR-Kritik

Mit der Ankunft unserer in Mainz politisierten Hauptfigur in Jena
konzentriert sich Damms Interesse auf Caroline Schlegels Rolle im
Kreis der Frühromantiker. Die Gruppe der in Jena versammelten
AutorInnen wird uns nun als vorbildlicher Zusammenschluß einer
literarischen 'Gegenöffentlichkeit' vorgestellt. Wie in einem Brennspiegel
fokussiert sich dieses aktuelle Aneignungsinteresse an der Frühromantik
in der folgenden Passage:

> Carolines Haus, eher bescheiden und ohne jene reiche großbürgerliche
> Atmosphäre, wie die des Berliner Salons von Henriette Herz, wird das Zentrum,
> von dem wichtige Impulse der literarischen Opposition ausgehen. Die
> Formierung der Kräfte geschieht im Rückzug in den privaten Kreis. Was die
> Gesellschaft als Ganzes nicht verwirklicht, wie die jungen Leute im Taumel
> ihrer Revolutionsbegeisterung erhofften, wollen sie nun in der Praxis ihres
> eigenen Zusammenlebens realisieren und verstehen dies durchaus als Modell
> einer gesamtgesellschaftlichen Utopie. (Damm 1979, 49)

Die Jenaer Frühromantik wird hier weniger als ein literarisches, so doch in erster Linie als ein soziales, literaturpolitisches Phänomen wahrgenommen. Der Kreis von Jena wird zum Projektionsraum einer demokratischen "Utopie", die den "Rückzug" in die Sphäre privater Geselligkeit zum Ideal einer "gesamtgesellschaftlichen" politischen Perspektive erhebt.

Damms aus den Diskursen des Marxismus und der Geschichte der Arbeiterbewegung entlehntes Vokabular und die Betonung der Bescheidenheit richten sich an ein breiteres Publikum, keineswegs nur an die literarische Intelligenz; im Gegenteil, die Organisationsform der 'literarischen Opposition' in Jena ruft eher Assoziationen an Praxen sozialistischer Politik und Arbeit auf: "Ein Kollektiv findet sich zusammen." (47)

In der Unterstellung eines bewußten gesellschaftspolitischen "Ehrgeizes" "gleichgesinnter" Individuen schießt Damms politischer Voluntarismus weit über alles historische Quellenmaterial hinaus, wenn die 'Mainzer Revolutionärin' nun auch in Jena ihre politisch progressive Heimstatt findet:

> Carolines und August Wilhelms Ehrgeiz ist es, ihr Jenaer Heim zum Mittelpunkt des gesellschaftlich-literarischen Lebens werden zu lassen. Die Atmosphäre der ersten Mainzer Monate im Hause Forsters, die lebhaften Debatten der Gleichgesinnten über Politik und Literatur sind Caroline noch in lebhafter Erinnerung. (45)

Homogen und geschlossen ist Damms Verständnis des frühromantischen 'Kollektivs'. Für die Darstellung der Geschlechterverhältnisse wird dieser harmonisierende und zentralisierende Entwurf frühromantischer Geselligkeit Konsequenzen haben.

Kontrastieren wir jedoch Damms adressatenorientiertes demokratisches Pathos mit vormaligen Erbepositionen, läßt es sich auch als trotziges Pathos und provozierende Konfrontation lesen. Noch 1974 sah Heinz Härtl, der Herausgeber von Bettina von Arnims *Frühlingskranz*, im frühromantischen Zirkel nichts anderes als eine Gruppe 'illusionärer Esoteriker'. Nicht weniger generalisierend als Damms Lob ist hier der Gestus des Tadels. Zielscheibe der Kritik sind frühromantische "Dichtung" und "Bildung":

> Es blieb die Illusion, in der Dichtung sich selbst verwirklichen zu können. Die Inspiration dazu war vom frühromantischen Zirkel ausgegangen [. . .]. Bei

ihnen allen überwog die esoterisch-geistige Bildung die praktische und
politische [. . .]. Je stärker sie von der nachrevolutionären Situation in
Frankreich und von den verkümmerten Verhältnissen in Deutschland enttäuscht
waren und je weniger sie sie verstanden, desto mehr suchten sie Befriedigung
[. . .] in der idealistischen Konstruktion des Lebens, wie es sein sollte. (Arnim
1974, 317)

Wo Damm in der frühromantischen Geselligkeit eine 'Formierung
politischer Kräfte' sieht, behaupten die hochoffiziellen *Erläuterungen
zur deutschen Literatur. Romantik* das genaue Gegenteil; 'Geselligkeit' meint hier die

weitgehende Isolierung von einer miserablen gesellschaftlichen Praxis und die
Eingrenzung auf einen kleinen Kreis der Gleichgesinnten. Zwar ist 'Geselligkeit
[. . .] das wahre Element der Bildung, die den ganzen Menschen zum Ziele
hat', doch läßt sie sich nur im engen, der Gefahr eines Elite-Kultus ausgesetzten
Zirkel realisieren. [. . .] An die Stelle von Bestrebungen, sich mit anderen
unterdrückten und gefesselten Schichten des Volkes zu verbünden und eine
mächtige Oppositionsfront aufzubauen, ist eine starke subjektivistische
Begrenzung auf kleine Gruppen isolierten, intellektuell-elitehaften Charakters
getreten. (Böttcher 1985, 108, 131)

Es ist hilfreich, Damms erbepolitische Frontstellung noch weiter im
kulturpolitischen Klima der späten 70er und frühen 80er Jahre zu
kontextualisieren. Dann wird deutlich, daß die Neubewertung der
Frühromantik einen weitreichenden Paradigmenwechsel im Selbstverständnis zahlreicher DDR-Intellektueller signalisierte. Dieser
Paradigmenwechsel knüpft sich aufs engste an ein gewandeltes
Verständnis von Öffentlichkeit und eine veränderte Funktionsbestimmung der Schriftstellerrolle.

Die sympathisierende Konstruktion eines historischen Raumes, in
dem sich unabhängige Intellektuelle zur geselligen 'herrschaftsfreien
Kommunikation' (Habermas) zusammenfinden, können wir als eine
herausfordernde Befragung des staatlichen öffentlichen Machtmonopols
im real existierenden Sozialismus lesen. Damms Konzept, den
intellektuellen "Rückzug" in die literarische Geselligkeit als politische
"Opposition" zu deuten, lag zu diesem Zeitpunkt durchaus im Trend
der Selbstverständigung zahlreicher Autorinnen und Autoren. Ein
historisch spezifischer Ausschnitt des sozialen Lebens an der Wende
vom 18. zum 19. Jahrhundert wird nun in Gestalt einer kleinen Gruppe
literarisch Gebildeter zum Reflexionsmedium der Schriftstellerrolle in
der DDR.

Kritik an Zensur, Forderungen nach mehr Demokratie und
Aufhebung staatlicher literaturpolitischer Restriktionen waren von

künstlerisch tätigen Intellektuellen gerade in den 70er Jahren vermehrt artikuliert worden. Hoffnungen, die sich nach 1971 an Diskussionen des VIII. Parteitags der SED geknüpft hatten,[1] wurden spätestens mit der Biermann-Ausbürgerung 1976 wieder zunichte gemacht. Eine Ausreisewelle zahlreicher AutorInnen und KünstlerInnen war die Folge.[2] Der Literatur, aber auch wissenschaftlichen Texten wurde unter diesen stagnierenden und repressiven kulturpolitischen Bedingungen die gewichtige Funktion einer Ersatzöffentlichkeit zugeschrieben—dieser politische Anspruch hat nicht zuletzt das Selbstverständnis von DDR-AutorInnen seit Mitte der 70er Jahre entscheidend geprägt. "Wie immer, wenn die öffentliche politische Diskussion unterdrückt wird, reiben sich die verschiedenen Meinungen und Parteien ersatzweise an der Literatur", formulierte Christa Wolf 1979 im "Brief über die Bettine" apodiktisch (1979, 366). Symptomatisch an dieser Behauptung erscheint das nicht nur historisch generalisierende Verständnis der Funktionen einer literarischen 'Ersatzöffentlichkeit'.

Wie sehr das auf den ersten Blick scheinbar Evidente in Wolfs Worten der Differenzierung bedarf, wird im Vergleich mit einer anderen—nicht weniger kritischen und spontan nicht weniger einleuchtenden—Position offensichtlich. So kommt Irene Dölling 1994 in ihrem kritischen Rückblick auf die DDR zu dem Resümee, daß die "Regression aller Formen von Öffentlichkeit auf die Zustimmung zu und die Ausführung von vorgegebenen Entscheidungen und Zielen [. . .] ein permanent anwesendes, alle Praxen durchdringendes Faktum" gewesen sei (1994, 99). Schon mit Wolfs Position ist diese pauschalisierende Analyse wiederum unvereinbar; während die Aufklärerin Wolf die Existenz einer politischen Gegenöffentlichkeit prominent mit den schriftlichen Zeugnissen der literarischen Intelligenz identifiziert hatte, taucht im Blickfeld der Soziologin Dölling die bloße Möglichkeit eines Freiraums, geschweige denn oppositioneller literarischer Praxen gar nicht auf.[3]

Für unseren Zusammenhang entscheidend sind jedoch die Ähnlichkeiten in der universalisierenden Perspektive, die sich wie ein roter Faden—angefangen bei Damms Essay bis zu den politischen *statements* der Wende—durch zahlreiche Stimmen des kritischen Diskurses von DDR-Intellektuellen ziehen.

## Die Entdeckung der Theorie geselligen Betragens

Fünf Jahre nach Damms euphorischer Neubewertung romantischer Geselligkeit erschienen in der DDR erstmalig Schleiermachers philosophische Schriften—ihnen vorangestellt der berühmte *Versuch einer Theorie des geselligen Betragens* (1799). Noch die Literaturgeschichte von 1978 hatte dieses Hauptwerk zur frühromantischen Geselligkeit nicht erwähnt, und die Literaturgeschichte von 1968 hatte Schleiermachers Werk insgesamt pauschal verdammt: "Ein anderer Ideologe der Romantik, der Religionsphilosoph Friedrich Schleiermacher, sah sein Ziel darin, die idealistische Philosophie mit der Theologie zu verquicken." (Geerdts 1968, 280) Im Klappentext der Schleiermacher-Ausgabe (1984) finden wir deshalb den spezifischen Tonfall der Rechtfertigung, die zugleich Anklage früherer Versäumnisse ist:

> Die originäre Stellung Schleiermachers in der Geschichte der deutschen Philosophie ist erst in jüngerer Zeit erkannt und gewürdigt worden. [. . .] trotz dialektisch bejahtem Verhältnis zum Ganzen [hält Schleiermacher] am Anspruch autonomer Individualität in ihrer Denk- und Empfindungsfreiheit beharrlich fest.

Nicht unähnlich der paradoxen Konstruktion Damms möchte der Herausgeber Jan Rachold phrasenhaft die positiv neu entdeckte 'autonome Individualität' dem—alten—'dialektischen Ganzen' integrieren. Rachold geht so weit, das zeitgenössische Schlagwort von der "Ersatzöffentlichkeit" direkt in den Kontext des späten 18. Jahrhunderts zu übertragen und gibt damit den Schlüssel zur "ethischen" und "politischen" Bedeutung geselliger bürgerlicher Kommunikation:

> Schleiermacher erkannte richtig die über Kurzweil und Geselligkeit hinausweisende Bedeutung dieser Salons und betonte ihre ethischen und politischen Aufgaben. Sie sollten Fluchtort und Protestmöglichkeit in einem sein. Die Salons stellten eine Ersatzöffentlichkeit dar, die half, die politisch-soziale Wirklichkeit zu diskutieren, ihr zu entfliehen und sie auch zeitweilig zu vergessen. Hier, und das galt eigentlich nur für die jüdischen Salons, konnten sich Bürger und Adlige frei und ungestört bewegen. Hier galten, und darauf verweist Schleiermacher, weder Geburtsstand noch Wissen; was zählte, war allein die reiche *Individualität*. (Rachold 1984, 25)

Racholds Mißachtung der geschlechterpolitischen Schranken zur Entfaltung dieser 'reichen Individualität' ist hier insofern besonders bemerkenswert, als schon Schleiermacher realistisch genug gewesen war, sein harmonisches Ideal hinsichtlich der Möglichkeiten 'weiblicher Geselligkeit' einzuschränken.[4]

Trotz Racholds Blindheit gegenüber weiblichen 'Beschränkungen häuslicher Enge' besteht der philosophische Diskurs doch noch—anders als Literatur und Literaturwissenschaft—auf klassenspezifischen Differenzierungen:

> Angesichts der bedrohten Integrität des Menschen stellt Schleiermacher die Frage nach einem sozialen Bereich innerhalb der bestehenden Gesellschaft, in der sich die bürgerlichen Intellektuellen, und auf andere Schichten will er nicht wirken, *freiwillig* zusammenfinden und *frei von beruflicher* und *häuslicher Enge, Einseitigkeit* und *Beschränkung* sein können. (1984, 25)

Vor dem Hintergrund von Damms gesamtgesellschaftlicher Kollektivierung können wir Racholds historisierende Perspektive auf die 'bürgerlichen Intellektuellen' als mahnende Korrektur lesen.

Elisabeth Mittman hat nachgewiesen, wie wenig die universalisierende Redeweise von einer literarischen 'Ersatzöffentlichkeit'— "a widely accepted commonplace among Western GDR scholars" (1994, 21)—den spezifischen Bedingungen von Öffentlichkeit in der DDR gerecht werden kann. Die Annahme, literarische Texte könnten als eine 'functional substitution' für nicht entwickelte Sphären der politischen Öffentlichkeit fungieren—eine Annahme, die auch Christa Wolfs Verständis zugrundeliegt—geht so weit, nicht nur die Funktionen verschiedener öffentlicher Sphären miteinander zu vermischen, sondern die Aufgaben der einen bruchlos auf die andere zu übertragen.[5]

So sehr sich Wolfs 'romantische' Texte in ihrer Widersprüche zuspitzenden Offenheit von Damms harmonisierendem biographischen Text unterscheiden,[6] so ähnlich sind sich doch beide Autorinnen in ihrem aktualisierenden Interesse an der nachrevolutionären Periode des späten 18. Jahrhunderts.

In einem Interview von 1982 begründete Wolf ihre Hinwendung zur Günderrode u.a. auch als eine Reaktion auf die Biermann-Ausbürgerung; sie habe den Wunsch gehabt, "über eine gewisse Zeit hinweg[zu]kommen, in der es absolut keine Wirkungsmöglichkeit mehr zu geben schien" (1982, 376). Das Attraktive an der Günderrode sei deren "vollständig reine[s], auf ein Gegenüber nicht rechnende[s], von Erwartungshaltungen freie[s], Produzieren" gewesen (381). Was sich hier zunächst als explizit privater, nahezu selbsttherapeutischer Schreibanlaß liest—"Nur an sich denkend [. . .], an das Thema [. . .], aber nicht sich selbst als Objekt erfahrend dabei. Immer als Subjekt" (381)—, insistiert jedoch zugleich auf dem sehr adressatenorientierten Wunsch, sich subjektiv öffentlich Gehör zu verschaffen. Denn die "Kehrseite" dieses nur "freien Produzierens", das "kein Gegenüber" fand, habe die Günderrode schließlich "auch getötet" (381). Ganz ähnlich wie Damm verweist Wolf nun eher auf die soziale als auf die literarische Relevanz der Frühromantik:

> Es ging nicht mehr um die Literatur allein, nicht mal mehr in erster Linie, sondern darum, was diese jungen Leute damals versucht haben: in Gruppen lebend, da es in der Gesellschaft nicht ging, am Rande der Gesellschaft, aber, literarisch gesehen, in ihrem Zentrum. [. . .] sie konnten als Literaten zentral wirksam sein, während sie doch zugleich am Rande der bürgerlichen Gesellschaft lebten mit ihren verschiedenen Experimenten [. . .]. Der Begriff [Romantik] hat sich für mich ganz verändert. [. . .] die frühe Romantik ist der Versuch eines gesellschaftlichen Experiments einer kleinen progressiven Gruppe (380).

Es ist dieses ausgesprochen paradoxe Selbstverständnis—von der Peripherie aus zentrale gesellschaftliche Wirksamkeit zu beanspruchen und im oppositionellen Rückzug auf der progressiven Funktion der schriftstellerischen Existenz zu bestehen—, das im Vergleich mit früheren Positionen die entscheidende Wende im intellektuellen Diskurs der späten 70er Jahre signalisiert.

Spuren des von Wolf besonders klar artikulierten Dilemmas—'am Rande literarisch zentral wirken zu wollen' oder 'im privaten Kreis zum Mittelpunkt des gesellschaftlich-literarischen Lebens zu werden' (Damm)—finden sich auch in den späteren Texten der Caroline-Rezeption, also sowohl bei Struzyk wie auch bei Ebersbach und Günzel.

"'Will man seine Ruhe'", sagt Struzyks 'Caroline'—mit sehr entschiedenem oppositionellen "Hintersinn"[7]—, "'fürchtet man selbst den Abschaum der Literatur, wenn er sich nur bewegt'" (Struzyk 1988, 159). Ende der 80er Jahre hat die politisch-voluntaristische Eindeutigkeit der Dammschen Ersatzöffentlichkeits-These hier jedoch schon wieder an Überzeugtheit verloren. So findet sich in *Caroline unterm Freiheitsbaum* eine, wenn nicht leicht polemische, so doch ironische Replik auf Wolf. Indirekt aus Wolfs Bettine-Brief zitierend, bläst Struzyk nur noch zu einem sehr gebremsten Start in den geselligen Jenaer Aufbruch: "Wenn alles Platz genommen hat, dann geht es los, das andre, beßre, neue Leben!" (Struzyk 1988, 102) Wesentlich euphorischer und unbedingter las sich das gleiche Motiv noch acht Jahre früher bei Wolf:

> Das ist die Radikalität der frühen, der Jenenser Romantik, deren Geist die Bettine treulich bewahrt. Die Briefe an die Günderrode [. . .] spiegeln in einzigartiger Weise den scheinbar spielerischen Umgang der Bettine mit jenen Sehnsuchtsmotiven eines anderen, besseren Lebens (Wolf 1979, 361).

In Ebersbachs Roman begegnet die ehemalige revolutionäre Gefährtin Forsters frühromantischem Überschwang eher skeptisch, wenn Friedrich Schlegel meint:

"[. . .] ich fände es aber besser, wir gründeten eine eigene Zeitschrift!" Ob es davon nicht genügend gebe, fragt Caroline, an Leseabende in Clausthal, Marburg, Mainz erinnert. "Mir scheint, die Deutschen sehen in ihren literarischen Journalen einen Ersatz für politische Teetische. Sie wollen sich ihre Freiheit erschreiben." (Ebersbach 1987, 217)

Und in Günzels biographischem Essay verkleiden sich die Vorbehalte in traditionelle Sozialkritik. Keinesfalls 'bescheiden' wie bei Damm, sondern eher genußbetont steht 'Caroline' hier in Jena "einem turbulenten, freilich auch einigermaßen bohemehaften Haushalt vor, denn die von den Romantikern praktizierte Lebensform äußert sich besonders in einer gesteigerten Geselligkeit" (Günzel 1987, 98).

Die Überfrachtung der literarischen Öffentlichkeit mit Aufgaben einer in der DDR nicht entfalteten politischen Öffentlichkeit markierte nur eine der Aporien der DDR-Literaturverhältnisse. Eigentlich "politisch und wissenschaftlich zu verhandelnde Themen [. . . wurden] nun", wie Ernst Müller sehr zutreffend bemerkt hat, "zum inadäquaten Gegenstand eines literarisch-ästhetischen Diskurses" (Müller 1991, 31). Die besondere Betonung liegt hier auf 'inadäquat', was sich an der paradoxen Konstruktion einer bürgerlich-revolutionären Heldin zeigen lassen wird.

Doch noch ein weiteres Dilemma verbindet sich mit dem Konzept einer 'Ersatzöffentlichkeit'. Der dieser Position implizite 'polare Binarismus' (Mittman 1994, 22) unterstellt eine Möglichkeit autonomer Gegenpositionen, die jedoch unter Bedingungen der DDR-Literaturverhältnisse nicht existierte.[8]

Übersehen wird in einem derartigen Konzept die—wie auch immer begrenzte, aber notwendige—Komplizenschaft von AutorInnen; diese spezifische 'Simultaneität' (Mittman) beruhte auf ihrer *per se* privilegierten Position, d.h. den Zugangsmöglichkeiten zu literarischen und wissenschaftlichen Institutionen der Veröffentlichung.[9] Das oppositionelle Involviertsein in eine staatsabhängige Sphäre der Öffentlichkeit zeichnete das Besondere der Autorenrolle in der DDR aus; Mittman schlägt deshalb (in Anlehnung an Bathrick) vor, Autorschaft selber als Institution zu begreifen und '[to look] at writers not merely as participants within a public sphere, but as embodying such space themselves' (Mittman 1994, 22).

In diesem Sinne fungieren AutorInnen auch als RepräsentantInnen von Öffentlichkeit—was der geselligen Rezeption der bürgerlichen Frühromantik ein nächstes Paradox beschert: Beansprucht der bloße Begriff der 'Ersatzöffentlichkeit' doch eine Fürsprecherposition, die strukturell weit eher—folgen wir Habermas—den Formen höfischer Öffentlichkeit verwandt ist; die Paradoxie wird besonders dann offenbar, wenn explizit auf der oppositionellen Repräsentationsfunktion der eigenen Autorenrolle bestanden wird. "Ich schreibe nicht aus dem Impuls, irgendwas zu verteidigen oder zu unterstützen", formulierte Brigitte Struzyk 1986 betont unprogrammatisch, um dann aber sehr programmatisch fortzufahren:

> Wenn es eine Verantwortung gibt, dann die, daß eine Menge Menschen stumm bleiben müssen. Wenn du die Fähigkeit hast, dich zu äußern, dann hast du gewissermaßen eine Verpflichtung diesen Stummen gegenüber, für sie mitzusprechen. (Struzyk 1986, 80)

Kaum größer—und pathetischer—ließe sich ein solcher Repräsentationsanspruch formulieren, als wenn Franz Fühmann in seinem Trakl-Essay behauptet, "daß sich in der Existenz des Schriftstellers das 'Menschtum Aller schärfer und gnadenloser' erkennen lasse" (Schönert 1983, 562).[10] Wie dieses repräsentative Bewußtsein von DDR-AutorInnen nach der Wende erschüttert wurde, zeigt Mittman, Christa Wolf zitierend: "the people will no longer need artists as their representatives, 'weil viele von ihnen gelernt haben, für sich selber zu spechen'" (Mittman 1994, 28).

Nicht weniger problematisch ist der Repräsentationsanspruch, wenn auf zu beerbenden Lebenskonzepten der Literatur der Vergangenheit bestanden wird. Ähnlich wie in anderen Phasen einer paternalistischen Kulturpolitik 'des Beerbens' delegiert die Frühromantik-Rezeption Fragen der Gegenwart an eine vorbildliche Vergangenheit.[11] Caroline Schlegel und der frühromantische Kreis haben—trotz gewandelter Vorzeichen—ein positives Konzept zu repräsentieren. Daß sich der Bruch mit ehemaligen Erbepositionen in der Etablierung neuer repräsentativer Persönlichkeiten artikuliert, markiert eine der grundlegenen Paradoxien des oppositionellen frühromantischen Aufbruchs der späten 70er Jahre. Für die 'Beerbung' einer weiblichen Figur der Frühromantik hält dieses Rezeptionsmuster zahlreiche Fallen bereit.

Es griffe zu kurz, die Attraktivität frühromantischer Geselligkeit als Ort der 'herrschaftsfreien Kommunikation' lediglich als selbstverständliche Antwort auf die realsozialistische öffentliche Misere zu begreifen. In der Sekundärliteratur haben sich solche Erklärungen besonders nach der Wende mehr und mehr eingebürgert. Sie unterstellen einen Automatismus, der letztlich nur tautologisch mit der Macht der Fakten argumentiert. So geraten schwerwiegende methodische Versäumnisse im kritischen Diskurs der DDR-Literatur aus dem Blickfeld. Es sind dies:

1. die weitgehende Abwesenheit einer Diskussion der spezifischen Bedingungen sozialistischer Öffentlichkeit.[12] Die affirmative Beglaubigung eines *bürgerlichen* Modells literarischer Öffentlichkeit, das als Gegenkonzept zur DDR-Misere fungieren soll, kommt nicht umhin, ebenso emphatisch zeitgenössische geschlechterphilosophische Entwürfe zu beerben. Denn die Genese der dominierenden Geschlechterphilosophie des späten 18. Jahrhunderts knüpft sich genuin an die Geburt des männlichen bürgerlichen Selbstbewußtseins in dieser literarischen Öffentlichkeit;

2. die Nichtreflexion der geschlechterpolitischen Implikationen einer autoritativen Politik des repräsentativen Beerbens. Die Integration der weiblichen Frühromantik in ein paternalistisches Erbekonzept ist nur um den Preis der Blindheit gegenüber den diskursiven geschlechterpolitischen Implikationen eines solchen Konzepts zu haben. Die projektive Besetzung der Caroline-Figur produziert deshalb neue alte 'Repräsentationsmodi' universaler Weiblichkeit (Bovenschen) und weiblicher Menschlichkeit.

Beide Versäumnisse sind die Voraussetzung dafür, daß die feminisierte und verbürgerlichte Neurezeption der Frühromantik oft bruchlos Diskurspositionen eines sozialistisch-paternalistischen Humanismus fortschreibt. Daß dies trotz des oppositionellen Anspruchs funktionieren kann, ist essentialisierenden methodischen Gemeinsamkeiten geschuldet.

Wie sehr sich die Betonung eines "gesellschaftlichen Experiments" (Wolf) in den frühen 80er Jahren als Absetzbewegung von früheren Positionen interpretieren läßt und welch weiter Interpretationsspielraum für die Einschätzung romantischer Geselligkeit offensteht, zeigt der vergleichende Blick in Herbert Scurlas Biographie Rahel Varnhagens aus dem Jahr 1962. Im Gegensatz zu den offiziösen Stimmen der Literaturgeschichten, deren antiromantische Polemik angestrengt um die 'richtige' ideologische Linienführung 'rang', besticht Scurlas vergleichsweise souveräne, differenziert sympathisierende und im Tonfall wenig aufgeregte Sicht auf die Geselligkeit der Salons. Keine Mühe hat Scurla, Rahel Varnhagens "Freude am Progressiven der Romantik" herauszustellen und "sie zu Parteigängerinnen der Romantik [zu] zählen, solange und wo diese progressiv gewesen ist" (Scurla 1980, 70).[13]

Das Thema einer oppositionellen romantischen Ersatzöffentlichkeit scheint ein Jahr nach dem Mauerbau—in einer Zeit, die nicht selten als ideologische Konsolidierungsphase der DDR-Gesellschaft betrachtet wird—nicht zu interessieren. Bei aller Sympathie sieht Scurla in der literarischen Geselligkeit des Salons hingegen eher das Gegenteil einer politischen 'Formierung'. Weitaus differenzierter als Damm reflektiert der Autor die Grenzen romantischer Geselligkeit im politischen Kontext feudal-absolutistischer Strukturen: Der Berliner Salon

> war mehr als eine besondere Form der Geselligkeit, wie sie im Wesen der Romantik lag. Es gab kein öffentliches Forum der Aussprache, geschweige denn politischer Mitverantwortung und Mitentscheidung [. . .]. Es gab keine oder doch nur sehr eingeschränkte 'Öffentlichkeit' der Meinungsbildung und des Meinungsstreites, es gab kein Parlament, keine Universität, noch kein Cafe [. . .], eine zensurierte Presse (Scurla 1980, 76–78).

Das Gemeinsame dieser Salons sieht Scurla darin,

> daß sie über der Wirklichkeit in einer Art Traumland thronten, allenfalls die gesellschaftliche Misere ihrer Zeit erörterten, wobei sie diese aus ihrer persönlichen Lebenssphäre zu verbannen suchten. Gemeinschaften von potentiellen Verschwörern gegen die gesellschaftlichen Zustände ihrer Zeit waren diese Salons nicht. (76)

In nahezu spiegelbildlicher Umkehrung von Damms 'kollektivierender' Deutung gibt Scurla den individualisierenden Effekt romantischer Geselligkeit zu bedenken;[14] er unterläßt es auch nicht, auf die gesellschaftspolitischen Schranken romantischer Emanzipationsentwürfe hinzuweisen:

> Um die Jahrhundertwende war die Herrschaft der Romantik über die Berliner Geister viel zu stark, als daß das individualistische Interesse an diesen Zusammenkünften zugunsten irgendeines kollektivistischen hätte in den Hintergrund verbannt werden können. Die gesellschaftliche Bedeutung der Salons lag in ihrer Einwirkung auf das Individuum [. . .]. Man nahm das gleiche Recht für Mann und Frau, Christ und Jude, Adlige und Bürger in Anspruch, aber nur für den abgegrenzten Raum, in dem man sich bewegte [. . .].[15] Man schuf sich die Welt, die man forderte, im kleinen, ohne sich sonderlich darum zu sorgen, wie sie im großen verwirklicht werden könnte [. . .]. Das Politische und Allgemein-Gesellschaftliche blieb im wesentlichen aus den Salons der romantischen Epoche verbannt. Der Berliner Salon hatte,

im Unterschied zum Pariser, keine Freiheit zu verteidigen, da noch keine errungen war. Er war eine intellektuelle Oase in einer ungeistigen Wüste [. . .]. Was im Salon geschah, drang indessen nicht unmittelbar nach außen [. . . ]. Man lebte jenseits der Wirklichkeit in einer besseren Welt. (76–79)[16]

Scurlas Wertungsmaßstab war 1962 die 'kollektivistische' politische Aktion im großen. Die AutorInnen der späten 70er und frühen 80er Jahre versuchen, in der Geselligkeit den früher von der Gesellschaft isolierten 'Individualismus' mit der 'politischen Öffentlichkeit' zu versöhnen.

Die programmatische Hinwendung zur frühromantischen 'Individualität' kommt im DDR-Diskurs dabei nicht umhin, sich mit der Tradition eines funktionalen Literaturverständnisses auseinander-zusetzen—und unterscheidet sich hierin ganz wesentlich von der Literatur der 'Neuen Subjektivität' zur gleichen Zeit in der Bundes-republik. Bei Autorinnen wie Damm oder Wolf führt dies zunächst zu einem Spagat zwischen dem Beharren auf einem 'gesamtgesellschaft-lichen'—aufklärerischen—Anspruch und dem gleichzeitigen Entwurf 'autonomer Subjektivität'. Nicht nur AutorInnen, auch Literatur-historikerinnen versuchten diesen Spagat, wie z.B. Gerda Heinrich in ihrem Nachwort zur Neuausgabe des *Athenäums*, der Programm-zeitschrift des Jenaer Kreises. Nach zunächst harscher Kritik am "subjektive[n] Idealismus frühromantischer Weltanschauung", der "zwangsläufig zu besonders krasser und weltanschaulich folgenschwerer Desillusionierung führen" mußte (Heinrich 1984, 417), lenkt Heinrich ein; im nahezu appellierenden Tonfall, der förmlich auf Aktualisierung drängt, lesen wir später: Die "Ermutigung, sich auf die eigenständige Kraft, die Individualität und das Recht des Gefühls zu besinnen und zu verlassen, scheint mir weder historisch abgegolten noch antiquiert" (431).

Versuchen wir die Gründe, mit denen AutorInnen ihr neues Rezeptionsinteresse an der Frühromantik rechtfertigen, zusammen-zufassen, so werden folgende Muster auffällig: Sei es in der 'gesamt-gesellschaftlichen Utopie' einer 'oppositionellen Formierung bescheidener Gleichgesinnter' (Damm) oder in der emphatischen Wendung zum 'reichen Individuum' (Rachold), das, 'immer als Subjekt' (Wolf), das 'dialektische Verhältnis zum Ganzen' (Rachold) nicht aufgeben will—sei es in der 'zentralen Wirksamkeit einer kleinen progressiven Gruppe' (Wolf), die sich auf das 'Recht des Gefühls besinnt' (Heinrich), oder in der Suche nach einem 'Raum, der Fluchtort und Protestmöglichkeit in einem' (Rachold) ist: Gemeinsam ist den hier zitierten Stimmen aus dem literarischen, literaturwissenschaftlichen und philosophischen Diskurs der späten 70er und frühen 80er Jahre ein homogenisierendes Verfahren, in dem sich die AutorInnen bemühen, das progressiv 'Neue' additiv dem 'Alten' hinzuzugesellen. Der Verschmelzung dieser beiden Horizonte kommt die Weiblichkeit Carolines Schlegels wie gelegen.

## Das Erbe Habermas

Der eigentümliche Mangel an konkret historischer Differenzierung, den die aktualisierende Idealisierung frühromantischer Geselligkeit produziert, zeigt sich besonders deutlich, wenn wir den auf den ersten Blick zahlreich scheinenden Parallelen zu Jürgen Habermas' struktureller Analyse der Genese einer bürgerlichen Öffentlichkeit nachgehen. Die Konzentration auf die Sphäre literarischer Öffentlichkeit und die Identifizierung frühromantischer Geselligkeit mit einem Raum herrschaftsfreier Komunikation zeugen von der Attraktivität des Habermasschen Modells für AutorInnen in der DDR.[17]

Schon Habermas hatte 1962 die Existenz einer literarischen Öffentlichkeit, die sich in Deutschland in den literarischen Salons des späten 18. Jahrhunderts zu entwickeln begann, als konstitutive Voraussetzung für die Etablierung einer "Sphäre der Kritik" an der "obrigkeitlich reglementierten Öffentlichkeit" verstanden: "Durch diese [die literarische Öffentlichkeit] vermittelt geht der Erfahrungs-zusammenhang der publikumsbezogenen Privatheit auch in die politische Öffentlichkeit ein." (Habermas 1976, 69) Im Unterschied zum DDR-Diskurs bezieht sich Habermas' strukturelle Analyse auf die Genese einer bürgerlichen Öffentlichkeit unter Bedingungen des Privateigentums. Ungeachtet des Ausschlusses weiter Teile der Bevölkerung aus der Sphäre der politischen Öffentlichkeit des späten 18. Jahrhunderts—und hier nennt Habermas Frauen und Unselb-ständige—"gilt [dennoch] in den gebildeten Ständen die eine Form der Öffentlichkeit als mit der anderen identisch" (74). An die Sphäre der literarischen Öffentlichkeit gebundenen Vorstellungen der 'Humanität', die die Teilhaber im "literarischen Räsonnement qua Menschen über Erfahrungen ihrer Subjektivität" entwickeln, werden auf die politische Sphäre übertragen:

> Sobald sich die Privatleute nicht nur qua Menschen über ihre Subjektivität
> verständigen, sondern qua Eigentümer die öffentliche Gewalt in ihrem
> gemeinsamen Interesse bestimmen möchten, dient die Humanität der

literarischen Öffentlichkeit der Effektivität der politischen zur Vermittlung. *Die entfaltete bürgerliche Öffentlichkeit beruht auf der fiktiven Identität der zum Publikum versammelten Privatleute in ihren beiden Rollen als Eigentümer und Menschen schlechthin.* (74)

Unter Berufung auf die gleiche historische Periode und das gleiche Material doch unter gänzlich anderen gesellschaftlichen Bedingungen als den von Habermas analysierten suchen DDR-Intellektuelle in der euphorischen Rezeption frühromantischer Geselligkeit nach politischen Antworten für die Gegenwart. Eine vorschnelle Verschmelzung verschiedener historischer Horizonte muß dabei zahlreiche Differenzen aus dem Blick geraten lassen.

In ihrer identifikatorischen Anlehnung an (männliche) bildungs-bürgerliche Subjektpositionen des späten 18. Jahrhunderts repro-duzieren Angehörige der 'gebildeten Stände' der DDR eben die gleiche Fiktion einer Identität öffentlicher Sphären, die Habermas gerade als einen ideologischen Effekt des literarisch-geselligen Diskurses analysiert hatte. Diese "Fiktion der *einen* Öffentlichkeit" (75) erklärt die Bereit-schaft, der Jenaer Frühromantik universales gesellschaftliches Be-wußtsein zuzuschreiben und ihr ein nahezu allumfassendes politisches Programm zu unterstellen. So stellt z.B. Günzel den Jenaer Kreis als eine "geistige Bewegung" vor,

die auf die Bezweiflung aller etablierten weltanschaulichen Systeme und in letzter Konsequenz auch auf den Sturz aller moralischen und gesellschaftlichen Gewißheiten angelegt ist. [. . .] die Romantiker treten von Anfang an mit dem Anspruch auf, alle Gebiete der Wissenschaft, der Kunst und des sozialen Lebens einer Neugestaltung entgegenzuführen (Günzel 1987, 68).

Eine Reflexion der Habermasschen Kategorien ist auch insofern fruchtbar, als sich der frühromantische DDR-Diskurs programmatisch auf Identitätsvorstellungen beruft, die Habermas als konstitutiv für die Geburt eines genuin bürgerlichen—d.h. nicht-feudalen—Selbst-bewußtseins herausgearbeitet hat. Die DDR-Rezeption der Früh-romantik als Geselligkeit vergißt diese sozialkritische Bestimmtheit des Ideals, die in Habermas Definition der Öffentlichkeit als Geselligkeit angelegt ist.

Habermas hatte gezeigt, wie die Vorstellungen von "Liebe", "Freiheit", "Bildung" und "Humanität" strukturell im "Kommuni-kationsprozeß der literarischen Öffentlichkeit" ihre "eigentümliche Evidenz" (1976, 72–73) gewinnen. Die Teilhaber dieser literarischen Öffentlichkeit stehen unter dem unausgesprochenen Gesetz einer Parität der Gebildeten, dessen abstrakte Allgemeinheit einzig die Gewähr dafür bietet, daß die ihm ebenso abstrakt, als "bloße Menschen" subsumierten Individuen gerade durch sie in ihrer Subjektivität freigesetzt werden (72).

Die ausgesprochen späte, in ihrer Kritik aber um so produktivere Habermas-Rezeption in der englischsprachigen Welt hat sehr differenziert auf die blinden Flecken in Habermas' geschlossenem Konzept bürgerlicher Öffentlichkeit aufmerksam gemacht.[18]

Für unseren Zusammenhang entscheidend sind hier (1) die Nichtbeachtung der Existenz zahlreicher, differenzierter, auch miteinander konkurrierender Sphären von Öffentlichkeit (Fraser 1992, 115); (2) die Blindheit gegenüber den verschiedenen, keineswegs nur klassenspezifischen Mechanismen des Ein- und Ausschlusses, die den Zugang zu spezifischen öffentlichen Sphären regeln. Nancy Fraser spricht in diesem Kontext von einem 'process of bracketing' (1992, 119) und geht weit über Habermas' Ideal der entwickelten bürgerlichen Öffentlichkeit hinaus, wenn sie feststellt: "A discourse of publicity touting accessibility, rationality, and the suspension of status hierarchies is itself deployed as a strategy of distinction." (1992, 115)[19] Im literarischen und gesellschaftlichen Leben Jenas hatten Friedrich Schlegel, Caroline Michaelis-Böhmer-Schlegel oder die geschiedene konvertierte Jüdin Brendel-Dorothea Mendelssohn-Veit-Schlegel durchaus verschiedene Möglichkeiten einer öffentlichen 'Entfaltung ihrer Individualitäten'.

Die universalisierenden Leerstellen in Habermas' Analyse, auf die die spätere Habermas-Kritik ihren Finger legen sollte, werden im DDR-Diskurs geradezu verstärkt und auf eine essentialistische Spitze getrieben. An der Rezeption der weiblichen Frühromantik wird sich zeigen lassen, wie die humanistischen Ideale 'autonomer Individualität' und universeller Menschheitsinteressen—letztere unterscheiden sich nicht von Walter Ulbrichts Voluntarismus einer 'sozialistischen Menschengemeinschaft'—seit den späten 70er Jahren mehr und mehr in den Vordergrund treten. Dabei fallen zahlreiche DDR-Texte in ihrer euphorischen Neuentdeckung des 'ganzen Menschen', die sich auf eine "Konstanz anthropologischer Grundbedürfnisse" fixiert (Schönert 1983, 567), noch weit hinter Habermas' strukturelle Differenzierungen zurück.

Wo Habermas ökonomische und bildungsbedingte Voraussetzungen in der Sphäre des literarisch und politisch räsonierenden Publikums reflektiert und zwischen 'homme' und 'bourgeois' unterschieden hatte, verläßt sich Damm nur noch auf das reine Menschentum: "Konsequent und beharrlich ringt Caroline ihr Leben lang darum, sich als Mensch zu verwirklichen" (Damm 1979, 6).

## Die 'gesamtgesellschaftliche' Perspektive

Die politische Brisanz eines geselligen 'Räsonnements unter freien Bürgern' (Habermas) wird deutlich, wenn wir kurz eine Brücke in das Jahr 1989 schlagen.

Zehn Jahre nach Damms trotzig politisierter Neurezeption frühromantischer Geselligkeit sollte die sich neu konstituierende politische Öffentlichkeit der DDR-Bürgerbewegung zu einer systemsprengenden Kraft werden. Das massenhaft artikulierte, politisch operative Verständnis von 'demokratischer Geselligkeit' wurde noch 1989 mit der schrittweisen Demokratisierung, der Abgabe staatlicher Machtpositionen und der Legalisierung der bürgerbewegten Opposition beantwortet. In der neu entstehenden politischen Öffentlichkeit der Wendezeit traten Argumentationsmuster in den Vordergrund, die bereits aus dem Frühromantik-Diskurs der DDR-Literatur vertraut sind.

Der Jurist Rolf Henrich z.B. (in ehemals führender Position in der SED) forderte nun in seiner Kritik am "vormundschaftlichen Staat" die umfassende kulturelle Emanzipation (Henrich 1989). Nur im Kulturellen verortete Henrich die aus der Unmündigkeit befreiende politische Kraft: "[U]niversalistische, menschheitspädagogische Gesichtspunkte" sollten als neue "Richtschnur für das kulturelle Handeln" gelten (279), um das kulturelle Öffentlichkeitsmonopol des Staates zu beseitigen; durch "Ausschaltung der 'kultur-erzieherischen' Funktion des Staates" sollten "dieselben Menschen zu selbstbestimmtem Handeln gerufen werden [. . .], die derzeit noch oft widerspruchslos in der Unmündigkeit verharren" (279). Dieses politische Ziel der Mündigkeit könne nur in einem kulturellen Freiraum, jenseits ökonomischer und staatlicher Einflüsse, errreicht werden:

> Hier, im Bereich eines selbstverwalteten Geisteslebens, wäre zugleich derjenige kulturelle und soziale Raum gegeben, aus dem die Menschen ungehindert durch staatliche oder wirtschaftliche Macht im Rahmen einer diskursiv geführten permanenten Volksaussprache die obersten Werte des im Staatssozialismus geltenden Weltbildes verändern könnten (281).[20]

Im Vergleich mit den Texten zur frühromantischen Geselligkeit fallen die Ähnlichkeiten ins Auge; jedoch läßt sich auch eine weitere

universalistische Verdünnung beobachten: Nur noch im 'Wertewandel'
sieht Henrich das erfolgsversprechende Ziel politischer Veränderung
für 'die' Menschen—und stützt sich dabei explizit auf Wilhelm von
Humboldts Ideal bürgerlicher Geselligkeit.[21] Die Blindheit gegenüber
den realen Machtverhältnissen im Prozeß der Vereinigung war in diesem
Diskursmuster—das sich unter Intellektuellen der DDR seit den 80er
Jahren durchzusetzen begann—vorprogrammiert.

Henrichs Politikvorschlag zeigt dabei eine bemerkenswerte
Übereinstimmung mit Habermas' Analyse der Wende. Dieser hatte
1990 von einer "nachholenden Revolution" gesprochen, die "gewissermaßen rückspulend" (Habermas 1990, 180) ihre "Maßstäbe sehr wohl
dem bekannten Repertoire der neuzeitlichen Revolutionen" entlehnte
(184):

> Indem die nachholende Revolution die Rückkehr zum demokratischen
> Rechtstaat und den Anschluß an den kapitalistisch entwickelten Westen
> ermöglichen soll, orientiert sie sich an Modellen, die nach orthodoxer Lesart
> durch die Revolution von 1917 schon überholt worden waren. (181)

Daß es Henrich nicht um den Anschluß der DDR an die Bundesrepublik
ging, sondern um eine Demokratisierung des "Staatssozialismus", ist
festzuhalten; ebenso festzuhalten ist, daß die politische Berufung auf
liberale bürgerliche Rechte im politischen Kontext der DDR (ebenso
wie 200 Jahre zuvor) durchaus emanzipatorische Wirkung hatte.
Autoritäre Machtstrukturen wurden nachhaltig erschüttert.[22]

Der kritische Diskurs der Wende weist in der identifizierenden
Anlehnung an liberale Subjektpositionen auf eine Tendenz der
Verbürgerlichung des Bewußtseins von DDR-Intellektuellen hin. Die
politische Privilegierung des "Gespräch[s] als Existenzform der
Menschlichkeit"[23] nahm bereits in der spezifischen Neurezeption der
Frühromantik ihren Anfang. Wir können hierin nicht nur den
Nachholbedarf an einer bürgerlichen Emanzipation von Formen der
'feudal-absolutistisch'-autoritären, staatlich verordneten Geselligkeit,
sondern zugleich einen Prozeß der 'Privatisierung' sehen.

# Kapitel 3

# Das Weibliche der
# Jenaer Frühromantik

In der Literaturgeschichtsschreibung der DDR der 70er Jahre signalisierte die Hinzugesellung der Schlegel-Frauen zum frühromantischen Zirkel den Beginn einer Tendenzwende. Nicht jedoch die ergänzende Erwähnung dieser beiden Figuren markiert das Entscheidende dieser Tendenzwende, sondern die programmatische Entdeckung ihres Frauseins—ihres Geschlechts.

## Die diskursive Funktion des Weiblichen

Werfen wir einen Blick in literaturhistorische Standardwerke der DDR, so ist es ausgesprochen auffällig, daß Frauen in dem Moment auf der offiziellen Bühne erscheinen, in dem sich eine vorsichtige Revision bisheriger Positionen zur Frühromantik anzukündigen beginnt.

Während z. B. Gerda Heinrichs *Geschichtsphilosophische Positionen der Frühromantik* 1976 noch ohne weibliche Figuren auskommen, lesen wir in der *Geschichte der deutschen Literatur 1789–1830* von 1978 folgendes:

> Das geistige Profil der Frühromantik ist ohne die Berücksichtigung der Beiträge und Anregungen, die von den Frauen, besonders von den Frauen der Schlegel-Brüder ausgingen, nicht zu verstehen. (Dahnke 1978, 370)

Nehmen wir diese so entschieden artikulierte These beim Wort—ein Verständnis der Frühromantik sei ohne die Beiträge Caroline und Dorothea Schlegels unmöglich—, so ist die vergebliche Suche nach konkreten Erwähnungen dieser profilierenden Beiträge irritierend. Die literarischen Texte Caroline Schlegels umfassen neben ihren Briefen ein Romanfragment ("Entwurf eines Romans"; *Caroline* I, 662–664), ein Spottgedicht auf Fichtes *Wissenschaftslehre* (vgl. Dischner 1979, 101–102), ihre unter August Wilhelm Schlegels Namen veröffentlichten literaturkritischen Beiträge zum *Athenäum*, verstreute Beiträge und Rezensionen (*Caroline* II, 584–596; Frank 1912) und nicht zuletzt den in der Autorschaft ihres Ehemanns verborgenen Anteil an der Übersetzung Shakespeares (der Nachruhm ihres Mannes im 20. Jahrhundert beruhte im wesentlichen auf der Identifikation August Wilhelm Schlegels als Shakespeare-Übersetzer[1]).

Auch Dorothea Schlegel verfaßte zahlreiche Beiträge zum *Athenäum*, ebenso arbeitete sie als Übersetzerin, allem anderen voran zu nennen ist jedoch ihr in Jena verfaßter Roman *Florentin* (1801). Dieser findet jedoch nicht einmal Eingang in das umfangreiche bio-bibliographische Register der *Geschichte der deutschen Literatur 1789–1830*.

Die durchgehende Mißachtung des Werkes Dorothea Schlegels in den hier vorliegenden (Standard-)Texten der DDR-Literaturgeschichtsschreibung ist um so bemerkenswerter, als Schlegels Roman-Fragment nicht nur in der Zwischenzeit—dank historischer feministischer Forschung—wieder seinen festen Platz in der westdeutschen Literaturgeschichtsschreibung gefunden hat, sondern bereits von der Rezeptionsgeschichte des 19. Jahrhunderts (Haym) gewürdigt worden war. Sowohl Ebersbach als auch Struzyk und Günzel werden sich der Autorin Dorothea Schlegel lediglich als negativer Gegenfigur zu ihrer eigentlichen Heldin im frühromantischen Alltag bedienen, ohne deren literarisches Werk auch nur zu erwähnen.

Ist die Hinzugesellung weiblicher Figuren zum 'geistigen Profil' von Jena also nur als kavalierhaft leere rhetorische Geste zu verstehen? Weitergehend wäre hingegen vorzuschlagen, diese offensichtliche Leere als wesentliche diskursive Voraussetzung einer Neubewertung der bislang offiziell geächteten Frühromantik zu lesen. Wir werden im folgenden sehen, daß weniger die historische Figur als das Geschlecht der Caroline Schlegel in Jena umfangreiche diskursive Funktionen zu erfüllen hat. Im Schnittfeld komplizierter erbepolitischer Fronten wird ein DDR-spezifisches Konzept von 'Weiblichkeit' zum konstitutiven Mittel, vormalige Positionen zur Frühromantik zu revidieren.

Diese diskursive Funktionalisierung von 'Weiblichkeit' fordert "das 'gereinigte' Autor-Bild" der Romantikerinnen "als ihren Tribut" (Schuller 1983, 44). Sie bedarf förmlich des ausdrücklichen Schweigens über die Texte von Autorinnen am Ende des 18. Jahrhunderts. Das Schweigen der offiziellen Literaturgeschichte stellt den leeren Rahmen zur Verfügung, der es künftigen Autoren erlaubt, diesen freien Raum sehr beredt mit 'symbolischen Präsentationen' (Bovenschen) von Weiblichkeit zu besetzen.

Schon die 'besondere' Hervorhebung der 'Frauen der Schlegel-Brüder' unter '*den* Frauen' der Frühromantik wählt die Schlegels aus einer vermeintlichen Fülle anderer Frauen heraus. Die beiden historischen Figuren begegnen uns als musterhafte Repräsentations-typen ihres gesamten Geschlechts innerhalb einer gesamten literarischen Periode. Mit diesen "mythisierenden Lektüremuster[n]" (Schuller 1983, 44) beerbt die DDR-Literaturgeschichte etablierte Muster der traditionellen bürgerlichen Rezeptionsgeschichte.

Hören wir z.B. Eckhart Kleßmann in seiner *Welt der Romantik* von 1969; hier heißt es: "In keiner anderen Epoche der deutschen Geistesgeschichte hat die Frau einen so dominierenden Einfluß gehabt wie in der Romantik." (Kleßmann 1969, 318–319) Auch Wolfgang Paulsen spricht von den Schlegels als "wesentlichste[n] Vertreterinnen" eines "neue[n] Frauentyp[s], der mit der Romantik heraufkam" (1979a, 163), und Manfred Jurgensen kommt zu solch abrundendem Urteil: "In der deutschen Literatur setzt die geistige Emanzipation der Frau mit der Romantik ein. An den Frauen der Schlegel-Brüder [beginnt sich dies. . .] in musterhafter Weise abzuzeichnen." (Becker-Cantarino 1989, 3) Marie-Claire Hoock-Demarles *Frauen der Goethezeit* schließlich transformiert diese geistige Repräsentanz sogar ins Soziale, wenn die Autorin im Jenaer Zirkel "eines der brilliantesten und gewaltigsten Phänomene des sozialen Lebens im Deutschland jener Zeit" identifiziert (Hoock-Demarle 1990, 154).

In ihrem universalisierenden Gestus nicht zu unterscheiden von diesen westlichen Repräsentanzkonstruktionen ist die DDR-Version in den "breitenwirksamen" (Leistner 1991, 424) offiziellen *Erläuterungen zur deutschen Literatur. Romantik*:

> Im frühromantischen Kreis haben auch, mehr als je zuvor, Frauen eine bedeutende und produktive Rolle gespielt [. . .]. Besonders Caroline Schlegel, die Frau August Wilhelms, und Dorothea Schlegel, die Frau Friedrichs, müssen hervorgehoben werden. (Böttcher 1985, 78–79)

Derartige Konstruktionen von Stellvertretung sind diejenigen Muster, die sich in der Rezeptionsgeschichte weiblicher Figuren der Frühromantik dominierend durchgesetzt haben. Das anhaltende literaturhistorische Interesse an den "wenigen Ausnahmefrauen" (Bovenschen 1980, 78) als Repräsentantinnen ihres Geschlechts impliziert zugleich das profunde Schweigen über die historischen Bedingungen weiblichen Lebens im allgemeinen, über die Bedingungen weiblicher Autorschaft und über die von Frauen verfaßten Texte im besonderen.

Auch der DDR-Diskurs der Frühromantik-Rezeption verleiht der Ausnahmefrau Caroline Schlegel einen umfassenden Repräsentationsstatus. Nicht nur das historische "Schweigen der Frauen", sondern auch ihr konkretes Reden wird dabei "zugedeckt vom Lärm der nie unterbrochenen stellvertretenden Rede über das Weibliche" (Bovenschen 1980, 41).

## Differenzierungen im historischen Material

Bevor wir uns mit den DDR-Texten über Caroline Schlegel in den "Lärm" von Jena begeben, bedarf es deshalb noch einiger weniger literaturhistorischer Vergewisserungen. Das 18. Jahrhundert war kein frauenfreundliches Jahrhundert:

> In der Realität hat Gleichheit während dieses Jahrhunderts kaum bestanden. Daran haben die Salons und Briefromane und die literarischen Assemblees der wenigen 'Ausnahmefrauen', die am Dogma der männlichen Superiorität ein wenig kratzten, nichts geändert. (Bovenschen 1980, 78)

Die so populäre Behauptung einer dominierenden Rolle, die die Literaturgeschichte wieder und wieder 'den Frauen' der literarischen Salons zugeschrieben hat, soll hier deshalb nicht vorschnell reproduziert werden. Stattdessen ist Andrea van Dülmen zuzustimmen, daß

> auch das 18. Jahrhundert einige wenige herausragende Frauen [kannte], die ihre herkömmliche Rolle sprengten, die sich Anerkennung bzw. eine eigene Position auch in der Männerwelt erringen konnten. Ihre Fähigkeiten und Erfolge sind jedoch so außergewöhnlich und damit so wenig repräsentativ (van Dülmen 1992, 23–24).

Ohne den vergleichsweise gewichtigen weiblichen Beitrag zur literarischen Geselligkeit schmälern zu wollen, darf die Rede von den literarischen Frauensalons (wie z.B. einer Dorothea Veit, Henriette Herz oder Rahel Varnhagen) nicht darüber hinwegtäuschen, daß Männer in diesen Salons immer noch das weitaus größere Publikum stellten.[2] Daneben sah das späte 18. Jahrhundert jenseits dieser prominenten Formen literarischer Geselligkeit einen immensen Zuwachs weiblicher Autorschaft und herausragende Beispiele weiblicher wissenschaftlicher Gelehrsamkeit (Bennholdt-Thomsen/Guzzoni 1992; Ebrecht u.a.

1996). Schreiben wurde mehr und mehr zu einer Quelle des Broter-
werbs für Frauen, und es entstanden mehr von Frauen verfaßte Romane
als je zuvor.[3] Gebildete Frauen hatten darüber hinaus Zugang zu
Organisationsformen weiblicher Geselligkeit, zu literarischen
'Damengesellschaften', die Ende des 18. Jahrhunderts in zahlreichen
deutschen Städten existierten (Brandes 1990, 44; Goodman/Waldstein
1992, 10).

Im Kreis der Jenaer Frühromantiker hingegen sollten Caroline und
Dorothea Schlegel—neben zeitweiligen Besucherinnen wie z.B. Amalie
Tieck—die einzigen Frauen bleiben. Daß dieser vergleichsweise geringen
weiblichen Teilhabe auch von Vertreterinnen der feministischen
Forschung eine desto gewichtigere Repräsentationsfunktion zuge-
schrieben wird, reflektiert wiederum das Nicht-Selbstverständliche der
gleichberechtigten Partizipation von Frauen an institutionalisierten
Formen literarischer Öffentlichkeit.[4]

Im späten 18. Jahrhundert ist der Einschluß von Frauen in
bildungsbürgerliche intellektuelle Zirkel nur vor dem Hintergrund ihres
gleichzeitigen Ausschlusses aus anderen gesellschaftlichen Sphären zu
verstehen. Auf diesen paradoxen Zusammenhang zwischen Integration und Desintegration hat Hannah Arendt schon in den 30er Jahren
hinsichtlich der exklusiven Rolle von Juden in den literarischen Salons
von Berlin aufmerksam gemacht. Dort boten die Salons den Menschen,
denen die Gesellschaft das Bürgerrecht verweigerte—nämlich Frauen
im allgemeinen und jüdischen Frauen und Männern im besonderen—
einen "neutralen Boden" (Arendt 1992, 63), der gerade *nicht*—um
mit Habermas zu sprechen—in *der* bürgerlichen Öffentlichkeit aufging.[5]

Auch unsere DDR-Texte sind darauf zu befragen, inwieweit sie diese
Dialektik des Ein- und Ausschlusses mitreflektieren—oder ob die
Geschlechterpolitik des Diskurses nicht gerade die Kriterien des
Ausschlusses erneut reproduziert. Die frühromantische Geselligkeit in
Jena unterlag anderen sozialen Gesetzen als die prominenten jüdischen
literarischen Salons der gleichen Zeit in Berlin. Die unterschiedlichen
Lebensentwürfe, d.h. die unterschiedlichen Voraussetzungen sozialer
Identität der sich assimilierenden Jüdin Brendel Mendelssohn-Veit (der
später konvertierten Dorothea Schlegel) und einer protestantischen
Caroline Michaelis gehen in der universalisierenden Redeweise von
*den* Frauen der Frühromantik unter.

Trotz bestehender personaler freundschaftlicher 'Verflechtungen'
existierten die Zentren literarischer Geselligkeit in Deutschland
weitgehend isoliert voneinander. Wo Männern wie Friedrich und Au-

gust Wilhelm Schlegel die finanzielle und soziale Möglichkeit des Reisens offenstand, war es ihren Frauen in der Regel fast nur möglich, ihre Freundschaften in Briefen zu pflegen. Anders als ihre Schwägerin Dorothea korrespondierte Caroline Schlegel zum Beispiel weder mit Rahel Varnhagen noch mit Henriette Herz—ihren jüdischen Ausnahme-Zeitgenossinnen in Berlin—, mit denen sie die spätere Literatur-geschichte oft in einem (exklusiven) Atemzug nennen wird. Keine engere Beziehung zu der gleichzeitig in Jena lebenden Schriftstellerin Sophie Mereau ist überliefert (Dischner 1979; Hoock-Demarle 1990).[6] Umgekehrt wiederum existierten in Jena neben dem frühromantischen Kreis noch andere Formen bürgerlicher Geselligkeit, wie z.B. der "gesellige Freundeskreis in Goethes Haus" (Geerdts 1968, 243), Fichtes 'Gesellschaft freier Männer' oder die 'Freitags-Gesellschaft' im benach-barten Weimar, die wissenschaftliche Fragen diskutierte. Männliche Teilnehmer des 'Jenaer Kreises' verkehrten nicht selten gleichzeitig in anderen Zirkeln literarischer Geselligkeit (Dorothea und Friedrich Schlegel waren Gäste der Berliner Salons, Schelling hatte in Jena engere Kontakte mit Schiller). Angesichts dieses verzweigten Netzes personaler Kommunikation ist auch die von den DDR-Texten behauptete Ausschließlichkeit eindimensionaler persönlicher 'Einfluß-Beziehungen' innerhalb des Jenaer Kreises auffällig. Unsere Texte beachten nicht die Existenz zahlreicher anderer Sphären von Öffentlichkeit. Die ver-schiedenen Sphären konnten sich durchaus überlappen und Individuen kamen oft nicht umhin, in unterschiedlichen Sphären der Öffentlichkeit unterschiedliche Subjektpositionen einzunehmen.

Wenn wir verstehen wollen, woraus sich das neue Interesse an der Frühromantikerin Caroline Schlegel erklärt, werden wir sehr vertrauten Mustern der kulturgeschichtlichen Präsentation von Weiblichkeit begegnen. Schon in den Stereotypen der Rezeption einer 'Mainzer Revolutionärin', einer mütterlichen, erotischen Begleiterin männlicher Politik, wurden diese Muster provokativ virulent. Angesichts einer solch anhaltenden Provokation der "stete[n], obschon modifizierte[n] Wiederholung des schon einmal Gedachten" hat Bovenschen (1980, 65) von der "Struktur einer kollektiven Amnesie und einer argumenta-tiven Redundanz" (67) gesprochen.

## Funktionale Differenzierung von Stereotypen

Wir könnten es zustimmend bei Bovenschens Beobachtung bewenden lassen und in den DDR-Texten (von Döppe über Neutsch bis hin zu Damm und Struzyk) die Wiederkehr des ewig Gleichen konstatieren, um die DDR-Literatur und -Wissenschaft mit den zutreffenden Worten Irene Döllings einer umfassenden Blindheit gegenüber den Machtverhältnissen der "symbolischen Geschlechterhierarchien" (1994, 99) zu bezichtigen. Von hier aus wäre es nur ein kleiner Schritt, das ohnehin schon längst Gewußte nun auch noch im literarischen Diskurs der Frühromantik-Rezeption zu entdecken: nämlich den Mangel an feministischer Wachheit, die Rückschrittlichkeit in der Reflexion der Geschlechterpolitik.

Vor derartigen Verallgemeinerungen aus der Perspektive eines Dominanz beanspruchenden westlichen Feminismus ist jedoch zu warnen. Die Dinge liegen wesentlich komplizierter, wenn wir den historischen Wandel in den Literaturverhältnissen berücksichtigen. Denn die Muster der Frühromantik-Rezeption in der DDR verstehen sich auch als literaturpolitische Antwort auf sehr spezifische Fragen der DDR-Gesellschaft, die als solche keinesfalls umstandslos auf die Geschlechterpolitik anderer Literaturverhältnisse zu übertragen sind. Noch mehr: Verdacht gegenüber solchen universalen Gewißheiten über den geschlechterpolitischen 'Reflexionstand' in der ehemaligen DDR ist spätestens dann geboten, wenn diese Gewißheiten einen zunehmend selbstverständlicheren Eingang in den hegemonialen—'gesamtwestdeutschen'—wissenschaftlichen Konsens gefunden haben.[7]

Gerade weil Bovenschen 1979 noch nichts von den aktuellen deutsch-deutschen geschlechterpolitischen Selbstverständlichkeiten wissen konnte, sind ihre methodischen Vorbehalte gegenüber vorschnellen feministischen 'Einsichten' heute immer noch so aktuell. Sie hat sehr treffend auf die strukturellen Versäumnisse feministischer Kritik hingewiesen, die sich in "berechtigter Empörung" damit begnügt, Patriarchatskritik in der "enthistorisierte[n] Vision einer strukturlosen Unendlichkeit" aufgehen zu lassen: "Ein Erklärungsansatz, der auf Kontinuität angelegt ist, kann Diskontinuität nicht fassen" (Bovenschen 1980, 67). Stattdessen schlägt Bovenschen vor, "diachronisch und synchronisch" zu differenzieren (68) und "diskursiven Nachbarschaftsbeziehungen" (67) nachzuspüren.

So verschieden die historischen geschlechter- und literaturpolitischen Kontexte der Frühromantik-Rezeption sind, so verschieden funktionieren die literarischen Präsentationsformen von Weiblichkeit und Männlichkeit in diesen unterschiedlichen Kontexten. Für unseren DDR-Kontext erscheint es deshalb wesentlich produktiver, die Bedeutung *der* Frauen der Frühromantik auf ihre spezifische Funktion in den 'diskursiven Einordnungen' zu befragen, welche historisch und literaturpolitisch voneinander zu differenzieren sind. Für das Verständnis der literarischen Geschlechterpolitik des Erbe-Diskurses in der DDR kann ein derartiger Ansatz ausgesprochen aufschlußreich sein. Nicht weniger aufschlußreich ist dabei das "Aufspüren geschlechtsspezifischer Positionen auch innerhalb *der* Diskurse, in denen sie nicht explizit gemacht sind" (Bovenschen 1980, 21).

Wenn wir deshalb den jeweiligen Konstruktionen von Geschlecht in ihren (historisch zu differenzierenden) diskursiven Nachbarschaftsbeziehungen nachgehen, wird es möglich zu erkennen, daß sich die auf den ersten Blick stereotypen geschlechterpolitischen Festschreibungen "innerhalb [. . .] der ungleichzeitigen Herausbildung [. . .] neuer Diskursformen [. . .] ständig verschieben und verlagern" (Bovenschen 1980, 68). Diese Verschiebungen und Verlagerungen der keineswegs 'ewigen' Weiblichkeit Caroline Schlegels, d.h. die jeweiligen Ähnlichkeiten mit und Abweichungen von 'traditionell' bürgerlichen, westdeutschen oder 'traditionell' sozialistisch-humanistischen, ostdeutschen Rezeptionsmustern müssen im Auge behalten werden. Dasselbe gilt für die implizite (und explizite) Auseinandersetzung der DDR-Texte mit dem westlichen Feminismus und mit Geschlechterphilosophien der Vergangenheit.

Der Diskurs 'weibliche Frühromantik' fordert derartige Differenzierungen um so notwendiger heraus, als die DDR-AutorInnen hier ein 'Neuland unterm Pflug' haben: Im Gegensatz zur Mainzer Periode hielt die ostdeutsche Rezeptionsgeschichte für die Geschlechterpolitik in Jena keine 'sozialistisch-realistischen' Gewißheiten bereit, auf die zurückgegriffen werden konnte. Die 'Neuentdeckung' der weiblichen Frühromantik in Jena unterscheidet sich insofern von der Mainzer Periode, als die DDR-Autoren jetzt ein Gebiet betraten, das nicht nur von der zeitgenössischen 'westlichen', sondern schon von der 'bürgerlichen' Literaturgeschichtsschreibung *in extenso* besprochen und besetzt war.[8] 'Caroline Schlegel' werden deshalb in Jena komplizierte diskursive Aufgaben erwarten.

## Diskursive Anforderungen an 'Caroline'

Das Neu-Verständnis der Jenaer Geselligkeit als eine 'Formierung literarischer Opposition', als ein kollektiver herrschaftsfreier Gesprächsraum, verlangt nach integrierenden Faktoren, verlangt nach Geschlossenheit: Einheit versus Spaltung ist das erbepolitische Gebot der Stunde.

Die zentrifugalen Tendenzen einer Bewegung, die sich bislang durch "unbegrenzten Subjektivismus" und 'spielerische Unverbindlichkeit' (Geerdts 1968, 280) 'reaktionär' ausgezeichnet hat, gilt es zu harmonisieren. Die unterschiedlichen Temperamente dieses "diskutierfreudigen Kreises" (Günzel 1981, 141) müssen ins gemeinsame Gespräch gebracht werden. Die menschliche Güte und Integrität der einst Verfemten soll verbürgt, ihr politisch emanzipatorisches Profil entwickelt werden: Diese drei Aspekte der Harmonisierung, der Kommunikation und nicht zuletzt der emanzipatorischen Humanisierung beantworten die Frage nach der Bedeutung von 'Weiblichkeit in Jena'. Sie werden keineswegs nur in den 'Frauenbildentwürfen' auf der Ebene der Darstellung, sondern weitaus gewichtiger in der Funktionalisierung des Geschlechts für die Politik des Diskurses virulent.

Nicht die historische Figur kann diesen vielfältigen diskursiven Aufgaben gerecht werden—jedoch die imaginierte Weiblichkeit der 'romantischen Frau', die "Personifizierung des romantischen Frauenideals" (Heinrich 1977, 427). Es ist diese, und zwar ausschließlich diese Rolle des personifizierten Ideals, die Caroline Schlegel-Schelling, "die interessanteste Frauengestalt dieser ganzen Epoche der deutschen Literatur" (Böttcher 1985, 123), als Heldin nötig hat, um der männlichen Frühromantik das Eintrittsbillet in den DDR-Erbe-Kanon zu verschaffen.

## Weibliches als Harmonie: 'Caroline' stiftet Zusammenhalt

Ute Frevert hat darauf hingewiesen, daß eine "Sichtweise, die Frauen mehr oder weniger vollständig mit ihrem 'Geschlecht' identifiziert, [. . .] zur Folge [hat], daß weibliche 'Geschlechtseigentümlichkeiten' weit mehr Beachtung finden als männliche" (1995, 58). Fragen wir danach, wie 'Caroline Schlegel' beschaffen sein muß, um harmonisch integrierend wirken zu können, so offerieren die DDR-Texte eine inflationäre Häufung genuin 'weiblicher' "Geschlechtseigentümlichkeiten".

Den 'Auftakt' dieser harmonisierenden Verweiblichung der Jenaer Frühromantik setzt Damm, wenn sie eine besonders weibliche "Anregung" zur frühromantischen Geselligkeit an Caroline 'delegiert':

Geistige Kultur, frauliche Entschiedenheit, Attraktivität und menschliche Wärme Carolines tragen dazu bei, daß ihr Haus das Zentrum frühromantischer

Gemeinsamkeit wird [. . .] Energisch zieht sie junge Leute in ihr Haus. (Damm 1979, 45)

Und in ihrem bereits 1977 verfaßten Nachwort zur Erstausgabe des *Athenäums* in der DDR weiß die Literaturwissenschaftlerin Gerda Heinrich, daß Caroline Schlegels "selbstbewußte Intelligenz [. . .] ihren Charme keineswegs gemindert" habe (Heinrich 1977, 427), und Heinrich preist Schlegels "Humor, Anmut und Feingefühl" (426).

In dieser fraulich-menschlichen und attraktiv-charmanten 'Verweiblichung' von Geselligkeit im Anfangsstadium einer revidierten Frühromantik-Rezeption lieferten Damm und Heinrich zentrale diskursive Momente der künftigen 'Caroline'-Rezeption. Die von Damm benutzten geschlechtsspezifischen Charakteristika finden sich ebenso beinahe wörtlich in der offiziellen *Geschichte der deutschen Literatur 1789 bis 1830*; hier heißt es: Sie "trug durch ihre geistige Kultur und persönliche Attraktivität entschieden dazu bei, daß sich um sie beide [das Ehepaar Schlegel] ein gesellig-literarisches Zentrum entwickelte" (Dahnke 1978, 369).

Klaus Günzels Biographie Ludwig Tiecks von 1981 weist 'den Frauen' der Frühromantik eine ganz 'prägende' Rolle der Integration zu; gleich einleitend schreibt Günzel in seinem Kapitel über Jena: "Nicht zuletzt waren es die streitbaren jungen Frauen, die dem Kreis das Gepräge gaben" (1981, 185). Anders als in seinen biographischen Porträts von 1987 muß sich der Tieck-Biograph 1981 noch verstärkt legitimieren und gegen eine "tiefeingewurzelte" Erbetradition anschreiben:

Denn entgegen einer tiefeingewurzelten Auffassung waren diese jungen Intellektuellen keineswegs nur schwärmerische Träumer, sondern ebensosehr streitbare Rebellen, die unter den damaligen deutschen Geistesschaffenden der Französischen Revolution am längsten die Treue hielten. (186)

Daß sich Günzels romantische Weiblichkeit 1981 "streitbar" artikuliert, erlaubt das weibliche Anschmiegen an die erst kürzlich wieder entdeckte revolutionäre Streitkultur der re-politisierten Frühromantik. Wir können nun die "streitbaren jungen Frauen" als ideale Begleiterinnen nicht der Männer, doch der "streitbare[n] Rebellen" und "Geistesschaffenden" identifizieren.

Erbepolitisch selbstbewußter geworden spielt Günzel 1987 in seinen *Romantikerschicksalen* nicht mehr die politische Karte; "Charme", "Anmut" und "Attraktivität"—die 'fraulichen' Attribute aus den späten 70er Jahren—steigern sich in der männlichen Feder zum "erotischen

Brio" (Günzel 1987, 86) der "strahlende[n]" (100), "schönen Frau" (64). Schlegel wird deshalb zum "faszinierende[n] Mittelpunkt des Kreises junger Literaten und Gelehrter" (97). "Zauberhaft" weiß die Romantikerin "vorzulesen" und wirkt "besonders durch die Ausstrahlung ihrer Persönlichkeit" (97). Bedrohlich weibliche Konnotationen beherrschen die Überschriften von Günzels Caroline-Essay, die die Kapitel so einleiten: "Lebensgeschichte einer Frau in Verwünschungen" (85); "In zweideutigem Ruf" (85); "Das schändlichste von allen Geschöpfen" (91); "Die Dame Luzifer" (96); "Die zweibeinige Schlange" (102).[9]

Der Klappentext zur Struzyk-Ausgabe rückt Caroline Schlegel ins politische Zentrum der Jenaer Geselligkeit: "sie wird zum Mittelpunkt jener großen Kulturrevolution, die wir 'Frühromantik' nennen". Nicht fraulich-mütterlich, sondern fröhlich-ausgleichend—und noch immer so hilfsbereit und keß wie in Mainz—stiftet Struzyks Romantikerin geselligen "Zusammenhalt" (Struzyk 1988, 118). Wohltuend hebt der Text sie dabei von ihrer 'säuerlichen' Schwägerin Dorothea Schlegel ab, als die Gruppe die Publikation des ersten *Athenäum*-Heftes feiert:

> Tieck reißt die Tür auf, schwenkt ein *Athenäum*. "Heureka, ihr Freunde, es ist erschienen am Tag des Herrn!" Schelling brummt unwirsch: "Und der Tag der Damen? Wir wollen Caroline danken, daß sie so unverdrossen abgeschrieben, korrigiert, gestrichen hat!" [. . .] Dorothea lächelt säuerlich. Friedrich ergänzt: "Und auf meine Liebste auch!" (118)

Die eifersüchtige Mißstimmung wird von Struzyks Heldin jedoch schnell geglättet, wenn sie entschieden und diplomatisch vermittelnd eingreift; ein Kreis findet sich zusammen:

> Mit einer neuen Flasche Wein gießt Caroline frisches Oberwasser auf die Mühlen. "Ihr Lieben, es ist eine Symphonie, die Athenäische! [. . .] Wie können wir das werten wollen, wer am schnellsten spielt?" Die Männer lachen. "Hurra! Hurra! Sie hat uns wieder auf den rechten Wellengang gepegelt. Es lebe hoch die Symphunion!" [. . .] Die Männer schließen aus den Armen, die sie gegenseitig sich beflügelt um die Schultern legen, einen Kreis. Zusammenhalt. Schelling steht abseits [. . .]. "Ich nehm die Damen stellvertretend in den Arm." Da steht er, links die Caroline, rechts die Dorothea. Die warmen Ströme fluten nach der linken Seite. (118)

Weniger Platz für musische Erotik ist in Ebersbachs Modell weiblich geprägter Geselligkeit. Wie Damm akzentuiert der Autor Caroline Schlegels 'Fraulichkeit' und 'menschliche Wärme'. Unter ihren fürsorglichen Augen schmelzen die Männer der Philosophie und

Dichtung zu einer gütigen Geistesfamilie zusammen—ohne dabei jedoch ihre Individualitäten zu verlieren:

> Schaut sie von einem zum andern, erkennt sie bei allen etwas Gütiges. Tieck hat eine trockene Güte, Jean Paul eine gesprächige, Novalis eine tiefsinnige, Friedrich Schlegel eine dreiste, Wilhelm mehr die korrekte [. . .] Fichtes Güte möchte sie spekulativ nennen; Schleiermachern scheint mehr eine dialektisch-scharfsinnige zu eignen. (Ebersbach 1987, 327)

Ist die männliche Frühromantik derartig harmonisch miteinander vereint, dürfen Aufklärung und Klassik nicht fehlen; auch diese stellt der Text unter Schlegels hausfraulich-keusche Obhut. Vergessen ist das historische Zerwürfnis der Frühromantiker mit Schiller, denn Ebersbach läßt die romantische Frau für das ganze Erbe arbeiten:

> In Wachträumen wünscht sie sich mit Herder, Wieland, Goethe, Schiller, den Brüdern Schlegel, Hardenberg, Fichte und jedem Geistigen, der noch hinzu wollte, unter einem großen Dach zu wohnen, in einer Abtei der Kunst [. . .]. Und sie würde nur zu gerne saubermachen, waschen, kochen. Auch ihre Frauen wären ihr als Hilfe sehr willkommen. (293–294)[10]

## Weibliches als Kommunikation: 'Caroline' spricht zum DDR-Alltag

War die 'harmonische Weiblichkeit' ein zentrierendes Element, um die verschiedenen Figuren der männlichen Frühromantik um einen attraktiven Mittelpunkt zu versammeln, so läßt es auf die Attraktivität des *Gesprächsraums Romantik* schließen,[11] wenn die hier untersuchten Texte Aspekte der Kommunikation so dezidiert in den Vordergrund stellen.

Frühromantische Geselligkeit wird im wesentlichen mit der Entwicklung einer idealen, d.h. offenen und kritischen Gesprächskultur identifiziert. "Denn erst im Gespräch der Nachgeborenen mit dem Erbe"—so Günzel—"und der stets von neuem zu vollziehenden Überprüfung seiner Tragfähigkeit für uns ist produktive Aneignung möglich" (Günzel 1987, 35).

Die magnetische Kraft der zum Mittelpunkt erkorenen weiblichen Figur resultiert auf der Ebene der Handlung ganz entscheidend aus ihren kommunikativen Qualitäten. Die so prominent akzentuierten 'weiblichen Anregungen' gehen nun in Caroline Schlegels mündlichen und vermittelnden Beiträgen auf. Wir können im Jena der DDR-Texte eine klare geschlechterpolitische Arbeitsteilung beobachten, denn der Anteil der männlichen Frühromantiker bei der Herstellung von

Geselligkeit bildet eine sehr bezeichnende Leerstelle. Caroline Schlegel hingegen fungiert im 'Gesprächsraum Romantik' als ideale Ansprechpartnerin.

Auf der Ebene der Darstellung heben insbesondere die Texte der männlichen Autoren diese mündlichen Aufgaben explizit hervor. Das von Gerda Heinrich entdeckte "Feingefühl" (1977, 426) der Figur greifen Günzel und Ebersbach wieder auf.

Günzel preist Schlegels "Sensibilität", ihren "geistigen Reichtum" und die "anregenden Impulse[. . .], die von ihrer Konversationskunst ausgehen" (1987, 97). Der Klappentext von Ebersbachs Roman stellt ausdrücklich die Gesprächsbereitsschaft der romantischen Heldin in den Vordergrund: "Berühmte Dichter und Schriftsteller sprachen mit ihr [. . .]. Goethe und Schiller waren ihre Gäste. G. Forster, die Brüder Schlegel, Novalis, Herder und Schelling suchten ihre geistvolle Gesellschaft." In Jena überträgt der Autor seiner Heldin die sensible Moderation frühromantischer Debatten. Hier verfügt die Figur über eine kommunikative Empfänglichkeit, die sie einzigartig aus der Gruppe herausragen läßt:

> denn nicht nur ihr haushälterischer Sinn lock[t] Freunde an, sondern auch ihr Geist, ihr Aufgeschlossensein für andere, ihr knappes treffendes Wort in einer Debatte, ihr verständnisvolles Zuhören. [. . .] keiner hört dem anderen so genau zu wie Caroline allen (Ebersbach 1987, 361–362).

Besonders massiv elaboriert Ebersbachs Text weibliche Kommunikationskunst in dem Kapitel "Romantische Elbfahrt" (311–332). Unter Caroline Schlegels Ägide werden hier die unterschiedlichen Temperamente ins gemeinsame Gespräch, wird das neu hinzuzugewinnende Erbe den Lesern *zur Sprache* gebracht. Die Redezeit seiner eigentlichen Heldin wird vom Autor eher 'knapp' bemessen. Mit den Augen und Ohren des politischen und moralischen weiblichen Gewissens der Caroline Schlegel, die sich nur gelegentlich fragend und kommentierend einmischt, werden die LeserInnen hier Zeugen der philosophischen und poetischen Debatten all derer, die in der Frühromantik männlichen Rang und Namen haben:

> Sie geht herum, hört da und dort zu, erkennt wieder, was sie von der Aufklärung und der Revolution eingesogen haben und nun auf Kunst, Literatur, Philosophie, Physik, Chemie übertragen haben wollen. (327)

Caroline ist bescheiden und zurückhaltend, muß dabei 'lauschend' miterleben, wie Tieck Jean Paul "unentwegt ins Wort fällt" (320), "will nicht stören" und "nähert sich" nur dann "zögernden Schrittes", wenn "kein Gespräch statt[findet]" (321).

Andere weibliche Figuren verblassen im Glanz der Heldin, der Text situiert Frauen als Außenseiterinnen inmitten der "demokratisch verbundenen" (312), um Caroline Schlegel zentrierten Dichter und Philosophen. "[G]elassen" "hält" sie "dem Vergleich" mit der Berliner Schauspielerin Unzelmann "stand": "eine geborene Flittner, was [Ebersbach] auch an Flittchen [Hure] denken läßt" (312). Ihre moderate Contenance darf die ehemalige Mainzer Revolutionärin nur im 'Geplauder' mit ihrem späteren Liebhaber und Ehemann Schelling verlieren. Hierfür findet der Autor einen guten politischen Grund: die "Augen—wie Forster, muß sie denken [. . .]. Da kocht es zwischen den Schenkeln" (329–330)! Wenig sensibel gegenüber der Geschlechterpolitik des Textes lobten die Rezensentinnen Ebersbachs 'perfekte Beherrschung' seines "'Handwerksgerät[s]'" (Böck 1989, 152) und das "starke [. . .] Stilgefühl" des Autors (M. Melchert 1988, 150); Monika Melchert gefiel insbesondere das Kapitel "Romantische Elbfahrt" als ein "schöner erzählerischer Einfall, den der Autor zu nutzen weiß, um den Idealen und Verzweiflungen dieser suchenden Generation in Gesprächen Gestalt zu geben" (153).

Die bis hierher vorgestellten Präsentationsformen kommunikativ sensibler Geselligkeit lassen sich durchaus als sehr vertraute traditionelle Muster imaginierter Weiblichkeit interpretieren, für die sich zahlreiche Parallelen in der Rezeptionsgeschichte Caroline Schlegels finden ließen. Die Ungebrochenheit, mit der DDR-Autoren Mitte der 80er Jahre auf diese Muster zurückgreifen, und der nicht selten pornographische Sexismus der beiden Germanisten Ebersbach und Günzel (den auch die weibliche Literaturkritik noch einmal kanonisierend verstärkte) erlaubt Rückschlüsse auf die konsensuale Geschlechterpolitik in den DDR-Literaturverhältnissen dieses Zeitraums.[12]

Ein genauerer Blick in Damms Text—den 'Pilot'-Text der Caroline-Schlegel-Rezeption in der DDR—kann jedoch verdeutlichen, wie bruchlos Ebersbach und Günzel an geschlechterpolitische Voraussetzungen anknüpfen können, die schon in Damms Text nicht nur der Ebene der Repräsentation, sondern der diskursiven Situierung der Figur eingeschrieben sind. Wir finden dort die geschlechterspezifische Matrize vorgeformt, die die beiden männlichen Autoren acht Jahre später mühelos mit der mütterlich-erotischen Brillanz einer gesprächsbereiten Haushälterin haben füllen können.

Es wurde im Kapitel zur Geselligkeit gezeigt, daß im Kontext einer politisch-aktualisierenden Neurezeption der Frühromantik, die nach vorbildlichen Mustern einer demokratisch funktionierenden Öffentlichkeit sucht, historisch genuin bürgerliche Individualitätskonzepte in der DDR neue Attraktivität gewannen. Die dort herausgearbeiteten Dilemmata, die aus dem spezifischen Nebeneinander diskursiver Elemente des Bruchs und des Beharrens resultierten, kommen in Damms Essay geschlechterpolitisch folgenschwer zum Tragen.

Wir können Damms Essay als einen Politikvorschlag für die DDR-Gegenwart lesen, in dem die Autorin wiederholt explizit darauf hinweist, daß ihr Interesse an Caroline Schlegel weit über ein bloß historisches Interesse an dieser literarischen Periode hinausgeht. Damms Text signalisiert Gesprächsbereitschaft und ist deshalb in diesem Bemühen um die dialogische Einbeziehung der LeserInnen weitaus komplexer als die Texte Günzels oder Ebersbachs.

Nicht allein die historische und auch nicht die mit den Projektionen ihrer Autoren besetzte literarische Figur Caroline Schlegel, sondern der 'Diskurs Caroline' avanciert hier zum Förderer von Geselligkeit in der Gegenwart, zum Forum der demokratischen Aussprache. Gewichtiger als in der traditionellen Rolle einer "Muse der Romantik" (Scurla 1980, 67) fungiert Caroline Schlegel hier nun als 'Muse des Diskurses', als Muse der herrschaftsfreien Kommunikation zwischen freien und selbstbestimmten Individuen.

Beinahe leitmotivisch unterstreicht Damms Text immer wieder die "Gier nach partnerschaftlichem Gespräch" (1979, 36), die Gier nach einem 'anderen besseren Leben' in widrigen Umständen; mit einem nahezu messianischen Lust-Versprechen wird den LeserInnen in der DDR schon auf dem Buchrücken die Bekanntschaft mit Caroline Schlegel eindringlich ans Herz gelegt: "Mit ihren Briefen drängt sie sich in erregender Weise ins Heutige, stärkt unsere Gier, wir selbst zu sein und zu leben."

Es sind die Texte der beiden weiblichen Autoren Damm und Struzyk, die in ihrer betonten Adressatenorientierung am direktesten auf Aktualisierung dringen. Im durchgehenden Gebrauch salopper Umgangssprache versucht Struzyk, historische Distanzen zu überbrücken. Diesen DDR-alltäglichen Anspruch unterstreicht die Autorin noch einmal explizit in ihrem Nachsatz, wenn sie dort betont, daß ihr Text auf der "Rückseite" der "großen Lebensversuche und Entwürfe" den "Alltagskonturen" nachzuspüren versucht habe (Struzyk 1988, 186). Im menschlichen Alltag verortet Struzyk das Politische und besteht auf einer "Erkenntnis", die "den Menschen als Ziel nicht vergißt. Es war kein Schwärmen allein, es war politisches Programm. Es ist unbillig, von heutiger Warte aus zu urteilen, es sei gescheitert. Alle Versuche zusammen bilden die Summe" (187).

Mit Struzyks alltäglichen 'Ansichten' vergleichbar, insistiert Damm schon in ihrer Wahl des Titels *Begegnung mit Caroline* auf der unbefangenen, persönlichen Nähe der historischen Figur zum Lesepublikum.[13] Als Motto stellt sie ihrem Essay ein Zitat Caroline Schlegels voran—über "Dokumente eigner verworrener Begebenheiten [. . .] als eine die Menschheit überhaupt interessirende [sic!] Erfahrung" (Damm 1979, 5). Wie Struzyk wird auch Damm ihren Text mit der programmatischen Wiederholung dieses Mottos in der Gegenwart beschließen (69). In seinen aktualisierenden Einladungen zur Identifikation fungiert der Dammsche 'Diskurs Caroline' als Gesprächsangebot für die Gegenwart—über 'Caroline' sucht Damm ihre LeserInnen gewissermaßen am 'Runden Tisch' von Jena zu versammeln, einem Ort der ungezwungenen Kommunikation über Grundfragen der 'Menschheit'.

Ähnlich dem im vorigen Kapitel beschriebenen Versuch, einen Spagat zwischen bürgerlicher Individualisierung und einer gesamtgesellschaftlichen Perspektive zu vollführen, versucht Damm, 'Caroline' nicht als "Frühromantikerin", sondern als "realistischen und lebensklugen" (65) Menschen in das DDR-Kollektiv zu integrieren. Die um ihre Geschichte bereinigte Figur wird nun mit den alltäglichen Mühen weiblicher Lebensbewältigung ausgestattet. In dieser Adressatenorientiertheit finden wir eine sehr spezifische Mischung von Elementen des sozialistischen Humanismus und einer oppositionell anti-elitären demokratischen Rhetorik. Wiederholt und nicht ohne Pathos setzt Damm ihre Heldin des Alltags den "schwierigsten Bedingungen" (37) aus; ja, selbst "unter den widrigsten Bedingungen" habe sie die "'Kunst zu leben' erlernt und aus[ge]übt" (12), denn "Carolines Kunst war die Kunst, in den ihr historisch aufgezwungenen engen Grenzen ihr Leben bewußt zu gestalten" (8). Nahezu leitmotivisch beschwört die Biographin Durchhaltevermögen und Standhaftigkeit der Caroline Schlegel: "Selbst in schwierigsten, scheinbar ausweglosen Situationen läßt [sie] sich [. . .] nie treiben." (19–20)

Diese "Standhaftigkeit" erlaubt einer der prominentesten weiblichen Figuren der Literaturgeschichte, einer der 'Musterfrauen' von Jena, einer der hochgebildeten und privilegierten Ausnahmefrauen des späten 18. Jahrhunderts, der Schriftstellerin, Shakespeare-Übersetzerin, Professorentochter und zweifachen Professorengattin, der "Königin der Romantik" (Hoock-Demarle 1990, 143), der "Seele des Goethe-

Kultes" (Friedenthal 1968, 493) den unromantischen Umzug in den "grauen, bürgerlichen Alltag mit seinen schwierigen materiellen Existenzbedingungen" (Damm 1979, 12): Damms Diskurs hat eine geduldig-aufsässige DDR-Bürgerin geboren.

Mehrfach unterstreicht Damm die Relevanz dieses frühromantischen Lebens für die DDR-Gegenwart. Caroline Schlegel ist nicht nur die anregende Gesprächspartnerin ihrer frühromantischen Zeitgenossen, sondern sucht immer wieder den persönlichen Kontakt mit den LeserInnen: "Als heutige begegnen wir ihr, treten mit ihr ins vertraute Gespräch" (7). Die Figur wird als zutrauenerweckende Ansprechpartnerin vorgestellt, die die Horizonte der Vergangenheit und Gegenwart zu verschmelzen vermag. Anders als die "meist von Frauen verfaßten kitschig-süßlichen Darstellungen von Carolines Leben", deren Wirkung "verheerend" gewesen sei, anders als die "klischeehafte[n] und sentimentale[n]" 'Verzerrungen' der bisherigen Literaturgeschichte empfiehlt sich Damm als eine Biographin, die authentische Originalität verspricht: "Versuchen wir, uns Caroline ungezwungen und unvoreingenommen zu nähern [. . .]. Wir wollen kein neues Bildnis hinzufügen [. . .]. Unsere Lesart zielt auf sie selbst" (7).

Mit einer solchen programmatischen Befreiung vom tradierten Ballast der Rezeptionsgeschichte bemüht der Text eine wenig originelle Stilfigur des biographischen Genres. Damms Urteil über die 'bisherige' Rezeptionsgeschichte Caroline Schlegels orientiert sich eng an Eckart Kleßmanns Überblick "Caroline im Roman":[14] "Keine Gestalt der deutschen Romantik", schreibt Kleßmann, sei "dermaßen verzerrt worden", und der Autor nennt "verkitschte, klischeehafte Darstellunge[n]", "kolportagehafte Details", "dilettantische" "trivial[e]" Dialoge (Kleßmann 1975, 296). "Allen" von Kleßmann erwähnten Texten sei "gemeinsam: Sie schildern eine Caroline, wie sie nach den Vorstellungen ihrer Verfasser eigentlich hätte sein müssen, wie sie in Wahrheit aber nicht gewesen ist [. . . Caroline: ein] Opfer von Trivialliteratur" (296). Das gleiche Authentizitätsversprechen gibt auch die westliche Biographin Dorothea Schlegels, Carola Stern: "Nicht um Verklärung geht es, sondern um Gerechtigkeit und die Zerstörung von Klischees." (Stern 1990, 10)

Wo der Biographie-Forscher Leon Edel solche Originalitätsansprüche mit großer Selbstverständlichkeit darauf zurückführt, daß "alle Biographen verständlicherweise ihren Anteil am Ruhm suchen" ("All biographers understandably seek a measure of fame for themselves",

Edel 1987, 13), analysiert William Epstein diese Rhetorik als einen Funktionsmodus des biographischen Diskurses:

> All these critics entertain a utopian vision of biography as untainted and uninfected, a 'natural' locus of purity within and yet isolated from cultural practice [. . .] such a relatively naive collaboration with the 'natural' is characteristic of biographical recognition, which, in this respect at least, represents itself as one of the last strongholds of empirical knowledge. (Epstein 1987, 8)[15]

Im DDR-Diskurs der 70er Jahre gewinnt Damms 'naive Kollaboration mit dem Natürlichen' jedoch in der Tat eine ganz eigene Spezifik. Denn im Kontext der Erbe-Politik kann die konventionelle biographische Rhetorik durchaus literaturhistorische Originalität beanspruchen: Erbepolitisch kommt jetzt nämlich das biographische 'Privileg' der "extra-discursivity" (Epstein 1987, 77) einem Initiationsritual gleich. Keineswegs 'naiv' in ihrem Bemühen um Individualisierung fordert die Dammsche Rhetorik traditionelle Paradigmen heraus und pocht auf die Emanzipation ihres biographischen Subjektes vom politischen Erbe des Diskurses. Damms biographische Originalität—"Versuchen wir, uns Caroline ungezwungen und unvoreingenommen zu nähern" (Damm 1979, 7)—korreliert mit der emphatischen Proklamation individueller Selbstverwirklichung des 'bürgerlichen Subjekts' auf der Ebene der Darstellung. Während die historische Figur, "dieser leidenschaftlich nach Verwirklichung seiner selbst strebende Mensch" (19–20), "eine reiche und erfüllte Subjektivität" verteidigt (19) und das "Recht auf Selbstbestimmung ihrer Persönlichkeit" vertritt (37), verteidigt ihre Biographin, Hand in Hand mit 'Caroline', die Wiedereinsetzung des biographischen Subjekts in seine 'ungezwungenen' diskursiven Rechte: "Sie wagt zu leben. Das ist ihre Kühnheit." (6)[16]

Für DDR-Verhältnisse nicht weniger kühn konterkariert Damms biographische Individualisierung—provozierend "ungezwungen und unvoreingenommen"—eine Politik des Beerbens, die die 'Größe' vorbildlicher Individuen mit ihrem welthistorischen Repräsentanzcharakter legitimiert. Verglichen mit diesen traditionellen Konzepten markiert die 'vorurteilslose' persönliche Annäherung an Caroline Schlegel eine deutliche Privatisierungstendenz. Zugleich reklamiert die 'Biographie' den höheren Wirklichkeitsanspruch: Wirkliche Geschichte ist biographisch.

## Der einfache Abschied vom epochalen Erbe:
## Demokratisierung

Um die erbepolitische 'Kühnheit' der Dammschen 'Unvorein-
genommenheit' zu verstehen, ist es erhellend, einen vergleichenden
Blick in Texte zu werfen, die die Wichtigkeit ihrer biographischen
Subjekte in deren epochaler geschichtsphilosophischer Bedeutung
suchen.

Was für eine Distanz z.B zwischen Damms 'Caroline' und Günter
Jäckels noch fünf Jahre später publizierter vergleichender Studie über
Goethe und Georg Forster: Jäckel möchte die Texte seiner Autoren
danach befragen, "wie in den individuellen Sehweisen die großen
Probleme der Epoche mitgedacht sind" (Jäckel 1983, 10). Daß sich
Forster "hellsichtig zu den welthistorischen Vorgängen des Revolutions-
geschehens bekannte", habe "seine Größe aus[gemacht]" (10). Gemeinsam mit ihm habe der "hellsichtige Zeitgenosse" Goethe (9) die "gleichen
historischen Ereignisse [. . .] als menschheitlich bedeutend" verstanden
(11–12).

Der Vergleich mit einer anderen weiblichen Lebensgeschichte vermag
jedoch erst recht Damms methodischen Fort-Schritt zu demonstrieren.
In den frühen 60er Jahren gewichtet Herbert Scurla, der Biograph
Rahel Varnhagens, die 'Zeitgenossenschaft' seiner Heldin weit stärker
als ihre 'Individualität'; wie Jäckel schließt Scurla vom einzelnen aufs
große Ganze und pocht auf die epochale Bedeutung Rahel Varnhagens;
die Konstruktion 'welthistorischer Größe' ist für den Biographen der
Frau und Jüdin aber komplizierter als für den Biographen Goethes
und Forsters. Rahel Levin-Varnhagens begrenzte öffentliche Wirkungs-
möglichkeiten versucht Scurla mit gewichtigen sozialen Begegnungen
zu kompensieren; erst ihre Kontakte mit bedeutsamen Repräsentanten
hätten sie 'der privaten Sphäre enthoben' und am gesamtgesellschaftlichen Querschnitt der Epoche teilhaben lassen. In bemer-
kenswertem Kontrast zu Damms privater Menschlichkeit wehrt sich
Scurla explizit gegen eine ausschließlich private Perspektive und betont
stattdessen den politisch repräsentativen Charakter dieses historischen
Frauenlebens:

Doch auch Rahels Begegnungen—und das enthebt sie der privaten Sphäre—
vollzogen sich mit typischen Repräsentanten der [. . .] Epoche des Übergangs
aus der feudalistischen Gesellschaft des Agrarstaats zum bürgerlich bestimmten
Industriestaat des kapitalistischen Zeitalters. (Scurla 1980, 9)

Die vorbildliche 'Humanität' des biographischen Subjekts sucht Scurla gerade nicht wie Damm in seiner 'Persönlichkeit', sondern ausschließlich in Varnhagens sozialen Beziehungen. Wo Damm versucht, eine vertraute Begegnung zwischen Caroline Schlegel und den LeserInnen zu stiften, berichtet Scurla von Rahel Varnhagens respekteinflößenden Begegnungen mit "selbstbewußten" 'Kündern' der männlichen Aufklärung und Klassik:

> Unser Augenmerk gilt vor allem anderen den Spuren der Menschlichkeit, die Rahel hinterlassen hat [. . .]. Es sind durchweg Spuren einer Humanität, wie sie Lessing und Mendelssohn verkündet hatten, Kant und Fichte lehrten, Goethe und der ältere Humboldt selbstbewußt lebten—und wie Rahel, sie nicht in sich selbst suchend [!], sondern sich am Denken und Tun anderer messend, sie in der Begegnung mit bedeutenden Mitmenschen [. . .] zu verwirklichen strebte. (1980, 11)

Genau mit entgegengesetztem Anspruch betont Damm hingegen, daß die 'berühmte Wichtigkeit' ihrer Heldin nicht wichtig sei:

> Nicht, weil sie mit großen Männern [. . .] verheiratet war; nicht weil historisch interessante Persönlichkeiten [. . .] ihre Freunde waren; nicht weil sie Goethe, Schiller, Herder kannte, wenden wir uns ihr zu. Unsere Lesart zielt auf sie selbst (Damm 1979, 7).

Damms rhetorische *praeteritio* ist hier höchst ambivalent. Wie sehr die Konstruktion der Größe ihrer Heldin auf der Größe Georg Forsters beruhte, wurde im Mainz-Kapitel gezeigt. Die adressatenbezogene Rhetorik ist jedoch funktional von den Frauenbildentwürfen auf der Ebene der Darstellung zu unterscheiden.

Der Kontrast zwischen Damms zutraulicher "Begegnung mit Caroline" und Scurlas distanzgebietender "Begegnung mit bedeutenden Mitmenschen" könnte nicht größer sein. Wohl kaum dürften Rahel Varnhagens respektable 'Begegnungen' eingeschüchterte DDR-Leser-Innen dazu einladen, sich im Geiste "ungezwungen" dazugesellen zu wollen, wie es Damm und auch Struzyk vorschlagen. Wo Damms 'Caroline' uns "durch ihr vorurteilsloses Handeln [. . .] 'Maßstäbe für die Menschlichkeit' setzt" (1979, 7), wo sie ihre "wirklichen Bedürfnisse unverstellt zum Maßstab ihrer Handlungen" macht (9), d.h. wo Damms Heldin ihre "ungebrochene[. . .] Menschlichkeit" (68) nur noch aus sich selbst schöpfen darf, repräsentiert Scurlas 'Rahel' nichts anderes als den Spiegel der Humanität anderer. Zugespitzt formuliert: Damms individualisiertes Subjekt soll pures Leben sein, Scurlas typisiertes

Subjekt darf kein eigenes Leben haben. Statt 'Agenten der Weltge-schichte' produziert der Dammsche Diskurs 'Menschen wie dich und mich'. Im Kontext der Erbepolitk können wir diesen privatisierenden Abschied von typisierenden Repräsentanzkonzepten der 60er Jahre als einen Schritt zur Demokratisierung des Diskurses interpretieren.

## Der Salto Mortale in den Abgrund natürlicher Weiblichkeit: Bürgerliche Privatisierung

Für die Geschlechterpolitik des Diskurses hat Damms demokratische Entscheidung für das 'einfache Dasein' jedoch weitreichende Konse-quenzen, wenn die Ebenen von Gegenwart und Vergangenheit aufs engste über den mit 'Natürlichkeit' identifizierten weiblichen Ge-schlechtscharakter miteinander verknüpft werden.

Gerade die Aspekte der Verbürgerlichung und Privatisierung des Erbes sind die Voraussetzung, daß das 'Geschlecht' als wesentliches Strukturierungsmerkmal des Diskurses in den Vordergund treten kann. Denn für die 'verbürgerlichte' Neurezeption der geselligen Frühromantik kommt der Entdeckung des weiblichen Geschlechtscharakters eine ganz entscheidende, weil konstitutive Rolle zu: Die emphatisch progressive Begrüßung des 'einfachen Daseins' des 'reinen selbstverwirklichten Menschen' provoziert den Salto Mortale in den Abgrund natürlicher Weiblichkeit.[17] Das autoritative Beerben vorbildlicher Größe mit dem Blick nach oben sucht Damm mit einer forciert natürlichen Perspektive von unten zu kontern. Dieses 'unten' ist jedoch weiblich. Hören wir hierzu noch einmal Ebersbach, der diese impliziten Voraussetzungen des Dammschen Diskurses so unmißverständlich ausformuliert hat:

> Das Volk will Mittelmaß, die Wirklichkeit selbst ist das allumfassende Mittelding, das sich um Männerhirngespinste nicht schert, die Natur, das Universum, sind mittelmäßig, geduldig, duldsam, feige, verführbar, genußsüchtig wie ein Weib. Sie will nicht mehr an diese großen Dinge glauben, die einen blind vor Jubel oder Trauer machen können, sondern als harmloses Wesen mit anderen harmlosen Wesen sich ihres Lebens freuen. (Ebersbach 1987, 183)

Damm—deren antiautoritäre Rhetorik ebenfalls 'nicht mehr an diese großen Dinge glauben will'—sitzt geschlechterpolitisch in der Falle. Kein Ort—nirgends. Wohin sie sich auch—blind gegenüber der symbolischen Geschlechterordnung des Diskurses—mit ihrer natür-lichen Vertrauten begibt: Die patriarchale Geschlechterphilosophie hat den Diskurs bereits besetzt—der bürgerliche Subjektbegriff hat den

diskursiven Aktionsspielraum 'der frühromantischen Frau' schon
eingezäunt. Wo die 'ungezwungene Vereinfachung' erbepolitisch einen
demokratisierenden Aufbruch markiert, verliert die gleiche Konstruktion
geschlechterpolitisch jegliche Originalität. Weniger in seinen Frauenbildentwürfen (wie bei den männlichen Autoren) als in der diskursiven
Hierarchisierung der Geschlechter unterläuft der Dammsche Text seinen
eigenen demokratischen Anspruch.[18]

Ein Blick in die Rezeptionsgeschichte entkleidet die vertrauliche
Orientierung auf das pure Leben nun aller politischen und ideologischen
Unschuld. Hören wir den sowjetischen Literaturwissenschaftler N.J.
Berkowski, um zu verstehen, welche patriarchalen Traditionen der
Dammsche Diskurs beerbt:[19]

> Die Frauen brachten in die romantische Vereinigung die Unmittelbarkeit, die
> ihren gelehrten und in höheren geistigen Regionen schwebenden Freunden
> männlichen Geschlechts fehlte. Sie bekämpften Bücherweisheit und Pedanterie
> [. . .]. Den Frauen oblag die verantwortungsvollste Synthese: die Synthese
> von Kultur und Leben. Das eigentliche und lebendige Leben wurde von Karoline
> und auch von Dorothea vertreten. Die Romantiker hätten sich noch weiter
> von der Wirklichkeit entfernt [. . .], wären sie nicht durch diesen weiblichen
> Einfluß gezwungen gewesen, sich durch eine einfache Betrachtung der Dinge
> zu kontrollieren. Die Frauen spielten in der Romantik die Rolle von schönen
> und edlen 'Vereinfacherinnen', worin auch ihr Reiz bestand. (Berkowski 1979,
> 15)

Berkowski lobt insbesondere Caroline Schlegels herausragende
Kommunikationskünste: "Karoline war eine meisterhafte Gesprächspartnerin und Briefschreiberin" (13). Daß sie keine Gelehrte gewesen
sei, habe ihren Reiz nur erhöht: "Sie schuf und interpretierte keine
philosophischen Systeme. Dagegen hielt man sie selbst für ein bemer-
kenswertes Phänomen des Lebens, das der Auslegung und Enträtselung
bedurfte." (13)

Berkowskis 'Frauenlob' bedient sich hier sehr bekannter geschlechtsspezifischer Oppositionen zwischen männlicher Kunst und weiblichem
Leben, die nicht zuletzt in den männlichen Geschlechterphilosophien
des späten 18. Jahrhunderts—wie z.B. in den Schriften Novalis',
Friedrich Schlegels und Schleiermachers—grundlegend ausformuliert
wurden.[20] Auffallend sind hier die strukturellen Ähnlichkeiten zu Damms
Konzept des 'eigentlichen, lebendigen Lebens' ihrer zur Natürlichkeit
erhöhten Heldin. Gerade weil die Autorin nicht wie Berkowski explizit
mit unterschiedlichen Geschlechterrollen argumentiert, kommen die
geschlechterspezifischen Oppositionen der 'einfachen lebendigen Natur'

und der 'höheren geistigen Kultur' um so drastischer zum Tragen. Unterschiedliche Geschlechtscharaktere werden *innerhalb* des Dammschen Diskurses als selbstverständlich vorausgesetzt. Gerade dort, wo Damm nicht ausdrücklich auf das 'Geschlecht' ihrer Heldin verweist, ist es in seiner 'Abwesenheit' als Strukturierungsmerkmal des Diskurses um so gewichtiger präsent. Denn auch Damms 'Caroline' ist keine Gelehrte, sondern eine Heldin des Alltags—eine Frau der romantischen Praxis: "[N]icht" Carolines "theoretische[. . .], sondern [ihre] praktisch vorgelebten Maximen [. . .] haben [. . .] sie eine bedeutende literarische Strömung [. . .] entscheidend mitprägen lassen" (Damm 1979, 9).

Und nicht nur in Jena obliegt der Figur die 'verantwortungsvollste Synthese von Kultur und Leben' (Berkowski), sondern auch auf der Ebene des Erbe-Diskurses verbürgt der vermittelnde Charakter der Dammschen Heldin die harmonische Integration ehemals verfemter Antipoden. Nicht als Figur des literarischen Lebens, sondern von Mensch zu Mensch vermittelt 'Caroline' den DDR-Leserinnen und Lesern sowohl die Begegnung mit Goethe—denn sie "bewundert nicht nur seine Werke, sondern vor allem die Vitalität und Harmonie seiner Persönlichkeit" (Damm 1979, 46)—wie auch mit dem "genialen" Friedrich Schlegel (67) und "kein[em] Geringere[n] als Novalis" (58). Caroline ist die menschliche Bekannte von "Persönlichkeiten wie Schiller, Humboldt und Hegel" (52). Das so entschieden formulierte programmatische Desinteresse an der Gesellschaft 'großer Männer' (vgl. 7) flüchtet nun in die Geselligkeit großer Mitmenschen.

## Die Muse und ihr Leben jenseits der Literatur

Ohne daß die paternalistischen Parameter 'genialer Größe' angetastet werden müssen, wird in dieser Hierarchisierung der Geschlechter die natürliche Weiblichkeit additiv—als diskursive Basis—der männlichen Frühromantik hinzugesellt. Als anregende Muse vermag 'Caroline' das männliche Werk freizusetzen—und für das DDR-Erbe zu emanzipieren. Wortreicher als in den bloßen 'weiblichen Anregungen' der offiziellen Literaturgeschichte wird das Konzept der weiblichen Muse von Damm mit Bedeutung gefüllt:

Die ersten dreieinhalb Jahre (1796–1799) ihrer Wohn- und Arbeitsgemeinschaft mit August Wilhelm Schlegel sind für Caroline die beglückendsten [. . .] im Hinblick auf den schöpferischen Kreis, den sie—unermüdlich tätig—in ihr Haus zieht (Damm 1979, 44).

Einen "'entschiedenen Einfluß'" habe Caroline—und Damm beruft sich auf die Worte Humboldts—auf August Wilhelm Schlegels "Bildung ausgeübt" (43). Auch aus männlicher Perspektive malt Damm ein Bild umfassender Harmonie; denn Carolines 'unermüdliche Tätigkeit' spiegelt sich ergänzend in August Wilhelms höchster literarischer Produktivität: Für ihn waren die "Jahre des Zusammenlebens mit Caroline [. . .] die fruchtbarsten und produktivsten überhaupt—[. . .] ausgefüllt und harmonisch" (43).[21] Dieses Muster beidseitiger Befruchtung beerbt Günzel: "Die Jahre von Jena werden, trotz mancher Querelen und Verwirrungen, Carolines große Zeit. Und August Wilhelm Schlegel erlebt in der Gemeinsamkeit mit dieser Frau die schöpferischste Phase seines Daseins." (Günzel 1987, 97) Wo männliches Schöpfertum ausschließlich weiblicher Anregung entspringt, sind dieser Logik Günzels zufolge dann auch für August Wilhelm die "besten schöpferischen Jahre mit der Trennung von Caroline vorüber" (102).[22]

Ganz ähnlich konstruiert Ebersbach; auch hier erlebt Caroline Schlegel erst in Jena ihre "beste Zeit" (Ebersbach 1987, 418). Auch hier ermuntert sie die Freunde zum Schreiben, so den schüchternen Novalis—"Schreib dir das alles von der Seele" (323)—oder Friedrich Schlegel, der beglückt 'lachend' feststellen darf: "'Die gute Frau versteht es [. . .] mich von den Fragmenten doch noch zum Roman zu führen!'" (326)

Wolfgang Hecht, der 1980 erstmals eine Werkauswahl Friedrich Schlegels herausgab, führt diesen mit Hilfe der Caroline Schlegel zur 'eigenen Kraft', zu einem neuen literarischen Selbstbewußtsein in der DDR, denn "er glaubte—sicherlich auch von Caroline bestärkt— selbstbewußt an seine schriftstellerischen Fähigkeiten und brach die Brücken hinter sich ab, entschlossen, aus eigener Kraft [. . .] sich seine Welt zu bauen" (Hecht 1988, XI).

Die geschlechterpolitischen Implikationen solcher Konstruktionen stecken dezidiert den spezifischen Rahmen des Ein- und Ausschlusses der Figur in den revidierten Kanon ab: Die Integration der 'natürlichen' Frau bedarf der Desintegration ihrer 'künstlichen' Texte. Daß die bloß anregende Rolle der frühromantischen Frau sich nicht mit dem weiblichen Werk verträgt, betont Damm unmißverständlich—und spätere DDR-Texte werden ihr darin einhellig folgen. Caroline Schlegels weibliche 'Kunst zu leben' enthebt sie des männlichen 'schöpferischen' Tuns. Im Zentrum derartiger biographischer Perspektiven steht nun das 'Leben' und nicht der Text, die charaktervolle, 'starke Persönlichkeit' und nicht das große Werk.

Wie Berkowski, der die Rolle der 'edlen Vereinfacherinnen' gepriesen
hatte, dringt auch Damm auf 'Vereinfachung' und 'bekämpft' in Jena
'die weibliche Bücherweisheit' der Caroline und Dorothea Schlegel.
Die Einfachheit der Heldin legitimiert den umfassenden Ausschluß des
weiblichen Werks aus dem Erbe romantischer Geselligkeit schlechthin.
"Wir heben auch nicht ihre Arbeiten hervor", versichert Damm:

> Hieße es doch, Geschichte zu beschreiben, wie es über Jahrhunderte üblich
> war und ist, nach Taten, meßbaren Leistungen im Bereich der Politik, Ideologie,
> Kunst. So gesehen hat Caroline keine Chance. Ihre Leistung ist nicht meßbar.
> Liegt ihr Wert in ihrem einfachen Dasein? In der Tat. (Damm 1979, 7–8)

Nach diesem erneuten Bestehen auf 'Extra-Diskursivität' (Epstein)—
das 'Caroline' in der spezifischen Reihenfolge von 'Politik, Ideologie
und Kunst' weit eher von Paradigmen der DDR-Literaturwissenschaft
als von einer jahrhundertealten Rezeptionsgeschichte befreien möchte—
ist das biographische Subjekt genügend auf seine Essenz destilliert,
um andere sozial- und literaturhistorische Kontexte zum Verschwinden
zu bringen. Die Reduktion auf das "einfache Dasein" wird es künftig
erlauben, über Bedingungen eines weiblichen Autorenlebens am Ende
des 18. Jahrhunderts zu schweigen. Stillgestellt im 'unbeirrbaren'
lebendigen Sein ist die Figur jeglicher Spannungen und Widersprüche
entkleidet.[23]

Auch Günzel ist weit mehr am auratischen Sein der Figur interessiert,
wenn er sein Desinteresse an den literarischen Taten Caroline Schlegels
so artikuliert: "Das Flair der Caroline Schlegel-Schelling können wir
nur aus den beredten, aber mittelbaren Aussagen der Brief- und
Memoirenschreiber erfahren" (Günzel 1987, 34). Wie ein Echo auf
Damm lesen wir später:

> aus den Herabsetzungen, Injurien und frivolen Verdächtigungen wird diese
> Frau immer wieder aufs neue unangefochten und strahlend hervorgehen,
> obgleich sie kein einziges Werk der Nachwelt hinterläßt. Keine meßbare Lei-
> stung verbindet sich mit ihrem Namen—außer ihrer bewegenden menschlichen
> Selbstverwirklichung (86).

In Günzels 'strahlendem Flair' sind Caroline Schlegels Texte nun
gänzlich ausgelöscht. Damms 'einfaches Dasein' und Günzels 'bewe-
gende menschliche Selbstverwirklichung' sind in ihrer Perspektive auf
die Figur nicht voneinander zu unterscheiden.[24] Auch mit diesem Muster weiblicher romantischer 'Geselligkeit', das sich normativ mit einem
literarischen Produktionsverbot für Frauen verbindet, knüpfen die DDR-
Texte an spezifische rezeptionsgeschichtliche Vorgaben an.

**Figur und Gegenfigur**

In seinem 1969 publizierten populärwissenschaftlichen Buch *Die Welt der Romantik* schreibt der spätere Caroline-Schlegel-Biograph Eckart Kleßmann:

> Die geistige Kommunikation unter den Romantikern und ihren Gruppen wurde in besonderem Maße von Frauen hergestellt, aufrechterhalten, aber auch wiederum zerstört. [. . .] die literarischen Pflichtübungen, denen sich Caroline Schlegel und Dorothea Veit als Roman-Autorinnen unterzogen, sind irrelevant. Aber sie waren Meisterinnen [. . .] der Kommunikation, und als kommunikatives Element ist die Frau aus der Romantik überhaupt nicht wegzudenken. (Kleßmann 1969, 318–319)

Neben dem hier so klar formulierten Antagonismus zwischen dem 'irrelevanten' literarischen "Dilettantism" (Schiller) und ihrer sozial unverzichtbaren kommunikativen Rolle bringt Kleßmanns Text ein weiteres diskursives Muster zur Sprache: Das Janusgesicht des aus Jena nicht 'wegzudenkenden weiblichen Elements' zeigt dort seine bedrohliche Fratze, wo die reale Frau das, was sie stiftet, "auch wiederum zerstört".

Beide diskursiven Muster der gleichzeitigen Erhöhung und Erniedrigung romantischer Weiblichkeit finden wir—in verschiedenen Variationen—in den Texten von Damm bis Struzyk. Allen voran Ebersbach und Günzel, aber auch Struzyk bedürfen der sozial zerstörerischen weiblichen Gegenfigur Dorothea Schlegels zur diskursiven Kontrolle ihrer so machtvoll erhöhten Heldin. Die Figur der Dorothea Schlegel erfüllt in Jena eine vergleichbare Funktion wie Therese Heyne-Forster in Mainz.

Wo Günzel "die geistreiche Caroline" im Spiegel "ihre[r] gefährliche[n] Rivalin Dorothea Veit" profiliert (1981, 185), bedarf Struzyk des Schreckbilds einer eifersüchtigen "böse[n]", 'lauernden' und 'zischenden' (1988, 129) Schwägerin. Ebersbach weiß die "heiße", "verwirrte" (1987, 320) und "feurig" (313) "giftig[e]" (386) Dorothea Veit äußerlich und 'charakterlich' sowohl von seiner Heldin als auch von allen anderen Frühromantikern zu distanzieren. Dies zeigt nicht zuletzt Ebersbachs Darstellung ihres gestörten Verhältnisses zu Novalis. Während Dorothea "Hardenberg wie ein Gespenst scheut" (324), verkündet die harmonisierende Caroline: "'Hardenberg ist unser aller Liebling'" (314).

Ein derartiges Modell der 'Reinheit', das zu seiner Legitimierung des 'Schmutzes' bedarf, findet sich bereits bei Ricarda Huch: "Die

Schmähungen, die Carolines erklärte Feindin Dorothea damals und
später gegen sie häufte, können nur dazu dienen, die Verleumdete
desto reiner erscheinen zu lassen." (Huch 1914, XVI) Da das Konzept
der janusgesichtigen Muse jedoch ein Funktionsmodus der Geschlechterpolitik des Diskurses ist, sind die historischen Figuren austauschbar.
Betont Ricarda Huch Dorothea Schlegels "erschreckende Gemeinheit
der Gesinnung" (XVI), "tritt" für Josef Körner "Dorotheas reine
Engelsgüte [. . .] wiederholt strahlend zutage" (Körner 1936, XX). In
einem Werk der DDR-Literaturgeschichtsschreibung der 50er Jahre
begegnet uns nicht Dorothea, sondern Caroline Schlegel als destruktive
"Parze" von Jena. Geradezu haßerfüllt versucht der Schiller-Verehrer
Oskar Fambach das Verhältnis zwischen Friedrich Schlegel und Schiller
historisch zu retten, indem er es gegen die Intriganz der Schwägerin
Caroline Schlegel aufwiegt:

> Friedrichs Haß gegen Schiller ist unglaubhaft, angemaßt, eingeredet. [. . .]
> es war nicht *sein* Haß [. . .]. Vielleicht spielt jene Haßwurzel im Busen der
> Schwägerin Karoline. [. . .] Man geht kaum fehl, wenn man sagt, daß, wo
> Karolinens Instinkt spinnt und stört, Schiller als Souverän seines Reichs
> geleugnet wird. Wir können das vielfach belegen. Es mag genügen, daß sie
> bei der Lektüre des Lieds von der Glocke—'vor Lachen beinahe vom Stuhle
> fiel'. Nein, hier spinnt eine Parze aus Bestimmung. [. . .] Tröstlich, daß
> Ähnliches gegen Schiller Friedrich nicht nachgewiesen werden kann. So ist
> es, Friedrichs Frechheiten gegen Schiller dreingegeben und verziehen.
> (Fambach 1957, XVII)[25]

## Verweigerung des Werks

Damm enthält sich offensichtlicher Diffamierungen Dorotheas Schlegels.
Weniger brüsk als Kleßmann, doch in ihren Wertungen von diesem
kaum unterscheidbar, katapultiert auch Damm die Texte der Schlegel-
Frauen als irrelevant aus dem Kanon heraus. Die Autorin geht noch
weiter und negiert das weibliche Werk als solches, wenn sie die beiden
Schlegels zu Repräsentantinnen des 'weiblichen Nicht-Werks' erhebt.
In einer provozierend tautologischen argumentativen Volte legt Damms
Text den LeserInnen nahe, daß Caroline Schlegel deshalb kein
eigenständiges Werk publiziert habe, weil dieses Werk der Nachwelt
keinen 'künstlerischen Gewinn' gebracht hätte: "Ob wir ein 'Romän-
chen' von ihr, hätte sie es geschrieben, heute mit Interesse und
künstlerischem Gewinn lesen würden?", fragt Damm voll Zweifel und
fährt fort: "Dorotheas Roman *Florentin* z.B. ist—wie viele Produkte
ihrer Zeitgenossinnen—von geringerem Gewicht" (Damm 1979, 12).

So wie das 'geringere Gewicht' der einen Autorin das 'künstlerische' Desinteresse an der anderen legitimiert, haben schließlich beide Schlegel-Frauen als Repräsentantinnen ihres Geschlechts das 'geringere Gewicht' weiblicher Autorschaft im allgemeinen zu begründen. In den diskursiven Oppositionen von 'nicht interessierender' weiblicher Autorschaft, jedoch zu beerbendem harmonisch-ausgefülltem 'einfachen Dasein' werden die komplexen Koordinaten einer weiblichen Autorenexistenz am Ende des 18. Jahrhunderts zum Verschwinden gebracht. Weder die konkreten literarischen Produktionsverhältnisse mit ihren "speziell für das weibliche Geschlecht eingerichteten Kultur-[und Schreib-] Nischen" (Bovenschen 1980, 20) noch die Mechanismen der inneren Zensur und die weiblichen Listen der "Verstellung" und "Maskerade" (Wolf 1978, 321) müssen in dieser Konstruktion weiblich geprägter Geselligkeit reflektiert werden.[26] In einer weiteren argumentativen Volte weiß Damm ihre Heldin aus den konkreten historischen Behinderungen ihrer weiblichen Zeitgenossenschaft zu befreien. Die Autorin dringt auf weibliche Selbstbescheidung und verkehrt die patriarchalische Not der Literaturverhältnisse in eine einfühlsame Tugend. Kulturgeschichtlich etablierte Stereotypen 'weiblicher Natürlichkeit' werden den DDR-LeserInnen in menschlicher Selbstverständlichkeit als liebenswerter Charakterzug des biographischen Subjekts vorgestellt: Caroline Schlegels 'Verweigerung des Werks' (vgl. Bürger 1990) will Damm als Zeichen weiblicher Sensibilität verstanden wissen:

> In den ihr gegebenen Verhältnissen sieht Caroline keine Möglichkeit, öffentlich zu wirken, sich als 'Vollmensch' [Clara Zetkin] zu entfalten. So nimmt sie die unscheinbare Rolle der Anregerin, Gesprächspartnerin, der Mitarbeiterin an; wechselt die Gegenstände ihres Interesses mit dem Wechsel der Männer, denen sie in Freundschaft oder Liebe verbunden ist. Mit feinem Gespür setzt Caroline sich immer wieder gegen das Drängen der Freunde nach literarischer Betätigung zur Wehr (Damm 1979, 11).

Sie habe so "allen Verlockungen eigener schriftstellerischer Tätigkeit widerstanden" (12). 'Heroisch widerstanden'—mögen DDR-Leser dieser vertrauten Phrase im Geiste ergänzt haben. In der "unscheinbare[n] Rolle der Anregerin", die—wir erinnern uns—für Damm die "beglückendste" (44) Zeit im Leben ihrer Heldin markiert, wird Caroline Schlegel in der DDR zu einem verläßlichen und ehrgeizlosen Sekretär der Jenaer Frühromantik: "Sie regt an, organisiert, übernimmt die Arbeit eines

Redakteurs und Sekretärs. Ihr Anteil liegt mehr im Praktischen, nicht in eigenen Beiträgen. [. . .] Sie hat keinen Ehrgeiz" (48).

Damms implizite Normierungen vorbildlicher Weiblichkeit unterscheiden sich nicht von den expliziten Fixierungen der Geschlechterrollen in den Texten Berkowskis oder Kleßmanns. Sowohl Berkowskis 'Kampf' gegen weibliche "Bücherweisheit und Pedanterie" (1979, 15) und Kleßmanns 'irrelevante' "literarische [. . .] Pflichtübungen" (1969, 319) als auch Damms ungewichtige, 'ehrgeizlose Repräsentanz' weiblichen Schreibens am Ende des 18. Jahrhunderts wissen Ebersbach und Günzel in den 80er Jahren sehr direkt aufzugreifen und weiter kanonisierend festzuklopfen.

In weiblicher Duldsamkeit sieht Günzel "ein[en] Schimmer des Faszinosums" der historischen Figur und erblickt in Friedrich August Tischbeins Porträt ihr "von Duldertum und Selbstgewißheit gleichermaßen erfülltes Antlitz" (Günzel 1987, 86). Ebersbach zeichnet die Figur als Vorbild ehrgeizloser Selbstbescheidung; das erzählerische Mittel der erlebten Rede, mittels dessen sich der Autor vollkommen hinter seiner Heldin zu verstecken vermag, verurteilt Ebersbachs Caroline Schlegel dazu, sich freiwillig 'in den Schatten' der männlichen Frühromantik stellen zu müssen:

> Denn noch immer hat sie keine Lust, als Literatin sich Männern ähnlich zu machen. Da es nun einmal ungewöhnlich ist, daß eine Frau Geist entwickelt und ihn auch noch auszudrücken versteht, bleibt sie damit ganz gern im Schatten. Sie fühlte sich in ihrer Fraulichkeit geschmälert, spräche man von ihr als einer Literatin. Sie müßte ihr Romänchen anonym erscheinen lassen und sich von vornherein verleugnen. Das aber widerstrebt ihrem geraden Sinn. (Ebersbach 1987, 338)

Nicht anders als Damm verkehrt Ebersbach die Not der historischen Geschlechterverhältnisse—in denen Dorothea und Caroline Schlegel anonym unter dem Namen ihrer Ehemänner publizierten—in die Tugend 'fraulicher' Gradlinigkeit.[27] Aufforderungen zur eigenen Produktion hat die Figur wenig selbstbewußt zurückzuweisen: "Caroline erwehrt sich der neugierigen Nachfragen, ob sie wirklich schreibe, [. . .] sie fürchte, etwas sehr Ungeordnetes käme da heraus." (Ebersbach 1987, 318) Zum Ersatz der künstlerischen 'Unordnung'—der fragmentarischen Offenheit des romantischen Werks—offeriert Ebersbach der Frau das realistisch abgerundete, 'vollendete' Leben:

> Das Romänchen ihres Lebens müßte ein Fragment bleiben [. . .]. Und für Fragmente kann sie sich nun einmal nicht erwärmen [. . .]. So wird sie es

wohl doch nicht schreiben. Lieber läßt sie es auf den Versuch ankommen, ob
sich ihr Leben nicht doch in Wirklichkeit vollende. (345)[28]

Das Wesen dieser realistischen Vollendung ist für Ebersbach *per se*
mütterlich; Caroline Schlegels historische Übersetzung von Shakespeares *Romeo und Julia* scheint dem DDR-Autor körperliche Qualen
zu bereiten:

> Wenn Caroline sich übers Papier beugt und die Feder eintaucht, geschieht es,
> daß sie plötzlich tief in ihr Herz schaut und Neid auf die vielen Frauen
> empfindet, die in dem angebrochenen Jahr niederkommen [. . .].
> Rotübergossen keuchte sie: "Wo bin ich nur mit meinen Gedanken!" (289,
> 291)

Struzyks Position zu Texten der weiblichen Frühromantik läßt sich
schließlich aufs kürzeste resümieren: In den alltäglichen 'Ansichten'
des Jenaer Alltags sind zwischen Kinder- und Küchenszenen Caroline
und Dorothea Schlegel als Autorinnen nicht vorgesehen.

Die große Selbstverständlichkeit, mit der die DDR-Texte weibliche
'Ehrgeizlosigkeit' in Anspruch nehmen, verbirgt, daß sie eigentlich der
Begründung bedürfte. Denn in der männlichen Rezeptionsgeschichte
der Romantik finden sich durchaus ernsthafte Auseinandersetzungen
mit den literarischen Texten Caroline und Dorothea Schlegels. Am
bemerkenswertesten erscheint mir jedoch, daß die DDR-Texte nicht
nur derartige Quellen vernachlässigen, sondern daß sich die generali-
sierenden Abwertungen weiblicher Autorschaft in direktem Widerspruch
zu kanonisierten Hauptquellen der Forschung zur Frühromantik
begeben.

Befragen wir die historischen Quellen nach Spuren von Caroline
Schlegels mangelndem Ehrgeiz, so geben die überlieferten Briefe wenig
Aufschluß. Als Zeuge findet sich jedoch der von der Arbeit seiner Frau
profitierende Gatte August Wilhelm; in der Vorrede zur Ausgabe seiner
*Kritischen Schriften* weist dieser auf das 'glänzende Talent' einer
heimlichen Koautorin hin; der "Ehrgeiz" dieser "geistreichen Frau" sei
jedoch—so August Wilhelm—"nicht auf die Schriftstellerei [. . .]
gerichtet" gewesen; August Wilhelm gibt deshalb den Namen seiner
Koautorin nicht preis—um stattdessen die Beiträge Caroline Schlegels
unter dem eigenen Namen zu veröffentlichen (Damm 1979, 8).[29] Der
enge Zusammenhang zwischen lobender Erhöhung der namenlosen
"geistreichen Frau" und konkreter Erniedrigung der Autorin—dem
geistigen Diebstahl ihrer Texte—tritt an diesem Beispiel recht
unverhohlen zu Tage.[30]

Ganz entgegengesetzte Einschätzungen der Ambitionen Caroline Schlegels finden sich wiederum in der von den DDR-AutorInnen als Hauptquelle benutzten Briefausgabe Erich Schmidts, der ausdrücklich Schlegels "Ehrgeiz" hervorhebt (*Caroline* I, 731). Der dem Positivismus verpflichtete Schmidt hält ihren Brief vom 15. November 1798 an Novalis für kommentierungsbedürftig. Sie bedauert dort die Verzögerung der Publikation des von ihr mitverfaßten Aufsatzes über die Dresdner Gemäldegalerie. Mangelnder Ehrgeiz Caroline Schlegels ist hier allenfalls hinsichtlich der beruflichen Aktivitäten des Schwagers und Ehemanns festzustellen:

> Unsere schönen Gemälde sind noch nicht gedruckt. Ich wollte sie kämen in die *Propyläen*. Meine Meinung ist, sie, nämlich die Brüder, hätten kein Journal sich auf den Hals laden und Wilhelm nicht Profeßor werden sollen. (I, 473–474)

Schmidt kommentiert: "Man beachte C.s Ehrgeiz mit ihren anonymen 'Gemälde'-Beschreibungen für Wilhelms Dialog statt ins *Athenäum* in Goethes *Propyläen* zu kommen." (I, 731)[31]

Wo Damm das 'geringere Gewicht' von Dorotheas Schlegels Roman *Florentin* unterstreicht, spricht Schmidt, der Hauptgewährsmann ihres biographischen Essays, von einem "sehr lesbaren Torso" (*Caroline* II, 605) und erwähnt "ungemein lobende" (606) Rezensionen von Zeitgenossen.[32] Wo Ebersbach die verhinderte Mutter 'keuchend' über Shakespeare brüten läßt, hebt Oskar Walzel (der Herausgeber der Briefe der Schlegel-Brüder) Caroline Schlegels Übersetzungs- und Rezensionsarbeiten als qualitativ unverzichtbaren Beitrag zum Werk August Wilhelms hervor:

> Ein guter Teil seiner Recensionsthätigkeit fällt auf Caroline, die dem Shakespeareübersetzer mehr als einmal das erlösende Wort geliehen hat. Mehr als das; sie ist während ihrer Vereinigung mit Wilhelm der Prüfstein und die oberste Instanz aller Unternehmungen der Romantik. (Walzel 1890, XII)

Wie sehr die DDR-Texte jedoch ein aktives Vergessen des bereits Gewußten organisieren, mag der kontrastierende Blick in eines der historischen Hauptwerke zur deutschen Romantik, Rudolf Hayms *Romantische Schule* (1870), verdeutlichen.

Keineswegs identifiziert Haym die Frauenrolle in der Frühromantik lediglich mit der geselligen Rolle einer kommunikativ-anregenden Muse, im Gegenteil: Im positivistisch-geistesgeschichtlichen Diskurs des 19. Jahrhunderts steht das literarische Werk der weiblichen Frühromantik im Vordergrund; vergleichsweise respektvoll spricht Haym von Caroline Schlegel als Autorin:

> Es war eine echte Schriftstellerehe. Schlegel selbst hat dieser Frau das Zeugnis gegeben, daß sie "alle Talente besaß, um als Schriftstellerin zu glänzen". Von ihr war der schöne Aufsatz über *Romeo und Julia* mitverfaßt, eine Erzählung aus ihrer Feder hatte Schlegel an Schiller mitgeteilt. Sie half [. . .] ihrem Manne nicht nur lesen, sondern auch schreiben, schriftstellern, rezensieren. (Haym 1914, 171)

An Dorothea Schlegels *Florentin* lobt Haym die Nähe zu Goethes *Wilhelm Meister* (726); in seinen eher klassischen denn romantischen Zügen übertreffe dieses Werk bei weitem Tiecks *Sternbald*, Novalis' *Heinrich von Ofterdingen* oder gar Friedrich Schlegels—von Damm so hochgelobte—*Lucinde*:

> Roman gegen Roman gehalten, so ist der *Florentin* [. . .] ein hundertmal besserer Roman als die *Lucinde* [. . .]. Während aber Dorothea [. . .] ein ganz ansehnliches Stück Arbeit in die Welt setzte, so quälte sich Friedrich vergeblich mit der Fortsetzung seines eigenen unglücklichen Romans. (727, 730)

Spuren dieses literarhistorischen Respekts, der das Werk der Schlegel-Frauen nicht verleugnet, finden sich selbst im Text Berkowskis. Dieser bescheinigt "Dorothea Schlegels Roman [. . .] Weite und Perspektive" und widmet der Darstellung des *Florentin* mehrere Seiten; Caroline Schlegels Fragment liest Berkowski als "durchaus bedeutsame[n] Entwurf eines Romans" und entdeckt dort eine "deutliche innere Verwandtschaft" zu Dorotheas *Florentin* (Berkowski 1979, 160).

In ihrer expliziten Ablehnung (Damm, Ebersbach) oder nahezu (Günzel) vollständigen (Struzyk) Ausklammerung der von Frauen verfaßten Texte brechen die DDR-AutorInnen nicht nur mit kanonisierten Selbstverständlichkeiten des 'bürgerlichen Erbes'. Die DDR-Texte unterscheiden sich darüber hinaus ganz wesentlich von westlichen Neurezeptionen der weiblichen Frühromantik, die seit den späten 60er Jahren im Zuge einer Revision der 'Klassik-Legende' und seit den 70er Jahren im Kontext literarhistorischer Frauenforschung entstanden. Frühromantische weibliche Geselligkeit wird in diesen Texten keinesfalls mit 'sensibler Kommunikation' und 'sozialer Vermittlungskunst' identifiziert, sondern weit eher als eine Form der *literarischen* Produktion verstanden: "Geselligkeit ist also aus der zeitgenössischen Sicht dieser Salonkultur selbst nicht nur ein soziales, sondern auch ein ästhetisches Programm" (Feilchenfeldt 1983a, 133). Ingeborg Drewitz gründet das

Selbstbewußtsein der Caroline Schlegel auf ihre "geistig schöpferische [. . .] Arbeit", in der sich die Figur "ihrer selbst bewußt" geworden sei (Drewitz 1979, 45). Gisela Dischner identifiziert Geselligkeit ausdrücklich mit einer Form "kollektiv[er]" literarischer Produktion und folgt dem frühromantischen Selbstverständnis, wenn sie den literarischen Salon als eine "*literarische Produktionsstätte*" begreift (Dischner 1984, 30). Manfred Jurgensen spricht von der "literarische[n] Selbstbesinnung" der Schlegel-Frauen in Jena (Becker-Cantarino 1989, 3), und Marie-Claire Hoock-Demarle will Geselligkeit ausschließlich als 'literarische Geselligkeit' verstanden wissen:

> Die Frauen begnügen sich nicht mit einer untergeordneten Rolle. Sie partizipieren ganz an dieser Errichtung einer anderen Geselligkeit, Caroline durch ihre Übersetzungen und Dorothea durch ihren Roman, *Florentin* (Hoock-Demarle 1990, 155).[33]

Schwerer als die Differenzen zu westlichen Rezeptionen frühromantischer Geselligkeit wiegt jedoch der geschlechterpolitische Paradigmenwechsel *innerhalb* des DDR-Diskurses. Die Positionsverschiebungen gegenüber weiblicher Autorschaft werden dann besonders auffällig, wenn wir das neue Verständnis gesprächiger Geselligkeit mit früheren Texten der DDR-Literaturwissenschaft kontrastieren.

Wo sich Damm, Günzel und Ebersbach auf Caroline Schlegels literarische Selbstbescheidung, 'Duldsamkeit' und 'unscheinbare Begleitung der Männer, denen sie in Freundschaft und Liebe verbunden war', berufen, bemerkt z.B. Günter Jäckel 1964 in den *Frauen der Goethezeit* vergleichsweise frauenkämpferisch Revolutionäres; Jäckel wehrt sich dagegen, daß der "Frau [. . .] in den Literaturgeschichten meist nur eine dienende Rolle als Gefährtin eines größeren Geistes zugewiesen [wurde]", und besteht stattdessen darauf, in den "bildungshungrigen Frauen" des späten 18. Jahrhunderts die "Trägerschicht für die klassische deutsche Literatur" zu erkennen (Jäckel 1964, 20–21):

> Von Einzelfällen im Mittelalter abgesehen, erscheint die Frau nun zum ersten Mal in der Geschichte der deutschen Literatur als selbständige Schriftstellerin. [. . .] Fast alle Frauen, deren Briefe in dieser Ausgabe vereint sind, haben ein enges Verhältnis zur Literatur—nicht nur als Gefährtinnen von Dichtern oder als Kritikerinnen, sondern als schaffende Künstlerinnen, die sich oft nachdrücklich zu behaupten wissen. [. . .] unbekannt ist heute der romantische Entwicklungsroman *Florentin*, den Dorothea Veit [. . .] in Anlehnung an

Goethes *Wilhelm Meister* schrieb, um Friedrich Schlegel finanziell zu
unterstüzen. [. . .] Mit welchem Nachdruck sind von nun an Frauen bereit,
ihre Rechte als Schriftstellerinnen gegen die angemaßten Privilegien der
Männer zu verteidigen! [. . .] Und auch dort, wo die Frauen nicht mit eigenen
Werken vor die Öffentlichkeit treten, wird dieses Recht nie in Frage gestellt.
(22–23)

Jäckel verweist auf die zahlreichen Beiträge Caroline Schlegels—der
Verfasserin "geistvolle[r] Bosheiten für das *Athenäum*" (27), deren
"brillante [. . .] Formulierungen [. . .] bewundert und zugleich
gefürchtet" waren (23–24).

Gerade im Kontrast zu diesen vormaligen DDR-Perspektiven auf
die weibliche Frühromantik und im Kontrast zu zeitgenössischen
Rezeptionsweisen westlicher Germanistik wird überdeutlich, daß die
DDR-Neurezeption der Caroline Schlegel-Schelling in den späten 70er
Jahren nicht mit einem besonderen Interesse an weiblicher Autorschaft
im späten 18. Jahrhundert zu identifizieren ist. Die Frauen der
Frühromantik fungieren stattdessen als menschliche Vermittlerinnen
einer intellektuellen Utopie, die frühromantische Geselligkeit als
kommunikativen Politikvorschlag für die DDR-Gegenwart verstanden
wissen will. Dieser Ansatz muß die Schlegel-Frauen ihrer Texte
weitgehend berauben, um sie als gesprächige Anregerinnen eines neuen
Selbstbewußtseins in der DDR-Gegenwart etablieren zu können.

## Das Ende der weiblichen Anregung im männlichen Kanon

Für die Kanonisierung der Texte der Schlegel-Frauen in der DDR hat
die erbepolitische Funktionalisierung von Weiblichkeit Konsequenzen:
Die Betonung der weiblichen Vermittlungsfunktionen leistet einen
gewichtigen Beitrag zur erneuten literaturhistorischen 'Expatriierung'
der Texte der weiblichen Frühromantiker aus dem für überliefernswert
erachteten literarischen Kanon.

Nicht zuletzt an Damms Text läßt sich sehr genau beobachten, wie
der emphatische Einschluß *der* Frauen als 'gesellige Kommuni-
katorinnen' der diskursiven Opposition von 'Leben' und 'Kunst' bedarf.
Diese spezifische Art des Einschlusses in das Erbe verbindet sich mit
dem gleichzeitigen Ausschluß aus dem literarischen Kanon und—bei
Damm, Ebersbach und Günzel—mit dem expliziten Aufruf zum
Vergessen des weiblichen Werks.

Keinesfalls nämlich können die Epitheta 'sensibler Kommunikationskunst' und 'einfacher Menschlichkeit' der Caroline Schlegel einen
Platz in der DDR-Literaturgeschichte garantieren. Denn wer nur da

ist, kann auch weg sein: Ganz im Gegensatz zu den männlichen Autoren, die nicht mit ihrem Geschlecht, sondern mit ihren Texten identifiziert und damit individualisiert werden, sind die einfachen weiblichen Menschen der Frühromantik vergeblich auf der allgemeinen literaturwissenschaftlichen Bühne zu suchen. Während Ebersbachs Klappentext versichert, die "Romantik" sei "ohne sie [Caroline] kaum zu denken", kommen DDR-Standardwerke, wie z.B. das *Kulturpolitische Wörterbuch* (Berger 1978), das *Wörterbuch der Literaturwissenschaft* (Träger 1978) oder die *Kurze Geschichte der deutschen Literatur* (Böttcher/Geerdts 1981) im Stichwort "Romantik" ohne die beiden 'Anregerinnen' der Frühromantik aus. Die offiziellen *Erläuterungen zur deutschen Literatur. Romantik* (Böttcher 1985) wissen von Dorothea Schlegel allenfalls als Gattin Friedrichs zu berichten.

Neben Günzels, Ebersbachs und Struzyks 'erotischen', 'fraulichen' und 'alltäglichen' Perspektiven auf die weibliche Frühromantik erscheinen auf der anderen Seite in den 80er Jahren nun erstmalig Monographien und Werkausgaben, die sich ausgiebig den Texten der bislang exkommunizierten männlichen Autoren widmen. 1980 publizierte Wolfgang Hecht in der renommierten *Bibliothek Deutscher Klassiker* eine zweibändige Werkausgabe Friedrich Schlegels (Hecht 1988); ein Jahr später erschien eine biographische Werkausgabe von Texten Ludwig Tiecks—dem *König der Romantik*—, herausgegeben von Klaus Günzel (1981). 1984 edierte Gerda Heinrich erstmalig in der DDR eine fast vollständige Werkausgabe der Schriften Wilhelm Heinrich Wackenroders.

Die Einleitung zur ersten Werkausgabe Friedrich Schlegels in der DDR (1980) hebt folgendermaßen an: "Im Herbst 1799 versammelten sich mehrere junge Schriftsteller in der Wohnung des Jenaer Universitätsprofessors August Wilhelm Schlegel zu ausgelassener Geselligkeit, zu gemeinsamem Philosophieren und Dichten"—, und der Herausgeber Wolfgang Hecht nennt die beiden Schlegel-Brüder, Novalis, Wackenroder und Tieck (Hecht 1988, V). Caroline Schlegel—Hechts "geistreiche, hochgebildete, kunstsinnige Frau" (X)—muß hier nicht mehr gesellig wirken. Zum Zentrum Jenaer Geistigkeit wird jetzt hingegen Friedrich, wenn Hecht den "Freundeskreis" erwähnt, "der sich 1799 in Jena um Friedrich Schlegel versammelt hatte" (XXXII). Nicht weibliche Menschlichkeit, sondern männlicher 'Geist' prägen Hechts jungen Frühromantiker: "Doch nicht die Kontroverse mit Schiller war das für Schlegels geistige Entwicklung wichtigste Ereignis des ersten Jenaer Aufenthalts, sondern die Freundschaft mit Fichte." (XVIII)[34] Das überragende Interesse am "König der Romantik" läßt auch Günzel die erotische Anziehungskraft geselliger Weiblichkeit vergessen. Ähnlich dem Verfahren Hechts wird hier nicht Friedrich, sondern dessen Bruder zum Mittelpunkt der Jenaer Geselligkeit ernannt, wenn wir in Günzels Tieck-Buch lesen: "Von Jena her riefen ihn die romantischen Freunde, die um August Wilhelm Schlegel einen anregenden und diskutier-freudigen Kreis gebildet hatten." (Günzel 1981, 141)

Ex negativo zeigen diese Beispiele deutlich, daß die Erbepolitik—um die Worte Damms zuspitzend aufzunehmen—'in einer bestimmten Phase ihrer Entwicklung' der 'anregenden' Frauen bedarf, um männliche Autoren in den Kanon des 'ganzen Erbes' zurückzuholen, ihre litera-rische 'Rolle für sie dann aber zu Ende gespielt ist'.[35]

## Weibliches als Humanisierung: 'Caroline' emanzipiert sich menschlich

Die bisher dargestellten Konstruktionen harmonisch-vermittelnder Weiblichkeit fungieren als entscheidende diskursive Voraussetzung dafür, daß die Figur Caroline Schlegel mit der konkreten Mission einer emanzipatorischen Humanisierung der Frühromantik betraut werden kann.

Mit der Polarisierung der Geschlechtscharaktere hält der bürgerliche Diskurs über die 'natürliche Bestimmung der Frau' seit dem späten 18. Jahrhundert ein traditionell 'bewährtes' Muster bereit, das in dem Moment in der DDR neue Attraktivität gewinnt, als die 'selbstbestimmte Subjektivität des ganzen Menschen' als konkrete Utopie am Horizont intellektueller Opposition aufzutauchen beginnt.[36] Schon Wilhelm von Humboldt hatte behauptet, daß "das Weibliche vorzüglich auf diejenigen Kräfte" wirke, "welche den ganzen Menschen in seiner ursprünglichen Einheit zeigen" (Bovenschen 1980, 241).

Erst die Rückführung der 'natürlichen Frau' in die Beschränkungen eines 'ehrgeizlosen', 'einfachen Daseins'—das weder der Kunst und des Werkes noch des 'höheren Geistes', geschweige denn der Bürgerrechte bedarf—macht es möglich, in der historischen Figur der Caroline Schlegel eine Projektionsfläche universaler Menschheitsan-sprüche zu erfinden. In dieser spezifischen Feminisierung frühroman-tischer Geselligkeit ist es das Geschlecht der Heldin, das universale Menschheitsfragen artikulierbar macht. Während sich so auf der Ebene des Diskurses die 'Weiblichkeit' in den Vordergrund drängt, hat sich auf der Ebene der Darstellung die 'Frauenfrage' explizit der 'Menschheitsfrage' unterzuordnen. Beide Aspekte sind aufs engste funktional miteinander verknüpft: Der Einschluß der Caroline Schlegel als Repräsentantin 'natürlicher Menschlichkeit' in das progressive Erbe frühromantischer Geselligkeit impliziert das ausdrückliche Schweigen über die 'gesellschaftliche Weiblichkeit' der historischen Figur.

Diese umfassende Naturalisierung von Differenz zeigt sich in der affirmativen Beglaubigung und aktualisierenden Integration männlicher Geschlechterphilosophien des ausgehenden 18. Jahrhunderts in den frühromantischen DDR-Kanon. Schauen wir in Friedrich Schleiermachers *Versuch einer Theorie des geselligen Betragens* (1799), so begegnen uns dort nicht nur dieselben zentralen Muster der "Disqualifizierung" des weiblichen Werks "durch übertriebenes Lob" der Frau (Runge 1990, 187), die von Berkowski über Damm bis Ebersbach fortgeschrieben wurden; Schleiermachers Erhöhung zur 'Weiblichkeit' verbindet sich zudem explizit mit der Forderung nach dem Ausschluß der Frau aus der bürgerlichen Gesellschaft.[37]

Schleiermachers Verweis auf die natürliche Notwendigkeit unterschiedlicher Geschlechtscharaktere für das Funktionieren bürgerlicher Geselligkeit unterscheidet sich nur wenig von den Emanzipationsschranken, innerhalb derer sich—wie im folgenden zu zeigen sein wird—'Caroline Schlegel' in der DDR bewegen darf.

In der Geburtsstunde der bürgerlichen Gesellschaft in Deutschland begrüßte Friedrich Schlegels Freund ausdrücklich den gesellschaftlichen Ausschluß der Frau als "[v]ortreffliche" Voraussetzung einer "bessere[n] Geselligkeit": jene habe "sich bei uns zuerst und unter den Augen und auf Betrieb der Frauen [ge]bildet"; von Schleiermacher erfahren wir, daß Frauen

> mit dem bürgerlichen Leben nichts zu tun haben und die Verhältnisse der Staaten sie nicht interessieren [. . .] und eben dadurch, daß sie mit ihnen [den Männern] keinen Stand gemein haben als den der gebildeten Menschen, die Stifter der besseren Gesellschaft werden (Schleiermacher 1799, 56–57).

Sieben Jahre später wird er dieses Ideal der besseren, weil weiblichen, Geselligkeit noch ausführlicher zu begründen wissen:

> Die Vereinzelung der Vernunft in der Persönlichkeit erscheint uns aber noch zerspalten im *Geschlechtscharakter* [. . .] und es wäre toll, keinen Geschlechtsunterschied der Seele anzuerkennen. [. . .] Für das Erkennen

männlich Übergewicht des Denkens, weiblich Übergewicht des höhern Gefühls. Für das Darstellen männlich Übergewicht der Kunst oder der individuellen Darstellung, weiblich Übergewicht des Kostüms, der Sitte als gemeinschaftliche Darstellung. Denn die Kunst erfordert Ideen, Gedachtes [. . .]. Zufolge des Geschlechtscharakters sind die Frauen die Virtuosinnen in dem Kunstgebiet der freien Geselligkeit, richten über Sitte und Ton. Also sind sie es auch in der Familie. Nun geht hierauf der ganze Gebrauch des Eigentums, und es gibt keinen andern sittlichen Besitz als das Bilden: ich besitze das, in dessen Bildung ich begriffen bin. Also sind die Frauen die sittlichen Besitzerinnen, die Männer nur die rechtlichen als Repräsentanten der Familie beim Staat [. . .]. Der Mann in der freien Geselligkeit als Beschützer und Diener, das muß er auch in der Ehe sein. (Schleiermacher 1805, 172, 173, 175)

## Die weibliche Verbesserung der Menschheit

So wenig die so gelobten weiblichen 'Anregungen' für das Werk der männlichen Frühromantik literarisch oder im weitesten Sinne ästhetisch gefüllt werden, so wenig zeigen sich die DDR-Texte seit den 70er Jahren noch an einer 'bürgerlichen Verbesserung der Weiber'[38] interessiert; desto beredter verfahren sie jedoch—ähnlich wie Schleiermacher—bei der Proklamation einer weiblichen Verbesserung der Menschheit. Sie füllen den emanzipatorisch-humanisierenden Einfluß 'der Frau' mit emphatischer Bedeutung.

Die 'natürliche Weiblichkeit' der Caroline Schlegel avanciert zum Synonym unverstellter Menschlichkeit. So ist Schlegel zwar Frau, doch in erster Linie der "leidenschaftlich nach Verwirklichung seiner selbst strebende Mensch" (Damm 1979, 20). Damm hört nicht auf, immer wieder zu unterstreichen, wie sehr der Mensch über der Frau steht. Geschlechtsspezifische Differenzen des reinen Menschentums werden explizit desartikuliert: "Meist hat sie als Frau Interesse erregt, kaum als Mensch" (6). Unterstützung in dieser 'rein menschlichen' Perspektive sucht die DDR-Autorin bei Schleiermachers Freund Friedrich Schlegel, denn auch dieser "sieht in der Frau zunächst den Menschen" (37): "Konsequent und beharrlich ringt Caroline ihr Leben lang darum, sich als Mensch zu verwirklichen" (6). Eine solche lebensumspannende Perspektive auf die Figur schreibt Günzels Text noch weitaus pompöser fort; schon früh wird hier das 'Menschenkind' Caroline Schlegel in seine weiblichen Schranken gewiesen: Bereits in einem Kindergedicht der Neunjährigen erblickt Günzel das "Leitwort [. . .] über dem ferneren Dasein dieses Mädchens, dessen einzige große Lebensaufgabe die Bewahrung der 'nie besiegten Menschlichkeit' sein wird" (1987, 87).

Auf mehreren Ebenen schließt sich so der Kreis zwischen Mainz,
Jena und der DDR-Gegenwart: Beide Epochen machen in 'Caroline'
Grundfragen der DDR-Emanzipation artikulierbar. Der erbepolitisch
so schwierige diskursive Spagat zwischen Individuum und gesamtgesellschaftlicher Perspektive, zwischen frühromantischer Subjektivität und
revolutionärer Weltpolitik, entspannt sich harmonisch in der Ganzheit
verkörpernden jakobinisch-romantischen DDR-Frau.

Wie sehr die Politik der Revision des Erbes der geschlechterpolitischen Arbeitsteilung bedarf, zeigt Damms Bemühen um die Integration von Mainz und Jena. Die Autorin beläßt es nicht dabei, allein
biographische Kontinuitäten zwischen der Forster-Freundin Caroline
und dem Caroline-Freund Friedrich zu konstruieren. Darüber hinaus
kann eine spezifisch 'weiblich' erworbene revolutionäre Subjektivität
die verschiedenen historischen Zeiten verbinden, denn 'Carolines'
subjektive Integrität sei das Resultat der Weltgeschichte. Wiederholt
betont Damm den individualisierenden Einfluß der Mainzer Revolution
auf die zukünftige Romantikerin, wenn diese "in der Atmosphäre von
Mainz [. . .] neue Maßstäbe einer Sittlichkeit in der freien Verfügung
über sich selbst" (1979, 44) oder "im Widerschein der französischen
Revolutionsereignisse sich selbst" (35) gefunden haben soll. Historische
Totalität und 'Neue DDR-Subjektivität' verschmelzen keimhaft im Weibe:
"In ihren eigenen Lebenserfahrungen liegt der Keim zur Bereitschaft,
die Ideen der Revolution aufzunehmen." (17)

Die Funktion des 'Weiblichen' für die Politik des Diskurses wird nur
zu deutlich, wenn der 'reine Mensch' wieder zur 'Frau' werden muß,
sobald es gilt, erbepolitische Antagonismen—das Individuum und die
Geschichte—harmonisch zu integrieren: "Als Frau gezwungen, Zeitgeschichte und eigenes Dasein in enger Beziehung zu sehen, kommt sie
in Auseinandersetzung mit dem weltgeschichtlichen Gehalt der
Französichen Revolution bei sich selbst an." (6) Eine vergleichbare
Behauptung geglückter individueller Selbstfindung männlicher 'Agenten
der Weltgeschichte' (sei es Georg Forster oder Friedrich Schlegel) war
mir nicht auffindbar. Wir können hier sehen, wie die Feminisierung
des Diskurses die Geburt eines neuen 'revolutionären Subjektes'
einzuleiten vermag: Hatte noch 1978 der Erbe-Theoretiker Claus Träger
"die Arbeiterklasse ihres geschichtlichen Selbstbewußtseins [. . .]
versichert" (Träger 1978, 51), kontert Damm Trägers Klassen-
bewußtsein mit weiblich-revolutionärem und deshalb menschlich-
universalem Selbstbewußtsein. Erst im Rahmen einer sensualistisch-

individualisierenden Logik wird verständlich, warum Damm besonders akzentuiert, daß gerade *nicht* 'Carolines' politische Taten, sondern die "emotionale Verarbeitung" der Revolution "entscheidend" gewesen sei; *nicht* ihr "'Maß' der Teilnahme" an der Revolution sei wichtig,

> sondern die Schlußfolgerung, die Caroline für ihre Persönlichkeitsauffassung zieht. Gerade die begrenzte weibliche Lebenssphäre zwingt sie sehr schnell und radikal, in der Bejahung der sozialen Umgestaltung der Gesellschaft, in der emotionalen und gedanklichen Verarbeitung der von Frankreich ausgehenden revolutionären Veränderungen—die Chancen der Veränderung des 'ganzen Menschen' [. . .] wahrzunehmen (Damm 1979, 26).

Der hier unterstellte Automatismus, der von 'emotionalen Erfahrungen' der 'begrenzten weiblichen Lebenssphäre' direkt auf universale politische Erkenntnis schließt, ermöglicht es, Mainz und Jena in eine bruchlose Kontinuität zu bringen: Die neue Subjektivität ist revolutionär-weiblich und verbindet sich so mit der gesellschaftlichen Totalität.

In Caroline Schlegels politischer Subjektivität des 'ganzen Menschen' verschmelzen Mainz und Jena zu 'unserem ganzen Erbe'. Die in der Frau 'Caroline' individualisierte und doch universal humane Selbstverwirklichung umfaßt nun nicht weniger als Menschentum, Frausein und Politik. Es ist gerade jene spezifische Verknüpfung dieser drei Aspekte, die seit den späten 70er Jahren die revidierte Perspektive auf die frühromantische Geselligkeit ermöglicht. Was alle hier untersuchten Texte an der Frühromantikerin in Jena am meisten 'fesselt', bringt Damms Text aus der Perspektive des jungen Friedrich Schlegel folgendermaßen auf den Punkt: "Politisches Schicksal, menschliche Reife und Ausstrahlungskraft der Weiblichkeit fesseln ihn gleichermaßen an Carolines Persönlichkeit" (Damm 1979, 31).

## Demokratie der Außenseiter

In ihrem attraktiv vermittelnden, politischen Menschentum hat 'Caroline Schlegel' in der DDR die historischen und diskursiven Beschränkungen ihres Geschlechts hinter sich gelassen, um nun "Grundfragen der menschlichen Emanzipation" (Damm 1979, 10) berühren zu können.

Wenn die subjektive Integrität der Heldin garantiert ist, können im romantischen Jena wenn schon nicht Taten, so doch politische Worte sprechen: Schlegel ist die lebenstüchtige Bewältigerin des "grauen bürgerlichen Alltags" (12), Geburtshelferin frühromantischen Schaffens, doch vor allem ist sie die demokratische 'Lucinde': sie fungiert nicht nur als Lichtbringerin im Dunkel des vormals reaktionären Erbes, sondern erhellt darüber hinaus—und dies ist weit entscheidender—den verdunkelten 'Gesprächsraum' DDR.

Herrschaftsfreie Kommunikation oppositioneller Intellektueller, frühromantische gesellige Gesprächskultur und jakobinische Revolutionsdebatten verschmelzen gleichermaßen zu einer historisch umfassenden demokratischen Utopie: "die lebhaften Debatten der Gleichgesinnten [im Hause Forsters] über Politik und Literatur sind Caroline noch in lebhafter Erinnerung" (Damm 1979, 45). Als 'Gleichgesinnte'—und das heißt nicht autoritär von oben, sondern in aufgeschlossener demokratischer Geduld—politisiert sie "die Jünglinge von Jena" (Günzel 1987, 7), ihnen allen voran Friedrich: "In langen Gesprächen weckte sie sein Interesse für politische Fragen und Begebenheiten und teilte ihm ihre eigene Aufgeschlossenheit mit." (Heinrich 1984, 426–427) So wie die "Begegnung mit der starken Persönlichkeit Georg Forsters" für Carolines "Entwicklung [. . .] außerordentlich bedeutsam" war (Damm 1979, 20), so "sehr bedeutsam" wird für Friedrich die "geistige Partnerschaft" mit Caroline; er setzt sich nun unter "dem Eindruck dieser Begegnung [. . .] mit der Revolution in Frankreich und mit der Wirkung und Leistung Georg Forsters auseinander" (35).

Hatte Damms Klappentext die "Gier, wir selbst zu sein", das Verlangen nach Authentizität im DDR-Alltag artikuliert, so begegnet Caroline in Jena Friedrichs "Gier nach partnerschaftlichem Gespräch und Beisammensein" (Damm 1979, 36), einer frühromantischen Gier nach demokratischer Aussprache.[39] Auch für Ebersbachs Caroline

> mehrten sich die Gründe, sich über Friedrichs Entwicklung zu freuen. [. . .] den totgeschwiegenen oder verleumdeten Forster hat er einen Klassiker zu nennen gewagt [. . .]. Mit frohem Herzen fand sie vieles wieder, was sie [. . .ihm] auf Spaziergängen [. . .] über Mainz und Forsters Bemühen anvertraut (Ebersbach 1987, 303).

Bei Günzel schließlich "bestärkt" Caroline—die "am eigenen Leibe" Zeugin des "konterrevolutionären Terror[s] der Sieger über die Mainzer Jakobinerrepublik" gewesen ist—Friedrich in seinem "Ziel, kritischer Schriftsteller zu werden" (Günzel 1987, 64–65); Mainz und Jena begegnen sich hier in Gestalt dreier gesellschaftlich Ausgestoßener: Es treffen sich die "verfemte" (65) und "mutige" Frau und ein frühromantischer "oppositioneller Außenseiter": "Immer wieder kommt

Friedrich [. . .], um sich in langen Gesprächen mit der geächteten
Frau seiner eigenen Ausgrenzung aus der bestehenden Gesellschaft
bewußt zu werden." (64)[40] Über Caroline Schlegel werden Revolution,
frühromantische Geselligkeit und intellektuelles Außenseitertum des
kritischen Schriftstellers als versöhnte Entitäten artikulierbar. Wo
Ebersbach an den "totgeschwiegenen oder verleumdeten" Forster
erinnert, stellt Günzel der "geächteten Frau" und dem 'ausgegrenzten'
Frühromantiker nun ebenso den "geschmähten Jakobiner" an die Seite:

> In einer Zeit, in der die meisten deutschen Intellektuellen von den revolutionären
> Ereignissen [. . .] bereits verschreckt sind, hält Schlegel zusammen mit seinem
> Bruder und der kleinen Gruppe seiner jungen Freunde den emanzipatorischen
> Idealen von 1789 noch immer die Treue [. . .]. In dem Essay "Georg Forster"
> setzt er sich für den geschmähten Jakobiner und für das verpflichtende Beispiel
> eines Schriftstellers ein, der sich der Gesellschaft verantwortlich fühlt. (66–
> 67)

Unschwer läßt sich Günzels Perpektive auf Mainzer Jakobinismus und
Jenaer Frühromantik als Selbstreflexion der eigenen, missionarisch
gedachten Schriftstellerrolle in der DDR lesen: Von der Gesellschaft
ausgegrenzt, hält eine 'kleine Gruppe emanzipatorischer Intellektueller'
der 'gesellschaftlichen Verantwortung des Schriftstellers die Treue'.

Werfen wir einen kurzen Blick auf 'traditionelle' Erbepositionen,
um die diskursive Bedeutsamkeit der Caroline-Figur für die
literaturpolitische Versöhnung Georg Forsters und Friedrich Schlegels
in der DDR zu verstehen. Die zitierte euphorisch behauptete direkte
Fortschrittslinie zwischen Georg und Friedrich bricht mit bisherigen
erbepolitischen Selbstverständlichkeiten. Geradezu konterkariert werden
die Verdikte, die Georg Lukács über das Schlegelsche Mißverständnis
Forsters gesprochen hatte. Lukács hatte die "tiefe Einwirkung des
Forsterschen Radikalismus" auf den "seinem eigentlichen Wesen nach
überzeugungslosen" Schlegel als verhängnisvoll beschworen: Den
"ästhetisch [. . .] konsequenten klassischen Objektivismus" des
Jakobiners konfrontierte Lukács als unvereinbar mit der "hysterische[n]
Überspanntheit eines extrem individualistischen Intellektuellen" (Lukács
1947, 57). Wo Lukács die "Weltereignisse [. . .] über Schlegels
ideologisches Geschick" entscheiden ließ und vorausblickend das blutige
Terror-Jahr 1794 zum verhängnisvollen "Knotenpunkt" seiner künftigen
"schrankenlosen" Entwicklung bestimmt hatte (58), wollen die späteren
DDR-Texte jenen teleologisch antizipierten Sündenfall mit der alles
entscheidenden 'Begegnung' zwischen Friedrich und der integren

Mainzer Revolutionärin aufhalten. Lukács' 'blutiger welthistorischer Knoten' löst sich angesichts der menschlichen Frau:

> Friedrich Schlegel wendet sich ihr [der Revolution] 1793, also in jenem Jahr
> der Begegnung mit Caroline zu [. . .]. Es ist die Zeit, da sich die Überzahl der
> deutschen Intellektuellen—abgeschreckt durch den revolutionären Terror—von
> den Ereignissen in Mainz und Frankreich abwendet. (Damm 1979, 35)

Einen ähnlichen persönlichen Wendepunkt entdeckt Wolfgang Hecht in Friedrichs Entwicklung zum kritischen Schriftsteller, denn "[e]rst im Laufe des Jahres 1793 änderte sich [dessen. . .] Einstellung von Grund auf. Es war vor allem die Begegnung mit Caroline Böhmer, durch die dieser Wandel ausgelöst wurde" (Hecht 1988, X). Hecht fährt fort: "Schlegel bewunderte die Persönlichkeit, das literarische Schaffen und das politische Wirken Georg Forsters seit jener Zeit, da Caroline ihm davon berichtet hatte." (XX)

Denn wo Gefahr ist, da wächst das rettende Weibliche auch! In welchem Kontrast steht Caroline Schlegels politisierende Funktion in Jena zu ihrer 'empfangenden' Rolle in Mainz; ex negativo können die folgenden Worte Damms im Jenaer Kontext noch einmal zeigen, wie die Kategorie Geschlecht in der weiblich-humanisierenden Frühromantik ganz andere Funktionen als im männlichen Jakobinismus zu erfüllen hat; wir lesen über Forsters Verhältnis zu Böhmer:

> Einen echten Gesprächspartner bei seinen weitreichenden und komplizierten
> politischen Entscheidungen sieht er in Caroline nicht. Und das kann sie ihm—
> als Frau ausgeschlossen von der aktiven und verantwortlichen Tätigkeit—auch
> schwer sein. (Damm 1979, 29)[41]

Einen noch größeren Kontrast zum weiblich humanisierenden Einfluß der Caroline Schlegel in den späten 70er Jahren markiert der Vergleich mit einer literarhistorischen Konstruktion aus den 50er Jahren der DDR. Bei Oskar Fambach lauerte nicht die verhängnisvolle Weltgeschichte bedrohlich auf Friedrich Schlegel, sondern das ihn katzenhaft ausnutzende Weib; die 'Begegnung mit Caroline' beschwor Fambach als "Unglück":

> Karoline, wir wissen es, ward von Friedrich zu manchem Gedanken angeregt—
> in brieflich mitgeteilten Wendungen finden wir es bestätigt—, und ihre Urteile
> sind festgestelltermaßen da und dort nach seiner *Facon*. War es eine Hoffnung
> für ihn, daß eine Frau wie sie [. . .] sich seinen Gedankengängen anzu-
> schmiegen vermochte, so war es [. . .] ein Unglück für mehr als Einen, daß
> sie Friedrich mehr nahm als gab (Fambach 1957, XVII).

## Frühromantik als Frauenemanzipation

Für die Konstruktionen 'frühromantischer Frauenemanzipation' hat das Beerben der bürgerlichen Dichotomisierung der Geschlechtscharaktere weitreichende Folgen. Auf der Ebene der Darstellung begegnen uns in den 'Geschichten von Jena' Caroline und Friedrich Schlegel als komplementäre Hälften der 'ganzen Menschheit': Das in der Nachfolge von Lukács so oft wiederholte Verdikt über den 'extremen Individualismus' der Frühromantik verliert seine erbepolitische Bedrohung, wenn sich dieser Individualismus in der Natur der Frau kanalisiert. Weibliche Natürlichkeit und männliches Kunstbewußtsein verbinden sich in der Begegnung von 'Caroline' und 'Friedrich' zu einer harmonischen Einheit. Vor dem Hintergrund dieser geschlechterpolitischen Arbeitsteilung sind die folgenden Worte Damms keinesfalls als so widersprüchlich zu verstehen, wie sie erscheinen mögen: "So natürlich, wie sie war, schrieb sie. Sie erarbeitete sich einen Briefstil, der völlig ungekünstelt ist. Darin bestand ihre Kunst." (Damm 1979, 67–68) Friedrich hingegen "ist es auch, der [. . .] ihr als erster den Kunstcharakter ihrer Briefe bewußt macht" (36–37).

Caroline Schlegel wird zur persönlichen Anregerin einer gesamtgesellschaftlichen Utopie, die ihr Schwager geschichtskräftig umzusetzen hat. Auf der Ebene des Werkes—und der politischen Tat— wird dieser "geniale Mann" (67) für Damm zur eigentlichen Hauptfigur von Jena: Als "Kopf einer jungen progressiven Bewegung" vermittelt er "Impulse, die international ausstrahlen [. . .] sollten" (67–68). In ihrer forcierten Politisierung des Jenaer Kreises zu einer frühromantischen Internationale geht Damm aufs Ganze: Friedrich, so lesen wir,

> schickt [sich an], die Folgerungen der Französischen Revolution für die Umgestaltung der deutschen wie der politischen Welt überhaupt zu ziehen [. . .]. Unter dem Eindruck ihres [Carolines] politischen und menschlichen Schicksals wird ihm die Französische Revolution Ausgangspunkt einer Debatte über dringende Fragen der Emanzipation, der Moral und der Gesellschaftsethik (35, 37).

Friedrich wird von Damm nun zum Pionier, ja zum Vorkämpfer der Frauenemanzipation in ganz Deutschland ernannt: Unter "dem Eindruck dieser Begegnung" setzt er sich nicht nur

> zum einen mit [. . .] Georg Forster[. . .] auseinander; zum anderen beginnt er als einer der ersten in Deutschland, die Konsequenzen aus den revolu-

tionären Entwicklungstendenzen der Epoche hinsichtlich einer zukünftigen Rolle der Frau zu ziehen (35).

Seine 'Begegnung mit Caroline' macht es schließlich möglich, die Jenaer Frühromantik in das sozialistische Erbe zurückzuholen. Damm erkennt in Friedrich Schlegel einen Vorläufer Clara Zetkins:

> die durch Carolines Persönlichkeit ausgelösten Gedanken des jungen Friedrich Schlegel [zielen] auf Emanzipation überhaupt [. . .]. Will Friedrich Schlegel [. . .] in der Aufhebung der starren Rollenzuweisung die Emanzipation von Frau und Mann anstreben? So wie Clara Zetkin es im Jahre 1920 sieht (11).

Irene Dölling hat von einer "eigentümliche[n] Anästhesie gegenüber der 'Geschlechterfrage'" im DDR-Diskurs gesprochen (Dölling 1994, 99). Auf den ersten Blick scheint kaum ein anderes Kapitel der späten DDR-Literaturgeschichtsschreibung ein schmerzhafteres Erwachen aus dieser Anästhesie zu provozieren, als der literaturpolitische Versuch, die Frühromantik als gelungenes, wenn nicht vollendetes Beispiel verwirklichter Frauenemanzipation neu zu beeerben. Ja, Döllings Behauptung einer "Anästhesie gegenüber der Geschlechterfrage" scheint zunehmend fragwürdiger zu werden, wenn wir sehen, wie sich Fragen des Geschlechts seit Ende der 70er Jahre in DDR-Texten geradezu in den Vordergrund drängen. Schon der Klappentext zu Ebersbachs Roman verspricht den LeserInnen "ein Frauenschicksal", und in seiner einleitenden Vorrede unterläßt es sich auch der Autor selber nicht, ausdrücklich die Unterschiede zwischen den Geschlechtern zu betonen, da seine "Vermutungen [. . .] bei aller Einfühlung die eines Mannes [bleiben]" (Ebersbach 1987, 6). Es ist ausgesprochen auffällig, daß das Gros der vorliegenden Texte explizit Fragen der Frauenemanzipation thematisiert. Ein spezifisches Konzept von 'Weiblichkeit' und 'Gleichberechtigung' avanciert seit den späten 70er Jahren zum genuin prägenden Faktor einer literaturgeschichtlichen Strömung.

Schauen wir in die Literaturgeschichte von 1978; aus offizieller Perspektive erfahren wir dort, daß Theorie und Praxis frühromantischer Geselligkeit von ihrem "Wesen" her mit 'Frauenemanzipation' identisch seien:

> Ein charakteristischer Wesenszug [frühromantischer. . .] Geselligkeits-auffassung und -praxis zeigte sich in den Beziehungen zwischen Männern und Frauen. Hier wurde Gleichberechtigung nicht nur proklamiert, sondern auch verwirklicht. (Dahnke 1978, 370)

Diese Linie beschritt schon 1977 Gerda Heinrich in ihrem *Athenäum*-Nachwort, wenn sie dort mit bisherigen erbepolitischen Gewißheiten brach und die Frühromantik jetzt wegen ihrer fortschrittlichen Geschlechterpolitik dem Erbe der Aufklärung beigesellte: "Mit ihren Auffassungen über die Frauenemanzipation waren die *Athenäums*autoren [. . .] im aufklärerischen Denken verwurzelt, das sie weiter ausformten" (Heinrich 1984, 427).[42]

Gleich der offiziellen Literaturgeschichte identifiziert auch Damm in der Jenaer Geschlechterpolitik das progressive Element frühromantischer Geselligkeit; hieran sei das politisch bewußt angetretene Erbe der Revolution zu erkennen:

> Die Verteidigung der Ideale der Französischen Revolution als Verteidigung der Liebe gleichberechtigter Partner enthält [. . .] Elemente eines neuen Menschenbildes [. . .] gibt [. . .] die theoretische Grundlegung für das historische Experiment des [. . .] Zusammenlebens der [. . .] Frühromantiker. (Damm 1979, 37)

Zum Kronzeugen eines allumfassenden—nämlich politischen, sozialen und sexuellen—Emanzipationsverständnisses ernennt Damm Friedrich Schlegel; denn dieser "akzeptiert sie [die Frau] als ein gleichgestelltes Wesen, als soziale Persönlichkeit. Zugleich proklamiert er—für seine Zeit unerhört—ihre vollkommene sexuelle Gleichberechtigung" (37). Frühromantische Geselligkeit bedeute zudem die volle individuelle Entfaltung beider Geschlechter:

> Sie streben danach, ihre Individualitäten zu respektieren und voll zu entfalten, die männlichen wie die weiblichen gleichermaßen [. . .]. Das "Symexistieren", wie Friedrich sagt, das gemeinsame Essen, die gemeinsame Wohnung wie das "Symfaulenzen" sind ihre Symbole (47).

Struzyks alltägliche "Ansichtssachen" der Jenaer Geselligkeit nehmen Friedrich Schlegels 'symbolische' Ansprüche direkt beim Wort: Der Text situiert den männlichen Helden kichernd in der Küche—in 'symexistierender Einigkeit' bei der gemeinsamen Essensvorbereitung mit Caroline und seiner Ehefrau Dorothea; Struzyk versucht hier die schwergewichtigen Vorgaben der Rezeptionsgeschichte—wie zum Beispiel den Atheismusstreit um Fichte oder das spätere Zerwürfnis der beiden Schlegel-Frauen—aufs DDR-alltäglichste in den Küchenalltag zu integrieren; selbstbewußt behält Struzyks emanzipierte "Freiheitsgöttin" (1988, 112) in der Küche die demokratische Oberhand:

[Friedrich:] "Ah, oh, hihi! [. . .] Kann ich schon Teller auf den Tisch tun?"
"Aber bitte!" Caroline gibt ihm einen Stapel Teller. "Vielleicht kommt Fichte
auch noch!" Friedrich geht Caroline hinterher, den Stapel Teller unter seinem
Kinn "[. . .] Wie steht's mit Fichtes Sache? Geht er? Dann können wir den
Laden schließen!" Caroline bleibt berechnend stehen, so daß der Turm von
Tellern schwankt [. . .]. Sie tätschelt seine Wange [. . .]. Friedrich drückt
sie fest an sich. Dorothea nimmt die Teller und entfernt sich. [. . .] Sie setzt
sich. "Sieh noch einmal in den Töpfen nach. Ist alles gut? Dann auf zum
Kampf!" Friedrich hält sie zurück. "Auguste deckt den Tisch, ich rufe sie?"
"Ja, ruf sie nur! Doch laß ich nicht zu, daß wir das Dienen und Herrschen hier
regieren lassen!" Friedrich erschrickt. (110–111)

Weniger alltäglich flott, doch in auffälliger Einstimmigkeit mit den
bisher zitierten Stimmen behauptet Günzel bereits in seiner Einleitung
die romantische Frauenemanzipation: "[S]ie beschäftigen sich mit dem
Zusammenleben der Geschlechter und namentlich mit der Emanzipation
der Frau in einer patriarchalischen Welt." (Günzel 1987, 19) Und weiter
steigert der Autor diese Verallgemeinerung ins Grenzenlose und rühmt
nicht weniger als "das von den Romantikern aufgestellte Recht der
Frau auf uneingeschränkte Emanzipation" (69).

Angesichts unserer bisherigen Einsichten in die Konstruktionen
vorbildlicher Weiblichkeit der Caroline Schlegel mag ein derartiger
Enthusiasmus für die Frauenemanzipation überraschen. Ist die Antwort
auf die Frauenfrage in der frühromantischen Geselligkeit zu suchen?
DDR-LeserInnen finden hier die 'verwirklichte Gleichberechtigung',
den 'vollen Respekt und die volle Entfaltung männlicher und weiblicher
Individualitäten', die 'Aufhebung starrer Rollenzuweisungen', die
'Akzeptanz der Frau als ein gleichgestelltes Wesen', die 'vollkommene
sexuelle Gleichberechtigung', ja nichts geringeres als das 'Recht auf
uneingeschränkte Emanzipation': Die Jenaer Frühromantik in der
DDR—*der* Ort der Frau schlechthin! Eine allseits entwickelte,
humanistisch-demokratische, gesellig-emanzipierte revolutionäre
Menschengemeinschaft?—oder mit den Worten Adolf Dresens: "Bei
uns ist erfüllt, wovon die armen Klassiker kaum zu träumen wagten.
Hamlet in der DDR—er wäre nicht gestorben" (Oesterle 1985, 424)?
Dresens bittere Ironie gegenüber vollmundigen erbepolitischen
Gewißheiten kann uns Anlaß sein, nach den besonderen historischen
Bedingungen zu fragen, über die die DDR-Texte schweigen.

## Verschwiegene Gegenstimmen

Weil sich die DDR-Autorinnen und Autoren nur für die männliche
Emanzipationsprogrammatik zu interessieren scheinen, können die

historischen weiblichen Stimmen das so abgerundete Bild geselligen "Symfaulenzens" ein wenig durcheinanderbringen. Wir sehen dann, welche Quellen die AutorInnen geschlechterpolitisch nicht reflektieren und ausklammern.

Im Gegensatz zum Euphemismus Struzyks hüllt sich die historische Stimme der Caroline Schlegel über männliche Hilfe im romantischen Haushalt in ein tiefes Schweigen. Sie spricht weit eher über Gegenteiliges; schon die Organisation des Einzugs in das neue Heim in Jena liegt allein in Frauenhand:

> Im Haus selbst wird nun noch allerlei getrieben. Tischler und Maler sind noch dabei [. . .]. Ich habe eine rechte Freude darüber, daß Schlegel der Unruhe entgangen ist, und ich ihn in die ordentliche Wohnung einführen kann. Er ist keiner von den Gelahrten, die für Ordnung und Eleganz keinen Sinn haben (*Caroline* I, 400; 15.–17.10.1796 an Luise Gotter).

August Wilhelm Schlegels Bruder Friedrich verbindet die Ankündigung seiner Ankunft in Jena mit dezidierten hauswirtschaftlichen Arbeitsaufträgen an die künftige Schwägerin:

> Liebster Bruder [. . .]. Es wird mir nun wohl nöthig seyn, daß Ihr mir eine Wohnung nehmt. [. . .] Nur bitte ich Caroline so viel es seyn kann, Sorge zu tragen, daß das Zimmer nicht gar zu schlecht und noch mehr, daß das Bett reinlich sey. (Walzel 1890, 424; ohne Datum 1799 an August Wilhelm Schlegel)

Hören wir weiter Caroline Schlegels Sittenbild frühromantischen 'Symfaulenzens'—einen "trocknen Abriß" ihres "geschäftigen Lebens" (*Caroline* I, 562; 5.10.1799 an Luise Gotter): "Man kann übrigens hier zu nichts gelangen; es ist ein beständiges Gehen und Kommen; das Wetter begünstigt uns Fremden noch oben drein." (I, 450; 2.5.1798 an Luise Gotter) Als Gastgeberin holländischer Gäste schreibt die 'Muse der Romantik' ein halbes Jahr später: "[. . .] und der Tag vergeht, ohne daß ich die Hälfte von dem gethan, was ich habe thun wollen." (I, 466; 24.10. 1798 an Luise Gotter) Den Höhepunkt der Jenaer Geselligkeit im Herbst 1799 kommentiert Caroline Schlegel zunächst schwärmend: "Welche gesellige fröliche musikalische Tage haben wir verlebt!", um dann erschöpft fortzufahren:

> Ich habe tausend Freuden davon gehabt, aber freylich seit einem vollen Vierteljahr keinen Augenblick Ruhe. Es hat mich auch wirklich angegriffen, und so wie die Freunde weggegangen sind, hat die medicin herhalten müssen, und es wird mir alles sehr sauer [. . .] dem Empfang [. . .], wo das ganze

Haus von oben bis unten umgekehrt wurde, eine große Wäsche gehalten, Vorhänge aufgesteckt bis zum lahm werden. Auch Augustens [der Tochter] Hülfe fehlt mir jetzt [. . .]. Damals hatte ich jeden Mittag ein [sic!] 15–18 Personen zu speisen. Meine Köchin ist gut, ich aufmerksam, und so ging alles aufs beste. (I, 560–561; 5.10.1799 an Luise Gotter)

Während Caroline Schlegels eigenes Reisen zum Privatvergnügen der ausdrücklichen Genehmigung des Ehemannes bedurfte (I, 435; 1.11.1797), galt es auf der anderen Seite, die 15jährige Tochter wieder aus den Ferien nach Jena zurückzuholen. So versichert die Mutter Auguste: "Vermuthlich werden die Veit und ich dieses Geschäft übernehmen. Die Zeit der Herren ist zu kostbar." (I, 576; 11.11.1799 an Auguste).

Wo wir von Caroline Schlegel vernehmen: "in der Eile haben wir Weiber gewöhnlich beßern Verstand als in der Ruhe" (I, 413; 5.1.1797 an Karl August Böttiger), klagt ihr Schwager Friedrich dem Bruder August über Konzentrationsschwächen und störende Ablenkung von seiner schriftstellerischen Arbeit: "Dorothea geht schon wieder in der Stube umher und macht mir den Kopf warm, weil sie das Zimmer rein machen will." (*Caroline* I, 541; 7.5.1799 an August Wilhelm) Doch nicht nur bei der Hauswirtschaft, sondern auch beim Dichten war die Arbeitskraft der romantischen Frau gefragt; wo Wolfgang Hecht in der von Friedrich propagierten "Symphilosophie" schwärmerisch die "Steigerung der schöpferischen Kräfte des einzelnen durch den lebendigen Gedankenaustausch mit Gleichgesinnten" entdeckt (Hecht 1988, XXXI) und Damm von der 'vollen Entfaltung männlicher und weiblicher Individualitäten' spricht, mag der folgende Bericht Dorothea Schlegels Irritation auslösen:

Friedrich hat wunderwürdige Tercinen gemacht, kömt mit jeder einzelnen Tercine drey Treppen herunter, liesst es mir einzeln vor, und da ich stupider Weise unmöglich gleich den Sinn fassen kann, obgleich der Glanz der Verse mich trifft, und mir behagt, so fährt er mich dermassen an, daß ich vor Angst fast gestorben bin. (Frank 1988, 94; 16.1.1800 an Schleiermacher)

Auch aus der Ferne läßt Friedrich es nicht aus, Caroline Schlegel immer wieder zur redaktionellen Arbeit zu "treiben"; er schreibt an den Bruder:

Laß ja nicht ab, Carolinen zu treiben, daß sie alle meine Briefe durchsieht. Ich bin gewiß, sie findet ein paar Dutzend brauchbare moralische drin, und das sind gerade die, deren ich noch am meisten brauche. (Walzel 1890, 355; 27.2.1798)

Die Krankheit der eigenen Frau—"er arbeitete gern unter ihren Augen, ja mit ihrem Beirat" (Henriette Herz 1984, 61)—empfindet Friedrich wegen ihres redaktionellen Arbeitsausfalls als empfindliche 'Störung' seiner literarischen 'Geschäfte'; klagend räsoniert er:

> Heute ist die Ordnung umgekehrt; Dorothea könnte nun *mir* dictieren. Nicht als ob meine Augen gar keiner Schonung mehr bedürften: aber Dorothea liegt seit ein paar Tagen im Bett, und der Kranke ist nun selbst Krankenwärter geworden. Bedeutend ist ihr Uebel nicht [. . .], außer daß es für uns gewiß bedeutend ist, wenn wir in unserm Geschäft gestört werden. (Walzel 1890, 418; 7.5.1799 an Caroline Schlegel)

Der von Damm propagierten 'vollkommenen sexuellen Gleich-berechtigung' der Frau setzt der historische Friedrich Schlegel sehr dezidierte Alterschranken. Noch vor der Ehe mit Dorothea Veit hören wir über seine polygame sexuelle Zukunft:

> Wenn ich aber [. . .] von allem übrigen wegsehe, so wäre schon die Verschiedenheit des Alters für mich Grund genug dagegen [mich bürgerlich zu verbinden]. Jetzt, da wir jung sind, macht es eigentlich nichts aus, daß sie sieben Jahre älter ist. Aber wenn es ihr nicht länger anständig ist, meine Frau in diesem Sinne zu seyn, dann bin ich noch sehr jung, und werde [. . .] eben so wenig ohne Frau leben als mich mit einer Gesellin begnügen können. Sie würde wahrscheinlich nicht meine letzte Liebe seyn, wenn sie auch meine einzige wäre. (Frank 1988, 64; 27.11.1798 an Caroline Schlegel)

Die vielgerühmte—weil 'umfassende'—gegenseitige Akzeptanz der Geschlechter auf dem 'neutralen Boden' der literarischen Salons stellt sich aus der Perspektive von Friedrich Schlegels späterer Frau weitaus komplizierter dar. Verärgert und wesentlich nüchterner als die spätere Rezeptionsgeschichte kommentiert Brendel Mendelssohn-Veit männliches Profilierungsgebaren im Salon der Henriette Herz in Berlin:

> Die berühmten Freitagsabende bei Herz dauern noch immer fort; aber sie werden jetzt so entsetzlich *ennuyant*, daß ich ernsthaft Anstalten machen will, um mich von diesem Klub los zu machen. [. . .] Herz führt die Leute mit keinen andern Worten zusammen als "Der Herr auch ein großer Kantianer!", und wenn er dann so recht viele zusammengehetzt hat, dann können Sie sich den Lärm denken! Und unter dieser Philosophen Hetze müssen wir Frauen denn sitzen, und hier und da kömmt wohl einer, der sich unter unsern Schutz begibt, aber wir dürfen nicht ein Wörtchen reden, wir würden die Philosophie profanieren (Schmitz 1984, 251; 25.12.1791 an Gustav von Brinckmann).

Irritiert vermerkt Friedrich gegenüber dem Bruder, daß die "kleine Levi [. . .] immer nach dem was *sie* meynt [urtheilt]" (Walzel 1899, 410; ohne Datum 1799). Einen gar verstörenden Keil in das Bild harmonischer 'Symexistenz' der Geschlechter treibt Günzels "König der Romantik", Ludwig Tieck, mit den folgenden Worten: "Es ist zu bedauern, daß diese Menschen von den göttlichsten Anlagen [Friedrich und August Wilhelm] zu wahren Affen durch die abgeschmackten Weiber werden. [. . .] man könnte ordentlich juvenalisch über diese abgeschmackten Huren werden." (Günzel 1981, 206; 6.6.1799 an die Schwester Sophie Tieck)

Wollen wir diese recht widersprüchlichen Kommentare der Zeitgenossen nicht wie die VerfasserInnen unserer Texte unter den Tisch fallen lassen, so drängt die irritierende Diskrepanz zwischen den historischen Stimmen und dem frühromantischen Emanzipationsenthusiasmus der DDR-Texte die Frage auf: Was konkret wird im DDR-Diskurs der 70er und 80er Jahre unter dem Begriff 'Emanzipation der Geschlechter' verstanden? Das heißt: Wie wird dieser Emanzipationsbegriff gefüllt—und wie läßt sich die emanzipatorische Aktualisierung der Jenaer Romantik im Kontext der DDR-Literatur und -Literaturwissenschaft verstehen?

Der spezifische Emanzipationsbegriff erklärt dann auch die Nicht-Auswahl der zitierten Quellen und die Ausblendung der in ihnen artikulierten Probleme; anders gesagt: nicht gegenüber der Geschlechterfrage scheint die 'Anästhesie' zu bestehen, sondern gegenüber dem Emanzipationsbegriff.

## Menschenemanzipation und Frauenemanzipation

In ihrer Homogenität frappierend ist die enge Anlehnung an männliche Emanzipationskonzepte des späten 18. Jahrhunderts. Besonders auffällig sind die zahlreichen euphorischen Verweise auf die Texte des jungen Friedrich Schlegel und Johann Gottlieb Fichtes.

Vom heutigen Forschungsstand aus ist es ein leichtes, die identifikatorische Begeisterung für Friedrichs Texte—die Damm wiederholt als Beleg für die 'vollkommene sexuelle Befreiung' der Frau anführt—als geschlechterpolitische Blindheit abzutun.[43] Schauen wir jedoch in westliche Veröffentlichungen der späten 70er Jahre—die es sich im Zuge der neuen Frauenbewegung zur Aufgabe gemacht hatten, historische Frauenfiguren als identifikationsstiftende Vorbilder wiederzuentdecken—, so begegnet uns hier eine nicht weniger affirmative Begeisterung für die emanzipierten Männer von Jena.

Auf ihrer Suche nach einer linksradikalen kulturrevolutionären Utopie, die politische Alternativen für die westdeutsche Gegenwart enthalten soll, entdeckt z.B. Gisela Dischner in der Jenaer Frühromantik "Analogien" zu "antiautoritären Gruppen und der Kommunebewegung" (Dischner 1979, 110), ja Vorboten des "Pariser Mai 1968" (191); Dischner schwärmt vom "androgynen Ideal" der "Aufhebung der Geschlechter- und Generationsrollen" (109) und findet 1977 im historischen Jena "Analogien zu heutigen Männergruppen" (Dischner 1984, 75); Jenaer Geselligkeit sei die Erfüllung der "*weibliche[n] Kultur*", einer neuen "weiblich-androgyne[n], zum Bisexuellen tendierende[n] Lebensform", die am "Matriarchat" des alten Griechenlands orientiert sei (75); das 'gesellige Leben und gemeinsame Arbeiten' "könnte die meisten Wohngemeinschaften neidisch machen" (1979, 107), und die Autorin lobt das "Fehlen geistiger Konkurrenzkämpfe oder Profilierungssüchte" (106); Dischner beschwört die "Aktualität für die gegenwärtige Situation (Antipsychiatrie, Frauenbewegung, alle Formen [. . .] des [. . .]'alternativen Lebens')" (99).[44]

West- und ostdeutscher Oppositionsgeist treffen—wenn auch zeitlich verschoben—dort zusammen, wo Dischner vorschlägt, das *Athenäum* als "'Kampfjournal'" zu lesen (Dischner 1979, 109) und Struzyk ironisch vom "Zentralorgan" als "Sammelplatz von potentiellen Staatsverbrechern" spricht (Struzyk 1988, 119). So wenig Berührungspunkte Dischners linksradikales antibürgerliches Pathos mit den Texten auf der anderen Seite der deutsch-deutschen Grenze hat, so nahe kommen sich west- und ostdeutsche 'Alternative' in ihrer Beschwörung humanistischer Ideale jenseits der Ökonomie; es klingt durchaus gesamtdeutsch—und aus den hier untersuchten DDR-Texten vertraut—,wenn Dischner sich von den "ökonomiefixierten Marxisten" distanziert, um die Frühromantiker stattdessen als Vorboten des "frühen Marx" humanistisch zu profilieren (Dischner 1979, 109).[45]

Was den westlichen Feminismus von der östlichen Emanzipation jedoch klar unterscheidet, ist die unterschiedliche Gewichtung der Ehe. Im Verweis auf Schleiermacher ordnet Dischner diese bürgerliche Institution dem Ideal einer kollektiven "Geselligkeit im Großen" klar unter:

> Schleiermacher hat als Einziger unter den Frühromantikern eine Theorie der Geselligkeit im Großen entworfen. Auch das, was er als eine Art Ehekatalog für die Frauen geschrieben hat, ist nichts anderes als eine Paraphrasierung dieser Theorie. (1979, 190)

Geradezu unversöhnlich sind deshalb westlicher und östlicher Konsens über Fichtes Philosophie der Ehe und Liebe im jeweiligen Emanzipationsdiskurs.

Wenn Carola Stern (die westliche Biographin Dorothea Schlegels) noch 1990 im jungen Friedrich Schlegel einen "Kulturrevolutionär" und "frühen Vorläufer des Feminismus" (Stern 1990, 127) sehen kann, spricht diese populärwissenschaftliche Arbeit von Fichte hingegen als "einem der wichtigsten deutschen Ideologen des Aufopferungsgebots für Frauen" (112). Diese Unterscheidung finden wir niemals in den DDR-Texten: Friedrich Schlegel und Fichte erscheinen dort als Geistesbrüder der Frauenfreundschaft, und Friedrichs programmatische 'Emanzipationsschriften' werden direkt auf den revolutionierenden Einfluß des Fichteschen Werks zurückgeführt.

Während DDR-Texte Ende der 70er Jahre begannen, den aus dem progressiven Erbe bisher weitgehend ausgeklammerten Fichte als Förderer der Frauenemanzipation für den revidierten Erbediskurs zu rehabilitieren, leitete die sozialhistorische feministische Forschung in Westdeutschland zur gleichen Zeit eine kritische Neulektüre des männlichen Geschlechterdiskurses im 18. Jahrhundert ein. Wo sich der linksradikale Humanismus Dischners dem Idealismus der DDR-Texte annähert, markiert die sozialhistorisch orientierte Frauenforschung im Westen gerade die Differenz zum 'neuen Humanismus' der späten 70er Jahre des Ostens.[46]

**Die 'Liebesehe'**

Wie sehr das von den DDR-Texten favorisierte frühromantische Emanzipationsideal an die diskursive Wiedergeburt des bürgerlichen Humanismus gebunden ist, soll im folgenden beispielhaft an Gerda Heinrichs (1977 verfaßten) Nachwort zum *Athenäum* gezeigt werden.

Heinrichs Begeisterung für die Ich-Philosophie Fichtes und dessen Beitrag zur Begründung eine neuen Eherechts ist nicht anders als euphorisch zu nennen. Die Autorin zeichnet eine direkte Linie von den Schriften Kants und Fichtes zur 'frühromantischen Frauenemanzipation'. "Schon Kant", schreibt Heinrich, habe den frühromantischen "Auffassungen über die Frauenemanzipation [. . .] vorgearbeitet"; "ungeachtet seiner Geschlechtszugehörigkeit" habe er den "Gedanken der menschlichen Freiheit und Würde" vertreten, "der für alle Individuen verbindlich [sei. . .] und mit der unantastbaren Selbstbestimmung ihr Menschsein begründen sollte" (Heinrich 1984, 427). Heinrichs Lesart schweigt hingegen von dem Umstand, daß der Aufklärungsphilosoph die 'unantastbare Selbstbestimmung' des Menschen an das Prinzip der ökonomischen 'Selbständigkeit' des Bürgers geknüpft hatte; dies erlaubte es Kant, Kinder, Frauen und Dienstboten explizit aus der 'menschlichen Freiheit und Würde' zu entlassen.[47]

Das Eherecht des Kant-Schülers Fichte liest Heinrich als philosophisches Erbe eben dieser Tradition—der Idee von der 'sittlichen' individuellen Selbstbestimmung des männlichen, bürgerlichen Menschen. Daß Fichte die "Scheidung [. . .] dem Einfluß des Staates und der Kirche entzogen wissen wollte", stellt Heinrich zu Recht als die progressive "wahrhaft umwälzende Neuerung" (429) in den Vordergrund und betont die "antifeudalen und antiklerikalen Implikationen dieser Rechtsmaximen" (430).

Darüber hinaus erfahren wir jedoch, daß Fichte der "Frau die 'gleichen Rechte im Staate' zugestanden [habe,] 'welche der Mann hat'" (429); als Beweis für diese These zitiert die Autorin Fichte als politischen Fürsprecher der Menschen- und Bürgerrechte der Frau. Heinrich beruft sich nicht auf Sekundärquellen, sondern zitiert in relativer Ausführlichkeit aus dem Fichteschen Original, der *Deduktion der Ehe*:

> "Ob an sich [. . .] dem weiblichen Geschlechte nicht alle Menschen- und Bürgerrechte so gut zukommen, als dem männlichen; darüber könnte nur der die Frage erheben, welcher zweifelte, ob die Weiber auch wirkliche Menschen seien." (429)

Schauen wir vergleichend in das Fichtesche Original, so mag die Auswahl, die Heinrich zitierend trifft, irritieren. Denn wo die DDR-Autorin das Zitat abbricht, fährt Fichte folgendermaßen fort:

> Wir sind darüber nicht im Zweifel [daß die Weiber Menschen sind. . .]. Aber darüber, ob und inwiefern das weibliche Geschlecht alle seine Rechte ausüben auch *nur wollen könne*, könnte allerdings die Frage entstehen (Fichte 1992, 401–402).

Diese Worte auslassend fährt Heinrich weiterhin fort, Fichtes für die Frühromantik so einflußreiches Konzept der Liebesehe zu paraphrasieren; sie schreibt:

> Zwar setzte Fichte voraus, daß die Frau in der Ehe sich dem Willen des Mannes unterwerfe, aber nicht so, daß sie das einem Zwangsrecht des Mannes über sie ausliefere, sondern dies geschehe allein auf der Basis der Freiwilligkeit und der Liebe. (Heinrich 1984, 429)

Hören wir auch hier im Vergleich zu Heinrichs euphemistischer Version noch einmal im Original den sehr konkret argumentierenden Fichte:

> In dem Begriffe der Ehe liegt die unbegrenzteste Unterwerfung der Frau unter den Willen des Mannes; nicht aus einem juridischen sondern aus einem moralischen Grunde. Sie muß sich unterwerfen um ihrer eigenen Ehre willen. [. . .] das [verheiratete] Weib ist nicht unterworfen, so daß der Mann ein *Zwangsrecht* auf sie hätte: sie ist unterworfen durch ihren eigenen fortdauernden, notwendigen und ihre Moralität bedingenden Wunsch, unterworfen zu sein (Fichte 1992, 383, 402).

Die misogyne Philosophie Fichtes im folgenden ausführlicher zu zitieren, ist für das Verständnis der Geschlechterpolitik des revidierten Erbe-Diskurses ausgesprochen hilfreich. Denn die sehr selektive Neurezeption Fichtes gibt symptomatisch den Blick frei auf die Funktion der 'Frauenemanzipation' für die Aktualisierung frühromantischer Geselligkeit in der DDR.

Aus der freiwilligen Unterwerfung der Frau deduziert Fichte die notwendig freiwillige Aufgabe ihrer Menschen- und Bürgerrechte:

> Die Frau gehört nicht sich selbst an, sondern dem Manne. Indem der Staat die Ehe [. . .] anerkennt, tut er Verzicht darauf, das Weib von nun an als eine juridische Person zu betrachten. Der Mann tritt ganz an ihre Stelle; sie ist durch ihre Verheiratung für den Staat ganz vernichtet, zufolge ihres eigenen notwendigen Willen [. . .]. Der Mann wird [. . .] ihr rechtlicher Vormund; er lebt in allem ihr öffentliches Leben; und sie behält lediglich ein häusliches Leben übrig [. . .]. Also, zufolge ihres eigenen notwendigen Willens ist der Mann der Verwalter aller ihrer Rechte; sie will, daß dieselben behauptet, und ausgeübt werden, nur inwiefern *er* es will [. . .]. Er ist ihr natürlicher Repräsentant im Staate, und in der ganzen Gesellschaft. Dies ist ihr Verhältnis zur Gesellschaft, ihr *öffentliches* Verhältnis. Ihre Rechte unmittelbar durch sich selbst auszuüben, kann ihr gar nicht einfallen. Was das *häusliche* und *innere* Verhältnis anbelangt, *gibt notwendig die Zärtlichkeit des Mannes ihr alles und mehr zurück, als sie verloren hat.* [. . . Fichte bemerkt weiter, der Mann solle vor der Stimmabgabe das Gespräch mit seiner Frau suchen. . .] Die Weiber üben sonach ihr Stimmrecht über öffentliche Angelegenheiten wirklich aus; nur nicht unmittelbar durch sich selbst, weil sie das nicht wollen können, ohne ihrer weiblichen Würde zu vergeben; sondern durch den billigen, und in der Natur der Ehe gegründeten Einfluß, den sie auf ihre Männer haben. (383, 402–403)

Heinrichs neuer Blick auf Fichte markiert einen nachhaltigen Bruch im literaturwissenschaftlichen und geschichtsphilosophischen Diskurs von DDR-Intellektuellen: nämlich die Herauslösung und Abstraktion der 'menschlichen Emanzipation' aus dem Kontext gesellschaftlicher Machtverhältnisse. Dabei machen die sorgfältig gewählten Referenzen zu Fichte deutlich, daß die Beschwörung 'menschlicher Emanzipation' die aktive Vermeidung einer Diskussion weiblicher Emanzipation impliziert, weil sie sich nicht im geringsten an einer Reflexion der Geschlechterpolitik Fichtes interessiert zeigt; unreflektiert bleibt dabei der Bruch mit dem geschlechterpolitischen Erbe der Aufklärung, das heißt Fichtes historisch neue, d.h. progressiv-bürgerliche Abgrenzung der 'häuslichen Privatsphäre' von den 'öffentlichen Angelegenheiten'.

In ihrer neuartigen Zusammenführung von Kant und Fichte—Heinrich insistiert auf Kants "hartnäckige[r] Betonung der Individuen als Selbstzweck" (1984, 427)—muß das Lob des Individualismus den Tadel der Kantschen und Fichteschen Frauenverachtung verbieten. Weit eher geht es der Autorin um eine aktualisierende Neurezeption der Ich-Philosophie des 'subjektiven Idealismus' als Politikvorschlag zur menschlichen Selbstverwirklichung in der DDR-Gegenwart. Oder noch einmal in den Worten Heinrichs: "Die hier ausgesprochene Ermutigung, sich auf die eigenständige Kraft, die Individualität und das Recht des Gefühls zu besinnen und zu verlassen, scheint mir weder historisch abgegolten noch antiquiert." (431)[48]

Das juridische, politische und gesellschaftliche Verhältnis zwischen weiblichen und männlichen Menschen, die Geschlechterfrage, gerinnt in dieser Neu-Rezeption Fichtes zur nicht zitablen Nebenfrage. Nicht von ungefähr beruft sich Heinrich so entschlossen auf jene Worte Fichtes, die das Weib zum 'wirklichen Menschen' machen.[49] Wo der Mensch über der Frau steht, läßt es sich über die Misogynie des großen Ich-Philosophen schweigen. Die 'Geschlechterfrage' geht so in der menschlichen Emanzipationsfrage auf: Sie wird zum notwendigen diskursiven Vehikel, nicht nur um Fichte in eine progressive, weil frauenfreundliche Traditionslinie zu stellen, sondern vor allem, um das öffentliche Sprechen über die Selbständigkeit des Individuums und das Recht des Gefühls zu ermöglichen. Darüber hinaus vermag die additive Hinzugesellung der Frauenfrage zum Diskurs der Jenaer Frühromantik dort einen historischen Politikverlust auszugleichen, wo die ästhetische Revolution der Frühromantik hinter Ansprüche der politischen Revolution zurückfiel.

Für den hier behaupteten Paradigmenwechsel ist es um so aufschlußreicher, Gerda Heinrichs Nachwort zum *Athenäum* mit ihrer Anfang der 70er Jahre entstandenen Studie *Geschichtsphilosophische Positionen der Frühromantik* zu konfrontieren. Heinrich setzt sich

dort *in extenso* mit Fichte auseinander, ohne die Frauenfrage auch
nur ein einziges Mal zu erwähnen. Wir begegnen hier dem "Ideologen"
Fichte, der die "entscheidende[. . .] Frage des frühromantischen
Denkens nach der Rolle des Menschen als Subjekt der Geschichte
[. . .] gravierend beeinflußt" habe (1976, 134). Anfang der 70er Jahre
hatte dies jedoch letztlich 'vernichtende', "illusionäre" (137), "esote-
rische und elitäre" Konsequenzen (143)!

Wenige Zeit später wird auch Heinrich der Caroline Schlegel als
eines diskursiven Vehikels bedürfen, um die Kritik am Elitären außer
Kraft setzen zu können. Doch noch ist die diskursive Stunde der
romantischen Frau in der DDR nicht gekommen: Caroline Schlegel—
das spätere "reale Vorbild" für das "Ideal einer selbstständigen
Weiblichkeit" (1984, 425–426), die künftige Mittelpunktfigur der DDR-
Frühromantik—führt in Heinrichs Kritik am frühromantischen
Illusionismus nur eine marginale Existenz in einer Fußnote: Die Autorin
zitiert dort Caroline Schlegel—als geschlechtsneutrale Wortführerin der
zeitgenössischen Kritik an Fichte (1976, 246)!

## Lucinde—oder die Privatisierung der Frauenfrage

In der politisierten Neurezeption frühromantischer 'DDR-Geselligkeit'
ließ sich ein zentraler Paradigmenwechsel im Selbstverständnis von
DDR-AutorInnen zeigen; dieser wurde besonders in der Tendenz zur
Verbürgerlichung und einem Prozeß der Privatisierung auffällig.[50] Die
Analyse der Feminisierung des Diskurses zeigte, daß diese Tendenzen
aufs engste mit den Konstruktionen von Geschlecht zusammenhingen:
Ein spezifisches Konzept von Weiblichkeit avancierte zum konstitutiven
Faktor einer literaturgeschichtlichen Strömung. Die hier untersuchten
Texte funktionalisierten die Geschlechterfrage, um universal ver-
standene Fragen der menschlichen Emanzipation thematisieren zu
können. Hierin liegt das DDR-Spezifische dieser frühromantischen
'Versuche über das Erbe'.

Gerda Heinrichs selektive Neurezeptionen Kants und Fichtes suchten
deren Texte in den Kanon 'progressiver' Texte zur Emanzipation (der
Frau) zu integrieren, um das Recht auf 'menschliche Selbstbestimmung'
für die DDR-Verhältnisse zu aktualisieren. Diese Identifizierung mit
männlichen bürgerlichen Subjektpositionen, einem radikal ich-
zentrierten subjektiven Idealismus (Fichte: "Ich bin ich") aus der
Geburtstunde der bürgerlichen Gesellschaft in Deutschland, forderte
als Preis die Aufgabe historisch entwickelter Positionen zur gesellschaftlichen Gleichberechtigung der Geschlechter. Eine derartige Funk-

tionalisierung der Frauenemanzipation erforderte das Schweigen über gesellschaftliche Herrschaftsbeziehungen zwischen den Geschlechtern—und nicht zuletzt auch das Schweigen über die klassenspezifische Herausbildung historischer Denkformen.[51]

Die konzertierte Nichtbeachtung der konkreten historischen Bedingungen der Literaturverhältnisse markiert einen nachhaltigen Bruch mit vormals konsensualen Parametern nicht nur der offiziellen Erbepolitik, sondern marxistischer Literaturwissenschaft und sozialhistorischer Literaturgeschichtsschreibung im allgemeinen.[52]

Während westdeutsche sozialhistorische Frauenforschung zum gleichen Zeitpunkt begann, nur politökonomisch orientierte Emanzipationskonzepte infragezustellen, um zunehmend differenzierter nach den unterschiedlichen Voraussetzungen der Klassen- und Geschlechteremanzipation zu fragen,[53] können wir in den DDR-Texten eine Gegenbewegung zur westlichen feministischen Forschung der 70er Jahre beobachten: Wir sehen hier nicht nur das langsame Verschwinden der analytischen Kategorie 'Klasse' und das tendenzielle Aufgeben aller sozialen Koordinaten, sondern ebenso die Amalgamierung von 'Geschlecht' und 'Menschheit'.

In den spezifischen Konstruktionen von Geschlecht wurden implizite Kriterien des Ein- bzw. Ausschlusses von Autorinnen in den revidierten Kanon wirksam. Die Favorisierung weiblichen Lebens und die Identifizierung weiblichen Schreibens mit literarischem Dilettantismus legitimierte den Ausschluß von Autorinnen aus dem für überliefernswert erachteten literarischen Kanon. Zugleich wurde frühromantische Geselligkeit als vorbildlicher sozialer Ort der verwirklichten Gleichberechtigung der Geschlechter proklamiert.

Abschließend soll gezeigt werden, daß sich der bezeichnete Paradigmenwechsel nicht nur auf der Ebene rhetorischer Proklamationen, sondern auch in der gewichtigen Verschiebung jener Parameter ausdrückt, die das Verhältnis des 'Öffentlichen' und 'Privaten' betreffen. Am revidierten Begriff der 'Frauenemanzipation' läßt sich eine grundlegende Revision des Politikverständnisses aufzeigen. Hierbei interessiert im folgenden weniger die soziale Perspektive auf die gleichberechtigte Jenaer Geselligkeit als jenes Emanzipationsverständnis, das aus der Perspektive der romantischen Frau, aus der Perspektive Caroline Schlegels, formuliert wird. Denn hier läßt sich die explizite Privatisierung der Frauenfrage beobachten: Die Emanzipation der Frau wird aus dem öffentlichen Raum in die Nische der privaten

Ehe verlagert. Diese bürgerliche Institution entdecken DDR-AutorInnen als politischen Aktionsraum weiblicher Menschlichkeit. Zum Verkünder dieser 'weiblichen' Perspektive auf die Politik der Ehe avanciert Friedrich Schlegel—respektive die männliche Figurenperspektive des Julius in der *Lucinde*. Die 'Kolonisierung des weiblichen Schweigens' (Fehervary) erlaubt es dabei, die Verdrängung der Frau ins Private forciert als politische Tat zu artikulieren: Nicht das Private ist politisch, sondern weibliche politische Veränderung erfüllt sich im Privaten.

Kaum deutlicher werden diese zentralen Verschiebungen im Verständnis des Politischen als am historischen Wandel der *Lucinde*-Rezeption. Aus der Perspektive des weiblichen Geschlechts werden wir Zeugen einer ausgesprochen unglücklichen Ehe zwischen (männlichem) Individualitätsstreben und imaginierter Weiblichkeit der gefeierten Frau.

Ein symptomatischer Vergleich des Dammschen Textes von 1979 mit einer 'Lucinde'-Interpretation der frühen 60er Jahre läßt die politischen Implikationen der 'bürgerlichen Privatisierung' deutlich werden: Damms Akzentverschiebungen demonstrieren exemplarisch die Desintegration der bürgerlichen Frau aus dem Projekt menschlicher Emanzipation.

Sechzehn Jahre vor Damms einflußreicher Wiederentdeckung Caroline Schlegel-Schellings für die DDR-Literaturwissenschaft hatten die *Weimarer Beiträge* einen Artikel zum "Problem der Emanzipation in Friedrich Schlegels *Lucinde*" publiziert. Der Autor dieses Artikels, der polnische Germanist Eugeniusz Klin, bezichtigte Lukács der "gänzliche[n] Verkennung" dieses Textes (1963, 77) und schlug eine progressive Re-Lektüre als Emanzipationstext vor.

Der polnische Germanist wagte sich damit in einer Weise nach vorne, die DDR-WissenschaftlerInnen zum gleichen Zeitpunkt scharfen offiziellen Tadel eingetragen hätte.[54] Das zeitgenössische Klima gegen die *Lucinde* spiegelt sich exemplarisch in Paul Reimanns *Hauptströmungen der deutschen Literatur*; Reimann verdammt den "krassen Subjektivismus" der Frühromantik so:

> Die Grundlagen für diesen Subjektivismus schuf die solipsistische Philosophie Fichtes, die besonders Friedrich Schlegel begeistert aufgriff und in einem läppischen Roman, *Lucinde*, in dem er aus Liebe, 'Wollust' und Philosophie über die Liebe eine geschmacklose Brühe zusammenbraute, *ad absurdum* führte [. . . *Lucinde*] lief auf Verherrlichung des gesellschaftlichen Schmarotzertums hinaus. (Reimann 1963, 423)

Angesichts dieser Positionen muß es nicht verwundern, daß Klins Revision Lukácsianischer Positionen in den folgenden Jahren für die Erbepolitik ausgesprochen folgenlos blieb. Vergleichen wir dagegen Klins Text mit Damms Essay, so sind die Ähnlichkeiten frappierend, und es wird offensichtlich, daß die Autorin Klin als eine ihrer Hauptquellen herangezogen hat. Zahlreiche Passagen Klins werden von Damm dreizehn Jahre später wortgetreu wieder aufgenommen.

Wir finden hier die weibliche Fortschrittslinie zwischen Französischer Revolution und Jenaer Frühromantik vorgezeichnet, an die die politisierte Neurezeption der späten 70er Jahre als wesentliches geschichtsprogressives Element anknüpfen wird. Die "Entstehung der *Lucinde* [. . . fiel] unmittelbar mit [. . . Friedrichs] Caroline-Erlebnis zusammen", schreibt Klin und fährt fort: "Auf diese Weise wird klar, daß das Projekt eines Romans, der die Emanzipation einer Frau zum Gegenstand haben sollte, auf dem Wege über Mainz und Caroline Böhmer tatsächlich aus der Französischen Revolution hervorging" (Klin 1963, 97–98).

Für unseren Zusammenhang jedoch weitaus interessanter als die Reintegration dieser Außenseiter-Position aus den frühen 60er Jahren in den Kontext der späten 70er Jahre ist die gleichzeitige Desintegration jeglicher sozialer Fragestellung. Gerade *weil* Damm in großen Zügen so direkt die Thesen Klins wiederholt, sind—ähnlich Gerda Heinrichs Exegese der Texte Fichtes—die signifikanten Abweichungen um so aufschlußreicher, wo es die Autorin unterläßt, ehemalige Positionen Klins weiterhin zu übernehmen. Nicht in dem, worüber Damm redet, sondern worüber die gezielten Auslassungen eloquent schweigen, werden die patriarchalen Voraussetzungen privatisierter Bürgerlichkeit als Strukturmerkmale der Konstruktion einer revolutionären Frühromantikerin evident.

Wegen der Propagierung der Liebesehe möchte Klin die *Lucinde* in die Tradition des sozialistischen Erbes reintegrieren. Er plaziert Friedrich Schlegels Text auf einer progressiven Fortschrittslinie, die von Fichte bis Marx reicht:

> Die von Friedrich Schlegel vollzogene faktische Gleichsetzung von Liebe und Ehe geht auf die Einwirkung von Fichtes *Wissenschaftslehre* zurück [. . .]. Die Bezeichnung der bürgerlichen Ehe als Konkubinat weist eindeutig auf fortschrittliche Analogien der Frühromantik mit dem Jungen Deutschland und den Junghegelianern einschließlich Karl Marx—

einschränkend fährt Klin dann jedoch fort: "Charakteristisch ist jedoch, daß Schlegel die ökonomische Seite des Problems fast ganz außer acht läßt." (Klin 1963, 87–88)

Auf den ersten Blick scheint Damm diesem Erbe treu zu folgen. Gemeinsam mit Klin und der *Lucinde* "rüttel[t]" auch Damms romantisch-marxistisches Liebespaar "heftig an dem morschen feudal-bürgerlichen Überbau" (Damm 1979, 39; Klin 1963, 79):

In der Ehe, die wie bei Fichte und Jean Paul auch bei Friedrich Schlegel mit der Liebe gleichgesetzt wird, finden beide Partner in dem die Zukunft verkörpernden Kind ihren sozialen Auftrag. Entschieden greift Schlegel dabei die bestehenden Eheformen an [. . .] bezeichnet sie, wie später die Junghegelianer und Marx als 'Konkubinate' (Damm 1979, 38).

Ökonomische Einwände gegen die frühromantische Ehe wird Damm jedoch radikal wenden. Jetzt werden diese Einwände aus den frühen 60er Jahren von den Füßen auf den Kopf gestellt. Damm bricht das indirekte Zitieren Klins ab, um (nach einem Zitat Friedrich Schlegels) zustimmend so fortzufahren: "Nur die Natur allein hat für ihn das Recht, den Menschen zu binden." (38) Unter Berufung auf Friedrich Schlegel identifiziert Damm diese Natur mit den 'mütterlichen Organen':

Das Weibliche ist für Friedrich das Zielstrebige, Organische, die Weitergabe des Lebens. Als er Caroline begegnet, ist sie hochschwanger. Die Geburt des Kindes und ihr Glück über den Sohn erlebt er mit. Was ihn nicht minder beeindruckt, ist ihr partnerschaftliches Verhältnis zu ihrer Tochter. [. . .] In Schlegels Liebe- und Eheauffassung spielt das Kind eine entscheidende Rolle (Damm 1979, 38).[55]

Anders als Damm hatte Klin die 'frühromantische Emanzipation' jedoch nicht nur ökonomisch, sondern auch politisch und sozial relativiert: Die

Schwäche der frühromantischen Emanzipationsbestrebungen in Deutschland beruht auf der völlig ungenügenden Berücksichtigung sozialer und politischer Postulate. Die angestrebte Emanzipation [. . .] in der *Lucinde* wird nicht zur Forderung nach beruflicher Gleichstellung der Frau mit dem Mann. Die Frage des Stimmrechts der Frau hat Schlegel nur vorübergehend [. . .] positiv berührt. (Klin 1963, 98)

Und Klin nennt Schlegels Zeitgenossinnen Mary Wollstonecraft und Rahel Levin, die die Emanzipationsfrage weitaus 'radikaler' als Friedrich gestellt hätten (98).

Diese kritischen Differenzierungen werden nicht nur Damm, sondern auch die folgenden Caroline-Texte der 70er und 80er Jahre nicht mehr beerben. So wenig wir bei Damm von Wollstonecrafts politischem Einfluß auf Forster erfuhren, so sehr distanziert sich Damms Kampf um 'das alleinige Recht der Natur, den Menschen zu binden', von Klins sozialen Voraussetzungen dieser Bindungen.

Wo sich Klin noch für die mögliche Diskrepanz zwischen Friedrichs imaginierter Weiblichkeit und den konkreten Geschlechterverhältnissen, für die Diskrepanz zwischen ästhetischer Idealisierung und Wirklichkeit, interessierte: "Interessant wäre ein Vergleich dieser Eheauffassung mit dem tatsächlichen Eheleben Friedrich Schlegels und anderer Romantiker" (1963, 86), finden wir bei Damm die durchgehende Identifikation des Charakters des emanzipierten Autors mit der männlichen Figur des Julius.[56]

Damms forcierte Naturalisierung gesellschaftlicher Verhältnisse antwortet Ende der 70er Jahre jedoch nicht nur dem 'politökonomischen Gegner' im eigenen Lager der offiziellen Literaturpolitik. Ungefährdeter und deshalb direkter läßt sich die Auseinandersetzung mit Positionen des westlichen Feminismus führen: "Caroline war keine Vertreterin der Emanzipation im engen Sinne des Begriffs, wie er damals und auch heute oft gebraucht wird." (Damm 1979, 9) Wo Simone de Beauvoir "im Kind den Hauptfeind der Emanzipation" gesehen habe (10), kontert Damm mit der höheren Moral eines mütterlichen Humanismus.[57] Hatte Klin noch von der "sozialen Verbindung zur Vaterschaft" gesprochen (1963, 84), redelegiert Damms Emanzipationsbegriff die Kindererziehung an Mutter Natur: "Caroline ist entschieden für die Emanzipation, aber für die von Frau und Mann. Und sie will dabei nichts Lebenswichtiges verloren sehen, z.B. die Frau als Mutter, als freundschaftliche Partnerin ihrer Kinder." (1979, 10)[58] Ganz im Rahmen dieser privatisierten Emanzipation fällt Damm schließlich das harsche Urteil über die mütterliche Einmischung in öffentliche Angelegenheiten; autoritativ bedient sie sich dabei der historischen Stimme 'Carolines':

> War sie deshalb nicht für die Befreiung der Frau? [. . .] Caroline erkennt sehr klar [. . .], daß der Ausbruchsversuch, "im Zwek des Weibs" nicht den "Hauptzwek des Menschen" zu sehen, unter den gegebenen historischen Umständen oft mit Verzicht auf eine Familie, auf Kinder bezahlt werden muß, er überdies—um die Aufmerksamkeit der Öffentlichkeit auf die Frauen zu lenken—mit allerhand äußeren Auffälligkeiten und Verschrobenheiten kompensiert wird und selten über ein Mittelmaß hinausgelangen kann. (9–10)[59]

Damms Argumente ähneln weit eher der historischen Stimme Friedrich Schlegels—"Ich wünschte auch, sie hätte öffentliche Angelegenheiten für immer den Männern überlassen" (Walzel 1890, 145; 24.11.1793 an August Wilhelm)—oder den 'männlichen Einfühlungsversuchen' Ebersbachs: "Als hätte sie Zeit für Politik. [. . .] Mutterpflichten verlangen ein ruhiges, ausgeglichenes Wesen" (1987, 145, 147). Beide Positionen beerben nicht zuletzt die Politik des philosophischen Verfechters der Liebesehe: Aus Angst vor unnatürlicher Weiblichkeit, den 'auffälligen öffentlichen Verschrobenheiten', hatte Fichtes *Deduktion der Ehe* Frauen den Auftritt in der Öffentlichkeit verboten:

> Nur der äußere Schein kann es sein, nach dem sie lüstern sind [. . .]. Nur einige verirrte Köpfe unter den Männern [. . .] haben sie beredet, dergleichen wunderbare Worte hervorzubringen, bei denen sie nichts denken können, ohne sich zu verunehren [. . .]. Ruhmsucht und Eitelkeit ist für den Mann verächtlich, aber dem Weibe ist sie verderblich, sie rottet jene Schamhaftigkeit und jene hingebende Liebe für ihren Gatten aus, auf denen ihre ganze Würde beruht. Nur auf ihren Mann, und ihre Kinder, kann eine vernünftige und tugendhafte Frau stolz sein; nicht auf sich selbst, denn sie vergißt sich in jenen. (Fichte 1992, 403–404)

Damms Auslassungen der noch von Klin mitreflektierten Voraussetzungen frühromantischer Frauenemanzipation scheinen sich im DDR-Diskurs der 80er Jahre als ein konzertiertes Schweigen über soziale Parameter konsensual durchgesetzt zu haben. Mit großer Selbstverständlichkeit knüpft Günzel 1987 an Damms privatisierten, seiner politischen Brisanz beraubten Emanzipationsbegriff an: "Auf Emanzipation, wenn auch nicht im grundsätzlichen, so doch persönlichen Sinne, ist ihr Streben gerichtet, nicht auf ein ödes Dasein als 'züchtige Hausfrau'" (Günzel 1987, 98). Zwei Jahre vor dem politischen Aufbruch in der DDR beerbt Ebersbach Fichtes weibliche Würde als liebevolles Fundament emanzipierter Moral:

> "Warum", fragt Caroline, "Jungen und Mädchen gleich erziehen, wenn sie im Leben unterschiedliche Aufgaben erwarten? [. . .] Männer und Frauen brauchen einander nur würdiger zu behandeln [. . .]. Walten nicht über beiden Mächte, die sie hindern, einander würdig zu behandeln? [. . .] So plagen sie einander, die sich doch lieben sollten [. . .]. Die gleichen Bedrücker haben sie, das ist die Gleichheit der Geschlechter. Sonst sind sie sehr verschieden, und ein würdiges Verhältnis zueinander finden sie nur, wenn sie die Unterschiede achten, die immer bleiben." (Ebersbach 1987, 142)

Essentialisierende Perspektiven auf 'die Frau' gehen Hand in Hand mit ihrer Redelegierung ins Private; auch Struzyks Text bedient dieses Muster, wenn es dort heißt: "Wenige Frauen werden wirklich größer in der Öffentlichkeit" (1988, 156).

Die Verschiebungen im Konsens demonstriert schließlich symptomatisch Monika Melcherts Ebersbach-Rezension. Das vergleichsweise
ungewichtige Genre einer Belletristik-Rezension hat hier 'im kleinen'
einen gewichtigen Anteil an der privatisierenden Desintegration
weiblicher Öffentlichkeit 'im großen'. Hatte das politische Emanzi-
pationsverständis der 50er Jahre der historischen Figur noch die
Teilnahme an der politischen Öffentlichkeit des Marktplatzes erlaubt,[60]
muß die revolutionäre Romantikerin 1988 zu Hause bleiben—um die
Emanzipation der Menschheit zu 'erfühlen': "Im Hause Forster fühlt
Caroline, daß diese Revolution zum ersten Mal in der Geschichte Mann
*und* Frau befreien könnte." (Melchert 1988, 151)

Es ist der ausgesprochen selektiven Neurezeption von Texten des
späten 18. Jahrhunderts und der affirmativen Beglaubigung historisch
genuin bürgerlicher Subjektpositionen geschuldet, daß die Werte der
Familie und der Mütterlichkeit seit den späten 70er Jahren mehr und
mehr in den Vordergrund rücken. Dieser 'Wertewandel' knüpft sich
wiederum aufs engste an das gewandelte Verständnis von (literarischer)
Öffentlichkeit.[61] Auch in der DDR kommt die "spezifische[. . .]
Subjektivität" der literarisch gebildeten Schichten nicht umhin, in der
"patriarchalischen Kleinfamilie" ihre "Heimstätte" zu suchen (Habermas
1976, 61). In der 'Politik des Öffentlichen' im intellektuellen Diskurs
der Wendezeit wird diese 'Geschlechtlichkeit der Denkform' (Domoradzki 1992) ihre verstärkte idealistische Zuspitzung und eine historisch
fatale geschlechterpolitische Brisanz entfalten.

## Politik des Öffentlichen

Verglichen mit der offiziellen Erbepolitik der 50er und 60er Jahre ließ
sich eine deutliche Revision im Verständnis des 'Öffentlichen' und des
'Privaten' beobachten, die gerade in der spezifischen Feminisierung
der revolutionären Frühromantik virulent wurde.

Nach dem Verbleib der romantischen DDR-Bürgerin in der
demokratisierten intellektuellen Öffentlichkeit der Wende zu fragen ist
naheliegend, wenn wir nicht vergessen, mit welcher Dringlichkeit
besonders Autorinnen Caroline Schlegel als politisches Vorbild für die
Gegenwart beerbten. Sigrid Damm antwortete auf die Frage in einem
Interview, warum sie sich "Menschen, die im Grunde gescheitert,
zerbrochen" seien, zugewandt habe, mit der "Faszination" durch
'ermutigende' historische Vorbilder:

Für mich sind sie keine Gescheiterten. Eine Kraft, Faszination, Ermutigung geht von ihnen aus. [. . .] Wie wir uns heute dazu verhalten [. . .], ist nicht Frage einer Gerechtigkeit Toten gegenüber, nein. Es entscheidet über uns Lebende. [. . .] In diesem Sinne sind Caroline, Lenz, Cornelia für mich geheime Lernfiguren. (Damm 1987, 4)

Brigitte Struzyk schloß den Kreis zwischen frühromantischem und DDR-Alltag in ihren programmatischen Schlußworten: "die zukunftsgreifenden Pläne dieser Demokraten sind Angebote für die Gegenwart" (Struzyk 1988, 187). Besonders Literaturkritikerinnen nahmen dieses Angebot an und unterstrichen die politisch "operative Intention" (Böck 1989, 153) einer Neurezeption der weiblichen Frühromantik. Euphorisch identifizierte Dorothea Böck 1989 in Struzyks *Caroline unterm Freiheitsbaum* das "höchst aktuelle" 'lebbare Ideal', das nicht weniger als "die brennendsten Probleme der Zeit", "Gegenwart und Zukunft, das heißt: [. . .] die Entwicklung des Sozialismus" verkörpere (151–153). Auch Monika Melchert las Ebersbachs *Caroline* ausdrücklich als Gegenwartsroman: "Es sind die großen Menschheitsfragen, die uns besonders berühren, wenn sie über die Jahrhunderte hinweg die gleiche Brisanz behalten haben" (Melchert 1988, 152).

Rückblickend müssen wir davon ausgehen, daß das politisch verstandene frühromantische Emanzipationsideal im "weiblichste[n] Land Europas" (Niethammer 1990, 256) historisch nicht lebbar war. Der romantischen Ersatzöffentlichkeit, die sich seit den späten 70er Jahren oppositionell zu artikulieren begann, war die Dichotomisierung der Geschlechter als systemische Denkform eingeschrieben. Das implizierte den (wiederholten) Ausschluß der Frauen aus dem humanistischen Projekt bürgerlicher Emanzipation und Demokratisierung.[62]

Ernst Müller spricht in seiner bedenkenswerten Analyse zum 'politischen Ort der literarischen Öffentlichkeit in der DDR' von einer "Politikunfähigkeit der DDR-Intellektuellen" (1991a, 21), einer "Hilflosigkeit der literarischen Protagonisten", die sich besonders drastisch in der "'ökonomischen Phase' der Wende" gezeigt habe (20).[63] Diese Politikunfähigkeit erklärt Müller "durchaus strukturell", nämlich aus der "strukturell erzeugte[n] Verschleierung realer sozialer Interessengegensätze"; diese habe "den Bruch zu den materiellen Produzenten, die dann als 'ein Volk' in Erscheinung traten, mitbewirkt" (21).[64] Müllers Erklärungen schweigen indes vom politischen Ort der Frau in der literarischen Öffentlichkeit; sie reflektieren nicht die "strukturelle[. . .] Gewalt kultureell-symbolischer Geschlechterordnungen" (Dölling 1994, 106) mit ihren inhärenten Herrschafts- bzw. Unterwerfungsstrukturen.[65]

Müllers Beobachtungen zur 'Verbürgerlichung' und 'Privatisierung' des literarischen Diskurses lassen sich mit den Ergebnissen zur 'feminisierten Frühromantik' strukturell verzahnen. Dort wurde das Schweigen über 'reale soziale Interessengegensätze' nicht zuletzt in der Privatisierung der Frauenfrage in Jena offensichtlich. Dieses Schweigen war jedoch keinesfalls bloßer Ausdruck einer 'Politikunfähigkeit'—d.h. eines Mangels an politischem Denken—, sondern zugleich politischer Ausdruck, d.h. die politische Manifestation der 'Geschlechtlichkeit von Denkformen' (Domoradzki 1992).

Der Geschlechterpolitik des hier untersuchten bürgerlich-feminisierten Diskurses ist die Blindheit für politische und soziale Herrschaftsverhältnisse inhärent. Insofern diese 'Blindheit' jedoch zur Legitimation patriarchaler Herrschaft beiträgt, funktioniert sie in der Tat politisch:

> Denn patriarchalische kulturelle Denk-, Wahrnehmungs- und Wertungsmuster einer 'natürlichen' Geschlechterhierarchie [. . .] enthalten—implizit—auch die Möglichkeit, das Festsetzen anderer Formen sozialer Macht bzw. Herrschaft als 'natürlich' zu denken (Dölling 1989, 710).

Dieses strukturelle Dilemma läßt sich noch weiter zuspitzen: Einerseits bedarf der Rückzug in die private romantische Geselligkeit der politischen Funktionalisierung des 'Geschlechtes', der Beschwörung eines "von den Romantikern aufgestellte[n] Recht[s] der Frau auf uneingeschränkte Emanzipation" (Günzel 1987, 69), andererseits ist die Entpolitisierung der Frauenfrage der Geschlechtlichkeit dieser bürgerlich-privatisierenden Konstruktion geschuldet: "Auf Emanzipation [. . .] nicht im grundsätzlichen, so doch persönlichen Sinne, ist ihr Streben gerichtet" (Günzel 1987, 98). Innerhalb der engen Grenzen des bürgerlichen Emanzipationsprojekts war es möglich, die Geschlechterfrage kontinuierlich zu thematisieren, d.h. ausgesprochen eloquent permanent über weibliche Selbstverwirklichung zu reden, und Fragen der politischen Emanzipation zugleich explizit abzuwehren. Keinesfalls so paradox, wie es auf den ersten Blick erscheinen mag, beschreibt der folgende offizielle Text zur Frauenemanzipation in der DDR deshalb auch die hier untersuchten Texte über Caroline Schlegel. Unter der Überschrift "Gleichberechtigung—keine Geschlechterfrage" lesen wir: "Über Selbstwertgefühl und Selbstverwirklichung der Frauen wird in der DDR nicht allzuviel geredet. Es ist etwas Selbstverständliches" (*Gleiche Chancen für Frauen* 1982, 19).

Es konnte gezeigt werden, daß die hier analysierten diskursiven Muster der weiblichen Frühromantik-Rezeption nur als komplexe Reaktionsmuster zu verstehen sind. Auch in der Emphase des Brechens, dem euphorischen Aufbruch in den staatsfernen weiblichen bürgerlichen Alltag, war das offizielle Erbe als provokativer Subtext anwesend.

Symptomatischer als die rhetorischen Zugeständnisse an den herrschenden Diskurs—sei es, daß Caroline Böhmer in Mainz 'scharfsinnig das Vorprellen reaktionärer Kräfte' erkennen muß (Heinrich, Damm) oder Friedrich Schlegel den 'morschen feudalen Überbau' romantisch erschüttert (Klin, Damm)—sind die zahlreichen strukturellen Interdependenzen zwischen 'offizieller' und 'oppositioneller' literarischer Öffentlichkeit. Müller spricht in diesem Zusammenhang von "'Ausbruchsversuche[n]'" in "komplementäre[n]", "gegenidentifikatorischen Strukturen" (1991a, 21):

> Die Hyperideologisierung des Lebens wurde nicht als Form der Entpolitisierung begriffen, so daß die gegenidentifikatorische Figur meist das unpolitisch Private bildete. Anstatt das herrschaftskritische Potential des Marxismus gegen die Gralshüter der Wahrheit selbst zu wenden, wich man auf deren vermeintliche Feindbilder aus [. . .]. Theoretisch wurden Dichotomien verfestigt, deren eine Seite Herrschaft, die andere Opposition codieren sollte (17–18).[66]

Müllers aufschlußreiche Analyse stößt dort jedoch wiederum an ihre eigenen Grenzen, wenn die strukturellen Geschlechterdichotomien, in denen sich das sogenannt 'Private' artikuliert, nicht mitreflektiert werden. Lesen wir nämlich Müllers "komplementäre" Beobachtungen mit der Kategorie 'Geschlecht' quer, verbietet es sich, lediglich vom 'unpolitisch Privaten' zu sprechen. Denn es hat sich erwiesen, daß in der weiblich aktualisierten Frühromantik das 'gegenidentifikatorische' Muster gerade nicht das 'unpolitisch Private', sondern das weiblich politisierte Privatleben war. Die oppositionelle Rhetorik suchte ihren komplementären Fluchtpunkt in den politisierten Werten weiblicher Natürlichkeit, der Mutterschaft und der Ehe. Zugleich wurde die bürgerliche Institution der Ehe liebevoll aus dem Kontext geschlechtlicher Machtverhältnisse befreit.

Dank der Muse des Diskurses, der revolutionären frühromantischen Frau, wurde es nun möglich, oppositionell *und* gehorsam 'auszubrechen': Humanistisch besetzte 'Weiblichkeit' wurde zur Schnittstelle, die 'Liebe zu den Feindbildern' in traditionellen, d.h. politisch-progressiven Mustern zu artikulieren. Müllers Begriff des

'Komplementären' vermag diese Politik des 'dritten Weges' methodisch nicht mehr zu erfassen. Die 'gegenidentifikatorische' Befangenheit, die immanente Konflikthaftigkeit, fand ihr erlösendes Ventil in der Erfindung revolutionär-romantischer Weiblichkeit. Erst die geschlechtliche Dichotomisierung erlaubte es, oppositionelle 'Emanzipation' in traditionellen erbetheoretischen Paradigmen zu artikulieren. In dieser Hinsicht unterscheidet sich die Neurezeption der Caroline Schlegel ganz entscheidend von der Neurezeption männlicher romantischer Autoren. Die 'weiblich politisierte Bürgerlichkeit' artikulierte sich in einer Mischung diskursiver Muster, die sowohl dem rhetorischen Repertoire der Geschichte der Arbeiterbewegung, geschichtsteleologischen Konstruktionen des Aufstiegs und des Verfalls als auch dem traditionellen Lexikon des sozialistischen Humanismus entlehnt wurden.

Müller ist durchaus zuzustimmen, daß in der 'Privatisierung' des Diskurses "äußere Widersprüche als innere Widersprüche sublimiert" wurden; ebenso können wir 'Carolines' permanenten 'Weg zur Selbstfindung' (Günzel) durchaus als Ausdruck einer "kultivierten Subjektivität" verstehen (Müller 1991a, 18). Zugleich jedoch—und hierin liegt das patriarchale Dilemma—konnte sich das 'Sublimierte' in der Ikonisierung von 'Weiblichkeit' politisch lautstark entäußern. Keinesfalls verstanden 'die Agenten' des Diskurses dies als gehorsamen Rückzug, sondern als politische Opposition.

Ebenso richtig identifiziert Müller im literarischen Diskurs "romantische Denkschemata einer unmittelbaren Einheit von 'Ich' und 'Welt'", die "die gegenständlichen Formen der Vermittlung nicht mehr in den Blick bekommen" (1991a, 20). In der 'Begegnung mit Caroline' hingegen, der romantischen Revolutionärin, ließen sich Subjektivität und Gesellschaftlichkeit imaginär vergegenständlichen: Weiblichkeit *ist* die gegenständliche Form der Vermittlung. Caroline Schlegel *ist* das handfeste Ideal utopischer Menschlichkeit—eine romantische DDR-Bürgerin zum Anfassen.

Geschichtsphilosophische Widersprüche bürgerlicher und marxistischer Tradition ließen sich hier scheinbar ideal versöhnen. Ein solcher Kompromiß im Schnittfeld des Imaginären ermöglichte deshalb auch im literarischen Diskurs die "Kombination von modernen und traditionalen Aspekten", die nicht "zu einer explosiven Mischung" wurden—und gar nicht werden konnten (Dölling 1994, 100).

Wir können nun so weit gehen zu behaupten, daß die Neurezeption der Caroline Michaelis-Böhmer-Schlegel-Schelling nicht lediglich ein weiteres Beispiel dafür ist, daß eigentlich politisch zu verhandelnde

Themen ungenügend literarisch verhandelt wurden. Vielmehr leistete
der feminisierte Frühromantikdiskurs *als solcher* einen gewichtigen
konsensualen Beitrag zur Politik des Öffentlichen. Lautstark und mit
nicht geringem Aufwand an politischer Rhetorik wurden hier die
wirklichen Widersprüche desartikuliert und ihrer imaginären Lösung
zugeführt. Die Leere der Lösung *ist* der 'Politikverlust'—und dabei
zugleich das *politische* Einverständnis mit der hegemonialen Legitimation von Herrschaft.[67]

Die Dilemmata der Integration einer weiblichen Figur in den
Erbekanon sind vielfältig und wurden auf den verschiedensten Ebenen
der Kompromißbildung evident.

Wie anhand der Mainzer Periode gezeigt werden konnte, bedurfte
die Eingemeindung Caroline Böhmers zunächst des revolutionären
Kompromisses; die enge Anlehnung an paternalisierende heroische
'Erzählungen über das Erbe' traten dort besonders in den Vordergrund.
Nicht anders als in der 'traditionellen' Erbepolitik wurden humanistische
Ideale vorbildlich an Figuren der historischen Vergangenheit vorgeführt.
Paternalistisch funktionierte dieser Diskurs nicht nur in der Konstruktion
eines Entsprechungsverhältnisses weiblicher zu männlicher Größe
(Forster). Unterstützt wurde dieser autoritative Effekt in der Wahl des
biographischen Genres—vom Modus eines biographischen und historischen Erzählens, das den 'Sinn der Welt' in den Subjekten zentrali-
siert (Georg Forster in Mainz, Caroline Schlegel in Jena). Geschlossene
biographische Subjektpositionen vereinigten *in persona* die Widersprüche der historischen und gegenwärtigen Zeit. Auf der Ebene der
Figurendarstellung arbeiteten die hier untersuchten Texte mit einer
strengen Hierarchisierung in binären Oppositionen (Caroline vs.
Therese/Dorothea).

Das spezifisch Autoritäre lag jedoch in der Betonung des Reprä-
sentanzcharakters des vorbildlichen Figurenpersonals: So wie in der
Sphäre des Politischen Repräsentation die Repräsentierten entmündigt
(vgl. Dölling 1991, 130), wurden in der Sphäre des Literarischen die
historischen Stimmen der Repräsentantinnen weitgehend zum Schweigen gebracht—sogar in der Bevorwortung der Briefedition.[68]

Anders als im männlichen Jakobinismus, wo Caroline Böhmer als
subalterner Spiegel des Repräsentanten Forster fungierte, verschoben
sich in der weiblichen Frühromantik die Parameter der Repräsentation
beachtlich. In der verbürgerlichten Frühromantik waren die repräsentativen Agenten demokratischer Geselligkeit keinesfalls mehr austauschbar. Stattdessen konnten wir eine klare geschlechterpolitische

Arbeitsteilung beobachten. Der 'extreme Subjektivismus'—der die Frühromantik in früheren Dekaden für das sozialistische Erbe inkonsumerabel gemacht hatte—wurde in binären Geschlechteroppositionen kanalisiert und erbepolitisch integrierbar: "Ernsthafte[n] und schöpferische[n] Persönlichkeiten" (Günzel 1981, 7), "festen, männlichen Charakter[en]" wie Fichte (194), dem "doch nun wahrlich ernst zu nehmenden [. . .] Philosophieprofessor Friedrich Wilhelm Schelling" (5) standen "egozentrische" (141), "passiv-blaßgesichtige", "amusisch-bigotte" und "südländisch-kapriziöse" Frauen an der Seite (12). Der 'geniale Friedrich' wurde zum Urvater der theoretischen Mütter und Väter der DDR, wurde zum Vorläufer der Junghegelianer, Marx' und Zetkins. Caroline Schlegel "fühlte sich in ihrer Fraulichkeit geschmälert, spräche man von ihr als einer Literatin" (Ebersbach 1987, 338), war jedoch 'immer auf dem Wege der Selbstfindung' und emanzipierte sich nicht 'grundsätzlich, so doch persönlich'.

Im Kontrast zur 'romantischen Frau' der 60er Jahre ( wie z.B. Scurlas Rahel Varnhagen) hatte Caroline Schlegel jetzt nicht mehr epochale Bedeutsamkeit, sondern die selbstbestimmte Individualisierung der gesamten Menschheit zu repräsentieren. In der paradoxen Rolle einer Ikone des universalen Subjektivismus durfte die romantische Frau nicht viel mehr als das 'einfache Dasein' verkörpern, mußte dabei zugleich jedoch "allgemeine Züge bürgerlich-demokratischer Lebensgesinnung" vertreten und ihre subjektive "Persönlichkeitsauffassung sehr entschlossen auf die weiblichen Mitglieder der Gesellschaft" anwenden (Damm 1979, 20). Erst die bürgerliche Feminisierung der Frühromantik machte ein derartiges Paradox erbepolitisch 'lebbar'. Dorothea Böcks Struzyk-Rezension treibt dieses provozierende Dilemma zwischen repräsentativer Idealisierung und individualisiertem Konkretismus nachgerade auf die Spitze:

> Insofern ist sie in der Tat Inkarnation des romantischen Frauenideals, Symbol der "vollen ganzen Menschheit" (Friedrich Schlegel)—und zugleich *Präzedenzfall* ersten Ranges: Denn ihr Schicksal demonstriert es, trotz aller Einschränkungen: dieses Ideal ist lebbar! (Böck 1989, 151)

Wo sollte in dieser imaginären Leere patriarchaler Repräsentation auch ein Platz für die reale Frau zu finden sein?[69] Und wie sollten sich die gebrochenen historischen Stimmen der halben Menschheit im idealistischen Lärm ihrer DDR-Erbinnen auch Gehör verschaffen? War es doch gerade die additive Ergänzung des Kanons um das 'weibliche Erbe', welche die paternalistischen Implikationen eines Diskurses, der um vorbildhafte Größe 'rang', so provokant hervortreten ließ.

Die hier untersuchten Texte holten sich Antworten aus einer weiblichen Vergangenheit, in deren Quellen wir allenfalls Dissonanzen und Fragen finden können—ob Caroline Schlegel nach einem "Spiegel" sucht, "der mich nicht entstellt zurückwirft" (*Caroline* I, 318; 20.2.1794 an Meyer), oder ob Dorothea Schlegel schreibt: "die Disharmonie, die mit mir geboren ward, und mich nie verlassen wird" (Frank 1988), oder ob Dorothea sich weise entzieht: "Ich war aber klug und habe mich fremd gestellt" (Günzel 1981, 203; 4.11.1799 an Sophie Tieck-Bernhardi). Die biographische Erinnerung an ein historisches Frauenleben des späten 18. Jahrhunderts ließ die Paradoxien eines auf Geschlossenheit orientierenden Verfahrens noch offensichtlicher hervortreten.

Hatte Anna Seghers schon 1935 auf andere Art Lukácsianische Positionen herausgefordert und die Verletzungen derer für erinnernswert erachtet, die sich "an der gesellschaftlichen Mauer die Stirn wund rieben" (Seghers 1935, 66), setzten die hier untersuchten Texte trotzig auf die selbstbestimmte Heilung bürgerlicher Außenseiter. Hatte Christa Wolf—mehr als eine Generation später—sich den gesellschaftlich gescheiterten SelbstmörderInnen Günderrode und Kleist zugewandt, führten unsere Texte in den "so wolkenlose[n] Himmel über der kleinen Jenaer Gemeinde" (Günzel 1981, 190), um eine Erfolgsgeschichte zu erzählen. Hatte Wolf an Karoline von Günderrode die "Dissonanz ihrer Seele", die "unvermeidlichen Deformationen des weiblichen Wesens" in der "Gebundenheit an männliche Denkweisen" hinterfragt und den "Beschädigungen", "unlebbare[n] Wünsche[n]", und "niedergehaltene[n] Leidenschaften" nachgespürt (Werner 1989, 48), begegnet uns in Caroline Schlegel die 'Ungebrochenheit' einer 'nicht zu beirrenden', "realistischen und lebensklugen" Persönlichkeit (Damm 1979, 65), die "unter schwierigsten Bedingungen" (37) mit "Souveränität [. . .] ihr wechselvolles Leben meistert" (67–68); so war 'Caroline' die Lichtbringerin, "deren menschliche und intellektuelle Souveränität von allen Verwünschungen, die ihr gelten, doch nicht verdunkelt werden kann" (Günzel 1987, 35).

Christa Wolfs "unerwünschte Zeugen erwürgter Sehnsüchte und Ängste" (Wolf 1978, 308) trafen auf 'souveräne Lernfiguren', mutierten ins Wunschbild politisch befreiender Sehnsüchte und Furchtlosigkeit. Diese augenfälligen Differenzen zwischen existentiellen Dissonanzen im literarischen Diskurs[70] und harmonisierender Glätte im literaturwissenschaftlichen ließen sich auch mit den unterschiedlichen institutionellen Integrationsgeboten erklären. Den Idiosynkrasien Damms das Opus Wolfs entgegenzuhalten hieße, die unterschiedlichen Grenzen und Freiräume von Literaturwissenschaft und Literatur in der DDR zu ignorieren. Weit entscheidender ist jedoch, daß das spezifisch politische Interesse an der Frühromantik derartige Differenzierungen gar nicht zulassen konnte. Unter dem politischen Primat bürgerlich demokratischer Geselligkeit suchte die Rezeption der feminisierten Frühromantik den weiblich abgefederten Kompromiß. Die Integration der Caroline Schlegel in kanonisierte autoritäre Muster des 'Beerbens' mußte die Dissonanzen eines weiblichen Lebens im späten 18. Jahrhunderts aussparen. Wo die Vergangenheit nicht mehr als "'Selbstbestätigung'" der gemeisterten Gegenwart (Oesterle 1985, 424), sondern als ermutigendes Vorbild zur Bewältigung der schlechten Gegenwart heranzitiert wurde, hatten Ungleichzeitigkeiten und Brüche—hatten die historischen Stimmen der weiblichen Menschheit—keinen Platz.

# Schluß

## Avantgarde im Hinterland

Die Renaissance genuin bürgerlicher Frauenbilder im literaturwissenschaftlichen und literarischen DDR-Diskurs 'Caroline' legt es
nahe, von einem geradezu paradoxen historischen Wiederholungszwang
zu sprechen. Auf zahlreichen Ebenen konnten wir in den Texten von
Damm, Ebersbach, Günzel und Struzyk die explizite Rücknahme
frauenpolitischer 'Errungenschaften' der DDR beobachten.

Die 'großen Menschheitsfragen' beantwortete Ebersbach—mit der
Achtung vor bildungsmäßigen 'Unterschieden' zwischen Mann und
Frau, "die immer bleiben" (1987, 142), beantwortete Damm—mit dem
'alleinigen Recht der Natur', "den Menschen zu binden" (1979, 38),
suchte Struzyk—in "Verbunden[heit] mit den Männern, die in jeder
Hinsicht Freunde sind [. . .], wo es nicht zählt, wer dies, wer das
geschrieben hat, wo es um Neues geht. . ." (1988, 140).

Wollten wir Habermas' Analyse der Wende als 'nachholende Revolution' mit diesen geschlechterpolitischen Rück-Schritten konfrontieren,
so ließe sich provokativ zugespitzt von einer nachholenden Konterrevolution sprechen.[1] Vom Standpunkt der Geschlechterpolitik könnten
wir dann folgendes formulieren:

> Indem die nachholende Revolution die Rückkehr zum demokratischen
> Rechtstaat und den Anschluß an den kapitalistisch entwickelten Westen
> ermöglichen soll, orientiert sie sich an Modellen, die nach orthodoxer Lesart—

durch die bürgerliche und proletarische Frauenbewegung schon überholt
worden waren (Habermas 1990, 181[2]). Die Logik des Habermasschen
Gedankens ist hiermit vernichtet. Aus der historischen Perspektive der
Frauen macht eine solche Umformulierung den Satz sinnlos. Es wird
nur zu deutlich, daß sich die historische (und politische) Situation der
Frau einer diachronen Geschichtsperspektive verweigert.

Fragen wir nämlich mit Ute Frevert nach dem "systemischen Stellenwert [. . .], den die Geschlechterdifferenz für die Konstitution und Entwicklung bürgerlicher Gesellschaften besaß" (1988, 15), und fragen wir weiter, welchen systemischen Stellenwert die Geschlechterdifferenz für die Legitimation von Herrschaft im patriarchalischen "Staatssozialismus" (Dölling 1994) hatte, so läßt sich der politische öffentliche Diskurs der Wende schlichtweg nicht in "rückspulende[n]" (Habermas 1990, 180) Mustern bürgerlich-demokratischen Fortschritts erklären.

Weder ist die Geschlechteremanzipation in die Habermassche Geschichtsteleologie integrierbar, noch läßt sie sich in einer negativen Teleologie erfassen. Fragen nach der "Funktionalität des Patriarchalismus für die Aufrechterhaltung der Gesellschaftsordnung" in der DDR (Diemer 1994, 42) und Fragen nach der Funktionalität der Geschlechterpolarisierung in der Geburtsstunde der bürgerlichen Gesellschaft in Deutschland lassen sich allenfalls unter Berücksichtigung synchroner Strukturen des historischen und politischen Diskurses erklären.

So können wir in der Tat von strukturellen Parallelen sprechen, die in verschiedenen historischen Zeiten für Frauen eine ähnlich fatale politische Brisanz entfalten. Nicht zuletzt das Bildreservoir imaginierter Weiblichkeit, das die Geschichte bürgerlicher Revolutionen und die Geschichte des *bürgerlichen* Aufbruchs von 1989 begleitet, zeigt die Mächtigkeit politischer Ikonographie. Allegorisierungen des Weiblichen funktionieren in den spezifischen "historischen und diskursiven Machtkonstellationen" (Schade u.a. 1994, 3) als ein entscheidendes Instrument des Ausschlusses, um die realen Frauen von der politischen Bühne zu verdrängen und ihre historischen Vorgängerinnen, die Akteurinnen der Revolution, aus den Texten der Geschichte und Literaturgeschichte auszulöschen.

Deshalb seien abschließend verallgemeinernde Schlußfolgerungen erlaubt, die sich auf den *politischen* Status revolutionär-romantischer Weiblichkeit in der 'öffentlichen' Wendezeit beziehen. Keinesfalls sollen dabei Gesetze der geselligen 'Ersatzöffentlichkeit' bruchlos auf die Sphäre des Politischen übertragen werden. In beiden (voneinander zu differenzierenden) Sphären erfüllte jedoch die Funktionalisierung des Weiblichen, die Feminisierung des Diskurses, eine zentrale Integrationsfunktion. Die politische Ikonisierung der Frau ermöglichte die Vereinheitlichung von Widersprüchen, erlaubte die Verschmelzung tendenziell machterschütternder und explosiver sozialer Interessengegensätze. Imaginäre Weiblichkeit wurde zum Ort, politische Visionen universalisierend zu artikulieren.

Die in den hier untersuchten Texten so vielbeschworene Nähe frühromantischer Weiblichkeit zu den politischen Zielen der Französischen Revolution mußte nicht nur den weitgehenden Ausschluß von Frauen aus dieser politischen Öffentlichkeit ignorieren. In der Instrumentalisierung der Mainzer Revolutionärin für die Politik des Diskurses wurde dieser Ausschluß erneut reproduziert, historisch legitimiert und für die Gegenwart weiter festgeschrieben. Die Instrumentalisierung der Revolution für ein universalisierendes Modell bürgerlichen Fortschritts vergaß und machte vergessen, daß die Französische "bürgerliche Revolution [. . .] auf dem Ausschluß der Frauen [basierte] und [. . .] sich nur über den Ausschluß der Frauen realisieren" konnte (Stephan 1992, 11).[3]

In ihrer affirmativen Übernahme zentraler Parameter der Geschlechterphilosophien des späten 18. Jahrhunderts 'spulten' DDR-Texte der 70er und 80er Jahre Denkbewegungen 'zurück', welche nachhaltig zur "Halbierung des Emanzipationsanspruchs", mit dem das Bürgertum "auf den Plan der Geschichte trat" (Frevert 1988, 16), beigetragen hatten. Auf der Suche nach historischen Vorbildern demokratischer Legitimierung knüpften die Texte gerade an jene 'gegen-demokratischen' Muster an, welche folgenschwer die "funktionale Differenzierung der 'Menschheit' in zwei Geschlechter [. . .] als elementares Ordnungsprinzip bürgerlicher Gesellschaft" begründet hatten (Frevert 1988a, 31).[4]

So wie wir die Frühromantik-Rezeption in der DDR als Gegenreaktion auf die offizielle Erbepflege begreifen können, so waren die historischen Idealisierungen ganzheitlicher, natürlicher und liebender Weiblichkeit (Schlegel, Schleiermacher, Fichte) eine "heftige Gegenreaktion" (van Dülmen 1992, 21), nämlich restaurative patriarchale Antworten auf frauenpolitische Emanzipationsforderungen der Aufklärung und der Französischen Revolution. In den Geschlechterdebatten des späten 18. Jahrhunderts ging es um nicht mehr und nicht weniger als die Restaurierung "eines Herrschaftsverhältnisses, das erste Brüche zeigte" und "neu fundamentiert werden mußte" (Stephan 1984a, 31).[5] Den Frauen der Französischen Revolution und den Frauen des demokratischen 'Aufbruchs' in der DDR ging es um nicht weniger als die demokratische Teilhabe an der sich neu konstituierenden politischen Öffentlichkeit.

Anders als ihre Vorgänger aus den 50er und 60er Jahren identifizierten die Texte der 70er und 80er Jahre im DDR-Modell einer herrschaftsfreien Kommunikation die von wenigen Männern geführten schriftlichen Unterhaltungen über vorbildliche Weiblichkeit und gesellige Frauenemanzipation mit der historischen Realität.[6] Weibliche Gegenstimmen aus dem frühromantischen Alltag sollten in diesem männlich übertönten 'Gesprächsraum Romantik' nicht zu Gehör kommen. Zu Recht hat Viktoria Schmidt-Linsenhoff eine Überschätzung der "Französischen Revolution als Kulturrevolution [. . .] gegenüber der Verfassungsrevolution" in Frage gestellt und stattdessen die "kulturelle Niederlage der Frauen" hervorgehoben, "die es ihnen nicht erlaubte, mit 'eigenen' Bildern in den Prozeß der gesellschaftlichen Erneuerung einzugreifen" (Schmidt-Linsenhoff 1990, 55).[7]

Nur im fremden männlichen Bild geht die ikonisierte 'Caroline' in der DDR auf die Barrikade. In Joachim Knauths dramatischer Vision der *Mainzer Freiheit* spricht Caroline Böhmer zu Georg Forster: "Ich verstehe, daß du eine Jeanne d' Arc als Gehilfin brauchst. Aber ich werde die Röcke nicht ausziehn, und wenn ich dich je auf die Barrikade begleite, dann nicht als Mann verkleidet, sondern möglichst mit offener Bluse als Frau." (Knauth 1989, 98) Es ist durchaus bezeichnend, daß dieser Text von 1989 das mögliche historische Vorbild eines weiblichen politischen Subjekts explizit verwirft, um stattdessen die Geschichte weiblicher Revolutionsallegorien fortzuschreiben.[8] Die revolutionäre "Gehilfin" wird in die Grenzen nackter Weiblichkeit zurückverwiesen, und die geschlechterpolarisierte Festlegung revolutionärer Subjektivität verschiebt die politische Tat 'der Frau' ins 'Jemals', nirgends in der Zukunft. Dergestalt politisch entschärft und 'neutralisiert'[9] wird der in der Ikone stillgestellte weibliche Revolutionär nun überhaupt erst attraktiv; folgerichtig antwortet Georg Forster im Irrealis: "Du wärst überwältigend, Caroline" (Knauth 1989, 98)! "Ich bin einmal die Hure der Revolution gewesen", spricht Rolf Schneiders Bühnenfigur einer Mainzer Mutter, "In meinem Bauch wächst das Kind/Das die Revolution dorthin gepflanzt hat/Die Revolution war nicht nutzlos" (Schneider 1981, 1018). Nicht anders als Jeanne d' Arc oder Charlotte Corday, die Mörderin Marats, wird auch Caroline Schlegel in der DDR "von der ikonographischen und literarischen Tradition eingeholt" (Stephan 1989a, 144).

Eine ganz andere Tradition als den Bildervorrat der revolutionären mütterlichen Hure akzentuiert Sigrid Lange, wenn sie am Tod der auf der Guillotine zum Schweigen gebrachten Olympe de Gouges "para-

digmatisch" das "patriarchalische Grundgesetz der bürgerlichen
Gesellschaft" 'erhellt' sieht (Lange 1992, 414). Dieses Grundgesetz
bezeugen nicht zuletzt die uns so gut bekannten historischen weiblichen
Stimmen: "Ich war ja Jakobinerin, Demokratin, Revolutionär", schreibt
Therese Heyne-Forster-Huber, "aber ich wußte stets, das Weib solle
schweigen, wenn Männer sprächen, und nie außer dem innersten Zirkel
von Politik sprechen" (Geiger 1901, 227). "Ich habe zuletzt der männlichen Gewalt nachgegeben", schreibt ihre Jugendfreundin Caroline
Michaelis-Böhmer-Schlegel-Schelling, "ich habe geschwiegen, wie ich
das eben in politischen Angelegenheiten auch thun würde, im Glauben,
daß aller unser Vernunft zum Trotz die Männer dieses doch besser
verstehen" (*Caroline* I, 579; 22.11.1799 an Ludwig Ferdinand Huber).
Aller dieser Vernunft zum Trotz weiß Caroline Schlegels Freund Novalis,
daß die Frauen "nichts von den Verhältnissen der Gemeinschaft
[wissen]—Nur durch ihren Mann hängen sie mit Staat, Kirche, Publikum
etc. zusammen. Sie leben im eigentlichen Naturzustande" (Novalis 1978,
765).

Schmidt-Linsenhoff spricht von einer 'kulturellen Niederlage der
Frauen' in der Französischen Revolution. Zweihundert Jahre nach dieser
Revolution benutzte auch die Vorsitzende des Unabhängigen Frauen-
verbandes der DDR, Ina Merkel, diesen Begriff: Merkel griff einen
Topos aus der Aufklärung auf, wenn sie—aller Romantik zum Trotz—
an die "praktische Vernunft" der Frauen in der Noch-DDR appellierte
und drastisch davor warnte, "daß ihnen in einem Vierten deutschen
Reich die große historische Niederlage des weiblichen Geschlechts zum
zweitenmal bevorsteht" (Flierl/Merkel 1990, 97). Wesentlich nüchterner
blickte Irene Dölling nur ein Jahr später auf den bürgerbewegten
"Aufbruch" von 1989 zurück, um nun festzustellen, daß die Anwesenheit von Frauen "in der politischen Öffentlichkeit kaum zur Kenntnis
genommen und nicht als ein Fakt bewertet wurde, der eine veränderte
politische Kultur nötig macht" (Dölling 1991, 121).[10]

Während der Wende meldeten sich noch ganz andere Stimmen zu
Wort; unheimlich vertraut klingen hier die Visionen demokratischer
Geselligkeit. Der in der Öffentlichkeit von männlichen Protagonisten
dominierte Ruf nach bürgerlicher Reformierung der DDR verband sich
ganz natürlich mit dem Ruf nach menschlicher Mütterlichkeit; 1990
beschwor Konrad Weiss folgende demokratische Utopie:

> Wer über Deutschland redet, braucht eine Vision. Ich wünschte mir ein
> Deutschland, das nicht über oder unter den anderen Völkern steht, sondern

neben ihnen—ein Mutterland. [. . .] Ein menschliches Deutschland [. . .]
ein buntes, freundliches, vielfältiges Mutterland. (Hell 1992, 41)

Wie recht hat Schmidt-Linsenhoff, wenn sie feststellt, daß die
"Inszenierung von Weiblichkeitsmythen in der Allegorie [. . .] ihre
Prägekraft für die politische Kultur in der bürgerlichen Gesellschaft bis
heute nicht verloren hat" (1990, 58); denn wer von der bürgerlichen
Gesellschaft redet, mag nur selten von der Ehefrau und Mutter
schweigen. Rolf Henrichs "universalistisch[er], menschheitspädagogische[r]" (1989, 279) Ruf nach einer "permanenten Volksaussprache"
(281) verband sich natürlich mit dem Ruf nach der liebenden Frau in
der Familie: Hier sah Henrich die 'revolutionär empfindende' Macht
der Liebe, das "Gesetz des Weibes" nicht öffentlich, so doch "praktisch"
über die "Produktivkräfte" regieren:

> In den 'Liebesverhältnissen' finden wir das praktische Modell, anhand dessen
> Gleichgültigkeit und Herrschaft kritisiert werden können. Die Liebe ist neben
> dem verständigungsorientierten Diskurs die einzige organisatorische Lebens-
> form, der eine *revolutionäre* Sprengkraft einwohnt. [. . .] Nur aus der
> empirischen Tatsache der Existenz von Liebesverhältnissen heraus läßt sich
> die Hoffnung begründen, [. . .] auf dieser Grundlage vernünftig über die
> Anwendung der neuen Produktivkräfte zu entscheiden (und nicht umgekehrt!).
> [. . .] Jede reifere Form der Sozialintegration setzt aber die weitere
> Entwicklung der Familie voraus. Wenn überhaupt, dann kann nur von hier
> der Wandel des Gesellschaftscharakters seine ersten Impulse erhalten. [. . .]
> Auch noch im Staatssozialismus gilt das Wort, wonach in der Familie das
> 'Gesetz des Weibes' vorherrscht, welches das 'Gesetz der empfindenden
> subjektiven Substantialität, der Innerlichkeit' ist. (267-268)[11]

In der Tat 'substantielle' Synchronien vereinen Henrichs Modell des
"verständigungsorientierten" Diskurses und Schleiermachers weiblich
definiertes Ideal gelungener Geselligkeit. Es "wäre toll, keinen
Geschlechtsunterschied der Seele anzuerkennen", hieß es bei Schleiermacher: "Zufolge des Geschlechtscharakters sind die Frauen die
Virtuosinnen in dem Kunstgebiet der freien Geselligkeit [. . .]. Also
sind sie es auch in der Familie." (Schleiermacher 1805, 172-173)[12]

Angesichts der erneuten politischen Aufwertung 'freundlicher'
Mütterlichkeit und familiärer "Innerlichkeit" im DDR-Diskurs mag es
nun noch verständlicher werden, warum sich die Ehebrecherin und
Rabenmutter Therese Heyne-Forster in den Texten der 80er Jahre
am real-existierenden verbürgerlichten Pranger wiederfinden mußte.
Noch in den 50er und 60er Jahren hatten die Forster-Romane ihre
Scheidung verständnisvoll und wohlwollend begleitet. Es wird auch

verständlich, warum sich das Frauenopfer, die Inszenierung komple-
mentärer negativer Weiblichkeit, in der reprivatisierten Geschlechtermoral der 80er Jahre so einverständig in homophoben Mustern
artikulieren konnte.[13]

Carola Lipp entdeckt strukturelle Ähnlichkeiten in der symbolischen
Präsentation von Geschlechterbeziehungen während der 1848er Revolution und während des Umbruchs in ehemals sozialistischen Staaten.
So überzeugend Lipps Beobachtung ist, den bislang so ungewohnten
Medienauftritt von Präsidentengattinen als Symptom der Verbürgerlichung sozialistischer Öffentlichkeit zu deuten, so fragwürdig ist
hingegen ihr frühromantischer Optimismus, die Mediengeburt der
"politische[n] Repräsentantinnen der Demokratie"—und dies heißt
nichts anderes als die allegorische Präsenz von Ehefrauen—mit
allgemeiner Demokratisierung zu identifizieren:

> Daß in der wichtigen Anfangsphase des politischen Dialogs Gorbatschow-
> Reagan die Führung der Sowjetunion sich ebenfalls als Ehemann mit Frau
> präsentierte, dürfte nicht von unerheblicher Bedeutung für die medien-
> freundliche Ausstrahlung der Sowjetpolitik gewesen sein. Und diese neuen
> Verhaltensmuster markierten auch im Hinblick auf die Entwicklung der
> Sowjetunion offensichtlich den Beginn einer Verbürgerlichung oder besser
> Demokratisierung des Systems. (Lipp 1992, 114)

Ich möchte mit der provozierenden Frage schließen: Welchen
intellektuellen Beitrag leistete die feminisierte Frühromantikrezeption
zum Ende der DDR vor dem Ende der DDR? Symptomatisch zeigen
die Texte über 'Caroline', daß *nicht* die DDR-Literatur—und hier sollen
Rainer Rosenbergs Worte abgewandelt werden—"1989 eines plötz-
lichen und gewaltsamen Todes starb", sondern daß die Neubewertung
der Frühromantik einen Paradigmenwechsel signalisierte, der in der
Tat seit "Mitte der 70er Jahre" einem "Auflösungsprozeß" gleichkam
(Rosenberg 1995, 19). Auflösung meint eine solche Verengung der
Perspektive, daß Veränderung nur noch privat und damit bürgerlich
gefaßt werden konnte. Der emphatische 'Blick aufs Neue' (Struzyk),
die Suche nach dem 'neuen Menschenbild' (Damm)—blieb an alten
Bildern hängen. Mit dem Salto Mortale in den Abgrund natürlicher
Weiblichkeit begab sich die Avantgarde ins Hinterland. "Unabgegolten
bleiben" dabei nicht nur "die Ideale der Revolution" (Damm 1979, 30)
von 1989, sondern erst recht die Erinnerungen an das revolutionäre
weibliche Erbe, die nichts anderes besagen, als daß eine demokratische
Revolutionierung der Verhältnisse ohne Revolutionierung der
Geschlechterverhältnisse nicht zu haben ist.

Es dauerte historisch nicht lange, bis die weiblichen Ikonisierungen des Politischen im Prozeß der Vereinigung nach dem Frauenopfer verlangten. Die 'verweiblichten' Utopien wurden hier nun auf den Boden der öffentlichen ökonomischen Tatsachen heruntergeholt. "Es ist Christa Wolf, es ist der DDR-Staat", verkündete man 1990 im Literaturstreit (Bathrick 1991, 297). Die romantisch-revolutionäre Feminisierung einer demokratischen DDR-Utopie mutierte in die nationale Verweiblichung einer totalitären Dystopie: Diese Frau hieß DDR. Die janusgesichtige Muse romantischer Geselligkeit—die harmonisch humanisierende liebende Gattin—entblößte nun auch im nationalen "Geschlecht der Vereinigung"[14] ihre mütterlich lächelnde hurenhafte Fratze: Innerhalb weniger Monate verkam die verführerische "Braut" (Reich 1991, 211) zur "schmuddligen Dirne" (Schorlemmer 1990, 161).[15] "Der Abstieg der weiblichen Repräsentantinnen führte entweder ins Private oder direkt in die Gosse"—bemerkt Monika Wagner (1989, 24) zum Status der weiblichen *Liberté* im Ausklang der Revolution von 1789. . .

Gemeinsam mit anderen ideologischen Mächten brachte der feminisierte Diskurs der Wende nicht nur die historischen Frauen, sondern auch den verweiblichten real-existierenden Staat zum Verschwinden. In der baldigen Liebesheirat—so Fichte—hat die Frau "aufgehört, das Leben eines Individuum zu führen; ihr Leben ist Teil seines Lebens geworden" (Fichte 1992, 370). Wie schrieb Caroline Michaelis am 1. November 1781 an ihre Freundin Luise Gotter—ohne jede Aussicht, von ihren DDR-ErbInnen gehört zu werden? "Ich würde, wenn ich ganz mein eigener Herr wäre, und außerdem in einer anständigen und angenehmen Lage leben könte, weit lieber gar nicht heyrathen und auf andre Art der Welt zu nuzen suchen." (*Caroline* I, 57)

# Anmerkungen

## Einleitung

1   Es mag sich mit dem geringeren Druck der politischen Verhältnisse erklären lassen, daß VertreterInnen der Auslandsgermanistik (Hell u.a. 1994) "Hüppauf's monolithic dismissal" (39), der "wholesale condemnation of GDR literary production" (37) die Zustimmung verweigern können. Zu recht bemerken Hell, Kruger und Trumpener: "In a manner ironically reminiscent of the very Stalinist cultural functionalism under attack, texts and their formal texture are typically reduced to their most obvious 'political message'. [. . . This] correspondends more to the SED's presentation of its own rule than to the actual complexity of the GDR's social system" (1994, 37-38). David Bathrick spricht von einer "apparent amnesia on the part of some western critics of late in their treatment of GDR intellectuals" (1991, 297); vgl. auch Hahn 1995 oder Zehl Romero 1997.

Aus wissenschaftsgeschichtlicher Perspektive zeugt der neuartige Konsens in der neu politisierten gesamtdeutschen Germanistik—der sich durchaus auf ein 'vorauszusetzendes gemeinsames Drittes' verlassen kann—nicht nur von einem Gesinnungswandel; weitaus bedenklicher für die Perspektive des Faches scheint das Aufgeben jedweder literaturhistorischer und methodischer Differenzierungs- und Denkanstrengung. Simone Barcks kontrastierende Lektüre der Prä- und Post-Wende Literaturgeschichte Wolfgang Emmerichs macht deutlich, wie der politische "Wende-Zeitgeist" jetzt seinen wissenschaftlichen "Tribut" fordert (vgl. Barck 1997, 656). Um im Interesse der Literaturgeschichtsschreibung einem derartigen Geschichtsverlust zu begegnen, sei deshalb hier programmatisch (als ein Beispiel u.v.a.) an den von Patricia Herminghouse und Peter Uwe Hohendahl 1983 edierten Band zur *Literatur und Literaturtheorie in der DDR* erinnert; keinesfalls einmütig und durchaus konfliktbereit versuchten dessen BeiträgerInnen sich der Komplexität und den historischen Widersprüchen ihres Gegenstandes zu stellen.

2   Zur zunehmenden Diskussion der Romantik in der offiziellen Germanistik vgl. Träger 1975, Hartung 1976 sowie Heft 4 der *Weimarer Beiträge* von 1978; vgl. darin insbesondere die Beiträge Claus Trägers und Hans-Dietrich Dahnkes. Das Arbeitsheft der Akademie der Künste *Arbeiten mit der Romantik heute*

(Hess/Liebers (Hg.) 1978) markiert in mancher Hinsicht bereits den Abschluß der Kontroverse. Als Beginn einer differenzierten Integration vormals unversöhnlicher Positionen mag schließlich Hans Kaufmanns *Versuch über das Erbe* von 1980 gelesen werden (vgl. die resümierende Vorveröffentlichung Kaufmann 1979).

3      Zur Geschichte der Hölderlin-Rezeption vgl. den immer noch grundlegenden Aufsatz von Helen Fehervary über "Marx und Hölderlin in der DDR" (1975).

4      Zum Niederschlag dieser Tendenzen in der biographischen Prosa vgl. Reid 1989, insbesondere S. 174–197.

5      Günter Kunerts umstrittener Kleist-Text Pamphlet für K. (1975) zeugt von dieser trotzigen Auto(r)referentialität—und vermochte zudem noch den kafkaesken Dekadenzvorwurf an die bürgerliche Moderne provokativ zu wenden (vgl. auch Herminghouse 1983a, 281).

6      Diese Tendenz zur "Entpathetisierung" (Mandelkow 1983, 111) des heroischen Erbes und zur Neuentdeckung gefühlsbetonter Subjektivität spiegeln allein schon die Buchtitel literarischer und literaturwissenschaftlicher Werke der 70er und 80er Jahre, wie z.B. *Der arme Hölderlin* (Gerhard Wolf 1972), *Mit allen Sinnen. Frauen in der Literatur* (Ursula Püschel 1980) und nicht zuletzt die Titel der von Günter de Bruyn und Gerhard Wolf edierten Reihe *Märkischer Dichtergarten*: *O, mir entwischt nicht, was die Menschen fühlen* (Anna Louisa Karschin, 1981), *Die Sehnsucht hat allemal Recht* (Bettina von Arnim, 1984), *Freiheit des Herzens* (Fanny Lewald, 1987). Christa und Gerhard Wolfs *Ins Ungebundene gehet eine Sehnsucht. Gesprächsraum Romantik* (1985) suchte schon im Titel das Zwiegespräch mit Hölderlin.

7      Wie diese literaturpolitischen Unvereinbarkeiten bis in die Literatur hineinwirkten, vgl. symptomatisch das Beispiel Adolf Endler; 1978 widmete dieser seine "romantische Liebesgeschichte" in den Schlußsätzen provokatorisch Peter Hacks. Die erklärende Fußnote zitiert Hacks' Urteil über Friedrich Schlegel: "'Und wer fortan über die Ruheplätze der deutschen Literatur den Weg nimmt und zufällig über Friedrich Schlegels Grabstatt wandelt, sollte ihm, um des Rechten und der Rechtschaffenheit willen, kräftig auf die Hand treten und nicht dulden, daß er seine widerlichen Leichenfinger mitten in die höchst lebendigen Tätigkeiten unserer Literatur hineinsteckt.' Daraufhin entschwand auch Friedrich Schlegel aus der DDR." (Endler 1981, 248)

## Kapitel 1

1      Meyer war seit Jahren ebenso eng mit Therese Heyne-Forster wie mit ihrem Mann befreundet; er war deshalb sowohl ein relativ intimer Kenner der schwierigen Freundschaft zwischen Caroline und Therese als auch der Probleme zwischen den Eheleuten Forster.

2      Caroline Böhmer heiratete August Wilhelm Schlegel erst 1796 in Braunschweig. Die Jahre zwischen Mainz und Jena verbrachte sie in Gotha, Lucka und Braunschweig.

3   Vgl. auch die Feststellungen des Jakobinismusforschers und Forster-Herausge-
    bers Gerhard Steiner: "Carolines Sympathie mit den Franzosen und ihren
    progressiven Ideen blieb unverändert, wenn sie auch weiterhin alles politische
    Geschehen in Mainz kritisch betrachtete." (1983, 17)

4   Diese Einwände betreffen erst recht die dokumentarische Rezeption des
    romantischen Briefes. Zur romantischen Poetik des Briefes als Kunstform vgl.
    die grundlegende Analyse von Herta Schwarz (1990).

5   Vgl. ebenso Heidi Thomann Tewarson: "We do not know for certain Caroline's
    position [. . .] as the letters of that period have been lost. [. . .] there is no
    indication that Caroline in any way participated actively in the revolutionary
    events, except as a spectator." (1993, 112) Tewarsons Beobachtung, Böhmers
    politische Haltung in den wenigen überlieferten Briefen sei "quite undifferen-
    tiated" (111), ist gewiß zuzustimmen.

6   Allein in Böhmers Briefen aus dem hier untersuchten Zeitraum der Mainzer
    und Jenaer Jahre finden sich zahlreiche Bemerkungen zum Weiterreichen von
    Briefen. Das Gleiche gilt in der frühromantischen Periode z.B. auch für die
    Briefe Friedrich Schlegels.

7   Vgl. z.B. Böhmers und Forsters Beschreibung der Flucht des Kurfürsten aus
    Mainz am 4. Oktober 1792 (Caroline I, 269; 16.10.1792 an Friedrich Wilhelm
    Meyer, und Forster 1989, 191; 5.10.1792 an Christian Friedrich Voß).

8   Zur Geschichte des Genres und seiner poetologischen Formierung im 18.
    Jahrhundert vgl. insbesondere Ebrecht u.a. (1990); vgl. ebenso Blackwell/
    Zantop: "These letters [. . .] stand in the eighteenth century tradition of the
    letter as a consciously artistic form of personal narration" (1990, 283).

9   Die Untersuchung zur Jenaer Frühromantik wird deshalb auf dieses
    Vergleichsverfahren verzichten. Weil in Klaus Günzels biographischem Porträt
    der Romantikerin Caroline Schlegel-Schelling die Mainzer Episode eine
    vergleichsweise untergeordnete Rolle spielt, bleibt dieser Text im folgenden
    vorerst unberücksichtigt. Auf Günzels Teilhabe an der Konstruktion politischer,
    biographischer Teleologie wurde bereits verwiesen; vgl. auch den Abschnitt
    Demokratie der Außenseiter im 3. Kapitel.

10  Ritchie fragt nach dem "Urbild" und bemißt die 'Güte' der von ihr behandelten
    Werke daran, wieweit es ihnen gelungen sei, "das geschichtliche Vorbild wieder
    zum Leben zu erwecken" (1968, 4). Trotz dieser der Entstehungszeit
    geschuldeten methodischen Mängel ist Ritchies Untersuchung nicht zuletzt
    wegen der genauen Aufarbeitung der Quellen und der Rezeptionsgeschichte
    ein unentbehrliches Hilfsmittel.
       Inge Stephan hingegen gibt am Fall einer anderen 'Frau der Revolution',
    an Sybille Knauss' literarischer Biographie der Charlotte Corday (1988), zu
    bedenken, daß sich eine "naive Suche nach der 'wahren' Corday [. . .]
    angesichts der Bilderflut [. . .] eigentlich von selbst verbieten [sollte], zumal
    das biographische Material äußerst dürftig ist" (1989a, 144).

11   Christa Bürger gibt ein Beispiel dafür, wie das forschende Subjekt
     identifikatorisch historische Differenzen zu überbrücken und empathisch als
     Souffleuse seines Forschungsgegenstandes zu agieren versucht: "Das
     vergessene Schreiben [. . .] war mir nicht ein Gegenstand. Ich wollte in
     Erfahrung bringen, wie ich schreiben mußte, um es zum Sprechen zu bringen.
     Ich wollte, daß mein Schreiben jenes Schreiben als Subjekt wiederherstellt
     [. . .]. Dem Schreiben der Frauen, die sich kenntlich zu machen suchten, ist
     Undeutlichkeit wesentlich, weil es sich vom Leben nicht trennen will. Ich habe
     diesem Schreiben eine Kenntlichkeit zu geben versucht, die es in seiner
     Undeutlichkeit erkennbar macht. Ich habe zu vergessen versucht, was ich als
     Literaturwissenschaftlerin davon wußte. Es kam mir darauf an, das
     Hervorbringen dieses Schreibens nachzuschreiben, doch ohne mich selbst
     unkenntlich zu machen." (1990, VII) Die dann folgende kenntnisreiche
     philologische Stilanalyse der Briefe Böhmer-Schlegel-Schellings, in der Bürger
     es sich nicht erläßt, zeitgenössische literarische Einflüsse auf Böhmers Schreiben
     nachzuweisen, könnte in kaum einem größeren Kontrast zur programmatischen
     'Unwissenheit' der Vorbemerkung stehen!
         Zu Recht hat Inge Stephan vor solchem "identifikatorischen" Schreiben
     gewarnt, "das seinen eigenen Ort nicht mehr befragt und Differenzen
     überspringt"; "Rekonstruktionsarbeit von Frauenbiographien" sei nur
     "sinnvoll", "wenn die Materialgrundlage ausreicht und der eigene Ort reflektiert
     wird" (1989a, 145).

12   Vgl. die Forster-Romane Hans Jürgen Geerdts' (Rheinische Ouvertüre, 1954/
     1978) und Friedrich Döppes (Forster in Mainz, 1956/1982); zeitgleich mit
     Damms Essay über Caroline Schlegel-Schelling erschien Erik Neutschs Essay
     "Georg Forster heute" (1979). Vgl. ebenso die späteren Erzählungen Fritz
     Hofmanns ("Treffen in Travers", 1977) und Erik Neutschs (Forster in Paris,
     1981) sowie die Mainzer Dramen Rolf Schneiders ("Die Mainzer Republik",
     1981) und Joachim Knauths (Die Mainzer Freiheit, 1989).
         Unter einigen Aspekten werden diese Texte vergleichend besichtigt werden.
     Für das anhaltende Rezeptionsinteresse an dem Mainzer Jakobiner spricht
     auch Lother Warnekes Verfilmung der Hofmannschen Erzählung von 1989—
     der Kinoerfolg des Treffen in Travers wurde allerdings im 200. Jahr nach der
     französischen Revolution von der deutschen Wende überholt. Zur literarischen
     und literaturwissenschaftlichen Forster-Rezeption in der DDR vgl. die
     Bibliographie Horst Fiedlers (1971) und deren Fortsetzung durch Claus-Volker
     Klenke (1994).

13   Zur offiziellen Beanspruchung des jakobinischen Erbes in der DDR-Kulturpolitik
     vgl. den historischen Überblick Haase u.a. 1986, insbesondere 225–227. Vgl.
     ebenso Claus Trägers Textsammlung zur Mainzer Revolution, die erstmalig
     einen (gekürzten) Brief Caroline Böhmers aus Mainz in der DDR veröffentlichte
     (1963, 159–160). Zu Problemen der Forster-Rezeption in der DDR vgl. Peitsch
     1991.

14   Zur "Funktionsbestimmung des historischen Romans in der DDR-Literatur"
     vgl. Rosselini 1981.

15  Struzyks literarische Zitate in den Kapitelüberschriften reichen von Friedrich
    Hölderlin über Ingeborg Bachmann bis zum Spiel mit Kinderreimen und
    Märchentexten. Der Subtext dieser Zitate, die sich an literarisch informierte
    Leser richten, erhält nicht selten eine politische Brisanz: "Jeder für sich—und
    der Staat gegen alle?" (Struzyk 1988, 51); "Ansichten vom widerlichen Rhein"
    (139)—zitiert ironisch respektlos Georg Forsters *Ansichten vom Niederrhein*;
    "Tapferkeit vor dem Freund" (75)—zitiert Bachmanns Gedicht "Alle Tage";
    der Kontext dieser Gedichtzeile signalisiert Dissidenz:
    "[. . .] die Auszeichnung der armselige Stern/[. . .]/Er wird verliehen/
    für die Flucht vor den Fahnen,/ für die Tapferkeit vor dem Freund,/für den
    Verrat unwürdiger Geheimnisse/ und die Nichtachtung/jeglichen Befehls."
    (Bachmann 1982, 28)
       Nicht weniger subversiv ist die Überschrift "Ins Offene" (Struzyk 1988,
    112)—ein Topos, der sich neben dem romantischen Fenster-Motiv beinahe als
    Leitmotiv durch den ganzen Text zieht; Struzyk beerbt Hölderlins "Der Gang
    aufs Land. An Landauer":
    "Komm! ins Offene, Freund! Zwar glänzt ein Weniges heute/ Nur herunter
    und eng schließet der Himmel uns ein./[. . .] und leer ruht von Gesange die
    Luft./Trüb ists heut, es schlummern die Gäng und die Gassen und fast will/
    Mir es scheinen, es sei, als in der bleiernen Zeit./ [. . .] Darum hoff ich
    sogar, es werde, wenn das Gewünschte/Wir beginnen und erst unsere Zunge
    gelöst/[. . .]/Mit der unsern zugleich des Himmels Blüte beginnen,/Und dem
    offenen Blick offen der Leuchtende sein./Denn nichts Mächtiges ists, zum
    Leben aber gehört es,/Was wir wollen, und scheint schicklich und freudig
    zugleich./[. . .]/Möge der Zimmermann vom Gipfel des Daches den Spruch
    tun,/Wir, so gut es gelang, haben das Unsre getan." (Hölderlin 1986, 102–
    103)
       Zum kritischen Hölderlin-Erbe in der DDR-Literatur vgl. Fehervary 1975
    oder Volker Brauns Gedicht "An Friedrich Hölderlin" (1975, 18). Struzyks
    Überschrift "Versäumtes Leben" (1988, 141) antwortet auf ein zentrales Thema
    zahlreicher Texte Christa Wolfs. Auch Sigrid Damm spricht in ihrer Dankrede
    zum Lion-Feuchtwanger-Preis von "Versäumnisse[n]", vom "Abgrund eines
    mißlungenen Lebens" (1988a, 244), von einer "Generation ohne Biographie"
    (247).

16  Sie fehlen ebenso in der Neuausgabe von 1997.

17  Alle folgenden Zitate der Quellen folgen in Rechtschreibung und Grammatik
    den überlieferten historischen Originalfassungen.

18  In der kürzeren, leicht abweichenden Version von Damms Essay in der *Neuen
    deutschen Literatur* erscheint die Botschaft politisch noch forcierter: "Im
    Spiegel der großen Revolutionsliteratur sucht sie ihr eigenes Gesicht." (Damm
    1979a, 104)

19  Zur Funktionalisierung der Vorstellungen von 'Reife' und 'Unreife' für die
    jeweiligen zeitgenössischen Wertmaßstäbe vgl. eine westliche Version aus den
    50er Jahren. 1959 empört sich Carmen Kahn-Wallerstein über Böhmers

politische Kindereien in Mainz: "Caroline soll doch lieber Mainz verlassen, riet die Besorgte [Freundin Gotter]. Man sollte kaum glauben, daß die Antwort von einer fast dreißigjährigen Frau geschrieben ist: 'Ich ginge ums Leben nicht von hier [. . .]'" (1979, 40). Eckart Kleßmanns Biographie kommt den historischen Verhältnissen am nächsten; Böhmer ist dort "die Neunundzwanzigjährige—und das bedeutet für jene Zeit: eine schon alternde Frau" (1992, 108).

20    Eine den DDR-Texten vollkommen konträre Einschätzung vertritt z.B. der westdeutsche Germanist Norbert Oellers, wenn er davon ausgeht, daß Böhmer—"diese Revolutionstante" (1990, 135)—"um 1780, ihre Lektüre selbständig wählte": "Aus den überlieferten Briefen von ihr wird deutlich, wie sehr sie jeweils auf der literarischen Höhe der jeweiligen Zeit stand [. . .]. Die Geschichte hat die Sicherheit ihres Urteils im großen und ganzen bestätigt." (131)

21    Schon in ihren letzten Göttinger Monaten vor der Heirat schreibt Caroline Michaelis über den Bücherhandel mit der in Wilna lebenden Therese Heyne-Forster: "Therese und ich, wir geben uns dann zuweilen ein *Rendésvous* [sic!] im Geist, denn was der eine merkwürdiges kluges oder besonders Dummes ließt, wird sogleich zum andern geschickt." (*Caroline* I, 80; 3.4.1784 an Luise Gotter) Vgl. ebenso die Briefe an ihre Schwester aus Clausthal: "Schick mir mit der Botenfrau Gallisch, hörst Du? [. . .] Die übrigen Theile von Möser allenfalls auch [. . .]. Vernünftige Sachen hat mir Therese geschickt." (*Caroline* I, 101; ohne Datum 1784 an Lotte Michaelis).—"[. . .] ob Du nichts zu lesen für mich hast? Ich vertrockne seit einiger Zeit, weil alle meine Bücherquellen sich verstopfen. [. . .] nun bitt ich Meyern, erstlich um etwas amüsantes gut zu lesen, wenn man auf dem Sopha *liegt*. Das muß kein Foliant seyn, sondern was man mit einer Hand hält. [. . .] Mir ist alles willkommen, waß ich noch nicht gelesen habe. Zweytens möcht ich etwas zu lesen, wenn man auf dem Sopha sizt und den Tisch vor sich hat, als ältere englische Geschichte aus Alfreds Zeiten; und den 4ten Theil von Plutarch (die andern hab ich gelesen). [. . .] Bey der nächsten Gelegenheit kömt auch Winkelmann und Oßian wieder. Betreib dies ein bischen für deine Schwester; es ist unverantwortlich, daß man mich so gleichgültig zum Aschenbrödel werden läßt. Mach es Meyern wichtig. Bekomm ich nichts, so glaub ich nicht an Deine Gewalt über ihn." (*Caroline* I, 145–146; 22.3.1786 an Lotte Michaelis)

22    Spuren der von Damm erwähnten Condorcet-Lektüre finden sich in den Quellen erst in einem undatierten Brief an Friedrich Schlegel, der vermutlich drei Jahre später, im Juni 1795 geschrieben wurde. Hier rät sie Friedrich dringend, sich mit Condorcet auseinanderzusetzen. (*Caroline* I, 363–364) Vgl. auch Anmerkung 34, Kapitel 3.

23    Vgl. die 'pädagogisch' wenig engagierte Stimme Forsters zu Böhmers literarischen Ambitionen in einem Brief an seinen Schwiegervater: "Die Wittwe Böhmer ist endlich auch am Mittwoch gekommen und läßt sich bis jezt

vernünftig an. Hier muß sie wohl eingezogen leben, weil sie keine Figur machen kann. Sie will auch skribeln; ich zweifle aber ob es geht." (Forster 1989, 60; 10.3.1792 an Christian Gottlob Heyne)

24  Vgl. die häufig zitierten Briefe Friedrich Schlegels an seinen Bruder August Wilhelm über Böhmers—von ihm so kritisch betrachtetes—'Mainzer Engagement'. August Wilhelm Schlegel hatte sich aus Amsterdam für Böhmers Freilassung aus der Haft eingesetzt; Friedrich Schlegel hatte sich anschließend in Lucka, wo sie heimlich ihren 'französischen' Sohn Julius Krantz zur Welt brachte, auf Bitten seines Bruders um dessen künftige Ehefrau gekümmert. Friedrich schreibt an August Wilhelm: "Einen Brief nach dem Verlust von Frankfurt, glühend von dem schönsten Unwillen, hat sie mir schenken müssen.—Ich kann ihr jezt fast verzeihen, daß sie des Unsinns fähig gewesen wäre, Dich in den Strudel und in Dein Unglück mit hinein zu ziehen. Diese Begeisterung für eine große öffentliche Sache, macht trunken und thörigt für uns selbst" (Walzel 1890, 127; ohne Datum, Oktober 1793).—Von oben herab schreibt Friedrich im November 1793: "Ihr Glaube an die Ewigkeit dieser kurzen Republik mußte freylich außer Maynz Mauern sehr schwach scheinen—aber innerhalb derselben war er doch wohl selbst bey großem Verstande möglich. [. . .] Ich wünschte auch, sie hätte öffentliche Angelegenheiten für immer den Männern überlassen, [. . .] [ich] finde in ihrer Ansicht der Sache zwar gewiß nicht reine Wahrheit, oder tiefe Weisheit, aber ächten Eifer für alles Große. Dieser bleibt mir immer ehrwürdig bey allen Einflüßen des ansteckenden allgemeinen Taumels der Eitelkeit, der Sinnlichkeit, der Neuheit und der Weiblichkeit, die sie nie verläßt." (145; 17.11.1793)

25  In dieser Version einzigartiger Zeitzeugenschaft verschwinden nicht zuletzt die Mainzer Korrespondenzen der Meta Forkel und Therese Heyne-Forster.

26  Diese Auslassungen werden auch in der Neuausgabe von 1997 nicht korrigiert.

27  Nicht anders das Verfahren des Forster-Herausgebers Gerhard Steiner—auch hier erschöpft sich weibliche Zeitgenossenschaft in der umstandslosen Identifikation und Verschmelzung der Biographien Caroline Böhmers und Georg Forsters: "Je stärker sich Caroline engagierte und sich der Meinung Forsters anschloß, dessen politischen Einsatz und Integrität sie bewunderte [. . .], umso schmerzlicher enttäuschten sie die Zwistigkeiten unter den Klubisten, die militärischen Fortschritte der Konterrevolution und schließlich der Zusammenbruch der Mainzer Republik. Sie stand jedoch durch alle revolutionären Aktionen hindurch zu Forster. Die Hilfe, die sie ihm damit gab, sichert ihr allein schon einen Platz in der Geschichte der Mainzer Republik. Wenn ihre Schwester Luise später berichtet, daß Forster ein tätiger Anhänger der Französischen Revolution gewesen sei, und hinzufügt: 'Und meine Schwester wohl nicht minder', so sind damit sicher [?] ihre Gesinnung und ihr Einsatz für Forster gemeint [. . .]. Ihre direkte politische Aktivität hat sich wohl nur auf gelegentliche Teilnahme an den Klubsitzungen, besonders anläßlich der Reden Forsters, und an republikanischen Volksfesten und

Redouten beschränkt [. . .]. Sicher [?] ließ sich Caroline dieses Fest [die
Errichtung des Freiheitsbaums am 13.1.1793] nicht entgehen, das Forster
mit einer französischen Begrüßungsrede an die Brüder der Gleichheit und
Freiheit aus Frankreich einleitete." (Steiner 1983, 16)

28    Vgl. die kargen Bemerkungen über Böhmer in Forsters überlieferten Briefen:
      Er schreibt an seinen Schwiegervater anläßlich Thereses Geburt ihres Sohnes,
      die "gute Madame Böhmer leistet uns treulich Hülfe" (1989, 102; 24.4.1792
      an Christian Gottlob Heyne). Zwei Wochen später heißt es im Brief an
      Lichtenberg: "Die Wittwe Böhmer, des seeligen Michaelis Tochter, ist seit
      Anfang des März hier und lebt eingezogen und zufrieden; außer unserm Haus
      kommt sie nicht aus ihrer Wohnung. Es ist ein gescheutes Weib, deren Umgang
      unsern häuslichen Cirkel bereichert." (111–112; 10.5.1792)

29    Vgl. die ähnliche personale Geschichtsdynamik in der Forster-Erzählung Erik
      Neutschs: "Doch er ging seinen Weg, ging ihn mit Riesenschritten." (1981,
      123)

30    Sophie Dorothea Margareta Forkel (1765–1853) hatte bereits mit 19 Jahren
      ihren ersten Roman Maria publiziert. In Mainz übersetzte sie aus dem
      Englischen und brachte 1792 Thomas Paines The Rights of Man ins Deutsche.
      Sie ist später Mitgefangene Böhmers in Königstein. Über mögliche 'persönliche
      Einflüsse' Forkels auf Böhmer (und vice versa) spekulieren die hier untersuchten
      Texte nicht.

31    In erster Linie galt es dabei, diplomatisch auf die politische Indifferenz und
      Zaghaftigkeit von Luise Gotters Gatten Rücksicht zu nehmen. Vgl. hierzu
      Friedrich Wilhelm Gotters Biographen Schlösser, der sich wiederum auf den
      Nekrolog Schlichtegrolls beruft, wenn er Gotters Haltung zu den Ereignissen
      in Frankreich und Mainz folgendermaßen umschreibt: "die neuesten Weltscenen
      schmerzten ihn sehr [. . .]. Er nahm daher keinen Antheil an Unterhaltungen
      über politische Gegenstände, und als durch seine letzte Krankheit die Reizbarkeit
      bey ihm höher stieg, war jede Erwähnung derselben aus seinem Zirkel
      verbannt." (Schlösser 1894, 152) Vgl. auch Schlichtegroll 1801, S. 285f.

32    Zu den narrativen Abwehrstrategien 'weiblicher Entmännlichung' vgl.
      ausführlicher den Abschnitt 'Interdependenzen zwischen jakobinischer Weiblich-
      keit und Männlichkeit' in diesem Kapitel.

33    Zur kontroversen Anwesenheit des Lukácsianischen Erbes im historischen DDR-
      Roman vgl. Rosselini 1981.

34    Der Rezensent Rulo Melchert warf Ebersbach vor, er habe seine weibliche
      Figur "bis zum Äußersten belastet und beschwert mit zuviel Intellektualismus.
      [. . .] Selten genug sehen wir Caroline dann als einen Menschen aus Fleisch
      und Blut, am ehesten noch, wenn sie in ihrer Beziehung zu ihren Kindern
      dargestellt wird; hier bekommt diese Frau etwas Weibliches [. . .] und Hingabe
      für andere, ihre Treue zu sich selbst werden sichtbar" (1988, 217).

35    Vgl. Caroline Böhmers Brief vom 15. Juni 1793 an Friedrich Ludwig Wilhelm
       Meyer (*Caroline* I, 295).

36    Vgl. Friedrich Schlegels "nachweislich falsch[e]" Bemerkung an seinen Bruder
       vom 3. April 1793: "die B. sei Custines Maitresse" (Behler 1987, 277).

37    "Und der allerunglücklichste Phlegias mahnt uns alle" [F.M.].

38    Zustimmend schloß sich der DDR-Germanist und Schiller-Verehrer Oskar
       Fambach 1957 den umstrittenen Vereindeutigungen der Rezeptionsgeschichte
       an—und entzifferte das erstzitierte Xenion als Urteil über Caroline Böhmer. In
       Jena habe "Karolinens Instinkt" Schiller "als Souverän seines Reichs geleugnet
       [. . .] hier spinnt eine Parze aus Bestimmung (Parze heißt sie in einem Xenion
       in Schillers Musenalmanach, das sie selber eilfertig auf Friederike Brun bezog)"
       (1957, XVII). Fambachs editorischer Kommentar zu "Madame B**" liest sich
       so: "Madame B**—das konnte nur Karoline Böhmer, die nachmalige Gattin
       A.W. Schlegels sein. Zu ihren revolutionären 'Schwestern' gehörte Hubers
       jetzige Frau [Therese]." (396) Auch Schillers Polemik gegen den vom 'Weibe'
       verführten 'rasenden Thor' kommentierte Fambach zustimmend: "Das ging
       auf Forster, der mit seiner Frau Therese in die Mainzer Clubistenhändel
       verwickelt gewesen war." (396)

39    Klaus Günzel z.B. wählte die zeitgenössischen brieflichen Diffamierungen von
       Therese Forsters Vater über Caroline Böhmer als Kapitelüberschriften seines
       Essays über Caroline Schlegel in Jena (Günzel 1987). Vgl. Anmerkung 9,
       Kapitel 3 dieser Arbeit.

40    Zu Forsters Analysen der politischen Vorgänge im revolutionären Paris vgl.
       den Aufsatz Pickerodts 1982a.

41    Heyne-Forsters so vielzitierter, weil—und hieran kann nicht deutlich genug
       erinnert werden—einzig überlieferter Brief an Böhmer kann einen annähernden
       Eindruck von der Vertrautheit des Verhältnisses der beiden Frauen vermitteln.
       Über den zunehmenden körperlichen Ekel, den sie vor ihrem Mann empfunden
       habe, schreibt sie noch vor dem Tod Forsters in einem Brief vom 16. Novem-
       ber 1793; Adressatin ist Frau Hottinger, die Gattin Johann Jakob Hottingers.
       (Den Vornamen der Frau zu recherchieren, hat der Herausgeber der Briefe
       Georg Forsters, Klaus-Georg Popp, nicht für nötig befunden.) Therese Heyne-
       Forster fürchtet hier, daß ihre Mainzer "Vergangenheit verstellt [vor dem] Blick"
       ihrer Freunde "erschein[t]": "Ich heirathete ohne Liebe, aber voll Schwärmerey.
       Ich habe nie aufgehört Forstern zu ehren, zu vertrauen, ihn als meiner Kinder
       Vater voll Zärtlichkeit zu betrachten, aber meine Sinne und meine Liebe [. . .]
       konnte er nie bestechen. [. . .] So waren wir sehr unglückliche Eheleute,
       aber vertraute Freunde. Forster hat jede Pflicht gegen mich erfüllt, aber weil
       er mich liebte, und doch wuste, daß ich ihn nicht liebte, war er unglücklich.
       [. . .] er steifte sich auf eine in seinen Karakter sehr natürliche Art
       leidenschafftliche, sinnliche Liebe von mir zu erzwingen [. . .]. [. . .] als
       Gemahl konnte er mir nur Widerwillen einflößen." (Forster 1989, 780–781)

Auch in Carolines Briefen finden sich Hinweise auf das von Therese beschriebene Verhalten Georgs; nach ihrem ersten Besuch in Mainz, im Winter 1791, spart sie nicht an scharfen Worten über den Mann ihrer Freundin; sie schreibt an Meyer: "Ihre Gesundheit leidet [. . .] Forster ist unerträglich [. . .]. Sie haben ihr jüngstes Kind an den inokulierten Blattern verloren.—F. sorgt indeß für Ersatz, und das ist zehnfach ärger—" (*Caroline* I, 242; 6.12.1791).

42    Vgl. den Brief Therese Forsters an Karl Leonhard Reinhold vom 24. Februar 1806 (Geiger 1899, 33–36 und 52–54).

43    Vgl. Geiger 1899, 41. Eine solche "Dreieinigkeit" sollte sich später in Mainz mit Huber praktisch wiederholen.

44    Unter diesem Namen begann Therese ab 1794 ihre literarischen Werke zu publizieren. Zur Autorin Huber vgl. u.a. Magdalene Heusers Nachwort zu *Die Familie Seldorf* (Huber 1795/96/1989, 347–389), ebenso Andrea Hahn 1989, Barbara Becker-Cantarino 1989a und Jeannine Blackwell 1992. Keiner der hier untersuchten Texte aus der DDR erwähnt Therese Huber als Autorin.

45    Die Vorliebe aller hier untersuchten Texte Caroline Böhmer in Mainz—mehr und weniger temperamentvoll—die *Carmagnole* tanzen zu lassen, stützt sich auf dieses 'biographische Dokument'. Vgl. insbesondere die Umkehr des Blickes bei Struzyk—die Diffamierungen der historischen Therese Huber 'rächt' der Text mit einem vernichtenden Blick auf die 'Hexe' Therese; die Szene spielt beim historischen Wiedersehen der 'Mainzer Frauen' 1803: "Therese geht zum Musikanten. Sie redet auf ihn ein, sie gurrt, sie bittet, sie bezaubert. Und plötzlich hängt die *Carmagnole* im Raum. Es trifft. Und Caroline zuckt zusammen. Sie murmelt bloß 'geschmacklos'. Da fängt Therese ganz allein zu tanzen an. Sie wirft die Beine hoch, die Arme wirbeln um den Leib. Verhext. Meta geht zu ihr. Bittet aufzuhören. Therese aber singt mit schriller Stimme. 'Ça ira. . .' Und schreit zu Caroline. 'Na, warum tanzt du nicht? Man weiß von Nächten, wo du nicht genug gekriegt hast von dem Zeug! Man weiß es, Caroline, und man weiß noch mehr! Doch wahrscheinlich ist man nicht im Bilde, wer sich da eingeschlichen hat im Pfarrhaus!'" (Struzyk 1988, 163)

46    Geiger beanspruchte, eine "ernste, aus den Quellen geschöpfte Darstellung" zu geben, der es "völlig fern [liegt], Klatsch aufzusuchen und mit Geflissenheit herkömmlichen Anschauungen entgegenzutreten; mein Bemühen ist vielmehr einzig und allein darauf gerichtet, die Wahrheit zu ergründen" (1899, VII–VIII).

47    Auch Erich Schmidt, der Herausgeber der Briefe Caroline Schlegel-Schellings, unterläßt es nicht, Unbelegbares als Tatsache zu behaupten; Therese Forsters Brief von 1794 kommentiert er vor dem Hintergrund ihrer fast zehn Jahre späteren Vorwürfe von 1803: "Der Brief war bisher nur in sehr gekürzter Form bekannt mit Unterdrückung von Theresens furchtbar offner Beichte an C., die sie ja mit Forster erotisch verbunden wähnte, über ihren physischen Ekel gegen den Gatten. Das gibt dem übrigens in manchem Betracht sehr klugen Brief einen Stachel." (*Caroline* I, 704)

48    Mit einem Seitenhieb auf westliche Darstellungen lobt der Rezensent Rulo Melchert den Text so: "Es versteht sich von selbst, daß Volker Ebersbach nicht moralisiert, wie in zeitgenössischen und bornierten bürgerlichen Darstellungen von Carolines Leben geschehen" (1988, 215). Im großen und ganzen wirft Melchert dem Autor jedoch vor, er habe sich zu sehr an Fakten orientiert, anstatt mit 'zündender Phantasie' "Lücken im Material zu füllen" (218). Ebersbach selber rechtfertigte das Verfahren in seiner Laudatio auf die Lion-Feuchtwanger-Preisträgerin Sigrid Damm; "als Späher in die Seele des anderen Geschlechts" sprach er selbstbewußt: "[W]er berühmte Leute konterfeit, muß ihnen gewachsen sein. Meine Erfahrung ist, daß es sich lohnt, bei der Sammlung der Materialien so fleißig, ja pedantisch vorzugehen wie ein Gelehrter, denn gerade eine möglichst lückenlose Materialiensammlung macht meine Schreibhand so souverän, wie es die Kunst erfordert." (Ebersbach 1987a, 13)

49    Erik Neutschs Erzählung *Forster in Paris*, dessen Figurenzeichnung Ebersbach in vielen Aspekten Pate gestanden hat, benutzte zur Entkleidung politischer Nichtsnutzigkeit gleichfalls den Körper der Frau; Forster beobachtet in Paris eine Frau in ähnlicher Aufmachung wie Ebersbachs Anti-Heldin: Sie "saß mit dem Rücken zum Kutschbock, trug ein loses und lang herabfallendes Morgenkleid von weißem *Piqué* und eine häßliche Haube auf ihrem mit achtunddreißig Jahren frühzeitig ergrauten [. . .] Haar" (1981, 29). Neutschs Bild frühzeitig alternder und darin abstoßender Weiblichkeit bezeichnet hier nun keine andere als Marie Antoinette auf dem Weg zur Guillotine.

50    Struzyk beerbt hier Ludwig Geiger: Dieser präsentierte Therese Heynes Mutter als eine "moralisch nicht ganz zurechnungsfähige Frau", die zudem "schwindsüchtig" war, was ihre "geschlechtliche Neigungen sich übermäßig stark entwickeln ließ" (1899, 26). Dieses tradierte Muster 'Tochter einer Rabenmutter' reaktiviert auch Willi Winkler in seinem *Zeit*-Artikel zur Therese Heyne-Forster-Ausstellung des Marbacher Literaturarchivs von 1993. Humorig will Winkler den *Zeit*-Lesern die 'verwahrloste' Kindheit Heyne-Forsters aktualisieren und versucht deshalb, den Stil einer "RTL-Seifenoper" nachzuahmen. Nicht anders als Ebersbach und Struzyk arbeitet Winkler mit den Kontrasten einer treulosen Ehefrau und Mutter und eines abgearbeiteten Gatten: "Gute Zeiten, schlechte Zeiten, und wirklich nichts ausgelassen. Mutter betrügt überarbeiteten Vater mit Untermietern. Tochter verwahrlost." (Winkler 1993)

51    Wiederholt beerbt Struzyk hier unter umgekehrten Vorzeichen den Therese-Verteidiger Ludwig Geiger, wenn sie den Spieß der Verteufelung auf Kosten Therese Heynes umdreht. In eindeutiger Zweideutigkeit hatte Geiger seine homophoben Phantasien gegen Caroline Michaelis gerichtet: "Sinnlich und sittenlos zeigte sie sich schon in ihren Mädchenjahren, in denen sie sich in allerlei zweideutigen Verhältnissen herumtrieb. Als erwachsenes Mädchen— denn den Umgang der Kinder hatten [. . .] die Eltern verboten—trat sie Theresen nahe." (1901, 36–37)

52    Forsters Satz um "Ehre" und "Opfer" seiner Frau ist eines der am meisten literarisch verarbeiteten Zitate in den Forster-Romanen. Vgl. auch die Texte

Neutschs (1981, 36) und Döppes (1982, 472); es fällt schwer anzunehmen, die Philologin Damm habe die Quelle lediglich ungenau gelesen.

53    Vgl. Böhmers Brief vom 17.12.1792: "Sie [. . .] geht in einem Augenblick, wo jede Sicherheitsmaasregel Eindruck macht, und die jämmerliche Unentschiedenheit der Menge vermehrt" (*Caroline* I, 278–279; an Meyer).

54    Vgl. wiederum die physiognomischen Ähnlichkeiten zu Erik Neutschs Marie Antoinette auf Henkersfahrt: "Ihr Gesicht wirkte verkrampft, da sie unendlich darum bemüht war, Kopf und Nacken aufrecht zu halten und Verachtung zu zeigen. Um ihren Mund krümmten sich Falten, sie hatte die Unterlippe vorgeschoben und richtete mit unbeweglichen, gesenkten Wimpern ihren Blick starr vor sich hin." (Neutsch 1981, 29) Heyne-Forsters 'Falschheit' hatte Neutsch ebenfalls schon gestaltet. Hier hatte sie diesen 'Charakterzug' zudem an ihre Tochter 'vererbt'. Wir befinden uns beim letzten Zusammentreffen Forsters mit Frau und Kindern und Huber im schweizerischen Travers: "Nun trat man ins Haus, setzte sich in die Gaststube. Die Kinder bettelten sofort um eine Schokolade, Claire inzwischen mit dem schon von ihrer Mutter her bekannten verstohlen lauernden Ausdruck in den dunklen Augen." (11) Auch in Friedrich Döppes Forster-Roman von 1956 fällt Thereses 'Lauern' Georg in die Augen: "Er nahm das Lauern in ihrem Blick wahr, kein böses und kein frohes, ein ungläubiges Lauern." (Döppe 1982, 461)

Wo Ebersbach den "stummen giftigen Blick" des schlangenhaften Weibes beschwört (1987, 142), folgt er gemeinsam mit Döppe und Neutsch den patriarchalen Verleumdungen von Therese Forsters Schwiegervater, Johann Reinhold Forster. Nach dem Tode Georgs hatte dieser seinen politischen Haß auf Sohn und Schwiegertochter dem "Grossen und Gnädigen Monarchen", dem "edelgesinnten, menschenfreundlichen Fürsten" Erthal so unterbreitet: "Mein unglücklicher Sohn George Forster [. . .] war zu schwach um den Eingebungen eines arglistigen und irreligiösen Weibes zu wiederstehen. [. . .] Ich [. . .] warnete ihn väterlich: allein er brach im Oktober 1792 alle Correspondenz mit mir ab, auf Anstiften der boshaften Schlange, die er zum Weibe gewählt hatte." (Forster 1989, 759; 2.2.1794 an Friedrich Karl Joseph Freiherr von Erthal)

55    Vgl. Georg Christoph Lichtenbergs Brief an Samuel Thomas Sömmering vom 11. September 1785 (Lichtenberg 1983, 457–458). Kleßmann 'rühmt' Lichtenberg "[w]egen seines aktiven Sexuallebens" (1992, 19). Lichtenbergs zwei Bemerkungen über den Körper Heyne-Forsters zählen zu den häufigst kolportierten Sätzen der Rezeptionsgeschichte über die Frau Forsters. Auch Willi Winkler betreibt in der *Zeit* die Pflege dieses Erbes des Schriftstellers, wenn er andeutungsvoll feststellt: "Wie seine Frau ist Forster von der Franzosenkrankheit befallen" (22.10.1993; vgl. Lichtenbergs Brief an Sömmering vom 7. Januar 1785; Lichtenberg 1983, 423–425).

56    In den historischen Quellen versucht nicht Therese Forster, sondern ihr Vater, den Schwiegersohn zu überzeugen, eine politisch unbescholtene Stelle im preußischen Berlin anzunehmen. Georg Forster beschwert sich hierüber in seinem Brief vom 28. Januar 1793 an Therese und zitiert ihr aus "dem Briefe

des Alten: 'Da Sie doch nun eingesehen haben müßten, daß alle Vorstellungen von Vollkommenheit des Menschen und der menschlichen Gesellschaft thörichte Träume sind, [. . .] so kann ich hoffen, daß Ihre Betrachtungen Sie kühler machen, und daß Sie mit mir einstimmen werden, der Beruf war für Sie nicht da, [. . .] die Ihrigen einem Traum aufzuopfern'" (Forster 1989, 318). Fortfahrend vertraut Forster auf das politische Einverständnis seiner Frau: "Ich freue mich aber, dich und alles was damals um mich war zum Zeugen aufrufen zu können, daß von solchen Träumen [nach menschlicher Vollkommenheit] in meiner Seele kein Schatten ruhte. Es ist besser frey zu sein, oder nennen wirs, nach Freiheit streben, als elend um Brod betteln bey einem Despoten" (319; 28.1.1793 an Therese Heyne-Forster).

57    Vgl. Georg Forsters Brief an Ludwig Ferdinand Huber vom 4.12.1792 (Forster 1989, 257–258).

58    Gesellschaftspolitisch wurde in der DDR der 50er Jahre ein derartiges Emanzipationsmodell berufstätiger und politischer Weiblichkeit verstärkt gefördert. Die (westlichen) ideologischen Identifikationsangebote einer häuslichen Existenz am Herd waren aufgrund des hohen Arbeitskräftemangels volkswirtschaftlich nicht funktional. Ähnlich dem literarischen Verhältnis zwischen Böhmer und Forster in den Texten Geerdts' und Döppes wurden auch in der Politik "die Schritte von Frauen an der männlichen Gangart" gemessen (Nickel 1993, 233). Zur Kehrtwendung in der Familien- und Sozialpolitik der 70er und 80er Jahre vgl. auch Diemer 1994.

59    Zur Rezeptionsgeschichte Therese Heyne-Forster-Hubers bemerkt Sigrid Weigel: "Daß sie in 'Zwietracht zwischen Liebe und Pflicht' nicht entsagt und ihr persönliches Glück nicht der Gattenpflicht geopfert hat, wurde ihr vielfach zum Vorwurf gemacht. [. . .] Wie sehr die Tatsache, daß Therese Huber ihrem eigenen Begehren folgte, ihr als Makel anhaftet, zeigt der Umgang mit ihrer Biographie in der Literaturgeschichtsschreibung. Wohlmeinende Biographen versuchen noch nachträglich, ihr Schicksal ins Lot zu rücken. In der Version Lina Morgensterns in deren Buch *Frauen des 19. Jahrhunderts* wurde Therese von Forster weggeschickt, und ihre Scheidung im folgenden Jahr bleibt ganz unerwähnt." (1983, 361–362)

60    Vgl. als jüngeres Beispiel Marie-Claire Hoock-Demarles Urteil über Therese Forsters Abreise: "Hier merkt man deutlich, wie sich zwei unterschiedliche Formen weiblicher Emanzipation abzeichnen. Die eine, eher egoistische, verwirklicht ohne Rücksicht auf ihre Umgebung ihr persönliches Glück, ihre Befreiung von der ehelichen Bevormundung und den häuslichen Pflichten. Die andere, gewagtere und großherzigere, gewinnt ihre Größe aus den Ereignissen, bestätigt sich auffällig in ihrer weiblichen Identität und übt geschickt ihre Rolle als historische Zeitzeugin aus." (1990, 140)

61    Vgl. das offizielle Lob in der Rezension von Horst Haase vom ZK-Institut für Gesellschaftswissenschaften 1985, 43–44.

62    Vgl. zuletzt Jeannine Blackwell: "Therese's childhood friend, moved into their home, and according to Therese had an affair with Georg. Georg Forster's

public reputation was contradicted by his private life, but Therese bore the brunt of censure of deserting him in his political crisis." (1992, 142)

63    Vgl. ebenso den ähnlichen Tonfall in den Briefen vom 8. und 20.–22. Januar 1793 an Therese (Forster 1989, 305, 309), sowie im Brief vom 23. Dezember 1792 an Ludwig Ferdinand Huber (283).

64    Vgl. ebenso die folgenden beiden Briefe; einen Tag nach Therese Forsters Abreise schreibt Georg am 8. Dezember 1792: "Gestern speißte ich mit unserm alten Capitain tête à tête am kleinen Tischchen und Abends kamen die beiden Brüder Dedon mit den beiden Wittwen [Böhmer und Forkel] und blieben bis 8 Uhr bei mir." (Forster 1989, 263; an Therese Heyne-Forster) Ähnlich lesen wir kurz vor Weihnachten: "Des Abends ist Dedon, sein Bruder und die Frauen zum Thee bei mir." (275; 18.12.1792 an Therese Heyne-Forster)

65    Die erwähnte Haushälterin Marianne Treber hatte bereits in Wilna für Heyne-Forsters gearbeitet. Wenig schmeichelhaft für den Jakobiner ist die abfällige Wortwahl über seine Dienerin im Brief vom 1. Januar 1793 (wieder an seine Frau): "Unser Küchenständer steht noch immer seinen Ruhm; sie ist nicht mit Geld zu bezahlen, so flink, so ordentlich, reinlich und gut." (Forster 1989, 294) Ein "paar Dienstboten" werden auch im Brief vom 27. März 1792 erwähnt (84; an Christian Friedrich Voß).

66    Vgl. auch Kleßmann: "Sie führt jetzt für ihn den Haushalt" (1992, 95).

67    Vgl. im gleichen Kontext die noch relativ milde Version Döppes aus den 50er Jahren: "Da bat Therese sie in ihr Zimmer. Ein Zug von Wehmut oder Traurigkeit [. . .] stand nicht in ihrem Gesicht. [. . .] 'Du kannst', sagte sie, 'in mein Zimmer ziehen. Ich wäre dir sogar dankbar dafür. Ob Forster nun eine Haushälterin nimmt oder . . .' [. . .] Sie standen sich gegenüber, ohne einander anzusehen. Therese fuhr fort: 'Du könntest den Mietzins sparen. Und wenn es Gerede geben sollte, ich . . . werde nie mehr nach Mainz zurückkkommen.' Karoline kehrte sich ab." (1982, 460)

68    Vgl. auch S. 65, Caroline zu Meta Forkel: "'Indessen besser ich noch die Manschetten aus für Forster'"; ebenso S. 68, wo Böhmer Forster besucht: "sie [. . .] geht zu Forster, küßt ihn auf die Stirn. 'Hier ist ein Posten Hemden. Du weißt schon, lieber Freund.'"

69    Vgl. die Nähe zum Entwurf des erklärten Therese-Feindes Zincke: "Karoline war es ja, die damals an Forsters geistigem Leben den regsten Anteil nahm. Mir ihr besprach Forster neue literarische Pläne. Sie forderte er zu neuen literarischen Übersetzungen auf und suchte sie in die Literatur einzuführen. Alles, was Forster in der letzten Mainzer Zeit an ästhetischen, literarischen und politischen Interessen bewegte, teilte er mit Karolinen. Sie hatte von seinem Innenleben schrankenlosen Besitz ergriffen.",(1915, II, 198)

70    Vgl. hier 'das Erbe' Lukács, der über Französische Revolution und 'klassischen Humanismus' schreibt: "Nur die Avantgarde der Intelligenz, die Spitzen der deutschen Literatur und Philosophie, waren in tieferem Sinne Zeitgenossen der großen Umwälzung [. . .]. Aus dieser Lage folgt eine noch zugespitztere

soziale und geistige Vereinsamung der Vorhut als in der vergangenen Periode: das Georg-Forster-Schicksal." (1947, 37)

71    Vgl. Jens Brömers süffisanten Zeitungsbericht anläßlich eines Vortrags Klaus Harpprechts über Forster in Kassel vom 6.7.1989: "Freilich waren für die weniger wissenschaftlich Interessierten nicht alle Nachfragen so spannend wie die, ob nicht doch vielleicht die Vaterschaft des Kindes von Caroline Böhmer, Freundin der Familie, Forster zuzuschreiben sei." (Brömer 1989, 25)

72    Vgl. Hell 1992, 24 im Anschluß an Jameson 1981.

73    Die spezifische Funktion jakobinischer Erotik für das DDR-Erbe wird umgekehrt daraus ersichtlich, daß der—ansonsten erotisch keineswegs uninteressierte—westdeutsche Schlegel-Schelling-Biograph Kleßmann es gänzlich unterläßt, diese biographische Lücke zu füllen, da sie "unbeweisbar" sei (1992, 108).

74    Trotz seiner zahlreichen populistischen Passagen erfüllt Ebersbachs Text im ganzen keinesfalls die Rezeptionserwartungen, die LeserInnen an ausschließlich populäre Belletristik stellen. Im Gegenteil, passagenweise wird auch hier den literarisch Interessierten erhebliche rezeptive Aufmerksamkeit zugemutet, wenn der Text zum Beispiel längere Passagen aus Caroline Schlegels historischem Brieftext über Shakespeares *Romeo und Julia* referiert (Ebersbach 1987, 289–299) oder ausführlich originale Ausschnitte aus Friedrich Schlegels *Lucinde* integriert (334–337). Diese spezifische Mischung 'anspruchsvoller' und 'trivialer' Passagen finden wir ebenso in der historischen Forster-Erzählung Neutschs. Das Genre des historischen Romans in der DDR unterschied sich hierin wesentlich von populärwissenschaftlichen Geschichtstexten im Westen. Literaturpolitisch fungierte der historische Roman als ein literarisches Instrument der politischen Bildung und richtete sich gleichermaßen an das breitere wie an das engere, literarisch vorgebildete Lesepublikum. Die literaturpolitische Aufwertung dieses Genres zeigte sich nicht zuletzt in der Schaffung des ausgesprochen seriösen Lion-Feuchtwanger-Preises für historische Belletristik. Damm, Ebersbach und Struzyk waren Lion-Feuchtwanger-PreisträgerInnen. Zu Recht verweist Jay Rosselini in diesem Zusammenhang auf DDR-Literaturkritiker, die den historischen Roman kulturpolitisch als "'didaktisches Großprojekt'" begriffen (1981, 69). Rosselini reflektiert auch die ausgesprochen divergenten populären Rezeptionserwartungen in der DDR und der BRD: "Es ist [. . .] bemerkenswert, daß die Überschwemmung des westdeutschen Büchermarkts durch eine Flut von populärwissenschaftlichen Geschichtsdarstellungen bisher keine entsprechende Welle historischer Belletristik nach sich gezogen hat. In der Deutschen Demokratischen Republik aber [. . .] sieht die Lage ganz anders aus." (62)

75    Vgl. die ähnliche 'männliche' Sublimierungsstrategie in Fritz Hofmanns Forster-Erzählung "Treffen in Travers". Forster fährt geknickt nach dem allerletzten Treffen mit Therese in der Kutsche nach Frankreich zurück; seine gekränkte Männlichkeit darf sich hier im Schoß der "respektgebietenden Wucht" der 'bajonettbewehrten Armee' wieder aufrichten: "Er liebte [Therese] heute wie vor vielen Jahren [. . .]. Vielleicht hätte er sich Caroline kenntlich machen sollen. Sie hatte ihn verstanden [. . .]. Ihre leidenschaftliche Beteiligung, ihre

unverhohlene Art hatten ihm wohlgetan, hatten ihn getröstet in mancher schwarzen Stunde. Er brauchte einen Menschen, [. . .] der ihm nachfolgte bis in die verborgensten Zweifel und Wünsche hinein. Er sah Caroline vor sich, ihr blühendes Gesicht, und wußte doch, daß er sich ihr nie hätte erklären können. [. . .] Die Pferde griffen aus [. . .]. Die Grenze war erreicht. Die Soldaten mit ihren blauweißroten Kokarden lehnten die Bajonette an die Kutsche [. . .]—viel lieber hätten sie drunten gesessen in den Städten bei ihren Mädchen. [. . .] Zwei Offiziere traten heran und salutierten. Forster sah die frischen Gesichter der Jungen aus Paris, berauscht von der Freiheit und vom Wein. Kehren Sie zur Armee zurück!, so hatte er Danton einst mit Stentorstimme und mit der respektgebietenden Wucht seiner gewaltigen Hände zu einem jungen Offizier sagen hören. Die militärische Laufbahn ist heute die einzige, die für einen Mann Ihres Schlages paßt! Der Reisende spürte Hoffnung und Einverständnis: er war daheim." (1977, 181–182).

76   Zur Prüderie sozialistisch-realistischer Literatur und Kulturpolitik in der DDR im zeitgenössischen Kontext vgl. J.H. Reid 1996.

77   In Neutschs Nachbemerkung lesen wir die—vertraute—quellentreue biographische Rhetorik: "Die Erzählung entstand nach Briefen von Forster und in Benutzung zahlreicher anderer Quellen. Der Autor bittet all jene um Verständnis, die sich in Formulierungen wiedererkennen, und dankt ihnen. Es geschah in dem Bestreben, der Wahrheit am nächsten zu kommen." (1981, 148)

78   Zur Attraktivität jakobinischer 'Schlüssel' für Mainzer Frauen vgl. ebenso Geerdts: "Forster stand im Schlafzimmer und entkleidete sich langsam. [. . .] Therese lag schon im Bett und hatte die Augen geschlossen. Auf dem kleinen Nachttisch ihr zur Seite lag der mächtige Schlüsselbund." (1978, 169)

79   Eine spezifische Sympathie für das 'Physische' erwähnt Neutsch als identifikatorischen Schreibanlaß seiner Auseinandersetzung mit dem Jakobiner. In dem Essay über Georg Forster proklamiert Neutsch eine "freiwillig wiederwählbare[. . .] Geistesverwandtschaft": "Sittliche und physische Vollkommenheit des Künstlers also als erste Voraussetzung für Kunst und die uneingeschränkte, furchtlose Liebe zur Wahrheit als höchste Pflicht des Schriftstellers! Das eine bedingt das andere, und ich will nicht leugnen, daß mir ein solcher Grundsatz nicht nur persönlich sympathisch ist, sondern mir auch oder gerade für sozialistische Realisten als oberstes Schaffensprinzip gültig zu sein scheint." (1979, 58)

80   Ein paralleles Muster verführter männlicher Unschuld—die ihre moralische Integrität bewahrt—zeigt Rosselini an Hans Pfeiffers 'biographischem Roman' über Thomas Müntzer (*Denn ich sah eine neue Erde*, 1975). Diesem Mann des Bauernkriegs "fliegen [die Frauen] zu, ohne daß er auch nur den kleinen Finger zu heben brauchte" (Rosselini 1981, 91). Zu Recht meint Rosselini anläßlich der folgenden Textstelle, daß "die Veröffentlichung von Klaus Theweleits *Männerphantasien* in der DDR dringend erforderlich" gewesen wäre: die künftige Frau des Helden möchte das Kloster verlassen und zu ihm

ziehen, der Held räsoniert besorgt—"'Wenn sie nun nichts weiter wäre als eines jener heftigen Geschlechtswesen, die sich mit welchem Mittel auch immer, hier mit schöngeistigem Geschwätz, einen Mann für ihr kreatürliches Bedürfnis einzufangen suchen?'" (92)

81    Vom Zusammenhang zwischen Prüderie, latenter unterdrückter Homosexualität, Frauenangst und aggressivem Sexismus sprechen die hier untersuchten Texte nur zu deutlich. Vgl. u.a. Oskar Fambachs Rezeptionsgeschichte über den Schiller-Kreis; mit der biographischen Hürde einer gescheiterten Ehe Forsters war dieser literaturhistorische Text weit weniger konfrontiert. Ohne die störende Präsenz 'der Frau' kann Fambach Forsters Männlichkeit als Schiller-Verehrung feiern; unschwer läßt sich dieser viril überbordende Hymnus als sehnsüchtig-projektives Selbstporträt lesen: "der junge Forster mit seiner zündenden Schiller-Apologie gegen Stolberg, eine feurige Säule im Meer der Geister! Wo sind solche Männer noch zu finden, *junge* Männer, aber was für Männer! Männer, die mit achtundzwanzig bis fünfunddreißig Jahren ihre höchste Reife erreicht, die Quintessenz des Lebens gefunden, in unauslotbare Tiefen geschaut haben, harte, sich nicht schonende Männer" (1957, XVIII). Zu Fambachs aggressiver Abwehr Caroline Schlegels vgl. Anmerkung 38 dieses Kapitels sowie Kapitel 3 und Anmerkung 25.

82    Vgl. Böhmers Brief aus Marburg an ihre Schwester Lotte Michaelis: "Ich habe sehr über Jetten gelacht.—Schlegel und ich! ich lache, indem ich schreibe! Nein, das ist sicher—aus uns wird nichts." (*Caroline* I, 191; 1789, ohne Datum)

## Kapitel 2

1    Erich Honecker hatte dort die Aufhebung aller Tabus in Kunst und Literatur proklamiert. Vgl. Bathrick 1983, 53. Auf dem 6. Plenum wurde diese Neuorientierung noch einmal unterstrichen, "wenn nun [. . .] 'Weite und Vielfalt der realistischen Schreibweise' ausdrücklich als legitim galten" (Leistner 1991, 418).

2    Vgl. hierzu ausführlicher Bathrick 1995, 51.

3    Darüber hinaus hält Döllings pauschalisierendes Resümee einer differenzierten Untersuchung zahlreicher anderer, nicht nur subkultureller gesellschaftlicher Praxen in der DDR nicht stand. Ganz entgegen den Intentionen der Autorin macht der totalisierende Gestus der Argumentation es hier schwer, zwischen den Öffentlichkeitsstrukturen faschistischer, totalitärer, diktatorischer oder autoritärer politischer Systeme zu unterscheiden. David Bathrick unterscheidet hingegen "three major public spheres" in der ehemaligen DDR; neben der 'offiziellen öffentlichen Sphäre unter Parteikontrolle' und den öffentlichen 'Medien aus der Bundesrepublik' spricht Bathrick von einer 'dritten Kategorie', "[which] includes literary writers, the Protestant Church, the feminist, peace, ecology, and gay movements, as well as members of the underground culture scenes (jazz, rock, and punk musicians, filmmakers, artists, poets, etc.), all of

whom struggled to establish semi-autonomous terrains of publicness, either partially within or wholly without of official institutions" (1995, 34). Zu ergänzen wäre hier wiederum die 'halbautonome' Öffentlichkeit anderer nicht-christlicher Religionsgemeinschaften. Zum Einfluß der Westmedien auf die Medien der DDR vgl. besonders Barck u.a. 1995, S. 32–33.

4    "Die Frauen nämlich sind [. . .] weit übler daran als die Männer, und ihre auf diese Art organisierten Gesellschaften müssen notwendig die schlechtesten und gemeinsten sein. Denn wenn der Mann auch von seinem Beruf spricht, so fühlt er sich doch von einer Seite noch frei, nämlich von der häuslichen; dagegen die Frauen, bei denen beides zusammenfällt, bei einer solchen Unterhaltung alle ihre Fesseln fühlen." (Schleiermacher 1799, 56) Daß Schleiermacher aus dieser weiblichen Not dennoch eine bürgerliche Tugend zu machen weiß, wird uns im nächsten Kapitel beschäftigen.

5    Eine im Rückblick kritische Auseinandersetzung mit dem "Topos" der Ersatzöffentlichkeit leisten Barck, Langermann und Requate (1995); unter Einbeziehung der "nüchternen Ergebnisse der Leseforschung" diskutieren die AutorInnen dort auch den (gemeinhin nicht reflektierten) sehr beschränkten "Wirkungsradius" der "'Ersatzöffentlichkeit Literatur'" (30–31). Vgl. hierzu auch Barck u.a. 1997: "Literarische Öffentlichkeiten waren [. . .] niemals herrschaftsfreie Räume, sondern Orte von Hegemoniekämpfen und Herrschaftsdiskursen, von Resistenz-, Oppositions- und Widerstandsverhalten in einem. Dialogizität und Transparenz der Diskurse konnten in Abhängigkeit von Zeit, Ort und Verfasser erheblich differieren." (13)

6    Zeitgleich mit Damms Caroline-Schlegel-Essay entstanden *Kein Ort. Nirgends* sowie die beiden Essays über Bettina von Arnim und Karoline von Günderrode.

7    Vgl. Struzyk 1988, 123–124: "Jetzt summt sie, summt die Marseillaise, so in Gedanken, ohne jeden Hintersinn".

8    Ein solches Konzept lädt dazu ein, die Rolle von AutorInnen in der ehemaligen DDR ausschließlich in den Mustern von 'Dissidenz' oder 'Staatsnähe' zu beschreiben. Dieses Muster aus Zeiten des kalten Krieges erlebte in der westlichen Literaturkritik nach der Wende ein medienwirksames *Revival* (vgl. Mittman 1994, 22); vgl. die Debatte um die "Staatsdichterin" Christa Wolf (zitiert in Anz 1991, 66) und hierzu Dennis Tate: Wolfs *Was bleibt* was then used as a stick to beat GDR authors in general with, as *Staatsdichter* and producers of propaganda no different from their *Nazi* predecessors" (1995, 5).

9    Zu dieser komplizierten Doppelrolle vgl. auch Hohendahl: "In the Christa Wolf debate it became fashionable to call them *Staatsdichter* (state poets), thereby implying that they had been employed by the state to provide the regime with the necessary ideological support. I think this criticism was off the mark [. . .]. It failed in principle because it did not recognize the specific dual role of the writer as an intellectual in the GDR." (1995, 45)

10   Schönert hat gezeigt, daß der "pathetische Anspruch einer solchen Stellvertretung der Menschen durch den Dichter [. . .] in der biographischen

Prosa der DDR in den siebziger Jahren vielfach erhoben" wurde (1983, 562).
Vgl. auch den Rückblick Dieter Schlenstedts: "Viele haben sich selber als
Repräsentanten der Allgemeinheit verstanden, nicht immer mit der Idee,
unmittelbar für alle zu sprechen, aber doch meist mit der Absicht, etwas mit
der eigenen Stimme zu sagen, was alle angeht." (1991, 175) Schlenstedts
Mahnung, anstelle vorschneller Verallgemeinerungen diese 'Stellvertreterrolle'
von AutorInnen "nur in den Verschiedenheiten der historischen Phasen [zu]
diskutieren" (174), sollte ernst genommen werden.

11    In seinem kritischen Rückblick auf die Erbevermittlung nennt Hans Kaufmann
      1979 diesen Paternalismus ein "historisch berechtigtes und notwendiges
      Verhältnis der Vormundschaft" (1979, 161): "Es entsprach ganz der
      historischen Situation [nach 12 Jahren Faschismus], daß die Avantgarde (die
      zuständigen Stellen der sowjetischen Besatzungsmacht, die Partei der
      Arbeiterklasse, die entstehenden Institutionen des Arbeiter- und Bauernstaates)
      die Massen mit allen zur Verfügung stehenden Mitteln, auch mit Befehlen und
      Anordnungen, mit Ge- und Verboten an humanistische Literatur heranführte,
      daß man faschistische und militaristische Bücher unterdrückte, die Köpfe
      verwirrendes bürgerlich konservatives und besonders spätbürgerliches
      Gedankengut bekämpfte und dafür sorgte, daß Lessing und Heine, Gorki und
      Heinrich Mann, Becher und Anna Seghers gelesen werden konnten. Die
      Hauptlinien des Erbes, wie sie Mehring und auch Lukács entworfen hatten,
      erwiesen sich in diesem Zusammenhang als hilfreich [. . .]. Solche Erbever-
      mittlung entsprach der Lage eines Volkes, das erst begann mündig zu werden
      und seinen neuen geschichtlichen Weg zu finden." (1979, 158–159)

12    Robert Weimanns Referat zu "Kunst und Öffentlichkeit in der sozialistischen
      Gesellschaft" (Akademie der Künste 1978) war einer der "erste[n]" und wenigen
      Ansätze, sich "in der DDR ausführlich mit diesem Thema" auseinanderzusetzen
      (Bathrick 1983, 57–59, hier: 57). Vgl. Weimann 1979. Zur Singularität und
      den Grenzen des Weimannschen Konzepts vgl. ebenso Barck u.a. 1995, 36.

13    Vgl. im Kontrast Geerdts' Literaturgeschichte von 1968: "Während die
      fortschrittliche bürgerliche Literatur mit Goethe und Schiller in Weimar noch
      ihrer klassischen Höhe zustrebte, bildete sich in Jena der Ausgangspunkt einer
      Gegenströmung, die bald in allen Bereichen der Ideologie und Kunst große
      Teile der jungen Generation erfaßte und eine Zeitlang in ihre rückwärts
      gerichteten Bahnen zog: die Romantik. Sie stellt in der Literatur der bürgerlichen
      Emanzipationsbewegung in Deutschland die erste Krisenerscheinung dar."
      (Geerdts 1968, 279)

14    Der Prozeß der Individualisierung war als "epochale Wende" (Fauser 1995,
      39) mit einem "Paradigmenwechsel in der Gesprächstheorie" (40) verknüpft,
      den Markus Fauser zu recht mit dem Erscheinen von Schleiermachers
      Geselligkeitstheorie identifiziert; diese meinte nämlich das Aufgeben einer
      "Einbindung in eine Sozialmoral" und von "vorgängige[n] Konvention[en]"
      älterer Gesprächstheorien der Aufklärung; die "wichtigste" Annahme "aller
      Gesprächstheorien bis zu Schleiermacher", die "Annahme einer selbstver-
      ständlichen Verabredung" war jetzt "außer Kraft gesetzt"(39). Es erklärt sich

aus diesem neuen Status einer programmatisch von Normen befreiten Individualität, die sich nach Schleiermacher auch erst im geselligen Gespräch produziert, daß in den Salons "freie Geselligkeit nur um den Preis der strikten Absagen an gesellschaftspolitische Belange möglich war" (38).

15    Wie sehr die die häufig vertretene Auffassung der Salons als eines 'neutralen Bodens'—jenseits geschlechter-, klassen- und herkunftsbedingter Schranken—genau auf die Existenz dieser gesellschaftlichen Schranken außerhalb der literarischen Öffentlichkeit verweist, vgl. Hannah Arendt (1992, 63); siehe Kapitel 3 dieser Arbeit und dort Anmerkung 5.

16    An Scurlas sozialhistorische Einwände gegen demokratische Idealisierungen literarischer Geselligkeit kann nicht deutlich genug erinnert werden, da sie so bezeichnend den Paradigmenwechsel von den 60er zu den 70er und 80er Jahren im DDR-Diskurs demonstrieren. Ganz ähnliche Einwände hatte 1964 Günter Jäckel in dem Buch *Frauen der Goethezeit* erhoben: "Mit der 'romantischen' Opposition der Caroline [. . .] ist Größe und Grenze des öffentlichen Wirkens von Frauen um 1800 bestimmt. [. . .] Frauen in Deutschland [war] der Weg in die Öffentlichkeit fast verschlossen. [. . .] Die Geselligkeit des Bürgertums konnte auf Grund der sozialen Entwicklung in Deutschland kein Gegengewicht zu den höfischen Kreisen schaffen." (Jäckel 1964, 27–28, 35) Und Jäckel spricht nun sogar vom Salon als "geistige[m] Exil der Intellektuellen", ja vom "Asyl der Oppositionellen" (37).

17    Habermas wurde in der DDR rezipiert. Vgl. z.B. Spuren dieser Rezeption in Weimann 1979. Zur Auseinandersetzung mit Habermas in den späten 80er Jahren vgl. Krüger 1989.

18    Zur kritischen Habermas-Rezeption vgl. Calhoun 1992, für unseren Kontext darin besonders die Aufsätze Nancy Frasers und Geoff Eleys.

19    Die Strategie einer Unterscheidung verschiedener sozialer Geschlechterrollen bekommt auch in den DDR-Texten eine Schlüsselfunktion für die Propagierung einer 'demokratischen' literarischen Ersatzöffentlichkeit. Hierzu noch einmal Fraser: "the elaboration of a distinctive culture of civil society and of an associated public sphere was implicated in the process of bourgeois class formation; its practices and ethos were markers of 'distinction' in Pierre Bourdieu's sense, ways of defining an emergent elite [. . .]. Moreover, this process of distinction helps explain the exacerbation of sexism characteristics of the liberal public sphere; new gender norms enjoining feminine domesticity and a sharp separation of public and private spheres functioned as key signifiers of bourgeois difference from both higher and lower social strata." (1992, 114–115)

20    In seiner Nachbemerkung betont Henrich die besonders dankbare Verpflichtung gegenüber Habermas (neben Rudolf Bahro und Rudolf Steiner): "Sie haben mich in meinen Ansichten stark beeinflußt. Ich hoffe, daß dieser Einfluß auch für andere jederzeit erkennbar ist" (1989, 305). Weniger erkennbar ist der Einfluß Bahros. Zu den unversöhnlichen familienpolitischen Differenzen

zwischen Bahro und Henrich vgl. das Schlußkapitel dieser Arbeit und dort Anmerkung 11.

21  Humboldt habe in "klassischer Weise das Ziel beschrieben, dem ein solches, von staatlicher Bevormundung befreites Geistesleben entgegengeht: 'Wenn wir eine Idee bezeichnen wollen, die durch die ganze Geschichte hindurch [. . .] immer [. . .] sichtbar ist, [. . .] so ist es die Idee der Menschlichkeit: das Bestreben, die Grenzen, welche Vorurteile und einseitige Ansichten aller Art feindselig zwischen die Menschen gestellt, aufzuheben, und die gesamte Menschheit, ohne Rücksicht auf Religion, Nation, und Farbe, als einen großen, nahe verbrüderten Stamm, als ein zur Erreichung eines Zweckes, der *freien Entwicklung innerlicher Kraft*, bestehendes Ganzes zu behandeln. Es ist dies das letzte, äußerste Ziel der Geselligkeit'" (Henrich 1989, 279–280).

22  Vgl. hierzu auch Habermas: "Vor allem wird die Fiktion der *einen* Öffentlichkeit aber auch dadurch erleichtert, daß sie tatsächlich Funktionen im Zusammenhang der politischen Emanzipation der bürgerlichen Gesellschaft vom merkantilistischen Reglement, überhaupt vom absolutistischen Regiment übernimmt: weil sie das Prinzip der Publizität gegen die etablierten Autoritäten wendet" (1976, 75).

23  So lautet der bezeichnende Titel eines Aufsatzes von 1989, der sich dann auch der "Rolle gesamtdeutscher Anthologien der fünfziger Jahre im Kampf um die Einheit Deutschlands" widmet (Baumann 1989).

# Kapitel 3

1  Die *Erläuterungen zur deutschen Literatur. Romantik* profilieren die alleinige Autorschaft August Wilhelms an den Shakespeare-Übersetzungen, die dieser zum Teil 'unter falschem Namen' herausgab, so: "In den Jenaer Jahren hat sich Schlegel seinen Platz in der deutschen Nationalliteratur gesichert, indessen nicht als Dichter [. . .], sondern als Kritiker und Übersetzer. [. . .] in [. . .den Übersetzungsarbeiten] hat er eigentlich seinen Namen erst unsterblich gemacht." (Böttcher 1985, 124, 127). Zum Zusammenhang von 'unsterblicher' Namensgebung und männlicher Autorschaft vgl. auch Hahn 1991: *Unter falschem Namen. Von der schwierigen Autorschaft der Frauen.* Zur schwierigen Autorschaft der Jüdin Dorothea Schlegel siehe insbesondere das Kapitel 'Vater Goethe oder Gott Vater. Vom Namen einer Epoche', 47–70. Vgl. ebenso Kord 1996 und zu den literaturkritischen Texten Caroline Schlegel-Schellings ausführlicher Oellers 1983, 183–189.

2  Zur Überrepräsentanz von Männern in den Zirkeln literarischer Geselligkeit vgl. Hertz 1978 und 1995.

3  Vgl. Gallas/Heuser 1990, Kammler 1992 und die Bibliographie Gallas/Runge 1993. Den neuesten einführenden Forschungsüberblick zur *Literarischen Praxis von Frauen um 1800* gibt Runge 1997, 10–32. Zu Recht wird auch hier vor der "Gefahr neuer 'feministischer' Kanonbildungen und entsprechender

Ausschlußmechanismen" (18) gewarnt, wenn literaturhistorische Forschung darauf verzichtet, die jeweils konkreten, individuellen, historischen "geschlechtsspezifische[n] Produktionsbedingungen" (18) von Texten zu reflektieren.

4    Diese projizierende repräsentative Lektüre findet sich z.B. bei Hoock-Demarle 1990 oder Friedrichsmeyer 1983 und 1992. Letztere präsentiert Caroline Schlegel—"by all accounts a fascinating woman"—zustimmend als "one of the great catalysts of Schlegel's life", "an ardent supporter of the French Revolution": "She provided a model of possibility by which he [Friedrich Schlegel] measured [. . .] the women of Greek antiquity as well as those in his own society" (1983, 110, 112–113); anderenorts betont Friedrichsmeyer Caroline Schlegels "importance for contemporary feminism" (1992, 116)—eine feministische biographische Heroisierung, die nicht umhinkommt, enttäuscht zu werden: "letters to [Schelling] during the first few years of their relationship pose a problem for feminist critics because they seem to refute her earlier and later assertions of personal freedom" (121).

5    Was Hannah Arendt zur gesellschaftlichen Integration der Juden in den Salons bemerkt, läßt sich durchaus auch auf die weibliche Rolle in der Jenaer Geselligkeit übertragen: "Sowenig wie die deutsche Bildung in irgendeiner Gesellschaftsschicht verankert war, sowenig waren die jüdischen Salons, obwohl Zentren gebildeter Geselligkeit, ein Zeichen für die gesellschaftliche Verwurzelung der deutschen Juden. Das genaue Gegenteil ist der Fall: gerade weil die Juden außerhalb der Gesellschaft standen, wurden sie für kurze Zeit eine Art neutralen Bodens, auf dem sich die Gebildeten trafen." (Arendt 1992, 63)

6    Caroline Michaelis-Böhmer-Schlegel-Schellings sehr enge lebenslange Freundschaft mit Luise Stieler-Gotter wird von der Rezeptionsgeschichte hingegen weitgehend ignoriert und sogar abgestritten, vgl. u.a. Tewarson: "Caroline also did not believe in friendship among women" (1993, 119). Ein Grund hierfür mag nicht zuletzt darin liegen, daß sich ihre Freundschaftsbriefe mythisierenden Rezeptionsmustern verweigern. Zur Freundschaft mit Luise Stieler-Gotter vgl. auch Meyer 1998.

7    Vgl. Ina Merkels bedenkenswerte Warnungen vor "neuerlich entstehenden Klischees und Mythen [. . .], die alle [. . .] mit westdeutscher Deutungsmacht zu tun" haben; Merkel insistiert auf der notwendigen Aufmerksamkeit für den "historischen Bedeutungswandel gesellschaftlich propagierter Leitbilder" und auf Differenzierung einer "höchst widersprüchlichen Realität": "Ich bin der Ansicht, daß [. . .] Ausdifferenzierung sehr wohl auch in der DDR stattgefunden hat, daß aber die kulturellen Symbole subtiler, die Unterschiede feiner und andere waren und daher—noch besonders für Außerkulturelle/Fremde— schwieriger wahrnehmbar sind. Den Osten als traditionalistische Gesellschaft oder 'kulturelle Provinz' zu denunzieren mag das Recht des Siegers sein, es eröffnet aber nicht den Zugang zu heutigen kulturellen Problemlagen" (1994, 376–377, 379).

8      Vgl. allein zur literarischen Caroline-Schlegel-Rezeption Ritchie 1968 sowie Kleßmanns Überblick über "Charakteristiken Carolines" in der Literaturgeschichtsschreibung (1992, 302–303).

9      In diesen Überschriften weiß auch Günzel Caroline Böhmers 'Mainzer Erbe' zu integrieren; der integrierende Bezugspunkt ist hier jedoch nicht der revolutionäre Jakobinismus, sondern die "blinde Antipathie" (Erich Schmidt; *Caroline* I, 700) von Therese Heyne-Forsters Vater ("'das schändlichste von allen Geschöpfen'", I, 700; 11.4.1793 an Therese Forster). Der "zweideutige Ruf" beerbt die Jugendstimme Therese Heynes (I, 681; 6.6.1784 an Samuel Thomas Sömmering), die "Dame Luzifer" das immer wieder kolportierte angebliche Schiller-Wort. Vergleichen wir im Kontrast Günzels Überschriften zum Friedrich-Schlegel-Essay—hier bringt Günzel in den "Fünf Gesichter[n] einer romantischen Existenz" (61) Phasen der Biographie und des Werkes und nicht die Männlichkeit des Autors ins Glied: "Der Witzling" (Günzel 1987, 61); "Der Romantiker" (68); "Der Konvertit" (73); "Der Diplomat" (78); "Der Mystiker" (80). Attraktive Mütterlichkeit dominiert hingegen wiederum die Überschriften des Rahel-Varnhagen-Essays; diese gefällt dem Autor als "Beichtmutter" und "Menschenmagnet" (145).

10     Vgl. die Parallelen zum westlichen Frauenbild der 50er Jahre. Ebersbach mag auf Kahn-Wallerstein als Quelle zurückgegriffen haben: "Ihre hauswirtschaftlichen Talente konnte Caroline nun gut gebrauchen. [. . .] sie nähte und schneiderte geschickt und mit Geschmack, wußte den dienstbaren Geist gut zu behandeln und war willens, Schlegel [. . .] ein gemütliches Heim zu schaffen." (Kahn-Wallerstein 1979, 69)

11     So der bezeichnende Untertitel des vom Aufbau-Verlag publizierten Bandes, der sämtliche seit 1972 publizierten Texte zur Romantik von Christa und Gerhard Wolf versammelt (Christa und Gerhard Wolf 1986).

12     Wie sehr zur gleichen Zeit auf der anderen Seite der deutsch-deutschen Grenze ein durch Frauenbewegung und feministische Literaturkritik initiierter Wandel im geschlechterpolitischen Konsens die Grenzen des Tolerierbaren zu verschieben vermocht hatte, zeigt das Beispiel Eckart Kleßmann—und ein Vergleich von Erst- und überarbeiteter Neufassung seiner Caroline-Schlegel-Biographie. Noch 1975 heißt es im renommierten List-Verlag über Elise Bürger: Sie "führt einen Lebensstil, den man als durchaus hurenhaft bezeichnen darf" (84). Kleßmanns Version von 1992 (im Trivialliteratur-Verlag Lübbe) ist deutlich abgemilderter: Elise Bürger "führt einen Lebensstil, den man"—und der Autor— jetzt nur noch "als erotisch freizügig bezeichnen darf" (76). Nach der Vereinigung—und der zunehmenden Abkoppelung akademischer Geschlechterforschung von der Politik—läßt sich eine erneute Verschiebung im ehemaligen westdeutschen 'Konsens' beobachten, wenn jetzt auch die Metzler-Literaturgeschichte Jenaer 'Geselligkeit' mit weiblicher Erotik identifiziert: "Frauen standen im Mittelpunkt der romantischen Zirkel. Sie prägten durch ihren Geist und ihre Bildung, durch die Kunst ihres Gesprächs und ihrer Briefe, aber auch durch ihre erotische Anziehungskraft das gesellige Leben jener Jahre." (Beutin 1992, 180)

13    Damms Titel antwortet zudem auf Anna Seghers' 1972 publizierten Erzählungsband *Sonderbare Begegnungen*; darin enthalten ist Seghers' erzählerische 'Beerbung' des Romantikers E.T.A. Hoffmann in "Die Reisebegegnung" (Berlin/Weimar, Aufbau).

14    Bereits vier Jahre vor dem in der Bundesrepublik vielbeachteten Buch Gisela Dischners (1979) hatte Kleßmann eine umfangreiche populärwissenschaftliche Biographie Caroline Schlegel-Schellings vorgelegt, die Damm wie Struzyk als Quelle anführen. Struzyk erwähnt an der "Spitze" des "Eisbergs" der Caroline-Schlegel-Texte Kleßmanns "großartiges Buch", dem sie 'viel verdanke' (Struzyk 1988, 188).

15    Jenseits der von Epstein ausschließlich auf der sprachlichen Ebene analysierten 'Erkennungs-Aspekte' (aspects of recognition) des biographischen Genres sei noch eine literatursoziologische Beobachtung erlaubt, die nach dem jeweiligen literarischen Marktwert von Caroline-Schlegel-Biographien fragt. Es ist bemerkenswert, daß beide westdeutschen Verlage Kleßmanns (List 1975 und Lübbe 1992) den Autor mit einer Kollegen-Schelte schließen lassen—eine Aufgabe, die gemeinhin dem Feuilleton zukommt. Kleßmanns Neuauflage von 1992 verzichtet nicht darauf, nun auch noch Struzyks Text in die vernichtende Verurteilung anderer Caroline-Schlegel-Bücher einzubeziehen; Struzyks Buch sei eine "verkitschte Bemühung [. . .] in einer preziösen lyrischen Prosa [. . .] voll unfreiwilliger Komik" (1992, 300). Dem Reiz interessierter LeserInnen, ein bei der Konkurrenz Luchterhand erschienenes Buch zu kaufen, wird so entgegengewirkt. Auf welchen konkurrenzhaften freien Marktverhältnissen sich die hier untersuchten DDR-Texte nach der Wende behaupten mußten, mag das aktualisierte Nachwort zu Ebersbachs Roman verdeutlichen, der 1992 im Ullstein-Verlag als Taschenbuch erschien. Ähnlich Kleßmann verurteilt Gunther Tietz im 'Nachwort'—das weit eher als Werbetext im Verlagskatalog fungieren könnte—die bisherige "verkitschte" Rezeptionsgeschichte, die voll gewesen sei von den "Projektionen ihrer jeweiligen Autoren" (Ebersbach 1992, 425). Die beiden Caroline-Schlegel-Texte der ehemaligen Lion-Feuchtwanger-Preisträger der DDR werden hier nun direkt gegeneinander ausgespielt, wenn es heißt: "[G]anz anders als Sigrid Damms Essay und Briefkommentar vermeidet Ebersbach jegliche Vereinahmung und Instrumentalisierung seiner Protagonistin [. . .] er vermeidet Klischeebildungen"; wo Damm sich "bemüht" habe, die Heldin "für die 'fortschrittliche Tradition' [. . .] in Beschlag zu nehmen", finde hingegen Ebersbach "die richtigen, weil belebenden Worte" (425–427). Damms Neuausgabe (1997) erschien nach Abschluß dieser Arbeit und konnte nicht berücksichtigt werden.

16    Vgl. zu diesem diskursiven Prozeß biographischer Individualisierung Epstein: "the conventional recognition of the biographical subject [. . .] is founded on the notion of a non-discursive figure that functions as the patron/pattern from which a discursive model is made [. . .]. Thus the biographical subject [. . .] is knowable only in and through discourse [. . .] it is in practice a powerful way of being and becoming in Western culture. [. . .] extra-discursivity is a privilege accorded to very few English individuals before the

Renaissance [. . .]. By patronizing the biographical subject as the discursive pattern through which individual human existence was to be expressed (and suppressed), hierarchical culture effectively controlled the distribution of extra-discursivity as a function of 'pastoral power'[. . .]. By democratizing and secularizing the biographical subject [after the 18th century] (at least in the English speaking world), the subsequent redistribution of extra-discursivety threatened to reveal that 'recognizing the biographical subject' was not a proof of existence but a mere tactic for individuation demonstrating that patron and pattern were not (and never had been) synonymous." (Epstein 1987, 77–78)

17　Vgl. Friedrich Schlegels vielzitiertes Diktum gegen Friedrich Heinrich Jacobis Roman *Woldemar*: "Woldemar ist eigentlich eine Einladungsschrift zur Bekanntschaft mit Gott [. . .], und das *theologische Kunstwerk* endigt [. . .] mit einem Salto Mortale in den Abgrund göttlicher Barmherzigkeit." (*Deutschland* 1989, 227)

18　Die Möglichkeit, innerhalb des "bürgerlichen Emanzipationsprojekts"—dem die Dichotomisierung der Geschlechterrollen als "fundamentales Organisationsprinzip" inhärent ist—die "volle Emanzipation von Frauen" überhaupt artikulieren zu können, hat Ute Frevert provozierend hinterfragt: "Kann die systematische Trennung von Frauen und Männern, von Familie und Öffentlichkeit als fundamentales Organisationsprinzip bürgerlicher Gesellschaften begriffen werden, anderen Prinzipien gleichgeordnet, wenn auch quer dazu liegend und sie häufig sogar aufhebend? Oder ist der dauerhafte und bis heute nicht ganz überwundene Ausschluß von Frauen aus dem bürgerlichen Emanzipationsprojekt eher Ausdruck einer nur begrenzten Innovationskapazität sozialer Systeme—wobei dann aber zu erklären wäre, warum Frauen in ihrer Gesamtheit als letzte, lange nach jüdischen und Unterschichten-Männern, den Status vollberechtigter Staatsbürger und Rechtssubjekte erwarben, Geschlechteremanzipation also offenbar viel schwieriger auch nur zu denken war, als religiöse und soziale Emanzipation. Anders gefragt: Bildete die Halbierung des Emanzipationsanspruchs, mit dem die bürgerliche Gesellschaft und das Bürgertum als ihre wichtigste Trägerschicht auf den Plan der Geschichte traten, nicht vielleicht die Bedingung dafür, daß dieser Anspruch wenigstens partiell—für Männer—eingelöst werden konnte? Und ist unter diesen Auspizien eine volle Emanzipation von Frauen in einer bürgerlichen Gesellschaft überhaupt möglich?" (Frevert 1988, 15–16)

19　1973 hatte Berkowski eine umfangreiche, sympathisierende Studie zur deutschen Romantik vorgelegt, die 1979 in Übersetzung in der DDR erschien und dort große Beachtung fand. Den 'Frauen der Frühromantik' widmet sich Berkowski in einer Ausführlichkeit, nach der man in DDR-Literaturgeschichten bis in die späten 80er Jahre hinein vergeblich suchen wird. Die Auslandsgermanistik in den sozialistischen Nachbarländern—und hier insbesondere die polnische und sowjetische Literaturwissenschaft—hatte gegenüber der deutschen Romantik ein wesentlich unbefangeneres Verhältnis als die offizielle DDR-Germanistik—"eine produktivere Beziehung zur Romantik [. . .] als wir im allgemeinen bisher in der DDR" (Riese 1976, 181). Dies läßt sich nicht zuletzt mit der exklusiven Bedeutung der Romantik in diesen Nationalliteraturen erklären. Vgl. auch die beiden Texte zur polnischen und sowjetischen Romantikforschung im Romantik-Heft der *Weimarer Beiträge* von Rudolf Dau und Utz Riese (1976).

20    Zur zeitgenössischen Geschlechterphilosophie vgl. ausführlicher unten, 'Weibliches als Humanisierung'.

21    Damms DDR-Muse unterscheidet sich hierin von geschlechterpolitisch extrem konservativen westlichen Konzepten der 50er Jahre. Wir können daran sehen, daß das Konzept der 'weiblichen Muse' eben nicht statisch ist, sondern sich historisch funktional wandelt. Denn wo Damms gebildete Heldin ihre männlichen Zeitgenossen schöpferisch beflügelt, ist Kahn-Wallersteins 'geliebte Persönlichkeit' um weiteres entleert, die weibliche Funktion noch wesentlich beschränkter: "Caroline Böhmer [verfügte] keineswegs über die Bildungsgrund-lagen, um einen Schlegel beeinflussen zu können. Wilhelm von Humboldts Behauptung in einem Brief an Schiller, Caroline habe auf Schlegels Bildung einen entschiedenen Einfluß ausgeübt, ist daher ein Trugschluß. Den eigentlichen Einfluß auf den Verliebten gewann sie durch ihr Wesen, ihre Persönlichkeit, ihre anfeuernde Bestätigung, die ihn über sich hinaushob. [. . .] er [war] der Gebende, Führende, von dem Caroline viel lernen konnte und viel gelernt hat." (Kahn-Wallerstein 1979, 65)

22    Wie selbstverständlich weibliche 'Anregung' als notwendig für die männliche Kunstproduktion vorausgesetzt wird, zeigt Damms Perspektive auf Friedrich Schlegels außereheliche 'Beziehungen', nachdem Dorothea Schlegel die ihrem Ehemann erträgliche Altersgrenze überschritten hatte: "Er sucht daraufhin seine für das Schaffen notwendige schöpferische Anregung in einer sexuellen Beziehung zu einer anderen Frau." (Damm 1979, 11–12)

23    Welche diskursive Variationsbreite das Konzept 'weiblichen Seins' in ver-schiedenen historischen und politischen Kontexten einnehmen kann—und welche Distanz Damms 'vereinfachende' Version zu früheren DDR-Konzepten markiert—,verdeutlicht wiederum ein Vergleich mit Herbert Scurlas 'Rahel'. Scurlas historischer Materialismus der 60er Jahre kann die sozialen Verhältnisse noch nicht so einfach vergessen; das weibliche Sein ist für Rahel Varnhagens Biographen deshalb nur beschränkt abrufbar: "Ihre Zeit gab ihr wenig Möglichkeiten etwas zu *tun*. Sie mußte sich darauf beschränken, zu *sein*." (Scurla 1980, 11)

24    Daß die bloße Orientierung auf das 'Leben' die Diskriminierung des Werks impliziert, durchschaut der Herausgeber der Schriften Friedrich Schlegels mit großer Klarheit; Hecht kritisiert Friedrichs Mißachtung des Werkes von Lessing so: "Schlegel formulierte seine Auffassung von Lessings Bedeutung in dem Satz: 'In seiner Individualität lag seine Größe.' Die Gleichsetzung von Individualität und Größe läßt bereits die Absicht erkennen, Lessing der sich gerade herausbildenden frühromantischen Lebens- und Kunstauffassung anzupassen. Daraus erklärt sich, daß Schlegel zwar den 'Charakter' und den revolutionären Geist Lessings rühmte, gleichzeitig aber große Teile des

Lessingschen Werks gänzlich beiseite ließ oder nur am Rande erwähnte und *Emilia Galotti* sogar schroff ablehnte." (Hecht 1988, XXI) Gegenüber der Autorin Caroline Schlegel wird Hecht diese methodischen Einwände wieder vergessen.

25 Fambach begibt sich hier in die alte Tradition, die Provokation frühromantischer Kritik an Schiller haßerfüllt 'weiblich' abzufedern. Vgl. den ähnlichen Ausbruch des Germanisten Hans-Heinrich Borcherdt—dessen angstbesetzte Aggressionen gegen die 'geifernde' und 'hetzende' Caroline Schlegel sind mit den Aggressionen Erik Neutschs gegenüber Therese Heyne-Forster durchaus vergleichbar: "Caroline [. . .] hat sich an dem Kampfe gegen Schiller im höchsten Maße aktiv betätigt. Man kann sagen, daß ihr Haus, auch wenn August Wilhelm nicht da ist [!], geradezu das Hauptquartier der gegen Schiller gerichteten Hetze bildet. Es gibt kaum ein späteres Werk Schillers, das sie nicht mit ihrem Spott begeifert. [. . .] Wenn sie mehrmals berichtet, daß sie und die Ihrigen bei der Vorlesung von Schillers 'Glocke' vor Lachen fast von den Stühlen gesunken seien, so dürfen wir annehmen, daß sie die Anregung zu all den witzigen Spottgedichten über dieses Werk gegeben hat [. . .]. Sie hat mit der Kraft ihrer Persönlichkeit beide Brüder Schlegel, aber auch den so kraftvollen und sonst so selbständigen Schelling in die Ablehnung Schillers hineingedrängt. So wird es verständlich, daß auch Schiller Haß mit Haß vergilt und in der 'Dame Luzifer' den Ursprung alles Übels sieht. [. . .] Wenn dabei eine Frau die Fäden der gegen ihn gerichteten Agitation in die Hände nahm, so ist damit zugleich gesagt, daß sich Schillers starke Willenskraft auch mit einer übersteigerten Männlichkeit paarte." (Borcherdt 1948, 54–55, 145)

26 Vgl. Bovenschen: "Weit über das Maß hinaus, in dem sich auch die männlichen Literaturkoryphäen kultgerecht stilisierten, mußten die Frauen die Zuständigkeiten und Fähigkeiten, die ihre literarische Qualifikation ausmachten, hinter den kulturell formierten Bildern des Weiblichen [. . .] verstecken." (1980, 199)

27 Vgl. zum Beispiel Friedrichs Urteil über Caroline Schlegels 'Fraulichkeit': "Nun [. . .] kann sie tun, was wir alle wollen—einen Roman schreiben. Mit der Weiblichkeit ist es nun doch vorbei" (Damm 1979, 12).

28 Vgl. das gleiche Muster bei Kleßmann; im Klappentext der Neuauflage (1992) lesen wir: "Dabei sah sie ihre Aufgabe nicht darin, der Geistesgeschichte durch eigene Werke Impulse zu geben, sondern eher in der Vermittlung zwischen den führenden Köpfen der Romantik. Wichtiger als diese Mittlerrolle war für Caroline jedoch der Weg konsequenter Selbstverwirklichung. [. . .] Sie hat bewiesen, daß sie sich als Frau zu behaupten wußte und es verstand, ein Leben zu führen, das ihr gemäß war—und sei es auch unter Verzicht, Opfer und Leiden."

29 Damm erwähnt zwar diesen Umstand nicht unkritisch, beruft sich aber dennoch zustimmend auf August Wilhelm als Zeugen der 'Ehrgeizlosigkeit'—ohne diese Rechtfertigungsstrategie mit dem Plagiarismus des Gatten in Zusammenhang zu bringen.

30    Vgl. Blackwell/Zantop zur Literatur von Frauen des späten 18. Jahrhunderts:
      "While traditional German literary histories always assumed that women 'in-
      spired' male authors [. . .] a parallel reading of texts by men and by women
      may suggest the reverse: at times it was the women authors who created new
      themes and techniques that men later adopted and claimed as their own."
      (1990, 2) Eine Revision der Literaturgeschichte, die die männlichen Plagiate
      von Frauen verfaßter Texte berücksichtigt, kann erhebliche Korrekturen des
      männlichen Kanons erwarten lassen.

31    Wie kommentierungsbedürftig weiblicher Ehrgeiz zu sein scheint und zu welch
      unterschiedlichen historischen Wertungen sich Biographinnen provoziert sahen,
      veranschaulicht z.B. die harsche Kritik Kahn-Wallersteins aus den 50er Jahren;
      die literarischen Ambitionen Caroline Schlegels werden hier als hybrider
      Dilettantismus abgewertet: "Die Art, wie Caroline Anspruch darauf erhebt,
      daß man nur mit ihren Augen, ausschließlich durch ihr Empfinden fähig sei,
      die Dresdner Gemälde zu beurteilen, verrät allerdings die Dilettantin, die noch
      wenig ganz große Kunstwerke gesehen hat" (Kahn-Wallerstein 1979, 89).

32    Dorothea Schlegels Roman erschien anonym unter der Herausgeberschaft
      Friedrich Schlegels, den zahlreiche Zeitgenossen zunächst als heimlichen Autor
      zu erkennen glaubten. Zur "Provokation einer weiblichen Autorschaft, die in
      der Irritation des Publikums aufscheint", vgl. Stephan 1991a, 84. Vgl. hierzu
      auch Frank 1988; Weissberg 1987, 227–228. Siehe ebenso Hahn 1991 und
      Anmerkung 1.

33    Vgl. nicht zuletzt Inge Hoffmann-Axthelms (1970) frühe Studie zur (literarischen)
      Geselligkeit, dort insbesondere S. 172–180.

34    Das aktive Vergessen des weiblichen geistigen Anteils am Werk der männlichen
      Frühromantik belegt beispielhaft Hechts Lob von Friedrichs Auseinander-
      setzung mit Condorcet. Ohne Caroline Schlegel in diesem Zusammenhang zu
      erwähnen, schreibt Hecht: "Bereits Schlegels erste Veröffentlichung [. . .]
      galt dem geschichtsphilosophischen Hauptwerk des berühmtesten
      girondistischen Theoretikers: Condorcet" (1988, XII). Noch Damm hatte 1979
      in einer Fußnote auf Caroline Schlegels ausschlaggebende "Anregung" dazu
      aufmerksam gemacht: "Friedrich Schlegel muß offenbar die Anregung Carolines
      aufgegriffen haben, denn noch im selben Jahr veröffentlichte er eine
      Besprechung von Condorcets 1793 erschienenem Buch *Esquisse d'un tab-
      leau historique des progres de l'humain*" (1979, 376). Mit noch größerer
      Selbstverständlichkeit hatte schon Oskar Walzel diesen Einfluß bemerkt:
      "Friedrich Schlegel schrieb die [. . .] genannte Rec. über Condorcet's *Esquisse*
      auf Carolinens Antrieb" (Walzel 1890, 260). Gleiches hätte Hecht bei Caroline
      Schlegel selber nachlesen können, wenn diese an Friedrich schreibt: "Friz, es
      giebt 2 Bücher, die Sie lesen müßen, und das Eine derselben knüpft [. . .] an
      die Materie vom Wissen an. Das ist Condorcet." (*Caroline* I, 363–364; Juni
      1795 (?))

35    Vgl. Damm: "Hinzu kommt, daß Friedrich in einer bestimmten Phase seiner
      Entwicklung Caroline als die große Anregerin brauchte, ihre Rolle für ihn
      dann aber zu Ende gespielt ist." (1979, 40)

36  Zur anhaltenden Aktualität bürgerlicher Emanzipationskonzepte aus der
Geburtsstunde der bürgerlichen Gesellschaft vgl. auch Ute Frevert: "So sehr
sich die tatsächlichen Verhältnisse bürgerlicher Gesellschaften von ihren
ursprünglichen Begriffen entfernten, so wenig gelang es doch, diese ganz aus
dem kollektiven Gedächtnis der Menschen zu tilgen. Immer wieder mußte es
sich die real existierende Gesellschaft gefallen lassen, an den Vorstellungen
und Wünschen ihrer Vordenker gemessen zu werden. Hatten deren Ideen
einst dazu gedient, die Geltungsmacht des *Ancien Regime* zu bestreiten und
die Heraufkunft einer neuen Ordnung zu rechtfertigen, wurden sie später dazu
benutzt, Versäumnisse, Defizite oder Widersprüche einzuklagen und
Emanzipationsinteressen sozialer Außenseiter innerhalb der bürgerlichen
Gesellschaft zu legitimieren. Bis heute beziehen sich oppositionelle
Bewegungen zustimmend auf den programmatischen *Code* bürgerlicher
Gesellschaften und schärfen ihre Kritik an eben den Prinzipien, die diesen
Gesellschaften in die Wiege gelegt worden waren." (1988a, 17)

37  Wie Anita Runge gezeigt hat, gehen "künstlerische" und "moralische [. . .]
Be- oder Abwertung von Autorinnen" oft Hand in Hand; sie sind "Teil eines
kulturellen Systems, in dem sich die Idealisierung bestimmter vermeintlicher
weiblicher Eigenschaften mit der Marginalisierung von Frauen und der
Abwertung von weiblicher Vernunft und Kreativität verbindet" (Runge 1997,
20–21).

38  Vgl. die frauenpolitische Emanzipationsschrift Theodor Gottlieb von Hippels
*Über die bürgerliche Verbesserung der Weiber* (1792) in Lange 1992. Hippel
findet allein bei Damm eine beiläufige Erwähnung.

39  Die bezeichnende Hinwendung zu einer positiven Umwertung des Gesprächs
als Politikform markiert die Differenz zu Wolfgang Hechts wesentlich
kritischerem Blick auf Friedrich Schlegels Gesprächsanlässe: "Bis zu dieser
Zeit war es Schlegel nicht in den Sinn gekommen, sich auch mit politischen
Fragen ernsthafter zu beschäftigen, und selbst das Epochenereignis, die
Französische Revolution, hatte nur am Rande seiner Interessengebiete
gestanden. Reichlich altklug hatte er 1791 dem Bruder geschrieben: 'Die ganze
Sache interessiert mich vornehmlich mittelbar, nämlich als Vehikel des
Gesprächs mit sehr vielen Leuten.'" (Hecht 1988, X)

40  Günzel übernimmt hier streckenweise wörtlich Wolfgang Hechts einleitendes
Vorwort zur Friedrich-Schlegel-Ausgabe von 1980.

41  Aus der historischen Perspektive des Zeitgenossen Forster gewinnt Damms
Deutung hingegen ihre patriarchale Glaubwürdigkeit. Am 10. Mai 1792 schreibt
Forster an Lichtenberg: "Seit drei Wochen bin ich Vater eines kleinen Knaben.
Die Thorheit, Kinder von einem Geschlecht denen des andern vorzuziehen,
hab ich nie gekannt oder das Angenehme davon nie empfunden. Aber es ist
mir lieb, daß nun ein Junge da ist, weil es eine Aussicht eröffnet zu einer Art
der Mitheilung von Ideen, welche bei Mädchen gar nicht möglich ist." (Forster
1989, 109) Vgl. eine historische weibliche Gegenstimme: "[I]ch weiß nicht,
welches Geschlechts der Frühling ist—oder Göttin [. . .]—denn ich will ihnen
nicht zu nahe thun wie Du—die nur einen Buben für was rechts hält. Nimmer

werdet Ihr verwahrloseten Mädchen doch Eure Natur verläugnen, oder der gemeine Haufen die ersten Vorurteile ablegen. Ich gebe keinen Heller für einen Jungen, als in so fern ich mich herablaßend schmiege zu andrer Glauben. Und wird es ein Mädchen, [. . .] kriegt [es] einen Nahmen, der gut lautet, [. . .] und sich das arme Wesen durch nichts als überschwengliche Liebwürdigkeit von der vorgefaßten Meinung wird retten können, die auf seinem Geschlecht und Nahmen ruht." (*Caroline* I, 157; ohne Datum März 1787, Caroline Böhmer an ihre Schwester Lotte Michaelis)

42 Vgl. im Kontrast Lukács: Dieser hatte die Romantik "im schroffen Gegensatz zur Aufklärung und Klassik" (1947, 52) situiert und "ihre Feindschaft zur Aufklärung" unterstrichen (53): "auch das moderne reaktionäre Suchen nach Ahnen der Romantik in der deutschen Aufklärung [ist] eine Geschichtsfälschung. [. . .] Ihr Hauptanliegen ist der Bruch mit der Aufklärung" (54). Noch 1968 war die offizielle DDR-Literaturgeschichte dezidiert diesem Lukácsianischen Verdikt gefolgt und hatte zu einem unfreiwillig komischen historischen Rundumschlag ausgeholt: Die "Romantik [. . .] stellt in der Literatur der bürgerlichen Emanzipationsbewegung in Deutschland die erste Krisenerscheinung dar. [. . .] Die Romantik wirkte nicht nur der Klassik entgegen, sondern bedeutete im Kern die Zurücknahme der gesamten Aufklärungsbewegung, ja selbst der Renaissance und der Reformation" (Geerdts 1968, 279).

43 Neben Friedrich Schlegels *Lucinde* sind dessen meistzitierte Texte zur Geschlechterfrage "Über die Diotima" und "Über die Philosophie. An Dorothea". Zur feministischen Kritik an der ästhetischen Funktionalisierung von 'Weiblichkeit' in der *Lucinde* vgl. Weigel 1983a, Stephan 1991a, Domoradzki 1992, Lange 1995. Schlaffer 1977 sowie Becker-Cantarino 1977 und 1979 markierten in der westdeutschen Germanistik zu diesem Zeitpunkt einen unkonventionell-kritischen Vorstoß.

44 Hoffmann-Axthelms auf dem Höhepunkt der Studentenbewegung entstandene Arbeit zur Geselligkeit benutzt Begriffe der "Aktionsgemeinschaft" (1970, 203) und des "Literaturkampfes" und spricht von einer "kämpferischen Stimmung" und "literarischen Militanz der Schlegel-Gruppe" (94).

45 Zur rückblickenden Kritik an solchem kulturrevolutionär-aktualisierenden Pathos vgl. Wolf Wucherpfennigs erhellenden Aufsatz "War die Blume blau-weiß-rot? Ein Versuch über Frühromantik und Französische Revolution im Licht der Studentenbewegung von 1968". Wucherpfennig gibt dort sehr richtig zu bedenken: "Es kann doch nicht so ganz weit her gewesen sein mit dem revolutionären Charakter der Studentenbewegung, wenn sie sich zur Zeit ihres Höhepunkts auf die deutsche Frühromantik berief. Damit ist nicht gesagt, die Studentenbewegung oder der Aufruhr der Geister im Deutschland des ausgehenden 18. Jahrhundert seien eine Vorschule des Konservativismus gewesen. In beiden Fällen waren unterschiedliche Weiterentwicklungen möglich. Jungkonservativer Postmodernismus oder offene Reaktion sind nur zwei unter anderen. Jedoch war der Kompromiß mit der Politik der jeweiligen 'Wende' eben *auch* einer der noch unentwickelten Möglichkeiten der Bewegungen, wohlgemerkt: eine unter anderen." (1989, 625)

46    Bahnbrechend für die westdeutsche feministische Revision des patriarchalen
      Erbes wurden Karin Hausens Untersuchung zur bürgerlichen 'Polarisierung
      der Geschlechtscharaktere' (1976), Barbara Dudens Artikel zum bürgerlichen
      Frauenbild an der Wende zum 19. Jahrhundert (1977—im berühmten ersten
      *Kursbuch* "Frauen") und nicht zuletzt Silvia Bovenschens *Imaginierte
      Weiblichkeit* (1979).

47    Hören wir die Kantsche Voraussetzung der "*Selbständigkeit (sibisufficientia)*
      eines Gliedes des gemeinen Wesens als Bürger": "die dazu erforderliche
      Qualität ist außer der *natürlichen* (daß es kein Kind, kein Weib sei), die einzige:
      *daß er sein eigener Herr (sui juris)* sei, mithin irgendein *Eigentum* habe
      [. . .], welches ihn ernähret" (Bovenschen 1980, 71–72).

48    Vgl. auch Wolfgang Hecht 1980: "Fichte begriff den Menschen als autonomes,
      freies, praktisch handelndes Subjekt, wobei er unter dem Subjekt kein
      individuelles Ich verstand, sondern die menschliche Subjektivität im allge-
      meinen, das 'absolute Ich'. [. . .] Was Schlegel an Fichtes Wissenschaftslehre
      begeisterte, war in erster Linie die Entschiedenheit, mit der dieser die
      uneingeschränkte Freiheit und Autonomie des Subjekts begründete und mit
      der er die 'Tathandlung' zum Wesen des Ich erhob." (Hecht 1988, XIX)
         Die graduelle Verschmelzung der Begriffe vom 'allgemeinen absoluten Ich'
      und vom 'individuellen Ich des bürgerlichen Subjekts' in Gerda Heinrichs und
      Wolfgang Hechts Annäherungen an die Frühromantik markiert den
      entscheidenden Bruch in der Rezeption des subjektiven Idealismus des späten
      18. Jahrhunderts. Nahezu zeitgleich hatte die offizielle Literaturgeschichte
      von 1978 noch auf der systematischen Differenzierung der Parameter der
      Fichteschen Ich-Lehre und der frühromantischen künstlerischen Individuali-
      sierung bestanden: "Während Fichte aber Aussagen über die allgemeine
      Struktur der menschlichen Subjektivität, der Bewußtseinstätigkeit erarbeitete
      und insofern überhaupt kein empirisches individuelles Ich meinte, tendierten
      die Frühromantiker [. . .] zu einer Einschränkung der Fichteschen Ich-Lehre
      auf das Einzel-Ich, richtete sich ihre subjektive Aktivität auf den Bereich eines
      poetisch künstlerischen Schöpfertums." (Dahnke 1978, 391)

49    Fichtes rhetorische Frage 'ob die Weiber auch wirkliche Menschen seien'
      antwortet indirekt auf die 1782 publizierte Schrift des Johann Michael Ambros,
      der sich um den "'Beweis'" bemüht hatte, "'daß die Weibsbilder keine Menschen
      sind'"; vgl. Sigrid Langes Nachwort zu ihrer äußerst verdienstvollen Edition
      von *Geschlechterdebatten um 1800* (Lange 1992, 411). Langes engagierte
      Analyse des zeitgenössischen Geschlechterdiskurses, die zwei Jahre nach der
      Vereinigung von Reclam Leipzig publiziert wurde, schlägt den hier untersuchten
      DDR-Vorläufer-Texten geradezu ins Gesicht.

50    Die gleichen Begriffe benutzt Ernst Müller (1991a)—ohne sie mit der
      Geschlechterpolitik des Diskurses in Verbindung zu bringen.

51    Die seit den späten 70er Jahren tendenziell abnehmende Bereitschaft zwischen
      *homme* und *bourgeois* zu differenzieren ging mit der historischen Nicht-
      Differenzierung klassenspezifischer Denkformen konform. Zu Recht führt

hingegen Ute Frevert Differenzen in den männlichen Wunschvorstellungen über die Frau auch auf die soziale Herkunft ihrer Autoren zurück: "Die Idealisierung des Weiblichen bei Schlegel, Novalis, Schleiermacher, Humboldt oder Schiller war [. . .] mit der Sehnsucht nach dem Aristokratischen [. . .] identisch. Frauen mit Kunst, Freiheit, Innerlichkeit, Authentizität gleichzusetzen und sie von den 'bürgerlichen Verhältnissen' fernzuhalten, geriet so zu einem Akt des Widerstands oder der Flucht vor [. . .] Entindividualisierungen des alltäglichen bürgerlichen Erwerbslebens. [. . .] Solchen Wunschbild-Projektionen hingen die dem bürgerlichen Leben positiv-bejahend begegnenden sozialen Aufsteiger auffallend weniger nach als jene Autoren adlig-bürgerlicher Herkunft, die es sich leisteten, einen anti-bürgerlichen Gestus zu pflegen. [. . .] Kant, Hegel und auch Fichte [nahmen] Frauen weit nüchterner als von ihrer Natur benachteiligt [. . .] wahr, die [. . .] ihren Platz in der Familie, nicht aber in der Öffentlichkeit und Politik fanden." (Frevert 1988a, 36)

52   Vgl. z.B. die marxistischen 'Außenseiter' in den DDR-Literaturverhältnissen Hans Mayer und Werner Krauss, insbesondere Krauss' frühen Text "Literatur-geschichte als geschichtlicher Auftrag" (1950). Zum anhaltenden Konflikt um Mayers nicht-offizielle Positionen vgl. Meyer 1992.

53   Barbara Dudens radikale Absage an ökonomische Emanzipationskonzepte steht exemplarisch für eine Tendenz der westdeutschen Frauenforschung der späten 70er Jahre: "Die bisherige Familien— und Frauengeschichtsforschung beschäftigt sich vorwiegend mit den Möglichkeiten für eine Emanzipation der Frauen in der bürgerlichen Gesellschaft. Die Anfänge der Frauenbewegung— so hören wir—sind begleitet von der Schriften der Wollstonecraft und des Theodor von Hippel. Und weiter weiß diese Forschung zu berichten, daß erst der Kapitalismus [. . .] überhaupt die Grundlagen für die Entfaltung der Frau als eigenständiges Wesen hervorgebracht hat, daß er sie von den Zwängen des finsteren Mittelalters befreit habe. Ich denke, daß diese Entwicklung genau andersherum gelaufen ist: erst die Durchsetzung der bürgerlichen Gesellschaft hat eine bis in die Psyche hineinreichende Unterdrückung der Frau mit sich gebracht." (1977, 125)

54   Hans Mayers Positionen zur Romantik hatten in den frühen 60er Jahren z.B. keinerlei Chancen, offiziell akzeptiert zu werden. Zur Zensurpolitik gegenüber Mayers Romantik-Buch (1963) vgl. Faber/Wurm 1994, 166; vgl. auch Meyer 1992.

55   Werfen wir wieder einen Blick in Klin, so entdecken wir dort den gleichen Wortlaut—als eine Interpretation der *Lucinde* aus dem Jahr 1946; Klin zitiert den westlichen Germanisten Wolfgang Paulsen: "'Die von Schlegel gesuchte und gepriesene Art von Weiblichkeit umfaßt das Mütterliche und die Mutterschaft; das Weibliche ist für ihn ausdrücklich das Zielstrebige und Organische'" (1963, 85).

56   Diesen Trugschluß in den zeitgenössischen Rezensionen der *Lucinde* hatte schon Schleiermacher heftig kritisiert: "Hier in unserem Teile von Deutschland ist das Geschrei dagegen allgemein [. . .]. Überhaupt ist bei den Meisten

dieser Punkt nur Vorwand, um eine Brücke zu Schlegels Persönlichkeit zu finden." (Schleiermacher 1984, 381; 4.1.1800 an Gustav von Brinckmann) Zur feministischen Kritik der Figurenperspektivierung in der *Lucinde* vgl. Anmerkung 43.

57    Erbepolitisch funktionieren diese Schläge gegen den ideologischen Gegner im westlichen Lager als Entlastung—als diplomatischer Kompromiß. Hören wir eine offizielle Position, vertreten von Helga Hörz: "Als gesellschaftliche Erscheinung [. . .] gibt es Feminismus hier nicht. Warum nicht? Kein Gesetz hat ihn etwa verboten. Es ist bei uns schlicht keine gesellschaftliche Basis für diese im Westen so spektakulär wirkende Erscheinung vorhanden. Feminismus entwickelt sich als Protest gegen Nichtgleichberechtigung. Ein solcher Protest wäre [. . .] in der DDR absurd. Schon gar nicht ist hier die radikale Form des Feminismus anzutreffen, die Kampfansage des weiblichen gegen das männliche Geschlecht. In unserem Land war und ist alles, was für die Gleichberechtigung getan wurde und getan wird, das Werk der gesamten sozialistischen Gesellschaft, der Frauen und Männer, Produkt der *Gemeinsamkeit* [. . .] Aufbau [. . . schuf] die Grundlage [. . .] für Solidarität und Freundschaft zwischen den Geschlechtern." (*Gleiche Chancen für Frauen* 1982, 18)

    Vom gefürchteten Einfluß des 'Feminismus' auf die Literatur der DDR und der Angst vor einer möglichen "Weiberphilosophie" spricht recht deutlich Jürgen Englers Rezension von Ursula Püschels Essaysammlung *Mit allen Sinnen. Frauen in der Literatur*: "Die Auskunftsfähigkeit literarischer Empirie wird analytisch genutzt, um Frauenemanzipation als menschliche Emanzipation in ihrem geschichtlich widersprüchlichen Gang zu begreifen. Die Literatur der DDR [. . .] begleitet und fördert kritisch diesen Emanzipationsprozeß. Seine theoretische Reflexion von seiten der Ästhetik und Literaturwissenschaft ist dagegen nicht allzu umfangreich. [. . .] Ich hätte mir gewünscht, daß sich die Autorin auch mit der von feministischer Position aus vorgetragenen Forderung nach einer 'weiblichen Ästhetik' auseinandergesetzt hätte. Nun ist dieser Begriff, der historische Unterschiede zum Geschlechterdualismus verabsolutiert, bei uns nicht im Schwange. Und das ist gut so, denn bedeutende künstlerische und literarische Werke zeichnet es gerade aus, daß sie Barrieren zwischen den Menschen überschreiten. [. . .] Und doch wirken tendenziell Thesen der 'weiblichen Ästhetik' in unserer Literaturdiskussion. [. . .] denn Arbeiterbewegung und Eintritt der Frauen in die Geschichte sind zwar unlöslich miteinander verknüpft, fallen aber nicht widerspruchslos zusammen. [. . .] Wirkt im Plädoyer für eine 'Weiberphilosophie' nicht insgeheim die Vorstellung einer 'weiblich' bestimmten Kultur? In metaphorisch-utopischer Sprechweise ist dieses 'Weibliche' [. . .] durchaus unseren humanistischen Vorstellungen und Wünschen angemessen. [. . .] das historisch Neue [kann] verschwinden, wenn eine Interpretation nicht entschieden ausgeschlossen wird, die gegenwärtige—kapitalistische wie 'sozialistische'—Gesellschaften unter dem Begriff der 'Männergesellschaft' subsumiert." (Engler 1980, 147, 149)

    Noch 1991 folgt der Weimarer Germanist Bernd Leistner einer antifeministischen Linie. Sein Rückblick auf die literarische Rezeption der "Autoren zweiten und dritten Ranges" nennt auch die Caroline-Schlegel-Texte

Ebersbachs und Struzyks: "Schließlich[!] die Tendenz, der Literaturgeschichte die ihr verborgenen Frauen zu entreißen [. . .]. Unreflektiert muß [!] hier bleiben, inwieweit einzelne dieser Texte an (gemäßigter) feministischer Ideologie teilhaben." (1991, 422) Doch auch westliche Autoren wehren sich in den 90er Jahren gegen den Feminismus. Im Klappentext der Kleßmann-Biographie lesen wir: "Sie war emanzipiert im Sinne geistiger Unabhängigkeit, aber sie war keine Radikal-Feministin, denn ihre Lebensverwirklichung konnte nur mit dem Mann geschehen, nicht gegen oder ohne ihn." (1992)

58  Damms Auffassung mütterlicher Gleichberechtigung geht durchaus mit der offiziellen Politik konform. Der Bericht des Zentralkomitees an den X. Parteitag 1981 vermerkt folgendes: "Die Frauen und Mädchen unseres Landes stellen jeden Tag aufs neue im Beruf, in der Familie, bei der Erziehung und der Betreuung der Kinder den hohen gesellschaftlichen Wert ihrer Gleichberechtigung unter Beweis." (*Gleiche Chancen für Frauen* 1982, 69) Zur Kritik am "'Muttern' als Zentrum weiblicher Sozialisation" in der DDR vgl. Dölling 1991a, 30.

59  In der Tat lassen sich in den Quellen vergleichbare Äußerungen Caroline Böhmers finden. Nirgendwo jedoch argumentiert die historische Stimme mit der Mutterschaft. Vgl. die brieflichen Kommentare zu Sophie La Roche: "ich konnte mich nicht enthalten, ihr zu sagen, daß ich das ganze Benehmen lächerlich und läppisch fände [. . .]. Sie tragen den Fluch der Celebrität [. . .], denn ein wahrer Fluch ists doch, [. . .] das Ziel allgemeiner Ansprüche zu seyn [. . .]—ich find es tausendmal schmeichelhafter, interreßanter, nicht berühmt zu seyn." (*Caroline* I, 193; ohne Datum 1789 an Lotte Michaelis)

60  Vgl. z.B. in Döppes Forster-Roman die öffentliche Weiblichkeit von 1956: "Eine hatte in der Menge auf dem Marktplatz nicht gefehlt: Karoline Böhmer. Karoline selbst, die mit so viel abwartender Skepsis gekommen war, hatte in die Hände geklatscht, gejubelt, gesungen im Chor mit den anderen" (1982, 459).

61  Das literarische Räsonnement der "zum Publikum versammelten Privatleute" gewinnt nach Habermas "im Binnenraum der patriarchalischen Kleinfamilie institutionelle Gestalt"; diese "[möchte] sich selbst als unabhängig, als von allen gesellschaftlichen Bezügen losgelöst [. . .] als Bereich der reinen Menschlichkeit wahrhaben. [. . .] noch das Bewußtsein der Unabhängigkeit läßt sich aus der tatsächlichen Abhängigkeit [. . .] begreifen. Private Autonomie, die ihren ökonomischen Ursprung verleugnet, [. . .] verleiht denn auch der bürgerlichen Familie das Bewußtsein ihrer selbst" (1976, 63–64).

62  Zu den Folgen der Vereinigung für Frauen vgl. Boa/Wharton 1994 und Behrend 1996, darin insbesondere den Beitrag Brauns, Jaspers und Schröters.

63  Christa Wolfs Rede am 4. November 1989 auf dem Berliner Alexanderplatz macht diese politökonomische Hilflosigkeit nachgerade schmerzhaft deutlich; Wolfs euphorische Bemerkungen zur 'Ökonomie' lesen sich so: "Ökonomisch denken wir auch: 'Rechtssicherheit spart Staatssicherheit!', und wir sind zu existentiellen Verzichten bereit: 'Bürger stell die Glotze ab, setz dich mit uns jetzt in Trab!'" (Schüddekopf 1990, 214)

64    "Die strukturell erzeugte Verschleierung realer sozialer Interessengegensätze und ihrer gegenständlichen Vermittlungsformen ließ die Intellektuellen [. . .] verkennen, daß die politischen und wirtschaftlichen Entscheidungen längst abseits der literarischen Runde von anderen, durchaus außersprachlichen Mächten getroffen wurden." (Müller 1991a, 21) Müller liest Helga Königsdorfs "ästhetische[. . .] Konnotierung" der Wende—"'Diese Revolution war ein Kunstwerk'"—als "Symptom der Verkennung des politischen Diskurses" (21).

65    Bezeichnend für diesen geschlechterpolitisch blinden Fleck in Müllers Analyse ist die Reduktion der "Wirkung" von Christa Wolfs *Kassandra* auf die bloße 'Auslösung' der "Pazifismus-Diskussion" (Müller 1991a, 19).

66    Müller nennt: "Gefühl bzw. Phantasie contra Rationalität, Romantik contra Aufklärung, Utopie contra Realität, kommunikative contra instrumentelle Vernunft" (1991a, 18).

67    Noch 1996 resümiert Ursula Heukenkamp zustimmend, daß die "Geschlechterfrage" in der DDR als "Kehrseite der sogenannten 'Machtfrage'" behandelt wurde (1996, 9).

68    Damms Praxis, den Briefen ein leitendes Vorwort vorauszuschicken, bezeichnet einen Bruch mit der sonst üblichen Nachwort-Praxis des Reclam-Verlages (wie z.B. Gerda Heinrichs *Athenäum*-Nachwort).

69    Auf die strukturelle Macht des Diskurses, 'lebbare' Orte im Bereich des Politischen zu vernichten, macht Irene Dölling aufmerksam: "fehlende Öffentlichkeit im Kontext der Mixtur aus politischer Repräsentation und Patriarchalismus macht es Frauen so gut wie unmöglich, Formen zu entwickeln, in denen sie selbst ihre Situation zum Gegenstand von Reflexion, Kommunikation und Praxen machen bzw. die 'Frauenfrage' als unverzichtbaren, legitimen Bestandteil aller politischen und kulturellen Diskurse um die Verteilung des gesellschaftlichen Reichtums einbringen können" (1991, 130).

70    Auch andere literarische Texte, die sich männlichen Figuren der Romantik zuwandten (wie Kunerts *Pamphlet für K.* oder Gerhard Wolfs *Der arme Hölderlin*), akzentuierten die Krise und nicht die Lösung.

## Schluß

1    Habermas prägte 1990 den Begriff der "nachholenden Revolution", die "gewissermaßen rückspulend" (180) ihre "Maßstäbe sehr wohl dem bekannten Repertoire der neuzeitlichen Revolutionen [entlehnte]" (184).

2    . . . "durch die Revolution von 1917 schon überholt worden waren." (Habermas 1990, 181)

3    Zur Rolle der Frauen in der Französischen Revolution vgl. ebenso Schmid 1990 und Wehinger 1989.

4    Zu Gemeinsamkeiten und Differenzen zwischen frühromantischen Weiblichkeitsentwürfen und den Geschlechterphilosophien des bürgerlichen Idealismus

(Kant, Humboldt, Fichte) vgl. ausführlicher Kennedy/Mendus 1987, darin besonders den Aufsatz Ursula Vogels.

5   Auf Fichtes indirekte Auseinandersetzung, seine "Rekapitulation der Gegenargumente" Hippels und Wollstonecrafts weist Frevert hin: "Er schleuderte Donner und Blitz" gegen jene "'Weiber und ihre Schutzredner'"—gegen "'einige verirrte Köpfe unter den Männern, welche größtenteils selbst kein einzelnes Weib gewürdigt haben, es zur Gefährtin ihres Lebens zu machen, und zum Ersatz dafür das ganze Geschlecht in Bausch und Bogen, in der Geschichte verewigt sehen möchten'" (1988a, 37, 46). Christian Gotthilf Salzmann hatte Mary Wollstonecrafts Buch bereits 1793 ins Deutsche übersetzt.

6   "Tatsächlich sind die diskursiven Texte 'über die Weiber', über ihre Natur und Bestimmung, auch nicht für weibliche Leser geschrieben, sondern richten sich primär an den kleinen Kreis schriftstellernder Aufklärer und Philosophen. Texte dieser Art [. . .] repräsentieren dementsprechend weder die Wirklichkeit, noch vermitteln sie eine allgemein gültige, von allen Gesellschaftsschichten getragene Haltung. Dennoch formt dieser Diskurs einer kleinen literarischen Schicht ein Frauenbild, das langfristig für die gesamte Gesellschaft meinungsbildend werden sollte und für das 19. Jahrhundert von hoher Relevanz wurde." (van Dülmen 1992, 22)

7   Vgl. Sigrid Lange: "Gute zehn Jahre nach dem Sieg der Männer in der Großen Revolution ist auch die totale Niederlage ihrer Frauen verbrieft im *Code Napoleon*" (1992, 414).

8   Knauths Text zitiert hier Delacroix' Gemälde "Le 28 juillet 1830—La Liberté guidant le peuple"; zur Provokation und der zeitgenössischen Kontroverse in der Rezeption des Bildes vgl. die ausgezeichnete Analyse Monika Wagners: "Freiheitswunsch und Frauenbild" (1989).

9   Vgl. auch Assmann 1994, 25.

10  Abweichende Stimmen im Wiedervereinigungsdiskurs hatten "keine Chance auf öffentliche Resonanz", und der "Frauenanteil an der [. . .] Vereinigungsdebatte [war] verschwindend gering" (Peitsch 1995, 145–146).

11  Eine ganz andere demokratische *Alternative* hatte der in der DDR mit Gefängnishaft zum Schweigen gebrachte Rudolf Bahro 1977 anvisiert. Die immense Öffentlichkeit, die der Dissident Bahro in den 70er Jahren in der Bundesrepublik erhalten hatte, spiegelte sich zur Zeit der Vereinigung in der publizistischen Ausgrenzung derjenigen Alternativen, die nicht in der bürgerlichen Familie die Antwort auf die Systemkrise der DDR suchten. Bahros 'Frauenemanzipation' unterscheidet sich durch die Konkretheit seiner Kritik am DDR-Sozialismus: "Durch Sozialmaßnahmen wie weitgehend bezahlte Freistellungen bei mehrmaliger Mutterschaft wird das Problem auf eine unmittelbar für die Frauen vorteilhafte, aber gesellschaftspolitisch restaurative Weise gelöst, die Unabänderlichkeit der sozialen Subalternität der Frau suggeriert und ihre Emanzipation völlig dahinstellt. [. . .] Die Kleinfamilie ist

seit fünfzig Jahren als 'psychologische Strukturfabrik' der Gesellschaft, als der Ort erkannt, an dem die Herrschaftsverhältnisse psychisch reproduziert werden." (1980, 368–369)

Zur patriarchatsstabilisierenden Funktion der Familien- und Frauenpolitik in der DDR vgl. auch Weedon 1988 und Diemer 1994. Besonders für die 80er Jahre hat Diemer gezeigt, wie die Honeckersche Familien- und Sozialpolitik eine Abkehr von früheren Weiblichkeitsmodellen bedeutete und zur Wiederherstellung der traditionellen Geschlechterordnung beitrug: "Es ist die Phase, in der Weiblichkeit ihre Renaissance erlebt und sich immer stärker auf traditionelle Mütterlichkeitskonnotationen zuspitzt." (1994, 110)

12 So wie Habermas den Zusammenhang zwischen der Genese bürgerlicher Subjektivität und der Entwicklung der patriarchalen Kleinfamilie gezeigt hat, so sehr ist der historische Wandel der Geselligkeitsvorstellungen im 18. Jahrhundert an die Geburt der bürgerlichen Familie und des bürgerlichen Frauenbildes geknüpft; vgl. Wolfram Mausers Annahme einer romantischen Abkehr von aufklärerischen 'diskursiv-egalitären' Geselligkeitskonzepten: "Die Ablösung des in Ansätzen aufklärerisch-progressiven Geselligkeitsbegriffes, die in den fünfziger Jahren einsetzte, steht in auffallender zeitlicher Parallele zum Wandel der Familienvorstellungen in diesen Jahrzehnten." (Mauser 1990, 7)

13 Struzyk warnt vor einer lesbischen Therese Heyne-Forster, so wie Damm und Günzel die "Impotenz" (Damm 1979, 43) bzw. "weibliche[. . .] Mattheit" (Günzel 1987, 87) eines homosexuellen August Wilhelm Schlegel bedauern.

14 Vgl. Peitsch 1995.

15 Im gleichen Bildfeld 'verflog' die "Euphorie der Eheschließung" nach der Vereinigung schon bald im "'Trennungskrach'" (Peitsch 1995, 148). Zur Funktion der geschlechtlichen Personifizierung beider deutscher Staaten während der Wendezeit vgl. auch Ingrid Sharp: "The romantic penury of the bride reveals her inability to cope alone, establishes her dependence on her rescuer and justifies the inordinate haste of the unification process. Secondly, the prevalence of the marriage image long before unification was accepted as a political inevitability actually raised expectations that unification would take place, making it seem somehow natural and right." (1994, 177) Vgl. ebenso Sharp 1994a.

# Literaturverzeichnis

## Primärtexte

Arnim, Bettina von (1974): *Clemens Brentanos Frühlingskranz aus Jugendbriefen ihm geflochten, wie er selbst schriftlich verlangte.* Hg. von Heinz Härtl. Leipzig, Reclam.

*Athenäum* (1984). *Eine Zeitschrift von August Wilhelm Schlegel und Friedrich Schlegel.* Auswahl. Hg. von Gerda Heinrich. Leipzig, Reclam.

Bachmann, Ingeborg (1982): *Die gestundete Zeit. Anrufung des großen Bären. Gedichte.* München, Piper.

Borcherdt, Hans-Heinrich (Hg.) (1948): *Schiller und die Romantiker. Briefe und Dokumente.* Stuttgart, Cotta.

Braun, Volker (1975): *Gegen die symmetrische Welt.* Halle, Mitteldeutscher Verlag.

*Caroline. Briefe aus der Frühromantik* (1913). Nach Georg Waitz vermehrt hg. von Erich Schmidt. Bd. I.II. Leipzig, Insel.

Damm, Sigrid (1976): '". . . setzen der Menschlichkeit Maßstäbe". Günter de Bruyn: Tristan und Isolde', in: *Neue deutsche Literatur* 24, H. 10, S. 148–165.

Damm, Sigrid (Hg.) (1979): *Begegnung mit Caroline. Briefe von Caroline Schlegel-Schelling.* Reclam, Leipzig.

Damm, Sigrid (1979a): 'Begegnung mit Caroline', in: *Neue deutsche Literatur* 27, H. 11, S. 101–117.

Damm, Sigrid (1987): 'Täglich steht Lenz vor unserer Tür. Gespräch mit der Autorin Sigrid Damm', in: *Sonntag*, H. 37, S. 4.

Damm, Sigrid (Hg.) (1988, zuerst: 1980): *Caroline Schlegel-Schelling. "Lieber Freund, ich komme weit her schon an diesem frühen Morgen". Briefe.* Darmstadt, Luchterhand Literaturverlag.

Damm, Sigrid (1988a): 'Unruhe. Anläßlich der Verleihung des Lion-Feuchtwanger-Preises 1987', in: *Sinn und Form* 40, S. 244–248.

Damm, Sigrid (Hg.) (1997): *Caroline Schlegel-Schelling. Die Kunst zu leben.* Frankfurt a.M/Leipzig, Insel.

*Deutschland. Eine Zeitschrift* (1989). Hg. von Johann Friedrich Reichardt. Erster Band 1796. Auswahl. Hg. von Gerda Heinrich. Leipzig, Reclam,

Döppe, Friedrich (1982, zuerst: 1956): *Forster in Mainz.* Berlin/Weimar, Aufbau.

Ebersbach, Volker (1987): *Caroline. Historischer Roman.* Halle/Leipzig, Mitteldeutscher Verlag.

Ebersbach, Volker (1987a): 'Laudatio für Sigrid Damm. Lion-Feuchtwanger-Preis 1987', in: *Mitteilungen der Akademie der Künste der DDR.* Berlin, S. 13–15.

Ebersbach, Volker (1992): *Caroline. Historischer Roman.* Mit einem Nachwort von Gunther Tietz. Frankfurt a.M./Berlin, Ullstein.

Endler, Adolf (1981): 'Eine romantische Liebesgeschichte', in: Heym (1981), S. 242–248.

Fambach, Oskar (Hg.) (1957): *Schiller und sein Kreis in der Kritik ihrer Zeit.* Bd. 2 [Ein Jahrhundert deutscher Literaturkritik (1750–1850)] Berlin, Akademie.

Feilchenfeldt, Konrad, Uwe Schweikert und Rahel E. Steiner (Hg.) (1983): *Rahel-Bibliothek. Rahel Varnhagen. Gesammelte Werke.* Bd. 10. München, Matthes und Seitz.

Fichte, Johann Gottlieb (1991): *Über den Begriff der Wissenschaftslehre oder der sogenannten Philosophie.* Stuttgart, Reclam.

Fichte, Johann Gottlieb (1992, zuerst: 1796): 'Deduktion der Ehe', in: Lange (1992), S. 362–410.

Forster, Georg (1970): *Werke in vier Bänden.* Hg. von Gerhard Steiner. Bd. 4: Briefe. Frankfurt a.M., Insel.

Forster, Georg (1989): *Werke. Sämtliche Schriften, Tagebücher, Briefe.* Bd. 17: *Briefe 1792 bis 1794 und Nachträge.* Bearbeitet von Klaus-Georg Popp. Berlin, Akademie.

Frank, Erich (1912): *Rezensionen über schöne Literatur von Schelling und Caroline in der Neuen Jenaischen Literatur-Zeitung.* [Sitzungsberichte der Heidelberger Akademie der Wissenschaften. Philosophisch-historische Klasse. Jahrgang 1912. 1. Abhandlung] Heidelberg, Winter.

Geerdts, Hans Jürgen (1978, zuerst: 1954): *Rheinische Ouvertüre. Historischer Roman.* Berlin, Verlag der Nation.

Günzel, Klaus (1981): *König der Romantik. Das Leben des Dichters Ludwig Tieck in Briefen, Selbstzeugnissen und Berichten.* Berlin, Verlag der Nation.

Günzel, Klaus (1987): *Romantikerschicksale. Eine Porträtgalerie.* Berlin, Verlag der Nation.

Herz, Henriette (1984): *Berliner Salon. Erinnerungen und Portraits*. Hg. von Ulrich Janetzki. Frankfurt a.M./Berlin/Wien, Ullstein.

Heym, Stefan (Hg.) (1981, zuerst: 1978): *Auskunft 2. Neue Prosa aus der DDR*. Reinbek, Rowohlt.

Hölderlin, Friedrich (1986): *Gedichte*. Auswahl und Nachwort von Konrad Nussbächer. Stuttgart, Reclam.

Hofmann, Fritz (1977): 'Treffen in Travers', in: ders.: *Himmelfahrt nach Hohenstein. Geschichten*. Mit einem Nachsatz von Joachim S. Gumpert. Berlin/Weimar, Aufbau, S. 131–183.

Huber, Therese (1795/96/1989): *Die Familie Seldorf*. Mit einem Nachwort von Magdalene Heuser. [Frühe Frauenliteratur in Deutschland. Hg. von Anita Runge. Bd. 7. Therese Huber: *Romane und Erzählungen*. Bd. 1] Hildesheim/Zürich/New York, Olms.

Huch, Ricarda (Hg.) (1914): *Carolines Leben in ihren Briefen*. Leipzig, Insel.

Huch, Ricarda (1951, zuerst: 1908): *Die Romantik. Ausbreitung, Blütezeit und Verfall*. Tübingen, Wunderlich.

Humboldt, Wilhelm von (o.J.): *Briefe an eine Freundin*. Ausgewählt und eingeleitet von Albert Leitzmann. Leipzig, Insel.

Jäckel, Günter (Hg.) (1964): *Frauen der Goethezeit in ihren Briefen*. Berlin, Verlag der Nation.

Jäckel, Günter (Hg.) (1983): *Der Freiheitsbaum. Die Französische Revolution in Schilderungen Goethes und Forsters 1792/93*. Berlin, Verlag der Nation.

Kirsch, Sarah (1977): *Rückenwind*. Ebenhausen, Langewiesche-Brandt.

Knauth, Joachim (1989): *Aretino oder ein Abend in Mantua. Die Mainzer Freiheit*. Berlin, Henschel.

Körner, Josef (Hg.) (1936): *Krisenjahre der Frühromantik. Briefe aus dem Schlegelkreis*. Brünn/Wien/Leipzig, Rohrer.

Lange, Sigrid (Hg.) (1992): *Ob die Weiber Menschen sind. Geschlechterdebatten um 1800*. Leipzig, Reclam.

Lichtenberg, Georg Christoph (1983): *Schriften und Briefe*. Hg. von Franz H. Mautner. *Briefe 1784–1799*. Zweiter Teilband. Frankfurt a.M., Insel.

Neutsch, Erik (1979): 'Georg Forster heute', in: *Sinn und Form* 31, S. 56–80.

Neutsch, Erik (1981): *Forster in Paris. Erzählung*. Mit einem Nachwort von Gerhard Steiner. Halle/Leipzig, Mitteldeutscher Verlag.

Novalis (1978): *Werke, Tagebücher und Briefe Friedrich von Hardenbergs*. Hg. von Hans-Joachim Mähl und Richard Samuel. Bd. 2: *Das philosophisch-theoretische Werk*. Hg. von Hans-Joachim Mähl. München/Wien, Hanser.

Schlegel, Dorothea (1987): *Florentin. Roman. Fragmente. Varianten.* Hg. von Liliane Weissberg. Frankfurt a.M./Berlin, Ullstein.

Schlegel, Friedrich (1796): 'Neue deutsche Werke', in: *Deutschland. Eine Zeitschrift* (1989), S. 208–227.

Schlegel, Friedrich (1988, zuerst: 1980): *Werke in zwei Bänden.* Ausgewählt und eingeleitet von Wolfgang Hecht. [Bibliothek deutscher Klassiker] Berlin/Weimar, Aufbau.

Schleiermacher, Friedrich Daniel Ernst (1799): 'Versuch einer Theorie des geselligen Betragens', in: Schleiermacher (1984), S. 41–64.

Schleiermacher, Friedrich Daniel Ernst (1805): 'Brouillon zur Ethik', in: Schleiermacher (1984), S. 125–263.

Schleiermacher, Friedrich Daniel Ernst (1984): *Philosophische Schriften.* Hg. von Jan Rachold. [Texte zur Philosophie und Religionsgeschichte] Berlin, Union.

Schlichtegroll, Friedrich (1801): *Nekrolog auf das Jahr 1797.* Bd. 2. Gotha, Perthes.

Schneider, Rolf (1981): 'Die Mainzer Republik', in: *Sinn und Form* 35, S. 993–1025.

Schmitz, Rainer (Hg.) (1984): *Henriette Herz in Erinnerungen, Briefen und Zeugnissen.* Leipzig/Weimar, Kiepenheuer.

Schütz, Helga (1986): *In Annas Namen.* Berlin/Weimar, Aufbau.

Seghers, Anna (1935): 'Rede auf dem I. Internationalen Schriftstellerkongreß zur Verteidigung der Kultur 1935', in: dies.: *Über Kunstwerk und Wirklichkeit.* Hg. von Sigrid Bock. Bd. 1: *Die Tendenz in der reinen Kunst.* Berlin, Akademie 1971, S. 63–66.

Struzyk, Brigitte (1986): 'Viel Verlangen. Gespräch mit Brigitte Struzyk (geführt von Christa Schuenke)', in: *Temperamente. Blätter für junge Literatur* 4, S. 79–82.

Struzyk, Brigitte (1988): *Caroline unterm Freiheitsbaum. Ansichtssachen.* Berlin/Weimar, Darmstadt, Aufbau, Luchterhand Literaturverlag.

Träger, Claus (Hg.) (1963): *Mainz zwischen Rot und Schwarz. Die Mainzer Revolution 1792–1793 in Schriften, Reden und Briefen.* Berlin, Rütten und Loening.

Walzel, Oskar (Hg.) (1890): *Friedrich Schlegels Briefe an seinen Bruder August Wilhelm.* Berlin, Speyer und Peters.

Wienecke, Ernst (Hg.) (1914): *Caroline und Dorothea Schlegel in Briefen.* Weimar, Kiepenheuer.

Wolf, Christa (1978): 'Der Schatten eines Traumes. Karoline von Günderrode—ein Entwurf', in: Wolf (1985), S. 307–358.

Wolf, Christa (1979): 'Nun ja! Das nächste Leben geht aber heute an! Ein Brief über die Bettine', in: Wolf (1985), S. 358–390.

Wolf, Christa (1982): 'Projektionsraum Romantik. Ein Gespräch [mit Frauke Meyer-Gosau]', in: Wolf (1986), S. 376–393.

Wolf, Christa (1985, zuerst: 1979): Fortgesetzter Versuch. Aufsätze, Gespräche, Essays. Leipzig, Reclam.

Wolf, Christa, und Gerhard Wolf (1986, zuerst: 1985): Ins Ungebundene gehet eine Sehnsucht. Gesprächsraum Romantik. Prosa. Essays. Berlin/Weimar, Aufbau.

## Sekundärtexte

Andress, Reinhard (1991): 'Die Schriftstellerfigur in der DDR-Prosa der 70er und 80er Jahre', in: Carleton Germanic Papers 19, S. 1–15.

Arendt, Hannah (1992, zuerst englisch: 1933; deutsch: 1959): Rahel Varnhagen. Lebensgeschichte einer deutschen Jüdin aus der Romantik. München/Zürich, Piper.

Arnold, Heinz Ludwig, und Frauke Meyer-Gosau (Hg.) (1991): Literatur in der DDR. Rückblicke. München, text und kritik.

Assmann, Aleida (1994): 'Der Wissende und die Weisheit—Gedanken zu einem ungleichen Paar', in: Schade (1994), S. 11–25.

Atkins, Robert, und Martin Kane) (Hg.) (1997): Retrospect and Review. Aspects of the Literature of the GDR 1976–1990. [German Monitor 40] Amsterdam/Atlanta, Rodopi.

Baader, Meike (1992): '"Frau Eigensinn": Caroline Schlegel-Schelling. Revolution und die Idee persönlicher Freiheit', in: Grubitzsch (1992), S. 217–230.

Bachtin, Michail M. (1979): Das Wort im Roman, in: ders.: Die Ästhetik des Wortes. Hg. von Rainer Grübel. Frankfurt a.M., Suhrkamp, S. 154–301.

Bahro, Rudolf (1980, zuerst: 1977): Die Alternative. Zur Kritik des real existierenden Sozialismus. Reinbek, Rowohlt.

Barck, Simone, Martina Langermann, Jörg Requate (1995): 'Kommunikative Strukturen, Medien und Öffentlichkeiten in der DDR', in: Berliner Debatte INITIAL H. 4/5, S. 25–38.

Barck, Simone, Martina Langermann, Siegfried Lokatis (1997): "Jedes Buch ein Abenteuer". Zensur-System und literarische Öffentlichkeiten in der DDR bis Ende der sechziger Jahre. Berlin, Akademie.

Barck, Simone (Rez.) (1997): 'Wolfgang Emmerich: Kleine Literaturgeschichte der DDR. Erw. Neuausg. 1996', in: Referatedienst zur Literaturwissenschaft 29, H. 4, S. 655–658.

Bathrick, David (1983): 'Kultur und Öffentlichkeit in der DDR', in: Hohendahl (1983), S. 53–81.

Bathrick, David (1991): 'The End of the Wall Before the End of the Wall', in: German Studies Review 14, S. 297–311.

Bathrick, David (1995): The Powers of Speech. The Politics of Culture in the GDR. Lincoln/London, University of Nebraska Press.

Baumann, Christiane (1989): 'Das Gespräch als Existenzform der Menschlichkeit. Zur Rolle gesamtdeutscher Anthologien der fünfziger Jahre im Kampf um die Einheit Deutschlands', in: Hallesche Studien zur Wirkung von Sprache und Literatur 17, S. 75–86.

Becker-Cantarino, Barbara (1977): 'Schlegels Lucinde. Zum Frauenbild der Frühromantik', in: Colloquia Germanica 10, S. 128–139.

Becker-Cantarino, Barbara (1979): 'Priesterin und Lichtbringerin. Zur Ideologie des weiblichen Charakters in der Frühromantik', in: Paulsen (1979), S. 111–124.

Becker-Cantarino, Barbara (1989): Der lange Weg zur Mündigkeit. Frauen und Literatur in Deutschland von 1500 bis 1800. München, dtv.

Becker-Cantarino, Barbara (1989a): 'Revolution im Patriarchat: Therese Forster-Huber (1764–1829)', in: Boettcher-Joeres (1989), S. 235–253.

Behler, Ernst (1987): 'Caroline Böhmer und Jean-Baptiste Dubois-Crancé. Textkritische Aufklärung einer Episode der Frühromantik', in: Reinitzer (1987), S. 269–283.

Behrend, Hanna (Hg.) (1996): Die Abwicklung der DDR. Wende und deutsche Vereinigung. Köln, Neuer ISP Verlag.

Bennholdt-Thomsen, Anke, und Alfredo Guzzoni (1992): Gelehrsamkeit und Leidenschaft. Das Leben der Ernestine Christine Reiske 1735–1798. München, Beck.

Berger, Manfred, u.a. (Hg.) (1978): Kulturpolitisches Wörterbuch. Berlin, Dietz.

Berkowski, Naum Jakowlewitsch (1979, zuerst russisch: 1973): Die Romantik in Deutschland (aus dem Russischen von Reinhard Fischer). Leipzig, Koehler und Amelang.

Beutin, Wolfgang, u.a. (Hg.) (1992): Deutsche Literaurgeschichte von den Anfängen bis zur Gegenwart. Vierte überarbeitete Aufl. Stuttgart/Weimar, Metzler.

Blackwell, Jeannine (1992): 'Marriage by the Book: Matrimony, Divorce, and Single Life in Therese Huber's Life and Works', in: Goodman/Waldstein (1992), S. 137–156.

Blackwell, Jeannine, und Susanne Zantop (Hg.) (1990): Bitter Healing: German Women Writers. From 1700 to 1830. An Anthology. Lincoln/London, University of Nebraska Press.

Blohm, Frank, und Wolfgang Herzberg (Hg.) (1990): *"Nichts wird mehr so sein, wie es war". Zur Zukunft der beiden deutschen Republiken.* Frankfurt a.M., Luchterhand Literaturverlag.

Boa, Elisabeth, und Janet Wharton (Hg.) (1994): *Women and the Wende. Social Effects and Cultural Reflections of the German Unification Process.* Amsterdam, Rodopi.

Böck, Dorothea (1989): 'Ein Weib von schärfstem Geist. Brigitte Struzyk: *Caroline unterm Freiheitsbaum*', in: *Neue deutsche Literatur* 37, H. 8, S. 150–154.

Böttcher, Kurt, und Hans Jürgen Geerdts (Hg.) (1981): *Kurze Geschichte der deutschen Literatur.* Berlin, Volk und Wissen.

Böttcher, Kurt, u.a. (Hg.) (1985, zuerst: 1967): *Erläuterungen zur deutschen Literatur. Romantik.* Fünfte Auflage. Berlin, Volk und Wissen.

Boettcher-Joeres, Ruth-Ellen, und Marianne Burkhard (Hg.) (1989): *Out of Line/ Ausgefallen: The Paradox of Marginality in the Writings of Nineteenth-Century German Women.* Amsterdam, Rodopi.

Bourdieu, Pierre (1991): 'Die Illusion der Biographie. Über die Herstellung von Lebensgeschichten', in: *Neue Rundschau* 102, S.109–115.

Bovenschen, Silvia (1980): *Die imaginierte Weiblichkeit. Exemplarische Untersuchungen zu kulturgeschichtlichen und literarischen Präsentationsformen des Weiblichen.* Frankfurt a.M., Suhrkamp.

Brandes, Helga (1990): 'Der Frauenroman und die literarisch-publizistische Öffentlichkeit im 18. Jahrhundert', in: Gallas/Heuser (1990), S. 41–51.

Brandes, Irma, und Ursula Mauch (1986): *Der Freiheit entgegen. Frauen der Romantik.* München, Bechtle.

Brehmer, Ilse (Hg.) (1983): *"Wissen heißt leben (. . .)": Beiträge zur Bildungsgeschichte von Frauen im 18. und 19. Jahrhundert.* [Frauen in der Geschichte. Bd. 4] Düsseldorf, Schwann.

Brodersen, Waltraud u.a. (1989): *1789–1989. Zweihundert Jahre Französische Revolution.* Staatliche Kunsthalle Berlin.

Brömer, Jens (1989): '"Die Nachtzeiten der Revolution". Forster in Kassel: Zu einem Vortrag von Klaus Harpprecht (am 6.7.1989)', in: Wissenschaftliches Zentrum (Hg.) (1989), S. 25.

Bürger, Christa (1990): *Leben Schreiben. Die Klassik, die Romantik und der Ort der Frauen.* Stuttgart, Metzler.

Bürger, Christa (1991): 'Schriften, die nicht Werke sind. Zu Carolines Briefen', in: Stephan (1991), S. 161–166.

Calhoun, Craig (Hg.) (1992): *Habermas and the Public Sphere.* Cambridge, Masachussetts, MIT Press.

Chiarloni, Anna, Gemma Sartori und Fabrizio Cambi (Hg.) (1988): *Die Literatur der DDR 1976–1986. Akten der internationalen Konferenz Pisa, Mai 1987*. Pisa, Giardini.

Chiarloni, Anna (1988a): 'Anpassung II: Zur Kritik des Neuen Menschen in der jüngsten DDR-Literatur', in: Chiarloni (1988), S. 393–406.

Dahnke, Hans-Dietrich (Hg.) (1978): *Geschichte der deutschen Literatur 1789–1830*. [Geschichte der deutschen Literatur von den Anfängen bis zur Gegenwart. Bd. 7] Berlin, Volk und Wissen.

Dahnke, Hans-Dietrich (1978a): 'Zur Stellung und Leistung der deutschen romantischen Literatur. Ergebnisse und Probleme ihrer Erforschung', in: *Weimarer Beiträge 24*, H.4, S. 6–20.

Dau, Rudolf (1976): '"Deutsche und polnische Romantik". Arbeitstagung in Torun. Kongreßbericht', in: *Weimarer Beiträge 22*, H. 2, S. 177–181.

Dautel, Klaus (1980): *Zur Theorie des literarischen Erbes in der "entwickelten sozialistischen Gesellschaft" der DDR. Rezeptionsvorgabe und Identitätsangebot*. [Stuttgarter Arbeiten zur Germanistik. Nr. 71] Stuttgart, Heinz.

Deiritz, Karl, und Hannes Krauss (Hg.) (1991): *Der deutschsprachige Literaturstreit oder "Freunde, es spricht sich schlecht mit gebundener Zunge". Analysen und Materialien*. Hamburg/Zürich, Luchterhand Literaturverlag.

Diemer, Susanne (1994): *Patriarchalismus in der DDR. Strukturelle, kulturelle und subjektive Dimension der Geschlechterpolarisierung*. Opladen, Leske und Buderich.

Diersch, Manfred, und Walfried Hartinger (1976): *Literatur und Geschichtsbewußtsein. Entwicklungstendenzen der DDR-Literatur in den sechziger und siebziger Jahren*. Berlin/Weimar, Aufbau.

Dischner, Gisela (1984, zuerst: 1977): *Bettina von Arnim: Eine weibliche Sozialbiographie aus dem 19. Jahrhundert*. Berlin, Wagenbach.

Dischner, Gisela (1979): *Caroline und der Jenaer Kreis. Ein Leben zwischen bürgerlicher Vereinzelung und romantischer Geselligkeit*. Berlin, Wagenbach.

Dischner, Gisela, und Richard Faber (Hg.) (1979): *Romantische Utopie–Utopische Romantik*. Hildesheim, Gerstenberg.

Dölling, Irene (1989): 'Marxismus und Frauenfrage in der DDR. Bemerkungen zu einer notwendigen Debatte', in: *Das Argument 31*, Nr. 177, S. 709–718.

Dölling, Irene (1991): 'Alte und neue Dilemmata: Frauen in der ehemaligen DDR', in: *Women in German Yearbook 7*, S. 121–136.

Dölling, Irene (1991a): 'Entwicklungswidersprüche von Frauen in der sozialistischen Gesellschaft. Kulturtheoretische Ansätze ihrer Analyse', in: Stephan (1991), S. 25–33.

Dölling, Irene (1994): 'Identitäten von Ost-Frauen im Transformationsprozeß: Probleme ostdeutscher Frauenforschung', in: Boa/Wharton (1994), S. 95–106.

Domoradzki, Eva (1992): *Und alle Fremdheit ist verschwunden. Status und Funktion des Weiblichen im Werk Friedrich Schlegels. Zur Geschlechtlichkeit einer Denkform*. [Innsbrucker Beiträge zur Kulturwissenschaft. Sonderheft 82] Innsbruck.

Drewitz, Ingeborg (1979, zuerst: 1965): *Berliner Salons. Gesellschaft und Literatur zwischen Aufklärung und Industriezeitalter*. Berlin, Haude und Spener.

Duden, Barbara (1977): 'Das schöne Eigentum. Zur Herausbildung des bürgerlichen Frauenbildes an der Wende vom 18. zum 19. Jahrhundert', in: *Kursbuch* 47: Frauen, S. 125–140.

Dülmen, Andrea van (Hg.) (1992): *Frauenleben im 18. Jahrhundert*. München, Leipzig/Weimar, Beck, Kiepenheuer.

Durrani, Osman, Colin Good und Kevin Hillard (Hg.) (1995): *The New Germany. Literature and Society after Unification*. Sheffield, Sheffield Academic Press.

Ebrecht, Angelika, Regina Nörtemann und Herta Schwarz unter Mitarbeit von Gudrun Kohn-Waechter und Ute Pott (Hg.) (1990): *Brieftheorie des 18. Jahrhunderts. Texte, Kommentare, Essays*. Stuttgart, Metzler.

Ebrecht, Angelika, Irmela von der Lühe, Ute Pott, Cettina Rapisarda, Anita Runge (Hg.) (1996): *Querelles. Jahrbuch für Frauenforschung*. Bd. 1: *Gelehrsamkeit und kulturelle Emanzipation*. Stuttgart/Weimar, Metzler.

Edel, Leon (1987, zuerst: 1959): *Writing Lives. Principia Biographica*. New York/London, Norton.

Eickenrodt, Sabine und Cettina Rapisarda (Hg.) (1998): *Querelles. Jahrbuch für Frauenforschung*. Bd. 3: *Freundschaft im Gespräch*. Stuttgart/Weimar, Metzler.

Eley, Geoff (1992): 'Nations, Publics and Political Cultures: Placing Habermas in the Nineteenth Century', in: Calhoun (1992), S. 289–339.

Emmerich, Wolfgang (1989): *Kleine Literaturgeschichte der DDR 1945–1988*. Erweiterte Ausgabe. Frankfurt a.M., Luchterhand Literaturverlag.

Emmerich, Wolfgang (1991): 'Status melancholicus. Zur Transformation der Utopie in der DDR-Literatur', in: Arnold/Meyer-Gosau (1991), S. 232–243.

Emmerich, Wolfgang (1996): 'Rückblicke auf die Literatur der DDR', in: *Aus Politik und Zeitgeschichte. Beilage zur Wochenzeitung Das Parlament*, 22.3.1996, S. 13–23.

Engler, Jürgen (1980): 'Zum Nachdenken und Weiterdenken', in: *Neue deutsche Literatur* 28, H. 4, S. 142–150.

Epstein, William H. (1987): *Recognizing Biography*. Philadelphia, University of Pennsylvania Press.

Faber, Elmar, und Carsten Wurm (Hg.) (1994): *Das letzte Wort hat der Minister. Autoren- und Verlegerbriefe 1960–1969*. Berlin, Aufbau.

Fauser, Markus (1995): 'Rhetorik, Gespräch, Geselligkeit: Deutsche Umgangsliteratur des 18. Jahrhunderts', in: *Carleton Germanic Papers* 23, S. 21–42.

Fehervary, Helen (1975): 'Hölderlin und Marx in der DDR', in: Grimm/Hermand (1975), S. 55–64.

Fehervary, Helen (1979): 'Die erzählerische Kolonisierung des weiblichen Schweigens. Frau und Arbeit in der DDR-Literatur', in: Grimm/Hermand (1979) S. 171–195.

Feilchenfeldt, Konrad (1983a): 'Rahel Varnhagens Ruhm und Nachruhm', in: Feilchenfeldt (1983), Bd. 10, S. 128–178.

Fiedler, Horst (1971): *Georg Forster Bibliographie 1767 bis 1970*. Berlin, Akademie.

Flierl, Thomas, und Ina Merkel (1990): 'Die Frauen haben kein Vaterland zu gewinnen', in: Blohm/Herzberg (1990), S. 89–98.

Frank, Heike (1988): *... die Disharmonie, die mir geboren ward, und mich nie verlassen wird ... Das Leben der Brendel/Dorothea Mendelssohn-Veit-Schlegel (1764–1839)*. Bern/Frankfurt a.M./New York, Lang.

Fraser, Nancy (1992): 'Rethinking the Public Sphere: A Contribution to the Critique of Actually Existing Democracy', in: Calhoun (1992), S. 109–142.

Frederiksen, Elke P., und Katherine R. Goodman (Hg.) (1995): *Bettina Brentano von Arnim. Gender and Politics*. Detroit, Wayne State University Press.

Frevert, Ute (Hg.) (1988): *Bürgerinnen und Bürger. Geschlechterverhältnisse im 19. Jahrhundert*. [Kritische Studien zur Geschichtswissenschaft 77] Göttingen, Vandenhoeck und Ruprecht.

Frevert, Ute (1988a): 'Bürgerliche Meisterdenker und das Geschlechterverhältnis. Konzepte, Erfahrungen, Visionen an der Wende vom 18. zum 19. Jahrhundert', in: Frevert (1988), S. 17–48.

Frevert, Ute (1995): *"Mann und Weib, und Weib und Mann". Geschlechter-Differenzen in der Moderne*. München, Beck.

Friedenthal, Richard (1968): *Goethe—sein Leben und seine Zeit*. München, Piper.

Friedrichsmeyer, Sara (1983): *The Androgyne in Early German Romanticism. Friedrich Schlegel, Novalis and the Metaphysics of Love*. Bern/Frankfurt a.M./New York, Lang.

Friedrichsmeyer, Sara (1992): 'Caroline Schlegel-Schelling: "A Good Woman, and No Heroine"', in: Goodman/Waldstein (1992), S. 115–136.

Gallas, Helga, und Magdalene Heuser (Hg.) (1990): *Untersuchungen zum Roman von Frauen um 1800*. Tübingen, Niemeyer.

Gallas, Helga, und Anita Runge (1993): *Romane und Erzählungen deutscher Schriftstellerinnen um 1800. Eine Bibliographie mit Standortnachweisen.* Unter Mitarbeit von Reinhild Hannemann, Imma Hendrix, Ingrid Klöpper und Elke Ramm. Stuttgart/Weimar, Metzler.

Gaskill, Howard (Hg.) (1990): *Neue Ansichten. The Reception of Romanticism in the Literature of the GDR*. Amsterdam, Rodopi.

Geerdts, Hans Jürgen (Hg.) (1968): *Deutsche Literaturgeschichte in einem Band*. Berlin, Volk und Wissen.

Geiger, Ludwig (1899): *Dichter und Frauen*. Berlin, Paetel.

Geiger, Ludwig (1901) *Therese Huber 1764 bis 1829. Leben und Briefe einer deutschen Frau.* Stuttgart, Cotta.

Gerber, Margy, Wolfgang Büscher, Christine Cosentino, Volker Gransow, Nancy A. Lauckner, Duncan Smith, Alexander Stephan und W. Christoph Schmauch (Hg.) (1984): *Studies in GDR Culture and Society 4. Selected Papers from the Nineth New Hampshire Symposium on the German Democratic Republic.* Lanham/New York/London, University Press of America.

Gerhard, Ute, Mechthild Jansen, Andrea Maihofer, Pia Schmid und Irmgard Schultz (Hg.) (1990): *Differenz und Gleichheit. Menschenrechte haben (k)ein Geschlecht.* Frankfurt a.M., Helmer.

Gerhard, Ute (1994): 'Die staatlich institutionalisierte "Lösung" der Frauenfrage. Zur Geschichte der Geschlechterverhältnisse in der DDR', in: Kaelble (1994), S. 383–403.

*Gleiche Chancen für Frauen. Eine Information aus der DDR*. Berlin, 1982.

Goodman, Katherine R., und Edith Waldstein (1992): *In the Shadow of Olympus. German Women Writers Around 1800.* Albany, State University of New York Press.

Goozé, Marjanne E. (1995): 'The Reception of Bettina Brentano-von Arnim as Author and Historical Figure', in: Frederiksen/Goodman (1995), S. 349–420.

Greene, Gayle, und Coppelia Kahn (Hg.) (1985): *Making a Difference. Feminist Literary Criticism*. London/New York, Methuen.

Grimm, Reinhold, und Jost Hermand (Hg.) (1975): *Basis. Jahrbuch für deutsche Gegenwartsliteratur*, Bd. 5. Frankfurt a.M., Suhrkamp.

Grimm, Reinhold, und Jost Hermand (Hg.) (1979): *Arbeit als Thema in der deutschen Literatur vom Mittelalter bis zur Gegenwart*. Königstein, Athenaeum.

Grubitzsch, Helga, Maria Kublitz, Dorothea Mey und Ingeborg Singendonk-Heublein (Hg.) (1992): *Frauen—Literatur—Revolution*. [Thetis. Literatur im Spiegel der

Geschlechter. Hg. von Irmgard Roebling und Sigrid Schmid-Bortenschlager. Bd. 3] Pfaffenweiler, Centaurus.

Grunenberg, Antonia (1988): 'Entgrenzung und Selbstbeschränkung. Zur Literatur der DDR in den achtziger Jahren', in: Hildebrandt (1988), S. 137–156.

Haase, Horst (1985): 'Gestalten der Geschichte als Modelle in der Gegenwartsliteratur', in: Rönisch (1985), S. 37–45.

Haase, Horst, Rudolf Dau, Birgid Gysi, Hermann Peters und Klaus Schnakenburg (1986): *Die SED und das kulturelle Erbe. Orientierungen. Errungenschaften. Probleme.* Berlin, Dietz.

Habermas, Jürgen (1976, zuerst: 1962): *Strukturwandel der Öffentlichkeit.* Neuwied/Berlin, Luchterhand.

Habermas, Jürgen (1990): *Die nachholende Revolution.* Frankfurt a.M., Suhrkamp.

Hähnel, Ingrid, und Hans Kaufmann (1985): 'Eine Literatur der achtziger Jahre? Prosawerke der DDR am Beginn des Jahrzehnts', in: *Zeitschrift für Germanistik* 6, S. 18–34.

Hahn, Andrea (Hg.) (1989): *Therese Huber. Die reinste Freiheitsliebe, die reinste Männerliebe. Ein Lebensbild in Briefen und Erzählungen zwischen Aufklärung und Romantik.* Berlin, Henssel.

Hahn, Barbara (1991): *Unter falschem Namen. Von der schwierigen Autorschaft der Frauen.* Frankfurt a.M., Suhrkamp.

Hahn, H.J. (Hg.) (1995): *Germany in the 1990s.* [*German Monitor 34*] Amsterdam/ Atlanta, Rodopi.

Harpprecht, Klaus (1990): *Georg Forster oder Die Liebe zur Welt. Eine Biographie.* Reinbek, Rowohlt.

Hartung, Günter (1976): 'Zum Bild der deutschen Romantik in der Literaturwissenschaft der DDR' in: *Weimarer Beiträge* 22, H. 2, S. 167–176.

Hausen, Karin (1976): 'Die Polarisierung der "Geschlechtscharaktere"—Eine Spiegelung der Dissoziation von Erwerbs- und Familienleben', in: Werner Conze (Hg.): *Sozialgeschichte der Familie in der Neuzeit Europas.* Stuttgart, Klett-Cotta, S. 363–393.

Hausen, Karin (1981): 'Family and Role Division: The Polarisation of Sexual Stereotypes in the Nineteenth Century—an Aspect of the Dissociation of Work and Family Life', in: Richard J. Evans, W.R. Lee (Hg.): *The German Family. Essays on the Social History of the Family in Nineteenth- and Twentieth-Century Germany.* London, Croom Helm, S. 51–83.

Hausen, Karin, und Heide Wunder (Hg.) (1992): *Frauengeschichte—Geschlechtergeschichte.* Frankfurt/New York, Campus.

Hauser, Kornelia (1994): *Patriarchat als Sozialismus. Soziologische Studien zur Literatur aus der DDR*. Berlin, Argument.

Haym, Rudolf (1914, zuerst: 1870): *Die romantische Schule. Ein Beitrag zur Geschichte des deutschen Geistes*. 3. Aufl. Besorgt von Oskar Walzel. Berlin, Weidmann.

Hecht, Wolfgang (1988): 'Einleitung', in: Friedrich Schlegel (1988), S. V–XLI.

Heinrich, Gerda (1976): *Geschichtsphilosophische Positionen der Frühromantik*. Berlin, Akademie.

Heinrich, Gerda (1984, zuerst: 1977): 'Das *Athenäum* als Programmzeitschrift der deutschen Frühromantik', in: *Athenäum* (1984), S. 385–454.

Hell, Julia (1992): 'At the Center an Absence: Foundationalist Narratives of the GDR and the Legitimatory Discourse of Antifascism', in: *Monatshefte* 84, S. 23–45.

Hell, Julia, Loren Kruger und Katie Trumpener (1994): 'Dossier: Socialist Realism and East German Modernism—Another Historians' Debate', in: *Rethinking MARXISM* 7, Nr. 3, S. 37–44.

Helwig, Gisela, und Hildegard Maria Nickel (Hg.) (1993): *Frauen in Deutschland 1945–1992*. Bonn, Bundeszentrale für politische Bildung.

Henrich, Rolf (1989): *Der vormundschaftliche Staat. Vom Versagen des real existierenden Sozialismus*. Reinbek, Rowohlt.

Herminghouse, Patricia (1981): 'Die Wiederentdeckung der Romantik: Zur Funktion der Dichterfiguren in der neueren DDR-Literatur', in: Hoogeveen/Labroisse (1981), S. 217–248.

Herminghouse, Patricia (1983): 'Goethe in GDR Literature', in: *The German Quarterly* 56, S. 272–284.

Hertz, Deborah (1978): 'Salonières and Literary Women in Late Eighteenth-Century Berlin', in: *New German Critique*, Nr. 14, S. 97–108.

Hertz, Deborah (1995): *Die jüdischen Salons im alten Berlin 1780–1806*. München, dtv.

Herzog, Arno, Inge Stephan und Hans G. Winter unter Mitarbeit von Jörg Deventer (Hg.) (1989): *"Sie und nicht wir". Die Französische Revolution und ihre Wirkung auf Norddeutschland und das Reich*. Bd. 2. Hamburg, Doelling und Galitz.

Hess, Heide, und Peter Liebers (Hg.) (1978): *Arbeiten mit der Romantik heute*. [Arbeitsheft 26] Berlin, Akademie der Künste der Deutschen Demokratischen Republik.

Heukenkamp, Ursula (1991): 'Soll das Vergessen verabredet werden? Eigenständigkeit und Eigenart der DDR-Literatur', in: *Aus Politik und Zeitgeschichte. Beilage zur Wochenzeitung Das Parlament*, 4.10.1991, S. 3–12.

Heukenkamp, Ursula (1996): 'Haben wir uns richtig verstanden? Die Literatur der Bundesrepublik—Erinnerungen aus der DDR', in: *Aus Politik und Zeitgeschichte. Beilage zur Wochenzeitung Das Parlament*, 22.3.1996, S. 3–12.

Hildebrandt, Christel (Hg.) (1988): *Liebes- und andere Erklärungen. Texte von und über DDR-Autorinnen*. Bonn, Kleine Schritte.

Hilzinger, Sonja (1985): *"Als ganzer Mensch leben. . ." Emanzipatorische Tendenzen in der neueren Frauen-Literatur der DDR*. Frankfurt/Bern/New York, Lang.

Hilzinger, Sonja (1991): '"Avantgarde ohne Hinterland". Zur Wiederentdeckung des Romantischen in Prosa und Essayistik der DDR', in: Arnold/Meyer-Gosau (1991), S. 93–100.

Hoffmann-Axthelm, Inge (1970): *"Geisterfamilie"*. *Studien zur Geselligkeit der Frühromantik*. Phil. Diss. FU Berlin.

Hohendahl, Peter Uwe, und Patricia Herminghouse (Hg.) (1976): *Literatur und Literaturtheorie in der DDR*. Frankfurt a.M., Suhrkamp.

Hohendahl, Peter Uwe, und Patricia Herminghouse (Hg.) (1983): *Literatur der DDR in den siebziger Jahren*. Frankfurt a.M., Suhrkamp.

Hohendahl, Peter Uwe (1983a): 'Theorie und Praxis des Erbens: Untersuchungen zum Problem der literarischen Tradition in der DDR', in: Hohendahl/Herminghouse (1983), S. 13–52.

Hohendahl, Peter Uwe (1995): 'Recasting the Public Sphere', in: *October*, Nr. 73, S. 27–54.

Hoock-Demarle, Marie-Claire (1990): *Die Frauen der Goethezeit* (aus dem Französischen von Renate Hörisch-Helligrath). München, Fink.

Hoogeveen, Jos, und Gerd Labroisse (Hg.) (1981): *DDR-Roman und Literaturgesellschaft*. [Amsterdamer Beiträge zur neueren Germanistik. Bd. 11/12] Amsterdam, Rodopi.

Hüppauf, Bernd (1991): 'Moral oder Sprache. DDR-Literatur vor der Moderne', in: Arnold/Meyer-Gosau (1991), S. 220–231.

Jackson, David (Hg.) (1996): *Taboos in German Literature*. Providence/Oxford, Berghahn.

Jameson, Fredric (1981): *The Political Unconscious: Narrative as a Socially Symbolic Act*. Ithaca, Cornell University Press.

Jauß, Hans Robert (1982): 'Der Gebrauch der Fiktion in Formen der Anschauung und Darstellung der Geschichte', in: Koselleck (1982), S. 415–451.

Jordan, Glenn, und Chris Weedon (1995): *Cultural Politics. Class, Gender, Race and the Postmodern World*. Oxford/Cambridge, Massachussetts, Blackwell.

Kaelble, Hartmut, Jürgen Kocka und Hartmut Zwahr (Hg.) (1994): *Sozialgeschichte der DDR*. Stuttgart, Klett-Cotta.

Kahn-Wallerstein, Carmen (1979, zuerst: 1959): *Schellings Frauen: Caroline und Pauline*. Frankfurt a.M., Insel.

Kammler, Eva (1992): *Zwischen Professionalisierung und Dilettantismus. Romane und ihre Autorinnen um 1800*. Opladen, Westdeutscher Verlag.

Kaplan, Cora (1985): 'Pandora's Box: Subjectivity, Class and Sexuality in Socialist Feminist Criticism', in: Greene/Kahn (1985), S. 146–176.

Kaufmann, Hans (1979): 'Erben als Aneignungsprozeß', in: *Weimarer Beiträge* 25, H. 9, S. 141–172.

Kaufmann, Hans (1980): *Versuch über das Erbe*. Leipzig, Reclam.

Kennedy, Ellen, und Susan Mendus (Hg.) (1987): *Women in Western Political Philosophy. From Kant to Nietzsche*. Brighton, Wheatsheaf.

Klenke, Claus-Volker, in Zusammenarbeit mit Jörn Garber und Dieter Heintze (Hg.) (1994): *Georg Forster in interdisziplinärer Perspektive. Beiträge des Internationalen Georg Forster-Symposions in Kassel, 1. bis 4. April 1993*. Berlin, Akademie Verlag.

Kleßmann, Eckart (1969): *Die Welt der Romantik*. München, Desch.

Kleßmann, Eckart (1975): *Caroline. Das Leben der Caroline Michaelis-Böhmer-Schlegel-Schelling 1763–1809*. München, List.

Kleßmann, Eckart (1992): *"Ich war kühn, aber nicht frevelhaft". Das Leben der Caroline Schlegel-Schelling*. Bergisch Gladbach, Lübbe.

Klin, Eugeniusz (1963): 'Das Problem der Emanzipation in Friedrich Schlegels Lucinde', in: *Weimarer Beiträge* 9, H. 1, S. 76–99.

Knowlton, James (1984): 'Erbe and Its Vicissitudes: Günter de Bruyn's Re-examination of Jean Paul', in: Gerber (1984), S. 213–225.

Kord, Susanne (1996): *Sich einen Namen machen. Anonymität und weibliche Autorschaft 1700–1900*. Stuttgart/Weimar, Metzler.

Koselleck, Reinhart, Heinrich Lutz und Jörn Rüsen (Hg.) (1982): *Formen der Geschichtschreibung*. München, dtv.

Krauss, Hannes (1990): 'Die Kunst zu erben—zur romantischen Rezeption (nicht nur) romantischer Literatur: Über Sigrid Damm, Christa Moog und Brigitte Struzyk', in: Gaskill (1990), S. 41–52.

Krauss, Werner (1950): 'Literaturgeschichte als geschichtlicher Auftrag', in: *Sinn und Form* 2, H. 4, S. 65–126.

Krüger, Hans-Peter (1989): 'Produktion und Kommunikation oder Marx und Habermas', in: *Sinn und Form* 41, S. 1183–1191.

Lange, Sigrid (1995): *Spiegelgeschichten. Geschlechter und Poetiken in der Frauenliteratur um 1800*. Frankfurt a.M., Helmer.

Leistner, Bernd (1975): *Unruhe um einen Klassiker. Zum Goethe-Bezug in der neueren DDR-Literatur*. Halle/Leipzig, Mitteldeutscher Verlag.

Leistner, Bernd (1991): 'Neuere DDR-Literatur und die klassisch-romantische Tradition', in: Metscher/Marzahn (1991), S. 413–425.

Lennox, Sara (1983): '"Nun ja! Das nächste Leben geht aber heute an". Prosa von Frauen und Frauenbefreiung in der DDR', in: Hohendahl/Herminghouse (1983), S. 224–258.

Lipp, Carola (1992): 'Das Private im Öffentlichen. Geschlechterbeziehungen im symbolischen Diskurs der Revolution 1848/49', in: Hausen/Wunder (1992), S. 99–116.

Lukács, Georg (1938): 'Der Kampf zwischen Liberalismus und Demokratie im Spiegel des historischen Romans der deutschen Antifaschisten', in: Lukács (1948), S. 88–127.

Lukács, Georg (1947): *Fortschritt und Reaktion in der deutschen Literatur*. Berlin, Aufbau.

Lukács, Georg (1948): *Essays über Realismus*. Berlin, Aufbau.

Lukens, Nancy, und Dorothy Rosenberg (Hg.) (1993): *Daughters of Eve. Women's Writing from the German Democratic Republic*. Lincoln/London, University of Nebraska Press.

Mandelkow, Karl Robert (1983): 'Die literarische und kulturpolitische Bedeutung des Erbes', in: Schmitt (1983), S. 78–119.

Mauser, Wolfram (1990): 'Geselligkeit. Zu Chance und Scheitern einer sozialethischen Utopie um 1750', in: *Aufklärung* 1990, H. 2, S. 5–36.

Mayer, Hans (1963): 'Fragen der Romantikforschung', in: ders.: *Zur deutschen Klassik und Romantik*. Pfullingen, Neske Verlag.

Melchert, Monika (1988): 'Aufregende Frau in widersprüchlicher Zeit. Volker Ebersbach: *Caroline*', in: *Neue deutsche Literatur* 36, H. 2, S. 149–153.

Melchert, Rulo (1988): 'Die Durchschlagkraft der Fakten. Bemerkungen zu Volker Ebersbachs Roman *Caroline*', in: Rönisch (1988), S. 211–218.

Merkel, Ina (1994): 'Leitbilder und Lebensweisen von Frauen in der DDR', in: Kaelble (1994), S. 359–382.

Metscher, Thomas, und Christian Marzahn (Hg.) (1991): *Kulturelles Erbe zwischen Tradition und Avantgarde. Ein Bremer Symposium*. Köln/Weimar/Berlin, Böhlau.

Meyer, Franziska (1992): 'The Literary Critic Hans Mayer: From West to East, from East to West', in: Parker (1992), S. 180–202.

Meyer, Franziska (1998): '"Nur nicht eine Minute Schwärmerey". Caroline Schlegel-Schellings Freundschaft mit Luise Stieler-Gotter', in: Eickenrodt/Rapisarda (1998), S. 137–150.

Meyer-Gosau, Frauke (1991): '"Linksherum, nach Indien!" Zu einigen Hinterlassenschaften der DDR-Literatur und den jüngsten Verteilungskämpfen der Intelligenz', in: Arnold/Meyer-Gosau (1991), S. 267–279.

Mittman, Elisabeth (1994) 'Locating a Public Sphere: Some Reflections on Writers and Öffentlichkeit in the GDR', in: Women in German Yearbook 10, S. 19–37.

Müller, Ernst (1991) 'Thesen zum politischen Ort der Intellektuellen in der DDR', in: Deiritz/Krauss (1991), S. 24–32.

Müller, Ernst (1991a): 'Finita la Comedia oder Die Revolution als Kunstwerk? Bemerkungen zum politischen Ort der literarischen Öffentlichkeit in der DDR', in: LiLi 21, H. 82, S. 9–22.

Nickel, Hildegard Maria (1993): '"Mitgestalterinnen des Sozialismus"—Frauenarbeit in der DDR', in: Helwig/Nickel (1993), S. 233–256.

Niethammer, Lutz (1990): 'Das Volk der DDR und die Revolution. Versuch einer historischen Wahrnehmung der laufenden Ereignisse', in: Schüddekopf (1990), S. 251–279.

Nörtemann, Regina (1990): 'Brieftheoretische Konzepte im 18. Jahrhundert und ihre Genese', in: Ebrecht (1990), S. 211–224.

Oellers, Norbert (1983): 'Caroline Schelling', in: Wiese (1983), S. 168–196.

Oellers, Norbert (1990): 'Die Dame Lucifer zwischen Revolution und Literatur', in: Acta Universitas Wratislaviensis, Nr. 1115, S. 121–135.

Oesterle, Günter (1985): 'Zur Historisierung des Erbebegriffs', in: Bernd Thum (Hg.): Gegenwart als kulturelles Erbe. Ein Beitrag der Germansitik zur Kulturwissenschaft deutschsprachiger Länder. München, iudicium, S. 411–451.

Parker, Stephen, Colin Riordan und Rhys W. Williams with the collaboration of Helmut Peitsch (Hg.) (1992): German Writers and the Cold War 1945–61. Manchester/New York, Manchester University Press.

Paulsen, Wolfgang (Hg.) (1979): Die Frau als Heldin und Autorin. Neun kritische Ansätze zur deutschen Literatur. München/Bern, Francke.

Paulsen, Wolfgang (1979a): 'Die emanzipierte Frau in Wielands Weltbild', in: Paulsen (1979), S. 153–174.

Peitsch, Helmut (1991): 'Das Bild Georg Forsters in der DDR', in: Weimarer Beiträge 37, S. 670–691.

Peitsch, Helmut (1995): 'Rehmann, Rinser und andere: Westdeutsche Autorinnen über das "Geschlecht" der "Vereinigung"', in: Durrani (1995), S. 143–166.

Pickerodt, Gerhardt (Hg.) (1982): *Georg Forster in seiner Epoche*. Berlin, Argument.

Pickerodt, Gerhardt (1982a): 'Forster in Frankreich 1793. Die Krise der Revolution und die Krise des revolutionären Individuums', in: Pickerodt (1982), S. 93–116.

Rachold, Jan (1984): 'Einleitung', in: Schleiermacher (1984), S. 7–37.

Reich, Jens (1991): *Rückkehr nach Europa. Berichte zur neuen Lage der deutschen Nation*. München, Hanser.

Reid, J.H. (1989): *Writing without Taboos. The New East German Literature*. Oxford/New York, Berg/Wolff.

Reid, J.H. (1996): 'Sex and Politics: The Case of the GDR', in: Jackson (1996), S. 183–202.

Reimann, Paul (1963, zuerst: 1956): *Hauptströmungen der deutschen Literatur 1750–1848. Beiträge zu ihrer Geschichte und Kritik*. Überarbeitete und erweiterte Neuauflage. Berlin, Dietz.

Reinitzer, Heimo (Hg.) (1987): *Textkritik und Interpretation. Festschrift für Karl Konrad Polheim zum 60. Geburtstag*. Bern/Frankfurt a.M./New York/Paris, Lang.

Richter, Karl, und Jörg Schönert (Hg.) (1983): *Klassik und Moderne. Die Weimarer Klassik als historisches Ereignis und Herausforderung im kulturgeschichtlichen Prozeß. Walter Müller-Seidel zum 65. Geburtstag*. Stuttgart, Metzler.

Richter, Lutz (1989): '200 Jahre Französische Revolution. ". . .das große Werk geht nicht mehr zurück." Georg Forster in der Darstellung von Erik Neutsch', in: *Deutsch als Fremdsprache* 26, S. 44–46.

Riese, Utz (Rez.) (1976): 'A.S. Dmitrijew: *Probleme der Jenaer Romantik; Die romantische Ästhetik August Wilhelm Schlegels*', in: *Weimarer Beiträge* 22, H. 2, S. 181–190.

Ritchie, Gisela F. (1968): *Caroline Schlegel-Schelling in Wahrheit und Dichtung*. Bonn, Bouvier.

Rönisch, Siegfried (Hg.) (1985): *DDR-Literatur '84 im Gespräch*. Berlin/Weimar, Aufbau.

Rönisch, Siegfried (Hg.) (1988): *DDR-Literatur '87 im Gespräch*. Berlin/Weimar, Aufbau.

Rönisch, Siegfried (Hg.) (1990): *DDR-Literatur '89 im Gespräch*. Berlin/Weimar, Aufbau.

Rosenberg, Rainer (1995): 'Was war DDR-Literatur? Die Diskussion um den Gegenstand in der Literaturwissenschaft der Bundesrepublik', in: *Zeitschrift für Germanistik. Neue Folge* 5, S. 9–21.

Rosselini, Jay (1981): 'Zur Funktionsbestimmung des Historischen Romans in der DDR-Literatur', in: Hoogeeven/Labroisse (1981), S. 61–101.

Runge, Anita (1990): 'Wenn Schillers Geist einen weiblichen Körper belebt. Emanzipation und künstlerisches Selbstverständnis in den Romanen und Erzählungen Caroline Auguste Fischers', in: Gallas/Heuser (1990), S. 184–202.

Runge, Anita (1997): *Literarische Praxis von Frauen um 1800. Briefroman, Autobiographie, Märchen.* [Germanistische Texte und Studien Bd. 55] Hildesheim/Zürich/New York, Olms-Weidemann.

Schade, Sigrid, Monika Wagner und Sigrid Weigel (Hg.) (1994): *Allegorien und Geschlechterdifferenz.* Köln, Böhlau.

Scharfschwerdt, Jürgen (1982): *Literatur und Literaturwissenschaft in der DDR. Eine historisch-kritische Einführung.* Stuttgart/Berlin/Köln/Mainz, Kohlhammer.

Scheuer, Helmut (1979): *Biographie. Studien zur Funktion und zum Wandel einer literarischen Gattung vom 18. Jahrhundert bis zur Gegenwart.* Stuttgart, Metzler.

Schlaffer, Hannelore (1977): 'Frauen als Einlösung der romantischen Kunsttheorie', in: *Jahrbuch der Deutschen Schillergesellschaft* 21, S. 275–296.

Schlenstedt, Dieter (1988): 'Entwicklungslinien der neueren Literatur in der DDR', in: *Zeitschrift für Germanistik* 9, S. 5–23.

Schlenstedt, Dieter (1991): 'Integration—Loyalität—Anpassung. Über die Schwierigkeiten bei der Aufkündigung eines komplizierten Verhältnisses. Ein Gespräch mit Frauke Meyer-Gosau', in: Arnold/Meyer-Gosau (1991), S. 169–194.

Schlösser, Rudolf (1894): *Friedrich Wilhelm Gotter. Sein Leben und seine Werke.* Hamburg/Leipzig, Köster.

Schmid, Pia (1989): '". . .da werden Weiber zu Hyänen". Frauen in der Französischen Revolution und die Entstehung des bürgerlichen Frauenbildes—angelsächsische und deutsche Forschungen', in: Wissenschaftliches Zentrum (Hg.) (1989), S. 53–63.

Schmidt-Linsenhoff, Viktoria (1990): 'Frauenbilder und Weiblichkeitsmythen in der Bildpublizistik der Französischen Revolution', in: Gerhard (1990), S. 46–67.

Schmitt, Hans-Jürgen (Hg.) (1983): *Die Literatur der DDR.* [Hansers Sozialgeschichte der deutschen Literatur vom 16. Jahrhundert bis zur Gegenwart. Hg. von Rolf Grimminger. Bd. 11] München, dtv.

Schmitz-Köster, Dorothee (1989): *Trobadora und Kassandra und. . . Weibliches Schreiben in der DDR.* Köln, Pahl-Rugenstein.

Schönert, Jörg (1983): 'Der "Geheime Rat" und die angefochtene Existenz der Dichter. Goethe als Gegenbild im biographischen Erzählen der neueren DDR-Literatur', in: Richter/Schönert (1983), S. 559–599.

Schorlemmer, Friedrich (1990): *Träume und Alpträume. Einmischungen 1982 bis 1990.* Berlin, Verlag der Nation.

Schüddekopf, Charles (Hg.) (1990): *"Wir sind das Volk!" Flugschriften, Aufrufe und Texte einer deutschen Revolution.* Reinbek, Rowohlt.

Schuller, Marianne (1983): '"Unsere Sprache ist unser gelebtes Leben." Randbemerkungen zur Schreibweise Rahel Varnhagens', in: Feilchenfeldt (1983), Bd. 10, S. 43–59.

Schwarz, Herta (1990): '"Brieftheorie" in der Romantik', in: Ebrecht (1990), S. 225–238.

Scurla, Herbert (1980, zuerst: 1962): *Rahel Varnhagen. Die große Frauengestalt der deutschen Romantik. Eine Biographie.* Frankfurt a.M., Fischer.

Secci, Lia (1988): 'Helga Königsdorf: Eine "ungehörige" Schriftstellerin', in: Chiarloni (1988), S. 199–285.

Sharp, Ingrid (1994): 'To the Victor the Spoils: Sleeping Beauty's Sexual Awakening', in: Boa/Wharton (1994), S. 177–188.

Sharp, Ingrid (1994a): 'Male Privilege and Female Virtue: Gendered Representations of the Two Germanies', in: *New German Studies* 18, H. 1/2, S. 87–106.

Steiner, Gerhard (1983): 'Einsatz und Schicksal Mainzer Jakobinerfrauen', in: *Jahrbuch für Geschichte* 28, S. 6–36.

Stephan, Inge, und Sigrid Weigel (Hg.) (1983): *Die verborgene Frau. Sechs Beiträge zu einer feministischen Literaturwissenschaft.* Berlin, Argument.

Stephan, Inge, und Sigrid Weigel (Hg.) (1984): *Feministische Literaturwissenschaft.* Berlin, Argument.

Stephan, Inge (1984a): '"Da werden Weiber zu Hyänen. . ."Amazonen und Amazonenmythen bei Schiller und Kleist', in: Stephan/Weigel (1984), S. 23–42.

Stephan, Inge, und Sigrid Weigel (Hg.) (1989): *Die Marseillaise der Weiber. Frauen, die Französische Revolution und ihre Rezeption.* Berlin, Argument.

Stephan, Inge (1989a): 'Gewalt, Eros und Tod. Metamorphosen der Charlotte Corday-Figur vom 18. Jahrhundert bis in die Gegenwart', in: Stephan/Weigel (1989), S. 128–153.

Stephan, Inge, Sigrid Weigel und Kerstin Wilhelms (Hg.) (1991): *"Wen kümmert's, wer spricht". Zur Literatur und Kulturgeschichte von Frauen aus Ost und West.* Köln/Wien, Böhlau.

Stephan, Inge (1991a): 'Weibliche und männliche Autorschaft. Zum *Florentin* von Dorothea Schlegel und zur *Lucinde* von Friedrich Schlegel', in: Stephan (1991), S. 83–98.

Stephan, Inge u.a. (1992): 'Revolution—ein Thema für Frauen? Eine Podiumsdiskussion', in: Grubitzsch (1992), S. 9–31.

Stern, Carola (1990): *"Ich möchte mir Flügel wünschen". Das Leben der Dorothea Schlegel.* Reinbek, Rowohlt.

Streller, Siegfried (1989): 'Blicke auf Madame Lucifer. Brigitte Struzyk, *Caroline unterm Freiheitsbaum. Ansichtssachen*', in: Rönisch (1989), S. 284–293.

Tate, Dennis (1995): 'Trapped in the past? The identity problems of East German writers since the *Wende*', in: Hahn (1995), S. 1–16.

Tewarson, Heidi Thomann (1993): 'Caroline Schlegel and Rahel Varnhagen: The Response of Two German Women to the French Revolution and its Aftermath', in: *seminar* 29, H. 2, S. 106–124.

Thiele, Eckhard (1991): 'Ungeliebte Erbschaften', in: Arnold/Meyer-Gosau (1991), S. 258–266.

Träger, Claus (1975): 'Ursprünge und Stellung der Romantik', in: *Weimarer Beiträge* 21, H. 2, S. 37–73.

Träger, Claus (1978): 'Historische Dialektik der Romantik und Romantikforschung', in: *Weimarer Beiträge* 24, H. 4, S. 47–62.

Träger, Claus (Hg.) (1986): *Wörterbuch der Literaturwissenschaft.* Leipzig, Bibliographisches Institut.

Vogel, Ursula (1987): 'Humboldt and the Romantics: Neither *Hausfrau* nor *Citoyenne*—The Idea of "Self-Reliant Femininity" in German Romanticism', in: Kennedy/Mendus (1987), S. 106–126.

Wagner, Monika (1989): 'Freiheitswunsch und Frauenbild. Veränderung der *Liberté* zwischen 1789 und 1830', in: Stephan/Weigel (1989), S. 7–36.

Wallace, Ian (1991): 'Deutscher Literaturstreit aus britischer Sicht', in: *Neue deutsche Literatur* 39, H. 3, S. 150–155.

Weedon, Chris (Hg.) (1988): *Die Frau in der DDR. An Anthology of Women's Writing from the German Democratic Republic.* Oxford, Blackwell.

Wehinger, Brunhilde (1989): 'Der kurze Sommer der revolutionären Frauen', in: Brodersen (1989), S. 47–58.

Weigel, Sigrid (1983): '"(. . .) und führen jetzt die Feder statt der Nadel". Vom Dreifachcharakter weiblicher Schreibarbeit—Emanzipation, Erwerb und Kunstanspruch', in: Brehmer (1983), S. 347–367.

Weigel, Sigrid (1983a): 'Wider die Romantische Mode. Zur ästhetischen Funktion des Weiblichen in Friedrich Schlegels *Lucinde*', in: Stephan/Weigel (1983), S. 67–82.

Weimann, Robert (1979): 'Kunst und Öffentlichkeit in der sozialistischen Gesellschaft. Zum Stand der Vergesellschaftung künstlerischer Verkehrsformen', in: *Sinn und Form* 31, S. 214–243.

Weissberg, Liliane (1987): 'Nachwort', in: Dorothea Schlegel (1987), S. 205–238.

Werner, Hans-Georg (1980): 'Romantische Traditionen in epischen Werken der neueren DDR-Literatur. Franz Fühmann und Christa Wolf', in: *Zeitschrift für Germanistik* 1, S. 388–416.

Werner, Hans-Georg (1989): 'Christa Wolfs Bild der Günderrode: Medium der Selbstbesinnung', in: Rönisch (1990), S. 40–53.

Werner, Hans-Georg (1991): 'Über die Modernität der literarischen Romantik in Deutschland', in: Metscher/Marzahn (1991), S. 65–101.

Werner, Klaus (1976): 'Zur Darstellung der Kunst- und Künstlerproblematik in der Literatur der DDR', in: Diersch/Hartinger (1976), S. 150–183.

Wieckenberg, Ernst-Peter (Hg.) (1988): *Einladung ins 18. Jahrhundert*. München, Beck.

Wiese, Benno von (Hg.) (1983): *Deutsche Dichter der Romantik. Ihr Leben und Werk*. Berlin, Erich Schmidt.

Winkler, Willi (1993): 'Antworten Sie gleich Ja oder Nein', in: *Die Zeit*, 22.10.1993.

Wissenschaftliches Zentrum II der Gesamthochschule Kassel in Zusammenarbeit mit der Georg-Forster-Gesellschaft e.V., Kassel, und dem Staatstheater Kassel (Hg.) (1989): *1789—Deutsche Erfahrungen mit einer fremden Revolution*. Kassel, Gesamthochschulbibliothek.

Wittmann, Reinhard (1988): 'Das Jahrhundert des Briefes', in: Wieckenberg (1988), S. 151–155.

Wucherpfennig, Wolf (1989): 'War die Blume blau-weiß-rot? Ein Versuch über Frühromantik und Französische Revolution im Licht der Studentenbewegung von 1968', in: Herzog (1989), S. 625–641.

Zehl Romero, Christiane (1997): '"Vertreibung aus dem Paradies?" GDR women's writing reconsidered', in: Atkins/Kane (1997), S. 108–125.

Zincke, Paul (1915): *Georg Forster nach seinen Originalbriefen. II. Biographisch-historischer Teil. Georg Forsters Ehetragödie*. Dortmund, Ruhfus.

# Namenverzeichnis